中/国/现/实/经/济/理/论/前/沿/系/列
国家社会科学基金青年项目（07CJL028）研究成果

杜建国
陈永泰 等/著
姜宇华

长三角区域非均衡发展演化及协调对策研究

Study on Regional Imbalance Development of the Yangtze River Delta in China and its Coordinated Measures

经济管理出版社
ECONOMY & MANAGEMENT PUBLISHING HOUSE

图书在版编目(CIP)数据

长三角区域非均衡发展演化及协调对策研究/杜建国等著．—北京：经济管理出版社，2011.10

ISBN 978－7－5096－1640－6

Ⅰ．①长…　Ⅱ．①杜…　Ⅲ．①长江三角洲－区域经济发展－研究　Ⅳ．①F127.5

中国版本图书馆 CIP 数据核字(2011)第 218666 号

出版发行：经济管理出版社

北京市海淀区北蜂窝 8 号中雅大厦 11 层

电话：(010)51915602　　邮编：100038

印刷：北京银祥印刷厂　　经销：新华书店

组稿编辑：王　琼　　责任编辑：王　琼

责任印制：黄　铄　　责任校对：陈　颖

720mm×1000mm/16　　19.25 印张　　375 千字

2011 年 11 月第 1 版　　2011 年 11 月第 1 次印刷

定价：48.00 元

书号：ISBN 978－7－5096－1640－6

前言

区域发展是一个复杂的动态演化过程。由于非线性机制的作用，区域系统的发展必然存在多种均衡态，“机会”和“报酬递增”等演化机制可能使区域发展走向不良“锁定”，即造成区域、城乡差距进一步扩大。知识溢出已被许多学者证实是经济增长的发动机，是创新和区域发展的关键要素。区域间人口的流动、商品贸易、信息交流等都具有知识溢出扩散效应，这正是“拉动效应”发生作用和“赶上”现象出现的根源，但知识溢出也存在“逆流效应”。“逆流效应”使得资源要素不断向发达区域集聚，欠发达区域更加处于不利地位。当制度不干预或干预的力量较弱时，“机会”和“递增报酬”使得“逆流效应”较强及“扩散效应”较弱或难以产生，形成区域发展非均衡的“不良锁定”。但决策者有机会建立一个良好的空间环境，通过适当的政策干预，可改变“逆流效应”和“扩散效应”的强弱从而实现均衡或协调发展的目标。因此，从演化和知识溢出的视角来研究区域发展问题，并讨论协调发展的制度安排具有学科的合理性和内在的必然性。

目前关于知识溢出的研究主要集中在企业和行业层面，从知识溢出的角度分析长三角区域经济发展的文献还非常罕见。本书的目的是结合演化理论和知识溢出理论，从多个角度系统地分析长三角区域非均衡发展的演化过程，揭示其成因、规律和特点；通过分析区域间知识溢出的演化过程，揭示知识溢出的内在机理，探讨其对区域发展的影响；构建区域协调发展的绩效评价体系并进行测评分析，在此基础上探究长三角区域协调发展的制度安排。本书的内容可让经济学、管理学和相关专业的读者开阔视野，并能引导其运用书中介绍的理论与方法从事区域经济协调发展问题的研究。同时附录中的“MATLAB”计算程序带有详细注释（可登录经济管理出版社网站 www. E-mp. com. cn 下载），可帮助读者了解和掌握“MATLAB”

这一科学计算工具在经济、管理领域的应用。

由于从演化和知识溢出的视角分析区域发展问题目前尚处于发展的初期，在这个新领域内，许多方面尚不成熟和完善，也存在较多争论；故我们也只能是边学习、边思考、边写作。当把这本著作奉献给读者时，与最初的设想还是有一定差距的，加之我们的水平有限，书中难免存在一些疏忽，敬请读者批评指正。

本书是国家社会科学基金青年项目“基于演化视角的长三角区域非均衡发展及协调对策研究”（项目编号：07CJL028）的研究成果，也是中国博士后科学基金项目“基于知识溢出的长三角区域协调发展研究”（项目编号：20090461080）的部分研究成果。借此机会，向全国哲学社会科学规划办公室、中国博士后科学基金会给予的支持和帮助表示衷心感谢！除作者外，对本书做出积极贡献的项目组其他成员还包括：北京师范大学社会发展与公共政策学院的田明老师，南京大学的高俊、李迁博士和李正华同学，江苏大学的张海斌、李昕、黎小兰、潘俊老师。在此，我们也对他们表示深深的谢意！

目　录

第一章　长三角区域非均衡发展问题

第一节　区域非均衡发展问题

近20年来，有关区域协调发展的问题一直是学术界关注的焦点，各种学派纷呈，理论成果丰富。区域经济增长与区域发展究竟是趋向均衡还是非均衡，经济学、社会学上存在不同的理论解释。一方面建立在新古典主义基础之上的区域均衡发展是各国、各地区发展的终极目标；另一方面由于各国及各地区自然资源禀赋的差异性和社会资源配置的非均匀性，发展的区域空间差异是客观存在的，这就导致了世界各经济体及区域发展过程中普遍存在区域非均衡发展问题。很多学者认为区域发展的非均衡性是发展的普遍规律，没有非均衡就没有发展，从而提出了很多关于发展的非均衡理论，如循环积累因果原理、增长极理论以及梯度转移理论等。特别是在追求均衡发展的过程中，区域非均衡发展已经成为世界各经济体及区域发展过程中普遍存在的一种现象。

一、基本概念界定

1. 非均衡

非均衡，也称为不均衡、不平衡，在国际上又称为不平等，涉及经济、政治、社会和人民生活多个方面。

区域非均衡发展主要表现为产业结构不均衡（结构趋同）、要素（资源、人力等）流动不均衡、教育发展不均衡、地区间经济发展不均衡（区域差距）、政治系统与经济社会系统间的不均衡等。一般说来，区域的非均衡发展可以归结为经济发展非均衡、社会发展非均衡和人本发展非均衡三大方面。

2. 区域经济发展非均衡

经济发展是指一个国家、地区摆脱贫困落后状态，走向经济和社会生活现代化的过程。经济发展不仅意味着经济规模的扩大，更意味着经济和社会生活素质的提高；所以经济发展涉及的内涵比经济增长更为广泛。一般来说，经济发展包括三层含义：

（1）经济量的增长，即一个国家或地区产品和劳务的增加。

（2）经济结构的改进和优化，即一个国家或地区的技术结构、产业结构、收入分配结构、消费结构等的进化。

（3）经济质量的改善和提高，即一个国家或地区经济效益的提高、经济稳定程度、卫生健康状况的改善、自然环境和生态平衡等。

区域经济发展非均衡是指区域之间或区域内部的各个单元在经济发展过程中由于地理位置、资源禀赋、发展历史、要素流动、体制政策、管理水平等方面的差异而导致的经济量的增长、结构的改进和优化、质的改善和提高等方面的差距。

3. 区域社会发展非均衡

社会发展是指社会系统结构和运行机制不断优化，以实现社会系统及其各子系统与自然系统的协调和最佳功能耦合，从而发挥整体效应来满足人类的物质和精神需求的过程与状态（李亚雄，2008）。社会发展的外延由宽泛到狭窄有三种涵义（吴忠民，2002）：

（1）包括经济指标在内的社会整体性发展，即相对于自然环境的社会发展，这是最广义的社会发展，主要涉及社会系统与其赖以生存的自然环境的相互关系。

（2）除经济发展以外的社会其他层面的发展，包括政治发展、文化发展、科技发展、人口规模的增大与质量的提高、生活环境的改善和质量的提高、城市化规模的扩大和水平的提高等，主要涉及社会发展过程中经济因素与非经济因素的相互关系。

（3）除经济、政治、文化和科技发展以外的社会发展，通常用人口的预期寿命、婴儿死亡率及成人识字率等单项指标来衡量，主要涉及社会发展的重要因素（经济、政治、文化、科技等）与人类的基本生存状况（寿命、死亡、识字等状况）的相互关系。

通常我们所说的社会发展是第二种外延下的社会发展，而区域社会发展非均衡是指区域之间或区域内部各单元在发展过程中政治、科技、文化、生活环境等方面的差距。由于区域社会发展非均衡涉及的范围非常广，属于社会学的范畴，本书主要考虑城乡收入方面的差距，其他方面可类似分析。

4. 区域人本发展非均衡

人本发展是以人为本的发展，是以实现人的全面发展为最终目的的发展。李佐军（2008）把人本发展定义为满足人，并提出了由人本发展—满足人（目标）、人类行为—依靠人（主体）、制度—引导人（手段）、资源—装备人（手段）和分工—安置人（手段）五部分组成的人本发展理论框架体系。

区域人本发展非均衡是区域之间或区域内各单元在人本发展方面的差距，如

教育机会、教育程度、就业机会、技术培训、晋升等方面的差距。

人本发展、社会发展和经济发展之间存在密切的关系，人本发展既是社会发展、经济发展的根本目的，又是经济发展、社会发展的手段；既是经济发展、社会发展的结果，又是经济发展、社会发展的原因。人本发展被认为是科学发展观的本质和核心，是实现现阶段经济增长方式转变的根本保障。李佐军（2008）认为人本发展理论是解释经济社会发展的新思路。

5. 知识溢出及其在区域发展中的作用

人是知识的生产者，是经济发展的主要要素，人力资源倾向于向收益较高的地区流动，就造成了区域间人力资本的非均衡配置，从而进一步加剧了区域技术创新、知识溢出和吸收能力的非均衡，并直接影响经济、社会的协调发展。知识溢出是“从事类似的事情（模仿创新）并从其他的研究（被模仿的创新研究）中得到更多的收益”（MacDougall，1960）。现有研究认为知识溢出是区域技术创新的关键变量，是经济增长的真正动因。知识溢出具有“溢出效应”和“逆流效应”。知识溢出的溢出效应是指一个组织对另一个组织的知识进行模仿、再造等，溢出效应的大小主要受空间距离、吸收能力、市场结构、社会网络等因素的影响。知识的溢出效应正是区域间“拉动效应”发生作用和“赶上”现象出现的根源。知识溢出的逆流效应是指由于区域收入差距的存在，进而使得欠发达区域资源要素不断向发达区域集聚，欠发达区域就更加处于不利地位。知识溢出的逆流效应正是区域经济发展、社会发展差距扩大的源泉。

人本发展理论为解释经济、社会发展提供了新思路，但从教育机会、就业机会、技术培训、晋升等方面来刻画人本发展的非均衡存在度量和数据获取方面的困难，而知识溢出也可看成人本发展非均衡的主要表现。因此从知识溢出视角来研究区域非均衡发展问题更具有科学性和建设性。

总的说来，区域发展包括经济、社会、人本三大方面，由于区域自然资源禀赋的差异性和社会资源配置的非均匀性，区域的非均衡发展是常态和普遍现象，区域的均衡发展是区域发展的目标和理想，由非均衡发展趋向均衡发展是一个长期的演化过程。区域的非均衡发展包括区域经济发展非均衡、区域社会发展非均衡、区域人本发展非均衡三个方面，分析这三个方面的发展演化，并抓住人本发展非均衡这一本质和核心问题，分析知识溢出对经济、社会发展的作用机制，对于早日实现经济与社会的协调发展具有十分重要的意义。

二、部分国家的区域非均衡发展问题及其处理策略

区域发展不均衡不仅会带来经济问题，严重时还会导致社会矛盾，威胁社会稳定。为此，各国政府都非常关注本国经济的非均衡发展问题，为促进区域经济的均衡或协调发展，纷纷采取积极的应对策略。下面分别以美国、德国、日本、

中国为例进行简要说明。

1. 美国

美国是当今世界经济最发达的国家，曾经也是地区间发展很不均衡的国家，美国分为四个大区，东北部、中北部、南部和西部。东北部和中北部凭借区位优势和英国的殖民统治历史率先发展起来，形成了“制造业地带”；而广阔的南部和西部，则主要生产农产品和初级品，工业发展迟缓，在社会分工中处于不利地位，长期受北部垄断财团控制。第二次世界大战后美国为了缩小地区经济的差异，逐步实施了如下一系列区域经济政策：

（1）制定《阿巴拉契亚区域开发法》等区域发展规划，促进落后地区经济发展。

（2）提供信贷优惠，鼓励私人企业在落后地区投资。

（3）大力资助南部和西部的教育事业，推动人口南移，培育有利于高科技企业投资的环境。

（4）联邦政府的财政政策极大偏向于南部和西部。

美国从20世纪60年代开始实行的这些区域经济协调发展政策，逐渐使南部和西部的面貌焕然一新，到20世纪80年代其经济发展的速度和城市化水平都远远高于全国的平均水平。从1960～1980年，美国南部和西部非农业部门就业人数增长率分别是东北部和中北部的3.34倍和2.01倍；南部和西部地区的经济增长速度加快；南部和西部高新技术工业的兴起带动产业结构的升级，如加州的“硅谷”和亚特兰大的计算机工业区等［根据师求恩（2006）整理］。

美国区域经济发展战略的恰当选择、政府的准确定位和制度创新为区域经济发展创造了良好的投资环境，推动了区域开发的成功。这些经验值得我们研究、学习和结合我国国情予以创新。

2. 德国

在两德统一之前，联邦德国（西德）持续地致力于解决区域经济发展不平衡的问题，以不同地区的发展情况为着眼点，不同时期确立了不同的目标和政策。从第二次世界大战后的西德到两德统一前的区域政策大致分为三个阶段：第一阶段（1951～1958年），消除战争损失与促进东部边境地区的发展；第二阶段（1959～1968年），促进结构薄弱地区的增长潜能；第三阶段（1969～1989年），以改善区域经济结构共同任务为工具促进区域协调发展。

1990年，两德统一之初，东德与西德经济发展水平迥异，东德的GDP所占份额不足10%，劳动生产率仅为西德的30%。为了刺激东部地区经济发展，德国政府采取了一系列政策措施，主要有：

（1）加大对东部和落后地区的投入。德国政府对不同地区、不同规模企业的支持力度有所差异，即更加支持东部地区、更加支持中小企业。1990～2000年，西部对东部的资金援助高达1.6万亿马克。此外，德国还根据经济发展水平把全国划分为五类地区，对不同地区、不同类型企业实行差异化的政府投资补助。

（2）建立独特的财政平衡机制，实现各地区居民公共服务均等化。德国采用以各州之间横向支援为主、联邦政府对州政府纵向拨款为辅的财政平衡机制。

（3）首先考虑消除不同地方基础设施供给状况方面的差别，把投资放到基础设施差的地方。例如，东西德合并后，基础设施投资主要集中用于东部新建的5个联邦州。

（4）鼓励区域创新。德国联邦政府教研部从1999年到2005年实施了“区域创新”资助项目，以开发新联邦州教育科研机构及企业研发部门蕴藏的创新潜力。该计划通过资助增强区域创新能力的研究项目、新产品和新工艺项目，使各地区的传统经济部门焕发出新的生命力。

总的说来，德国的区域政策有三大目标：①增长目标，即追求各局部地区经济最佳发展以实现总体经济增长的最大化；②平衡目标，其目的是减少区域间的发展不均衡来实现各地区享有同等的生活条件；③稳定目标，其任务是帮助结构问题严重的地区渡过危机［参见鲍晓（2004）］。

这些政策措施的实施使得德国东部经济与西部经济之间的差距逐步缩小，使得各区域之间的差距进一步缩小，向均衡状态演化的速度加快。德国的经验告诉我们：找出区域非均衡发展的本质原因，确定合理明确的发展目标、制定合适的区域发展政策以及创造有利于区域均衡发展的环境是促进区域均衡发展的有效途径。然而，区域由非均衡发展到均衡发展是不可能一蹴而就的，从不均衡发展到均衡发展是一个动态的演化过程。

3. 日本

日本在20世纪70年代由于经济的高速成长，造成人口与企业不断往都市集中，也面临区域经济发展极度不均衡的严重问题，并采取了各种政策和措施以谋求改善。

日本政府为缩小国内地区差异、诱导工业向地方转移、振兴地方产业颁布了一系列法律。如1950年专门制定的《北海道开发法》、1962年的《新产业城市建设促进法》、1964年的《工业整备特别地区整备促进法》、1971年颁布实施的《农村地区工业等引进促进法》、1972年的《工业再配置促进法》、1979年的《高技术工业集聚地区开发促进法》、1988年有助于地区产业高级化的《特定产业集聚促进法》、1992年颁布出台的《促进地方据点城市区域建设和产业业务设施再配置法》等。

日本的区域政策不仅考虑个别地区的开发问题，而且考虑各地区特别是落后地区的社会基础设施、生活和文化设施的建设以及自然环境的保护等问题。其制定明确的开发战略、开发规划与开发目标，并注意及时调整和推进，成为各级地方编制中长期计划的依据和指南；同时也是日本国民了解政府关于区域发展政策或施政方略的一个重要途径，有利于引导地方和企业的投资方向，避免盲目建设。

此外，日本注重建立健全相应的开发管理机构，保证政策、规划的贯彻和实施。如日本在开发北海道的过程中就按照《北海道开发法》的规定，在中央政府中设立北海道开发厅，厅长官为国务大臣，厅下设北海道开发局，局直接对厅负责。厅的办公地点设在东京，局的办公地点设在北海道的札幌市。北海道开发厅只负责北海道开发中的直辖部分，另有辅助部分交由北海道地方政府负责，开发的主要责任由中央政府的开发机构负责。

日本在区域发展过程中十分重视运用宏观财税政策，把中央财政占总财政收入的大部分拨付给地方政府，在非均衡发展时期主要拨给重点开发地区，在均衡发展时期则主要拨给落后地区［以上根据侯岩（2000）整理］。

日本解决地区差距方面的做法和经验，有许多值得称道的地方，特别是其调整产业区位、促进区域均衡发展的经验，有着非常重要的启示作用。

4. 中国

我国地大物博，由于东西南北自然资源禀赋以及社会资源配置方面存在巨大差异，区域之间经济发展非均衡问题一直是困扰我国经济发展的重大战略问题。我国政府对此高度重视，多年来在不同经济发展阶段研究并提出了一系列措施，如在“八五”时期提出，要“根据统筹规划、合理分工、优势互补、协调发展、利益兼顾、共同富裕的原则，努力改善地区结构和生产力布局”；在中共中央十四届五中全会把“坚持区域经济协调发展，逐步缩小地区发展差距”作为今后十五年经济和社会发展必须贯彻的一条重要方针；党的“十六大”提出促进区域协调发展的方针；党的“十七大”进一步明确“要继续实施区域发展总体战略，深入推进西部大开发，全面振兴东北地区等老工业基地，大力促进中部地区崛起，积极支持东部地区率先发展”；在中共中央十六届三中全会上和“十一五”规划的建议中都把促进区域、城乡的协调发展作为未来发展的一项重要内容；胡锦涛总书记强调在当前和今后一个时期要重点抓好以下四项工作：坚持统筹城乡区域发展；加快形成主体功能区；健全区域协调互动机制；完善分类管理的区域政策。虽然这些宏观政策措施在一定程度上促进我国经济发展回归均衡，但随着改革开放的不断深入和国民经济的快速发展，区域差距和城乡差距却进一步扩大，东中西部及各省内部经济发展都存在严重的不均衡，威胁着社会和谐及区域和城乡的协调发展。

长三角地区是我国最大的经济核心区之一，其每年创造的 GDP 约占全国的1/4，成为拉动全国经济增长的重要地区。尽管长三角区域经济发展迅速，然而由于受到种种因素的影响，区域发展不均衡问题却日渐凸显。在其经济发展过程中，既存在江苏、浙江、上海“两省一直辖市”之间的不均衡，也存在苏南、苏

中、苏北三大区域的不均衡以及浙东北和浙西南的不均衡，还有城乡“二元经济”结构之间的不均衡。近年来，城乡之间、区域之间的不均衡有扩大趋势，不仅不利于长三角经济总体发展，而且还会威胁到社会的和谐稳定。

目前关于长三角的研究主要集中在一体化方面，对一体化的战略和策略进行分析与讨论，研究成果丰富了长三角区域发展研究的内容，对促进长三角的一体化和协调发展具有重要的意义和作用，也有一些学者开展了长三角区域的非均衡发展的定量研究和对策讨论，但欠深入和系统。近年来区域差距加大的事实引发了我们对如下问题的深层次思考：一体化和协调发展的政策与战略应该建立在哪一层面上才较为合理？制定政策和战略时应该考虑哪些要素才能更好地发挥效用？如何科学地衡量区域的一体化和协调发展？“拉动效应”的产生和“赶上”现象出现需要哪些条件（或者说需要什么样的环境）？

目前，如何在发展长三角区域整体经济的同时兼顾各省、各地区均衡发展，越来越受到各界关注。对这一问题的探究不仅具有十分重要的理论意义，而且对于统筹长三角区域发展、健全区域协调互动机制、完善其分类管理的区域政策具有积极的应用价值。长三角经济发展的差距也是中国三大带、七大宏观区域差距的缩影，长三角作为我国改革的“试验田”之一，处理好其发展的不均衡问题，对解决中国整个区域发展不均衡问题具有重要的借鉴意义。

第二节　长三角区域非均衡发展分析

为了更好地分析和讨论长三角区域非均衡发展问题，下面分别从经济发展非均衡、社会发展非均衡和人本发展非均衡三个方面对目前长三角发展中存在的不均衡问题进行简要分析。

一、经济发展非均衡问题

许多学者曾对长三角区域经济发展存在的非均衡问题进行了研究，并对解决策略进行了探讨。刘志彪（2002）指出协调竞争规则是长三角地区经济一体化的重要基石。王洪庆和朱荣林（2005）指出长三角地区经济一体化的关键是产业结构调整与互动，针对不同地区的经济发展水平仍存在一定的差距、产业结构呈阶梯状特征、部分产业集聚度低等问题，提出了如下对策和建议：要充分发挥上海的龙头作用；以世博会为契机，推进长三角地区第三产业的一体化发展；加快跨地区大型企业集团的建立等。曹光杰（2006）分析了长三角区域经济实现一体化所具有的良好的地理位置、经济基础等条件以及产业结构趋同、人地矛盾等主要的制约因素，提出了长三角区域经济一体化的模式，主要包括基础设施一体化、产业一体化、市场一体化和制度一体化。

邱风等（2005）针对长三角产业同构与恶性竞争问题，对长三角地区的产业结构进行了再思考，并对该地区的产业结构进行了由三次产业到细分产业的相似系数的实证研究。这一研究结果发现产业细分呈相似性下降和产品“趋异”发展的态势，说明长三角地区的产业是可以而且能够互补式推进的，这种互补性可以为区域内合作领域、合作重点、合作方式的拓展和创新提供有利条件。此外，对于市场发挥作用的不由政府控制投资方向的竞争领域，政府应提供持续协调的制度平台，以遏制相互封锁与恶性竞争；对于由政府决定投资方向的领域的区域合作，应考虑制度层面适时的制度变迁。

李正华和杜建国（2008）采用一般测度熵（GEM）和极化（TW）相结合的方法，从不同集聚层次上对1993～2005年长三角人均GDP（GDPPC）、农村居民纯收入（RPCI）和城镇居民可支配收入（UPCI）进行了不均衡与极化演化分析。其研究表明：在长三角集聚层次上，GDPPC、RPCI和UPCI在1993～2005年的极化水平呈现“U型”趋势，且GDPPC和UPCI在该期间不均衡和极化的平均增长率都呈发散趋势，而RPCI在该期间不均衡和极化的平均增长率均呈现收敛趋势。江苏省的GDPPC、RPCI和UPCI的不均衡是构成省内不均衡的主要组成部分，也是构成长三角不均衡的主要组成部分，占到70%左右，浙江次之，这主要是由江苏省的低收入、不发达地区的人群占全省的比重高造成的。苏中GDPPC的不均衡和极化均呈大幅度的发散，其他地区发散程度较小，与近几年对苏中的开发力度很大有关。各地区UPCI的不均衡和极化程度都较高，其中由于浙江省城市收入存在的不均衡性较高，UPCI的不均衡呈扩大趋势。苏南和浙东北的RPCI呈现收敛趋势，其他地域的还是在发散。最终得出结论：政府应在较低水平集聚层次上进行决策，这样可以有效地降低区域不均衡。

总之，长三角区域经济发展不均衡主要体现在GDP不均衡和产业同构两个方面。

1. GDP不均衡

长三角地区是我国经济发展的领先地区，2007年全国人均国内生产总值（人均GDP）为18934元，其中上海市人均GDP达到66367元，江苏省为33928元，浙江省为37411元。长三角“两省一市”的人均GDP水平均远远高于我国的平均水平，然而长三角内的经济发展也存在严重的不均衡问题。按常住人口计算，2007年江苏省内三大区域苏南、苏中、苏北的人均GDP分别为54952元、28411元和16263元，苏南的人均GDP水平远远高于苏中和苏北，三大区域间差距较大。此外，苏州市创造的GDP（5700.85亿元）占苏南地区五市GDP总值（15931.09亿元）的35.78%，2008年这一比重达到了45.87%。浙江省内两大区域浙东北和浙西南的人均GDP分别为52413.54元和27272.93元，这两大

区域间也存在较大的差距。

2. 产业同构

产业同构也是长三角经济发展中的典型问题，《2009 年中国区域经济发展报告》数据显示，1988～2006 年上海和浙江的产业结构相似度最高为 0.86，最低为 0.67；上海和江苏的产业结构相似度在 0.85 左右变化；浙江和江苏的相似度最高达到了 0.97，近几年虽有下降趋势，但仍在 0.83 以上变化。各种理论研究表明经济发展水平越接近，产业结构相似程度越大。较高的相似产业使得长三角各种资源没有得到合理地配置和优化，造成了浪费。产业结构的非均衡发展不利于区域协调。

二、社会发展非均衡问题

经济发展的同时也会带来许多社会问题，城乡差距是较典型的一方面。近几年来，长三角城乡居民收入虽有提高，但城乡之间的差距却在拉大。据有关数据统计，从 1981～2007 年的 27 年，江苏省城镇居民人均可支配收入增长幅度高于农村居民人均纯收入增长幅度的有 19 年；尤其是 1997～2007 年的 11 年，一直是城镇居民增幅高于农村居民。浙江省在这 27 年中有 14 年城镇居民人均可支配收入增幅高于农村居民人均纯收入增幅；在 1998～2007 年的 10 年，除 2004 年城乡居民收入增幅相同外，其余 9 年都是城镇居民人均可支配收入的增幅高于农村居民人均纯收入的增幅。1998～2007 年，长三角城镇居民人均可支配收入与农村居民人均纯收入之比由 1.85∶1 提高到了 2.45∶1。许多学者的研究也证实了这一变化趋势。

从全国范围看，长三角地区城镇居民内部收入分配差距一直十分突出。2004 年江苏省、浙江省城市居民 10％最低收入户与 10％最高收入户人均可支配收入差距比分别为 1∶10.71 和 1∶7.52，依次高出全国差距比 1∶5.30 的 5.41 倍和 2.22 倍。尤其是江苏省城镇居民内部的差距为全国的 5 倍多，差距比在全国最高。上海的情况稍好点儿，也基本与全国持平（韩留富，2007）。逐渐扩大的城乡差距应引起足够重视，否则将会威胁社会稳定。

王娟等（2005）对长三角区域协调程度进行了实证分析，分析显示，长三角地区总体经济持续快速增长，人民生活水平也得到了进一步提高，但也存在很多问题，如地区经济与社会发展差距有扩大的趋势、城市之间发展不均衡，能耗大、地区环境质量下降以及安全生产存在隐患等。同时王娟等在分析的基础上提出了如下对策：对于产业结构趋同现象，应加强地区间的合作，实现行业的合理分工和优势互补；加强环境合作，落实科学发展观，化解地区经济竞争与环境保护之间的矛盾；以人为本，统筹兼顾，因地制宜，发挥地区比较优势，建立各具特色的区域分工和合作格局；提升区域创新能力和竞争力。

曾光和周伟林（2006）采用人均GDP、城镇居民人均可支配收入以及农村居民人均年纯收入等多项指标，分别从绝对差异、相对差异以及收敛性等多个角度，实证研究了长三角16个城市间1978～2004年的27年间经济增长差异的演变。结果表明，人均GDP的绝对差异（标准差值和极值差值）逐年扩大，而且阶段性明显；而相对差异（极值差率、基尼系数和变异系数）总体上逐年缩小，但是具有一定的波动性。城镇居民人均可支配收入以及农村居民人均年纯收入的绝对差异都是逐年扩大，而相对差异总体上缩小，在波动中趋于稳定。此外，长三角城市经济增长总的来说存在着δ一收敛，但在总的δ一收敛趋势下，变异系数有一定的波动，收敛与发散交替出现。

韩留富（2007）指出长三角地区城乡居民收入差距呈扩大趋势，主要原因除统计指标的单一性缺陷外，还在于发展战略、分配原则、社保制度和再分配措施偏向城市。所以政府应关注差距趋势，正视负面影响，调整发展战略，把“三农”放在首位，努力实现制度公平。解决城乡差距问题，对于长三角社会发展非均衡问题和区域协调发展将具有十分重要的意义。

Du等（2009）利用长三角各个地区（市）的农村居民纯收入、城镇居民可支配收入和人均GDP数据，对经济发展和区域收入不均衡做了比较分析。利用GEM指数的可分解性来分析1993～2005年城乡收入不平衡、农村之间收入不平衡和城镇之间收入不平衡及其演化。结果显示，近年来，长三角的城乡不平衡急剧扩大，而农村之间的不平衡总体上趋于稳定；城乡收入不平衡基本上是整个收入不平衡的主要构成部分，收入不平衡的变化具有不同于全国水平的结构；1993～2001年，经济增长速度和收入不平衡的增长速度之间存在较大差异，而2001～2005年两者的变化趋于一致。这些发现为区域政策制定指明了方向。

三、人本发展非均衡问题

人是知识的生产者，是经济发展的主要要素，人的发展是社会经济发展的基础和根本目的。然而长三角区域的人力资本结构还存在许多问题，不同城市居民以及城乡居民间在受教育机会、就业机会、技术培训等方面都存在一定差距，而且人力资源倾向于向收益较高的地区流动，这就造成了区域间人力资本的非均衡配置，从而进一步加剧了知识形成、扩散和溢出的非均衡，并直接影响社会和谐与区域经济的协调发展。

人力资本投入是人本发展的先决条件。2007年上海、江苏和浙江的人均教育经费分别为1995.3元、897.82元和1248.03元，差距相当明显。2008年江苏省的苏南、苏中和苏北在教育方面的地方财政支出分别为243.08亿元、89.61亿元和143.37亿元，浙江省内部的浙东北和浙西南在教育方面的地方财政支出分别为234.59亿元和167.32亿元，可见省内各区域间的教育差距也是相当大

的。教育经费投入多的地区，技术人员数量也相对较多。2007 年抽样调查数据显示，上海大专及以上人口所占比重达 20.62%，而江苏省和浙江省分别为 7.8%和 8.14%，人力资本质量也存在差距。

Ren（2008）研究了长三角地区两种形式的人口迁移：长三角内外人口迁移和长三角内部区域之间的人口迁移，分析了它们对城市人口分布和城市区域结构变化的影响，并根据各个城市的出生率、死亡率和净人口迁移对区域人口的未来演化做了预测，指出长三角必须采取人口迁移导向的发展战略和政策，应该注重迁移和区域可持续之间的平衡，不同城市应采用不同的发展战略并加强区域协作以达成一体化的区域发展战略。

王修来等（2009）以长三角地区为例，研究了非均衡视角下区域人才的冲突与化解方法，认为在非均衡发展下，“扩散”与“极化”一对矛盾力的此消彼长使得区域人才结构经历“散化”、“中心极化”以及“和谐成熟”三个阶段。他们通过计算区域人才结构对经济发展的贡献度来侧面反映人才结构的冲突程度。计量结果表明，大专以上学历人才对江、浙、沪的贡献度分别是 0.82、0.71、0.68，长三角地区人才结构冲突为 0.597，江、浙、沪三地的人才结构冲突程度分别为 0.654、0.643、0.675，三者间冲突程度相当，说明长三角进入了中心极化阶段的多核心过程。但是各种冲突在长三角内还是相当明显的，如人才规模不足影响人才外溢，不利于网络式人才结构形成；作为极核的上海，中高层次人才溢出效应并不明显。相反，低层次人才由于经济社会压力等原因又向周边地区扩散，而作为次极核的江浙又出现中高层次人才难以留住、低层次人才不断涌入的情况，其人才溢出效应更微乎其微。此外，人才聚集程度较高城市的聚集效应也没有得到充分发挥。他们的研究表明，加大人才培养、加强人才交流、促进人才溢出效应的发挥，有利于化解人才结构非均衡的冲突，最终实现和谐发展。

目前，以知识形成、扩散和溢出的视角讨论人才对区域经济、社会发展的影响，把知识溢出作为经济增长理论的重要解释变量是区域经济研究的一个热点。

第三节 区域非均衡发展问题的研究述评

一、区域经济非均衡发展理论研究述评

关于区域发展的理论很多，主要有 Williamson & Borts 等为代表的新古典理论、Myrdal & Hirschman 等为代表的发展经济学、Krugman & Arthur 等为代表的经济地理以及 Marshall & Abramovitz 等为代表的技术差距理论。也有学者（Tyan & Sausgruber，2005）尝试从试验的角度来研究创新政策的扩散过程。

发展经济学认为，落后国家发展本国经济时，可以选择的战略包括均衡增长战略（balanced growth）和不均衡增长战略（unbalanced growth）两种。在实际经济生活中，对发展中国家产生巨大影响的是不均衡增长理论（王文利，2004）。Yao & Zhu（1998）指出我国区域发展不均衡是未来发展必须关注的重要问题。Xue（1997）强调中国不断扩大的不均衡可能会导致严重的社会和政治问题，产生民族冲突，并可能影响经济和社会的全局稳定。

近年来，随着城乡发展不均衡问题的凸显，国内外的许多学者对中国区域发展问题的研究产生了相当大的兴趣，出现了一系列研究成果。其主要有：区域发展差距及其成因分析（Du & Cheng，2008；Kanbur & Zhang，1999；Terry et al.，2007；Tsui，1993，1998a，2005；Wan et al.，2007；Wan & Zhang，2008；Zhang & Wan，2006；陈秀山和徐瑛，2004；樊平，2007；李迁等，2006；李善同，2006；林毅夫和刘培林，2003；王小鲁和樊纲，2004）、区域发展政策研究（邓庆远，2005；郭腾云等，2006；樊杰，2007；冯兴元，1999；司劲松，2007；王梦奎，2006）、区域发展战略研究（李剑林，2007；马永欢和周立华，2008；魏后凯，2004；王洛林等，2003）、区域发展中的生态问题研究（程春满，2006；杜静等，2007；杨兴宪，2006；周民良，2000）、区域发展规划和统筹（方创琳，2001；胡乃武和张可云，2004；胡鞍钢，2004；李怀义，2006；杨万东，2004；张建军和刘健，2006）、区域创新（李颖明和张利华，2007；孟晓晨和李捷萍，2002；潘锡辉等，2007）、区域发展中地方政府的职能行为（刘福坦，2003；施祖麟和刘峰，2003；王诚，2006）和区域发展理论（李仁贵，2005；刘友金，2006；陆大道，2002；魏守华，2002）等。此外，陈秀山等（2005）、刘树成（1995）、陆大道（2005）、吴玉鸣（2007）等专家出版了一系列关于区域发展问题研究的专著。所有这些成果都极大地丰富了区域发展研究的内容。

主流经济学关注给定框架内的决策，主要说明经济主体怎样处理区域结构内的变化，而不是结构本身，研究结论与行为和结构的变化和多样性的客观现实之间有较大距离。为更好地研究区域经济发展问题，演化经济学借鉴生物进化的思想和自然科学的成果来研究经济现象和行为的演变规律，对经济代理人采用有限理性假说，以多样性和复杂性代替同质简单性，重视经济问题中的随机因素和筛选机制，强调描述“尘埃是如何落定的”而不仅是尘埃落定之后的世界。这些根植于新思维方式的认识论和方法论，为研究区域发展的演化问题奠定了坚实的理论基础。演化经济理论处理经济结构变化的长期过程，特别是技术和组织的变化以及经济主体如何适应经济结构变化的战略，正是区域政策制定者设法处理的主要问题。因此，从演化的视角来研究长三角城乡和区域非均衡发展及协调对策具有其合理性和内在的必然性，将是未来研究非常值得尝试的一个方向。

近年来，通过对演化经济思想的吸收，经济地理和技术差距理论呈现融合趋

势。Steiner & Belschan（1991）第一次尝试用演化经济学的重要概念类推地讨论区域发展中技术的演化问题。Boschma & Lambooy（1999）强调了演化经济学应用于区域发展最有前途的三个方面：①区域的学习过程；②区域可能面临的消极锁定和调节问题；③新兴工业空间形成的演化过程。Lambooy & Boschma（2001）首次尝试阐明演化经济学和区域政策的一些可能关系。Ulrich（2003）对如何从演化视角制定经济政策进行了探索。Michele & Stefano（2004）对意大利的技术溢出和区域收敛过程做了统计分析。

然而目前，采用演化经济理论来研究区域发展尚处于起步阶段，多集中在纯理论方面，且很少结合一个国家及其地区的实际情况，理论和实际脱节现象较为严重。此外，区域发展的实证研究也主要集中于从不同角度分析区域发展的不均衡，而成因和政策解释过于牵强，有待从多角度、多层面深入系统地分析不均衡及其成因，对区域发展的内在机理也有待深入细致的研究，且到目前尚未见到用演化的理论和方法分析和考察我国区域不均衡发展及区域发展战略和政策的演化问题，而本书在研究长三角区域非均衡发展问题时对此作了一系列尝试。

二、知识溢出与区域经济发展关系研究述评

近年来，知识溢出已成为经济增长理论的重要解释变量，越来越成为研究的热点。现有研究认为，知识溢出是经济增长的真正动因，知识溢出是技术创新和区域创新的关键变量。知识溢出可以增加接受者的知识和人力资本，提高其工作绩效，增加其个人收入，从而推动经济增长。

需要指出的是，目前对知识溢出的内涵、外延、性质、作用和类型的研究还存在较大分歧（韩鹏，2004；李青，2007；王立平，2008；刘柯杰，2002；司春林，1995；王玉灵，2001；吴寿仁，2004；谢富纪，2001），这里提到的知识溢出和本书讨论的知识溢出指的是广义的知识溢出概念，包括技术扩散和知识转移。

知识溢出概念最早由 MacDougall 于 1960 年提出。从那以后，不同学派对知识溢出及其在经济增长中的作用就存在不同看法。新古典理论由于未考虑知识扩散的时间因素和空间因素，认为知识是即刻扩散的，这种观点受到了许多学者的质疑。发展经济学重要贡献之一在于提出了规模报酬递增效应，但其关于知识不流动的假设是不现实的。早期的经济地理学派（Krugman 为代表）认为要素而不是溢出对集聚更为重要，认为知识的流动是不可见的。后来，该学派的学者研究了知识扩散的路径和轨迹问题，并基于知识溢出对新产业空间、产业集聚和新产业区等问题开展了研究。技术差距理论瞄准国家和地区之间的知识扩散，认为落后国家和地区通过模仿先进国家的高效技术获得赶超，但这种赶超取决于社会能力和技术一致性等要素。Romer（1986）在一项实证研究中发现，第二次世界大战后世界所有国家都有分异现象，并指出收益递增的重要性。Romer（1990）

将知识作为独立要素引入生产函数，建立了经济增长的新模型。20 世纪 90 年代早期，许多研究者追随这一思路，由此建立了新增长理论学派，促使收益递增的知识溢出成为新增长理论的核心内容。

Black & Henderson（1999）认为地方性知识溢出能促进城市集中，并促使人力资本积累。Keller（2000）指出地理位置上的接近有利于知识溢出的发生。Brun et al.（2002）探索了我国改革开放后政府支持的沿海省份工业率先发展的政策是否存在区域增长溢出效应，他们采用 1981～1998 年的数据通过回归分析发现，利用沿海区域增长的溢出效应推进西部地区省份发展的战略并未成功，其溢出效应并没有被均匀地分布到内陆省份，从短期来看这种溢出效应并不能改善中国区域不均衡现象。Liu（2002）通过对 1993～1998 年深圳经济特区制造业的调查研究发现，外资企业的知识溢出从产业层面看与生产率存在显著的正相关关系，但从企业层面看并不存在明显的知识溢出效应。Bottazzi & Peri（2003）采用 1977～1995 年欧洲的研发投入和专利数据研究了知识溢出的作用范围。Audretsch & Fledman（2004）研究了知识溢出对区域创新的作用。Antonella Nocco（2005）认为技术差距不是很大、交易成本充分低时区域间才可能发生溢出效应，并且溢出与区域不均衡有一定关系。Todo（2006）采用日本制造业的企业面板数据验证了外商直接投资对国内企业有产业内知识溢出效应。Lee（2006）采用经合组织 16 个国家 1981～2000 年的数据研究了内向型和外向型的 FDI、中间产品的进口等渠道国际知识溢出的大小。Falvey et al.（2007）采用面板数据研究南北贸易中的知识溢出，发现吸收能力对知识溢出有重要作用。Mancusi（2008）认为国际溢出增加了落后国家的创新能力，并发现吸收能力增加了落后国家的创新对溢出的弹性。Kesidou & Romijn（2008）采用乌拉圭软件行业的数据说明通过人员流动、员工非正式交流、地方性溢出对公司的创新有重要的正面效应。Nelson（2009）采用围绕重组 DNA 技术的专利、许可和出版物对度量知识溢出的各种指标作了评价。

国内学者一般对知识溢出进行实证分析，主要有包群和赖明勇（2003）、陈涛涛（2003）、何洁（2000）、惠静薇和汪应洛（2007）、李小平和朱钟棣（2004，2006）、李燕和韩伯棠（2008）、刘志强（2000）、龙志和和蔡杰（2008）、潘文卿（2003）、秦晓钟和胡志宝（1998）、沈坤荣和耿强（2001）、王长峰和杨蕙馨（2009）、王军和朱倩（2006）、谢洁（1998）、周燕和齐中英（2005）、郑展和韩伯棠（2008）等。

秦晓钟和胡志宝（1998）采用 39 个行业 1995 年的工业普查数据，通过生产函数模型的统计分析发现，FDI 外商直接投资的行业内溢出效应明显存在。谢洁（1998）以国际化率作为知识溢出的衡量指标，对上海技术先进的 80 家外资企业的调查表明，93%的外资企业有技术外溢行为。何洁（2000）使用 1993～1997

年28个省、市、自治区的工业部门共140个相关数据进行分析，得出FDI在各省市工业部门中均存在明显的正向外溢效应，并且外溢效应与经济发展水平明显相关。沈坤荣和耿强（2001）利用1996年29个省、市、自治区的FDI总量与各省的全要素生产率的截面数据，得出了FDI与全要素生产率正的相关系数。姚洋和章奇（2001）利用1995年全国第三次工业普查数据对FDI的外溢效应进行研究，认为三资企业的效率要比国内企业高，并且FDI的外溢效应主要体现在一省内部，行业内的外溢效应并不明显。包群和赖明勇（2003）通过FDI年度数据界定技术外溢的动态测算值，并对其影响因素进行了分析。潘文卿（2003）利用中国工业部门行业统计的面板数据，对外商投资的外溢效应进行系统分析，结果显示1995～2000年FDI对工业部门的总体外溢效应为正。陈涛涛（2003）利用我国制造业84个四位码行业的数据，对FDI溢出效应的研究结果表明，当内外资企业的能力差距较小时，有助于溢出效应的产生。李小平和朱钟棣（2004）利用我国各地区面板数据研究国际贸易技术溢出的门槛效应，结果显示进口显著地促进了技术进步，出口反而阻碍了技术进步。周燕和齐中英（2005）比较了FDI对中国制造业的产业内和产业间的溢出效应，分别研究了不同类型的FDI对当地企业产生的影响。李小平和朱钟棣（2006）利用计算外国R&D（研究与开发）资本溢出的方法对中国工业行业的技术进步增长、技术效率增长和全要素生产率增长的影响进行了实证研究，结果表明国际贸易渠道的R&D溢出促进了中国工业行业的技术进步增长、技术效率增长和全要素生产率增长。王军和朱倩（2006）通过实证方法认为知识溢出是城市的一种重要功能，产业在城市的规模集中产生了溢出，而溢出提升了创新能力。惠静薇和汪应洛（2007）分析了基于知识共享和知识溢出的企业R&D合作策略。朱美光（2007）采用我国1999～2003年的面板数据，以我国31个省级（直辖市）行政区为研究对象，揭示了我国区域经济发展中的技术追赶问题和安徽、江西与周边区域的“知识溢出盆地”现象，从区域技术创新和技术吸收、技术创新环境和技术追赶等方面为我国区域经济发展提出了相应的政策建议。龙志和和蔡杰（2008）研究了马歇尔溢出和雅可布溢出与经济发展水平的关系，并提出了产业政策建议。郑展和韩伯棠（2008）研究了知识溢出下高新技术虚拟R&D团队运作模式。李燕和韩伯棠（2008）基于BP神经网络的知识溢出分析模型，对制约知识溢出因素的重要性进行了分析，并揭示了与地区科技进步水平的关系。王长峰和杨蕙馨（2009）的研究认为企业集群知识溢出途径主要有四种，分别是供应商与客户关系、正式或非正式的合作研发、企业间人才的流动以及创业和衍生企业。

总的说来，大多数文献把知识溢出作为一种结果，而没有看作一种过程，对知识溢出的机制尚未形成清晰的理论化认识，对知识溢出的路径或渠道还有待深入和完善。

知识溢出的发生必须在一定的环境下，受空间距离、社会网络发达程度、公共部分研究组织的多少、主体的吸收能力等多种因素的影响。要从根本上缩小区域差距，实现协调发展，需要从影响创新和经济发展的关键要素入手，以此制定有针对性的政策措施。区域间人口的流动、商品贸易、信息交流等都具有溢出效应，这种溢出效应正是“拉动效应”发生作用和“赶上”现象出现的根源，因此创设有利于这种溢出效应产生并吸收、创新的环境，正是推进区域协调发展的动力和解决区域差距拉大问题的切入点。

由于非线性机制的存在和作用，使得区域经济系统的发展存在多重均衡，“机会”和“递增报酬”这样的演化机制导致区域发展过程中可能存在“不良锁定”，即造成区域非均衡发展、区域和城乡差距进一步扩大的结果。而现有研究结果表明知识溢出存在“逆流效应”和“扩散效应”。当制度不干预或干预的力量较弱时，“机会”和“递增报酬”使得“逆流效应”较强，“扩散效应”较弱或难以产生，形成区域发展非均衡的“不良锁定”。决策者有余地行动和建立一个良好的空间环境，通过适当的政策干预，通过干预知识溢出的流向，即改变“逆流效应”和“扩散效应”的强弱来实现均衡或协调发展的目标。因此，地方环境在很大程度上决定区域政策可能的选择和可能的结果，而政策制定者在构建区域发展环境中起着相当大的作用。

目前关于知识的研究主要集中在企业和行业层面，从知识溢出的角度来分析长三角区域经济发展的文献还非常少见，尚未见到以区域为单元、从演化视角来研究的文献。因此，结合演化经济理论和知识溢出理论，分析长三角区域间知识溢出的演化过程，揭示知识溢出的内在机理和区域间的集体学习过程；分析区域制度变迁对长三角区域不均衡演化的影响，揭示区域发展现象背后的内在机制和规律；分析区域差距扩大背景下面临的调整问题；构建区域协调发展的绩效评价体系等问题的研究，为统筹长三角区域发展、健全区域协调互动机制、构建有利于区域间知识溢出和新技术成长的环境、完善其分类管理的区域政策、提升区域政策的效果具有十分重要的理论价值和实践意义。

第四节　本书的主要研究内容

本书以科学发展观为指导，以长三角（本书中指江、浙、沪，包括 24 个地级市和 1 个直辖市）区域发展的现状为背景，结合演化经济理论和知识溢出理论、综合运用统计分析的基本方法和 MATLAB、AMOS、EXCEL 等软件的分析、计算、统计和绘图功能，对长三角区域非均衡发展演化及其协调对策问题开展了研究。本书后续章节的主要内容概括如下：

（1）为给后面的章节提供理论支撑，本书第二章首先对与区域经济发展非均衡有关的理论，如新古典区域经济理论、发展经济学、地经济理学、技术差距理论、演化理论和知识溢出理论等，进行了剖析、综述。

（2）为反映长三角城乡、区域发展不均衡和极化随时间的演化，本书根据1993年、1997～2007年长三角地区24个地级市和1个直辖市的多个指标（包括人均GDP、城镇居民人均可支配收入、农村居民人均纯收入、居民人均收入等）的面板数据，采用多个不均衡指数和极化指数，从多个角度进行了系统分析；同时利用GEM和Gini系数的分解特性揭示了区域发展不均衡的组成及其在不同集聚层次上的变化。该部分内容主要体现在第三章。

（3）为分析社会发展非均衡（本书主要讨论城乡不均衡）及其演化，对人均收入总的不均衡GEM采用了两种分解方法：①分解为城乡收入不均衡、农村之间收入不均衡和城镇之间收入不均衡；②分解为市之间均值收入不均衡和市内部的城乡不均衡。根据城乡和区域情况，把Gini系数的一般类分解推广到了城乡区域分解，并对Gini系数的分解采用Excel表上作业法和MATLAB编程两种计算实现手段。我们根据GEM和Gini系数的分解结果，刻画了长三角城镇和乡村收入不均衡及其演化规律，并进行了对比分析，揭示了不均衡的演化规律，为各级政府的政策制定指明了方向。该部分内容主要体现在第四章。

（4）为研究人本发展非均衡问题，本书在总结现有研究的基础上，构建了知识溢出机制的系统框架，从知识生产、知识存量、空间距离和知识溢出的影响等方面剖析了知识溢出的本质与内在机制，解释了知识溢出各系统要素之间的关系，总结了知识溢出的度量方法，对知识溢出的主要途径和效应进行了探讨，揭示了知识溢出与区域经济增长的关系，为研究知识溢出提供一个有形的平台。该部分内容主要体现在第五章。

（5）为了进一步研究人本发展非均衡问题，本书在构建知识溢出机制系统框架的基础上，把知识溢出理论和演化理论相结合，将空间因素和区域的吸收能力引进经典的知识溢出理论中，利用知识溢出模型揭示了知识溢出的内在机理；同时运用空间计量模型、面板数据分析技术对长三角两省一市区域知识溢出进行了实证分析。书中把知识分为显性知识和隐性知识两类，分别选择一定量的统计指标反映，并进行了科学效用分析，对知识存量和溢出进行了拟合，分析知识溢出路径，揭示了知识溢出和经济增长的关系，为后文研究有利于知识溢出的区域协调对策打下基础。该部分内容主要体现在第六章。

（6）为了更透彻地分析区域经济发展非均衡的影响因素，本书针对不同水平下长三角区域非均衡发展及其演化，从区域特性差异、劳动力流动的不均衡、资本流动的不均衡和财政制度因素等方面分析了长三角区域经济发展非均衡的成因，揭示了区域发展现象背后的内在机制和规律，展示了区域组织机构（包括政策制定者）对区域地方环境的影响，为长三角各区域发挥区域比较优势和创新成长的环境以及政府制定区域协调发展政策提供了理论指导和决策支持。该部分内容主要体现在第七章。

（7）本书通过咨询专家和考虑数据的可获取性，从经济增长、经济结构、效益和效率等多方面构建了经济发展指数指标；从合理的分配制度、城乡收入差距、就业结构、资源利用率、环境保护等方面构建了反映社会和谐程度的指数指标；从技术创新的能力、创新的国际国内环境、创新投入和创新效率等方面构建了创新能力指标；采用统计分析和系统聚类分析方法，测评了长三角各市 2007 年、2008 年的经济发展、社会和谐和创新能力水平，并进行对比；同时从区域协作、城乡统筹、产业布局、知识溢出与区域集聚、区域市场网络、环境保护、创新网络和基础设施等方面系统地制定了区域协调发展策略，为长三角区域协调发展战略和政策的制定提供了依据。该部分内容主要体现在第八章。

第二章 区域经济发展的相关理论概述

区域经济发展差异是普遍存在的一种现象，不仅存在于发展中国家，也存在于发达国家，如何缩小区域间的经济差距一直是区域经济学研究的核心问题之一，也是经济学者和地理学者共同涉足的研究领域。国外较早涉足区域经济及发展差异研究，并提出了许多研究理论。

区域经济理论萌芽于资本主义商业、运输业大发展的 18 世纪。18 世纪中叶，西欧等资本主义大工业的发展使得社会生产、生活方式发生了根本性变化，给传统经济学提出了许多区位方面的问题，多种多样区位和运输方式的选择，促进了区域经济理论的产生和发展。概括地讲，西方区域经济的理论研究大体经历了三个阶段：

（1）18 世纪中叶到 20 世纪 50 年代前，西方区位论产生并形成完整的体系。西方对包括企业、产业和城市的区位选择、空间行为和组织结构方面的研究起步较早。德国的杜能（Von Thünen，1826）对农业区位论的研究奠基了西方区位论的基础。韦伯的工业区位论以及克里斯塔勒（Christaller，1933）的中心地理论也是这一时期对区域经济理论的主要贡献。

（2）20 世纪 50～70 年代，西方对区域经济的研究重心转向区域经济发展及政策研究，主要代表有增长极理论、累积因果理论和新古典区域增长理论。

（3）20 世纪 80 年代以来，西方对区域经济的研究重点逐步转向实证，倾向于采用数学方法和统计模型。这与许多官方统计数据的公开以及高科技网络和经济全球化的发展是分不开的，研究领域涉及国际国内投资、经济全球化以及区域经济差异和可持续发展等。

1978 年前的计划经济体制下，我国的区域经济发展以重工业向内地转移为特征，强调国民经济的大推进和均衡发展，此时基本不存在独立的区域经济。改革开放后，经济学家逐步认识到任何国家和地区的区域经济发展都是一个由非均衡到均衡的漫长而曲折的前进过程，他们也认识到我国东、中、西部的差异。近年来，许多专家学者的研究重点转向非均衡发展、区域经济的协调与可持续发展的理论和政策等方面。

综观中外区域经济发展的历史，各个时期的区域经济发展理论为区域经济发展及战略政策的制定提供了坚实的理论依据，本章将重点介绍以下几个相关的区域经济发展理论。

第一节　新古典区域经济理论

新古典区域经济理论是一种均衡发展理论，其基本假说是，区域间要素报酬的差别会通过要素流动趋向均衡，即认为市场机制的作用最终会消除区域之间人均收入的差别，最终导致经济增长的均衡。然而，市场要有效发挥作用也要满足一定的假设：①经济主体追求收益最大化；②经济主体能获得有关价格的所有完全的信息；③所有市场处于完全竞争状态；④技术知识处于竞争对所有区域都是可用的，其扩散是不需要时间的；⑤生产要素自由流动、区域之间运输费用为零、产出的价格是统一的；⑥所有区域都有相同的生产函数。从这些假设可得出，供给和需求平衡，所有市场都处于均衡状态。

新古典主义区域均衡发展理论源于经济增长理论，其代表人物有纳克斯、罗丹、鲍茨和斯坦等。纳克斯认为，发展中国家由于人均收入水平低，使得市场购买力水平和资本积累水平较低，导致这些国家的资本供给不足，而且对资本的有效需求不足，进而使其经济增长长期处于“贫困的恶性循环”中。摆脱这种状态的出路是在国民经济各部门中同时增加并合理分配投资，从而扩大市场、增加需求，实现有效资本积累，进而使国民经济各部门全面均衡增长。纳克斯和罗丹等认为增加积累（储蓄）是经济增长的决定因素。但实践证明，单纯的高积累并不能促进经济良性循环，因为这种促进经济增长的方式是低效的，增长最终会放缓（张金锁，2003）。

新古典增长理论的基本模型是指美国经济学家索洛（Solow，1956）基于柯布—道格拉斯生产函数提出的模型，该模型表示：在既定的生产方式下，用已有的资本存量 K 和投入的劳动量 L 能够得到最大生产量 Y。索洛模型假定：①资本—产出比率是可变的，资本和劳动可以互相替代；②市场是完全竞争的，价格机制发挥主要调节作用；③不考虑技术进步，技术变化不影响资本—产出比率，因而规模收益不变。因此，用 α 和 $1-\alpha$ 分别代表资本和劳动对总产出的贡献，$\Delta K/K$ 为资本增长率，$\Delta L/L$ 为劳动增长率，该模型可表示为：

$$G=\alpha\Delta K/K+(1-\alpha)\Delta L/L \tag{2-1}$$

从式 2—1 中可以看出，经济增长率 G 由资本增长率和劳动增长率及其边际生产力决定。

在索洛模型的封闭经济中，人均收入的差异来自于资本和劳动的比率差异。给定储蓄率，建立在生产要素边际回报递减的假定下，一个较低的资本和劳动的比率在朝向均衡和国民经济稳定增长的道路中必定与较快的比例增长相联系。因

此有穷国比富国更快增长的倾向。依据这一模型，人们可以通过调整资本和劳动的生产要素投入比例，来调节资本—产出比率，以实现理想的均衡增长。如果经济之间要素流动，劳动会从资本贫乏国流向资本富裕国，而资本则向相反方向流动，这种要素的流动使得各国经济资本和劳动的比率相等，故人均收入也趋向相等。因此，标准的新古典模型预测最后国家或区域之间的发展会收敛。

新古典理论还假定，在提高一个要素投入的条件下，这个要素的边际产量会下降。比如，资本投入不变，只增加劳动投入量，人均收入会下降。索洛模型一个明显的不足是，把技术进步视为外在的既定因素，忽略了技术进步在促进经济增长中的重要作用，这受到了许多学者的批判。

1960 年，索洛和米德对基础模型进行了补充，在原有模型中引入了技术进步和时间因素。修正后的模型被称为“索洛—米德模型”，其基本公式为：

$$G = \alpha\Delta K/K + (1-\alpha)\Delta L/L + \Delta T/T \quad (2-2)$$

式 2—2 中 $\Delta T/T$ 代表技术进步。索洛模型和之后的索洛—米德模型不仅体现了凯恩斯主义，而且体现了新古典学派的经济思想，常被称为新古典增长模型，该模型所阐述的增长理论被称为新古典增长理论。但其有一个重要假设，即认为知识与技术扩散是不需要时间的，认为所有国家的生产函数都是相同的，并且技术是普遍可获得的，这明显是同事实不符的。

鲍茨和斯坦在《自由市场条件下的经济增长》一书中认为，在规模收益不变并存在完全竞争市场的前提下，区域经济的长期增长取决于区域内及区域间资本、劳动和技术进步三个要素的供给和流动。Borts（1960）在“收益均等化与区域经济增长”一文中首次提出了多区域模式，并用该模式来研究经济增长。他构建的模型建立在非常强的假定上，这些假定如下：①所有区域可用的劳动总供给是固定的，一个区域雇用更多劳动力的唯一方式是从其他区域迁移；②每个区域生产单一的同质产品；③区域间运输成本为零，从而产出价格相同；④将产品转化为资本品的价格为零；⑤每个区域的生产函数相同，劳动与资本投入为一阶齐次。因此在竞争下所有区域都能得到技术知识，知识扩散是瞬间的（Kirchert，2002）。

从 Borts 模型假设中可以看出新古典理论有关知识溢出的思想：隐性知识在完全竞争条件下立刻扩散，这种扩散具有瞬间性和无成本性。这些假设显然是不现实的，其中最值得怀疑的是知识瞬间扩散的假定，它否定了空间与距离对经济增长的影响。Richardson（1973）在《区域增长理论》中提出，只有清楚地考虑空间和距离因素的影响，才能理解不同区域发展产生差异的原因，从而完整理解经济增长背后的动力。自 Borts 的工作后，为了使模型更加贴近于现实，一些学者尝试调整了模型中的假设和参数，然而这些修改的模型却也只能解释区域发展的趋异性，而不能解释新古典经济学家们所认为的趋同性，即趋于均衡的观点。

从理论假设到实践研究，都可以发现新古典区域经济均衡理论的不足。首先，市场机制的作用并不像假设一样有效，Williamson（1965）在沿用新古典方法基础上，曾强调仅靠市场调节将导致发展中国家和地区出现不均衡发展趋势。其次，经济主体掌握完全信息、区域经济机制相同、区域间运费为零等假设都与现实存在较大差距，而且资本、劳动力、技术等生产要素也不具备完全流动性。再次，该理论只考虑了影响经济增长的要素供给方面的因素，而忽视了如消费需求等同样对经济增长有重要影响的因素。最后，许多实践证明，要素的自然流动非但没有缩小区域经济发展差异，而且往往会引起差异的扩大。由于新古典区域均衡发展理论从理论到实践都不符合实际，已不为大多数经济学家所接受。

第二节　发展经济学

发展经济学（Development economics）的历史虽然可追溯到亚当·斯密，但直到第二次世界大战后才成为独立的理论发展起来，并在西方经济学体系中逐渐形成的一门新兴学科。代表人物 Myrdal（1957）、Hirschman（1958）、Kaldor（1970，1975）同早期新古典理论关于区域发展和收敛性有着迥然不同的立场。发展经济学特别关心贫穷国家积极发展经济所面对的阻碍。

Myrdal（1957）首先用他的"循环累积因果论"解释了不发达国家的区域发展不均衡模式。它一方面指出一个地区的增长会导致"逆流效应"，劳动、资本和贸易的移动帮助发达地区持续发展，而落后地区遭遇人力资本和基础实施投资短缺，因而缺少竞争力；另一方面整个经济增长的"刺激作用"越来越强，但在不发达国家，其一般比较弱。因为逆流效应通常占主导而胜过刺激作用，这种不利的和自增强的循环机制会扩大贫穷和发达地区的差距。

Hirschman（1958）采用类似于 Myrdal 的立场，但他对原始贫穷地区的发展更不乐观。他认为经济的发展总是围绕一些起始点聚集的，这种聚集存在于一些国家、地区和子群中。发展的地理传导并不是自动地趋向极化，虽然先进地区会产生"刺激作用"或"带动效应"来抵消"逆流效应"，但不足以获得均衡发展。Hirschman 特别强调通过对外围区域的隔离来保护本地较弱的产业和自己内生增长，这一论断被国际贸易理论吸收。

Kaldor（1970，1975）沿着这一思想脉络，在 Myrdal 的累积循环因果原理上，设法建立了一个选择性的增长模型。Kaldor 关于产出增长会导致生产率的增长通常被称为"Verdoorn－Kaldor 法则"。Kaldor 认为，这一关系能很好地解释区域增长的差异。首先，由大规模生产而产生规模经济——静态规模经济。其次，来自于经济活动的空间集聚会产生外部性，由此产生动态规模经济。这种动

态规模经济由来自于产业自身增长的积累优势组成，像学习、技能的发展、思想的交流。虽然 Kaldor 的模型包括许多重要的特征，但并没有被增长理论普遍接受，主要是因为没能清晰地内生化技术进步并强调技术和知识的不可流动性。

发展经济学有广义和狭义之分，早期的发展经济学是研究在世界上已有一批发达国家的条件下，农业国家或落后国家如何实现工业化和现代化的问题，是一种狭义的发展经济学。广义的发展经济学把发达国家和发展中国家联系起来，对经济发展过程进行考察。

发展经济学自创立以来，在一定时期得到了发展，取得了一定的成果，丰富了经济发展理论。有关该理论发展演变过程的划分阶段，各种观点略有不同，大致可分为以下四个阶段（黄景贵，2000；赵丽红，2002；钟超，2005）：

1. 20 世纪 40 年代至 60 年代初是发展经济学的结构主义阶段，强调用结构主义思路分析经济问题

第二次世界大战后，发展中国家存在着经济结构的差异性、经济发展的非均衡性、市场机制的失灵及制度的缺失等诸多问题，一些学者认为这种经济具有结构性特点。结构主义认为发展中国家的市场是不完善的、价格是刚性的，所以不能通过市场调节达到均衡，而必须进行社会改革，充分地发挥国家的职能作用，有计划地进行资本积累，走工业化的发展道路。结构主义把研究内容限定在资本积累、计划化和工业化三方面，这是其主要局限。此外，结构主义认为经济发展目标是以单一的数量增长为指标的经济增长，将工业化等同于经济。结构主义理论虽然为一些发展中国家国民经济体系的建立奠定了基础，但总的来看，仍然是经济绩效甚微，甚至在一些国家出现了农业停滞、失业率上升、收入不公、社会差距悬殊、社会矛盾加剧等局面。

这一阶段相应出现了许多学者和理论，除了前面提到的 Myrdal（1957）和 Hirschman（1958）外，还有如下学者及其理论。1950 年普雷维什和辛格提出了欠发达国家“贸易条件长期恶化”的命题，认为这种长期恶化趋势是结构性的而非周期性的，因此，发展中国家应通过保护实行进口替代工业化。刘易斯于 1954 年提出了二元结构模型，将经济发展解释为伴随着扩张的资本主义部门不断从传统部门吸收边际生产率为零甚至为负数的剩余劳动的过程，还认为资本积累是经济发展的中心问题。他通过建立二元结构模型，为一些国家设计了一个分析框架，旨在说明通过剩余劳动可以创造资本并推动经济发展。纳克斯（Nurks）的“贫困恶性循环”理论认为要想促成不发达国家消除贫困，就必须实现平衡增长，即投资要全面平衡。罗森斯坦·罗丹（Rosenstein-rodan）在“东欧和东南欧国家工业化的若干问题”一文中提出了“大推进”理论，认为新古典理论最薄弱之处是其投资理论，分散的个人投资不可能达到最佳资源配置；同时由于不发达国家市场不完善，生产函数等因素所构成的不可分性会产生外在经济、递增收益和规模经济，导致价格机制不能给出最适度解释所要求的所有信息。这两方面的原因决定了不发达国家必须促成“大推进”式的工业化，以达到足够大的规模，促进平均增长，突破发展“瓶颈”。这一时期有重要影响的理论还有哈罗德—多马模型、纳尔逊（Nelson）的“低水平均衡陷阱”、钱纳里有关不发达国家增长受“储蓄”约束和“外汇”约束的“两缺口”理论、库兹涅茨对增长过程中国民经济结构变动的分析以及对发展过程中收入不均等趋势的“倒U曲线”的分析和对不平等问题的探讨。

总的来说，在当时情况下，结构主义思想为发展中国家提供了一种发展模式，但很明显也存在许多问题。例如，只重物质资本，轻视了人力资本和技术进步对经济发展的作用；重工业化，却歧视农业；重计划管理，轻视市场的调节作用；闭关自守，忽视对外开放等。

2. 20世纪60年代中期至80年代初是“新古典主义复兴”阶段，强调市场效率

针对结构主义的缺陷，很多学者进行了批判，出现了许多新理论。舒尔茨等批评了过于重视物资资本的倾向，认为缺少对人力的投资，致使许多发展中国家面临困境，经济增长受到限制。同时，他们纠正了歧视农业的偏见，认为对农业的错误政策使其经济潜力未能发挥。他们再度考察了进口替代和保护政策，将两者看作导致政策扭曲和低效率的主要原因；拉尔、巴拉萨等对此做了全面而深入的阐述，认为只重进口不鼓励出口的政策，使相对价格不利于农业等劳动密集型部门，造成收入分配不公，最终导致低效率。

此外，舒尔茨和巴拉萨均认为，计划管理体制扭曲了对经济的激励，究其根源，既同信息传递有关又同公共部门负担过重有关。克鲁格则认为，结构主义的“市场失效论”诱导人们不再信任市场而过于相信政府的能力和计划的功能，因此忽视了市场与价格激励功能；并提出了“寻租”的分析方法，认为计划管理体制下对经济活动的干预引发租金，成为合法与非法“寻租”活动的目标，而与“寻租”相伴随的往往是贪污、行贿、走私及黑市等非法活动，因此浪费了大量资源，推动追加成本上升，导致福利净亏损并阻碍增长。Arrow（1962）在《干中学的经济涵义》中将技术进步归结为生产中学习过程带来的绩效产生的影响。

这一阶段的主要特征是重新强调市场、市场机制和市场经济对资源配置的基础性作用，反对国家干预经济，崇尚自由市场、自由竞争和自由贸易，并侧重剖析发展中国家经济发展的具体经验和社会项目评估的具体方法，从经济增长的微观层面来探讨发展中国家市场供给与需求的弹性变化、生产要素的替代比率和部门经济发展对策。

3. 20世纪80年代中期至90年代中期是新古典政治经济学和新增长理论阶段，强调非经济因素的内生分析

面对新古典主义信息完全对称、交易费用为零等的片面性假设和市场也会失

灵的事实，又出现了新的思潮。新政治经济学派强调政治、法律、组织、制度安排和制度变迁等非经济因素，在一定程度上回归到了以亚当·斯密为代表的古典主义的传统，称为新古典政治经济学，代表人物有诺思（North）、科斯（Coase）、威廉姆森（Williamson）、张五常、德姆塞茨（Demsetz）等。诺思认为增长的关键在于包括确立产权在内的制度安排所带来的经济激励作用；科斯提出界定和安排对于社会资源配置的作用和经济体系运转效率对经济增长的影响等问题；1969年张五常将交易成本用于分析亚洲地区的分成制，反驳了马歇尔有关分成制导致资源配置无效率的结论，认为分成制同其他合约形式相比，能分散风险和降低交易成本，但并未降低配置效率；20世纪70年代，阿尔钦和德姆塞茨等完成了对产权结构、激励与经济行为之间内在关联的研究，证明产权结构的功能在于提供更有效率地利用资源的激励。

与此同时，新古典增长理论与经济发展理论相融合，形成了新增长理论。它强调经济增长不是外部力量（如外生技术变化）作用的结果，而是经济体系内部力量（如内生技术变化）作用的结果。新增长理论重视知识外溢、人力资本投资、发展研究、收益递增、劳动分工和专业化、边干边学、开放经济、垄断化和知识经济等新问题的研究，重新阐释了经济增长率和人均收入的跨国差异，为长期经济发展提供了诠释。Romer（1986）修正和扩展了Arrow（1962）的“边干边学”模型，提出一个含有外在性、产出生产收益递增和新知识生产收益递减的竞争性均衡增长模型，证明存在递增收益时，包含外在性的竞争性均衡虽然不是帕累托最优，却能解释历史上的长期增长。Lucas（1988）以物资资本积累、技术变动、人力资本及专业化人力资本的三个模型为依托，构建了一个内生的增长理论框架。1991年阿温·杨用内生的“边干边学”模型对产品间外溢效应和国际贸易动态效应进行了分析。

4. 20世纪90年代中期以来的可持续发展理论阶段，着手构建一个社会、经济与生态综合发展理论研究的框架

20世纪90年代中期以来，部分发展中国家出现了一些新问题，如每年产量的增长速度慢于人口的增长速度导致国民平均生活水平下降，一些地区片面追求经济发展速度忽视了对资源的浪费和环境的污染等。可持续发展理论应时代需求提出。它同传统的发展经济学理论不同，是一种全新的发展理念。它把经济发展与生态环境、自然资源、人口、制度、伦理道德、社会观念、技术进步、共同富裕等诸多因素结合在一起，系统进行研究；它不只是考虑短期的资源最佳配置，而更关注长期的稳定持续发展。可持续发展不仅要满足当代人发展的需要，而且不能削弱后代人满足需要的能力，其目标是提高人民生活质量、改善收入分配不均问题、消除贫困和饥饿、构建社会经济生态综合发展的富裕、民主、自由、平等及和谐发展的社会。可持续发展理论的代表人物有梅多斯（Meadows）、安德森（Anderson）、利尔（Leal）等。

发展经济学是在批判中逐渐进步和发展的，各阶段的理论和研究对发展中国家都有一定影响与借鉴意义，出现了许多新兴的理论领域，丰富了经济学的发展。在全球经济的大背景下，各个欠发达国家应充分借鉴国外的理论成果，并同自己国家的实际相结合，建立适合自己国家发展的经济学理论。

第三节 经济地理学

经济地理学主要研究人类经济活动中地理空间规律以及布局原理问题，是地理学的一个分支学科，产生于第二次科技革命时期。德国学者 Gotz（1882）在《经济地理学的任务》一书中首次提出了“经济地理学”的名称。发展到现在其已经逐渐形成了理论经济地理学、区域经济地理学和部门经济地理学三大体系。

早期的经济地理学以区位理论为主，最早产生于 19 世纪的德国。杜能（Von Thünen，1826）提出了农业区位论，他假想了一个与世隔绝的“孤立国”，并做了众多假设，通过实验说明，农业利润取决于运费，而运费与离市场距离的远近有关，通过模型分析，他将孤立国的农业划分成了“杜能圈”；韦伯 1909 年发表了“工业区位理论：区位的纯粹理论”，分析了运输费用、劳动力费用和集聚因素对工业区位选择的影响，试图找出工业产品生产成本最低的点的区位，并探讨了工业区位选择的原则和区位变化的规律；克里斯塔勒（Christaller，1933）的中心地理论长期被称为“城市区位论”，被认为是 20 世纪人文地理最重要的贡献之一，他指出有三个条件支配中心地体系的形成，分别是市场、交通和行政，不同的条件会形成不同的中心地网络结构和一个地区的城市等级；廖什（Losch，1940）利用数学推导和经济学理论得出了六边形的区位模型，该区位是给定中心地密度下运输成本最小的市场区域，被称为市场区位论。

近现代经济地理学的研究以区域理论为主导，主要有以下著名的理论成果（彭飞，2007）：

（1）艾萨德（Isard，1956）出版的《区位和空间经济》开创了区域科学的研究，他主张区域科学应从空间经济论出发，引用比较成本分析和投入产出分析，并运用近代计量分析和传统区位分析相结合的方法，对不同等级和类型区域的社会经济发展等问题进行研究。他对空间经济集聚的机制给出了有价值的见地，但由于对市场结构和预算限制太模糊，该理论并不完备。

（2）佩鲁（Perrpux，1955）在“经济空间：理论的应用”一文中首先提出了“增长极理论”，认为一个区域的所有地区并不是以同样的速度增长的，往往在某一点或几点发展最快，这些高速增长的点即所谓的增长极，具有创新能力的

企业是增长极形成的关键。其理论认为“增长极”具有乘数效应、集聚效应和扩散效应，可带动其他产业及周边地区经济的快速增长。但是，应该看到增长极也具有逆流效应和剥夺效应，又会导致增长极地区与周边地区的差距越来越大，形成地理空间上的二元经济。从某种程度上说，增长极理论的极化效应往往是剥夺周边地区资源，以牺牲外围地区的发展为代价的。

（3）缪尔达尔（Myrdal，1957）的“循环累积因果理论”和类似于这一立场的赫希曼（Hirschman，1958）的“极化—涓滴论”也属于经济地理学的范畴。他们认为，经济发展过程首先从一些较好的地区开始，一旦这些区域由于初始发展优势而比其他区域超前发展时，这些区域就通过累积因果过程，不断积累有利因素继续超前发展，导致增长区域和滞后区域之间发生空间相互作用。这种经济循环累积过程中存在着逆流效应和带动效应两种不同的效应，逆流效应使区域发展差异扩大，带动效应使差异缩小，且在市场机制作用下，前者的效应大于后者。赫希曼认为这种发展过程中会产生不利的“极化效应”，且大于带动效应，强调通过对外围区域的隔离来保护本地较弱的产业和自己内生增长。

（4）Friedman（1966）提出“中心—外围论”，认为经济发展早期，人口、产业、资本会集中于都市等中心区，因其基础设施完善且费用较低，具有外部经济；到发展中期这种情形会趋于缓慢；到发展后期，中心区会出现地价高涨、交通阻塞等外部不经济现象，使得人们转向外围区域发展，区域不均衡缩小。

（5）20 世纪 60 年代麦克尼等提出“公司地理论”，具有很强的时代意义，该理论研究大型企业集团的区位选择偏好、产业技术以及各部门在地理分布上的联系规律，对于发展中国家引进资金、优化投资环境以及产业布局等，具有重要意义。

（6）美国哈佛大学弗农教授等在 20 世纪 60 年代末提出了“工业生产生命周期阶段论”，该思想运用到区域开发研究中形成了“梯度推移论”。“梯度推移论”认为任何区域的经济发展开始都处于不同的位置，即存在不平衡，形成“梯度差”，国家首先会让有条件的高梯度地区掌握先进技术和生产力，然后逐步向二级、三级梯度地区推移，随着经济的快速发展，各梯度之间的差距会逐步缩小，进而实现经济的全面发展。

（7）20 世纪 70 年代，沃纳·松巴特提出了著名的“生长轴理论”，后经发展形成“点轴理论”，“点”即增长极，“轴”即交通干线。松巴特认为，连接中心地的交通干线形成了有利区位，降低了运输费用和生产成本，促使企业和人口向交通线集聚并产生新的居民点，这种对区域开发具有促进作用的交通线即生产轴。点轴理论的应用产生了“点轴开发模式”，该模式强调极点是大小不同、职能相异的城镇，而城镇之间的相互作用是通过具有生产轴作用的线状基础设施进行的。这一模式被认为是最适合中国国土开发和产业布局规划的理论应用模式，陆大道（2002）利用此模式结合中国实际提出了“T”型开发战略。

（8）地域生产综合体的概念最早由苏联的巴朗斯基提出，后经科洛索夫斯基和萨乌什金的研究得到完善，该理论强调经济地理与自然地理结合，重视自然条件的研究，重视区划和综合分析，强调区域观点在经济地理中的应用。

刘安国（2005）认为，传统经济地理学虽然发现城市具有一定的集聚现象，但由于采用完全竞争、报酬不变（或报酬递减）和同质需求的新古典假设，不能对上述聚集现象作出解释；Marshall（1920）用“外部经济”解释这种现象，但不能给出这种外部性的来源。

针对传统经济地理学的各种缺陷和不足，受新贸易理论和新增长理论影响，Arthur（1994）、Barro & Sala－i－Martin（1991，1992，1995）、Krugman（1995，1996）、Fujita et al.（1999）、Porter（1990，1996，2000）等掀起了一场“新经济地理学”革命。为了解释产业空间集聚背后的原因和动力性，他们以Dixit & Stiglitz（1977）的不完全竞争模型（迪克西特—斯蒂格利茨模型）为基础，构建了新的经济地理模型，其理论基础主要建立在三个命题上：

（1）规模报酬递增。这一假定不仅成功解释了国际贸易，而且从理论上解释了集聚经济的原因和特征。

（2）建立不完全竞争模型。

（3）有关运输成本，假设制成品在运输中会有一部分损耗。

这类模型基于收益增加、交易成本和要素流动性之间的交互作用，按照均衡的建模方法，许多模型采用复制者动态的原理，因此能形成一些演化动态。这类模型大多数由非线性方程组成，因此能够刻画产业集聚的动力性；但由于模型的复杂性和随机性，这类模型常用来仿真，而很少进行实证。

虽然新经济地理接受技术和知识在区域经济增长和社会发展中扮演一个中间角色，并且知识的传播依赖于区域邻近，但知识溢出并不被看作导致区域经济集聚的主要力量，通常认为对于产业集聚的一个主要动机就是规模报酬递增以及交易成本，而不是主要来自于知识溢出的收益。

经济活动在空间的集聚和扩散是一个动态过程，在新经济地理学的数学模型中，虽然可以设置好每个参数，使模拟结果符合实际，但现实中这些参数是不断变化的，而且研究的时间跨度可能很长，如何实现数学模型的严密逻辑与现实世界的演变路径之间的统一，是未来经济地理学研究努力的方向。

第四节　技术差距理论

技术差距理论出现于20世纪60年代，又称技术差距模型（Technological

Gap Model)，是论述全球差异的另一个文献领域。它把技术作为独立于劳动和资本的第三种生产要素，探讨技术差距或技术变动对国际贸易的影响。其主要代表人物有 Posner（1961）、Gerschenkron（1962）& Abramovitz（1979）。

Posner（1961）在“国际贸易与技术变化”一文中，提出了国际贸易的技术差距模型，他基于技术不是免费的和一般可用商品的假设，试图解释在工业化国家间制造品的贸易，一个国家通过对新产品和新流程的发现而获得短暂的优势；一个国家在技术领先的情况下，可以获得临时的垄断收益，创新者的垄断能力在知识溢出的情况下随时间逐渐递减。

Fagerberg（1988）认为技术差距方法暗含着这样的思想：国家之间的技术差距提供了较低经济和技术发展水平的国家通过对先进国家的生产技术模仿来赶上的可能性。Verspagen（1991）认为落后国家能够使用现有的知识储备获得较高的生产率，而处于技术前沿的国家获得较高生产率的机会相比较少。

早期的技术差距理论受新古典理论影响，致力于探讨是否存在技术后来者能够分享的增长红利、技术差距长期内是否会收敛等，并形成了三大主要观点（周密，2009）：

（1）赶超论。技术追赶模型是对 Posner 技术差距理论的一个模型表达，认为技术差距是实现技术收敛的一个必要非充分条件。赶超论意味着技术落后的区域可以通过技术引进与技术扩散来实现赶超，从而存在后来者红利。

（2）累积论。基于卡尔多（Kaldor，1970，1975）的循环累积因果理论，认为并不存在技术落后区域的后来者红利。

（3）新累积论。该理论的研究显示技术差距的长期均衡具有多重性，使技术差距理论转向实证研究，认为技术差距最终是否收敛并不确定，并开始关注形成技术差距的一些内生因素。2000 年后，技术差距理论开始转向对技术差距内容的研究，包括技术差距的结构分析、指标选择及测算问题、影响因素等。

与新古典经济学相比，技术差距理论更注重对国家间人均产出差异决定因素的分析（Fagerberg，1994）。技术差距理论基于技术知识某种程度上是公共物品的假设，认为技术知识的扩散是需要成本和时间的，而不像新古典理论所说的技术和知识的扩散是瞬时的、免费的。这种理论的基本假设是各国技术水平的差异是其生产力水平差异的主要原因。就如何缩小这种差异，众多学者进行了研究。

传统的南北技术扩散理论着重研究了国际技术扩散对后发国技术进步的影响，认为后发国可以通过技术模仿使得其经济有条件收敛于技术领先国。金麟洙（1998）指出引进、吸收、提高和从模仿到创新是发展中国家技术学习和追赶的一般过程。Van Elkan（1996）认为由于技术差距导致的技术能力、机会的差别是影响技术进步模式选择及其转型的重要因素。Currie（1999）把后发国技术进步划分为专业化模仿、模仿与创新、专业化创新三个阶段，认为技术进步模式选择及其转型取决于模仿的相对容易度和相对人均知识资本存量。后来我国学者的研究也认为技术差距是影响技术吸收与模仿、进而影响技术赶超的重要因素（潘士远和林毅夫，2006；陈涛涛，2003；易先忠和张亚斌，2008）。Fagerberg & Verspagen（2002）指出技术追赶，即缩小技术差距是贫穷国家实现长期增长的最有效途径。Freeman & Louca（2001）认为技术追赶是要改革技术、经济和体制结构，并不是用新技术代替旧技术。技术溢出的存在使得技术落后国有机会学习先进的知识，从而有可能缩小技术差距而实现赶超。

新增长理论把技术看作经济收敛的关键，认为发展中国家和地区可以通过引进发达国家和地区的先进技术来缩小两者间技术水平上的差距，从而缩小与发达国家和地区经济上的差距，实现经济收敛。但许多实证表明，后发国并没有通过技术后发优势实现经济收敛（Krugman & Tsinndon，1991；Barro，1997）。一些赶上强度的实证研究发现在经合组织国家增长率和初始人均收入水平（用于度量一个国家的技术水平）有非常显著的关系。很明显，赶上现象并不是全球现象，许多发展中国家并没有显示向工业化国家水平收敛的现象。收敛性暗含的假设是国家之间的知识溢出是自动发生的。Verspagen（1991）认为，既然国际知识溢出过程本质上是在微观经济水平（公司）上新技术采用的过程，那么技术落后国的技术赶上是有条件的，与其吸收新知识的能力有关，大部分技术落后国与发达国家的技术缺口却越来越大的原因是这些国家学习、吸收、利用发达国家技术的能力较差。

Sjoholm（1999）的研究认为，技术差距越大，学习和模仿的空间越大，技术追赶和经济赶超就可能越快。而 Haddad & Harrson（1993）、Kokko（1992，1994）的研究结果则相反。但他们的研究都认为，缩小技术差距与技术赶上与一个国家的 R&D 水平、技术基础、教育制度、技术距离等条件密切相关。王立平（2008）认为，根据 Verspagen 模型，技术差距与赶超并不是简单的线性关系，而是呈现出两个极端：在其他因素不变时，两者技术差距太大，技术落后国家实现赶超的速度不会很大；相反，如果两者的技术差距很小，技术落后国家或地区的赶超速度也很小。Sjoholm（1999）同时指出，在初级阶段，技术溢出水平随着技术差距的增加而增加，而当差距增大到某一水平，超过企业吸收能力时，溢出效应将与技术差距负相关，此时后发国就无法利用技术能力实现技术赶超。

总之，技术差距理论解释了落后国家或地区通过吸收先进国家溢出的创新技术而实现赶超的动态过程。赶上过程的具体条件因素主要是指社会能力和技术的相合性。社会能力描述所有辅助新技术模仿或实施技术溢出的因素，包括教育、基础结构、财政系统、劳动力市场等（Fagerberg et al.，1994）。而技术的相合性意味着落后国家在多大程度上能应用新知识的技术特征。技术差距理论告诉我们，落后国家要想缩小技术差距，必须满足如下条件：首先，必须有敏锐的观察

力发现新技术；其次，还需具备一定的潜能，如必须具有一定的知识存量、学习能力和吸收能力；再次，技术差距也须有适当的距离，只有这样才能实现技术赶超；最后，这种模仿学习、赶超过程都有一定的滞后期，包括反应滞后和需求滞后，因为技术创新者研制产品、出口产品、进口国模仿生产产品都需要时间。所以落后国家要想以最短的时间缩短与先进国家的差距，需要进行有效的投资，培育吸收能力，还需要缩短模仿滞后的时间，加快吸收、消化、模仿、创新的速度。

第五节　区域经济发展的演化理论

1. 演化理论与区域经济发展

演化经济的思想萌芽可追溯到马歇尔，而熊彼特首次提出了经济演化的思想，凡勃伦第一个将“演化经济学”作为专业术语使用。纳尔逊和温特（1982）出版的《经济变迁的演化理论》标志着演化经济增长理论的产生。演化经济学是一门借鉴生物进化的思想方法和自然科学多领域的研究成果，研究经济现象和行为演变规律的学科。它将技术变迁看作众多经济现象背后的根本力量，以技术变迁和制度创新为核心研究对象，以动态的、演化的理念来分析和理解经济系统的运行与发展。而区域经济发展的演化理论便是采用演化经济学的思想和方法动态地研究区域发展中的若干理论问题和现实问题的。Boschma & Lambooy（1999）指出了演化经济学应用于区域经济发展最有前途的三个方面：区域的学习过程、区域经济发展过程中可能面临的消极锁定及调节问题和新兴工业空间形成的演化过程。

演化经济学是 20 世纪 80 年代以来现代西方经济学创新的一个重要理论分支，发展至今已形成了三个研究支流：①20 世纪 80 年代至今，纳尔逊和温特等从技术变迁研究经济增长；②20 世纪 90 年代至今，诺思从演化的制度变迁来研究经济增长的作用；③20 世纪 90 年代至今，纳尔逊等从技术与制度的协同演化来强调经济增长的动力。众多学者应用演化理论对市场过程、制度变迁和社会交往等问题做了大量研究，取得了一些颇具影响力的研究成果。其基本特征在于运用演化分析方法研究动态经济过程，并重视制度变迁理论的作用（张敬川，2005）。

区域协调发展涉及区域结构调整、制度的安排和机会的选择，区域结构是否合理、制度安排是否恰当直接关系区域发展的活力和绩效。主流经济学理论着重于静态和比较静态分析，只研究均衡状态的制度，而不研究均衡的形成过程和制度的演化；只关注给定框架内的决策，主要说明经济主体怎样处理区域结构内的变化，而不是结构本身。这与行为和结构的变化（多样性）以及制度动态演化的客观现实是不相符的。演化经济学借鉴生物进化的思想和自然科学的成果来研究经济现象和行为的演变规律，对经济代理人采用有限理性假说，以多样性和复杂性代替同质简单性，重视经济问题中的随机因素和筛选机制，强调描述“尘埃是如何落定的”而不仅是尘埃落定之后的世界。行为和结构的变化（多样性）是演化经济学的一个基本假定（Saviotti，1996）。这些根植于新思维方式的认识论和方法论，为我们研究区域发展的演化问题奠定了坚实的理论基础。Boschma 和 Lambooy（1999）认为演化思想在描述和解释区域背景下局部的集体学习过程，解决在差距增加背景下所面临的调整等问题时很有用。

2. 演化理论与制度分析

演化理论把技术创新和进步作为经济增长的主要动力，而制度则是经济增长的一个必要条件和约束因素。演化经济学将技术变迁和技术创新看作众多经济现象背后的根本力量，以技术变迁和技术创新为核心研究对象，坚持从演化的、动态的角度来分析和理解经济系统的运行与发展。演化经济学把技术和产业发展的生命周期论和熊彼特的创新理论相结合，强调现实经济中信息的不完全、不确定性和人们的有限理性，关注经济过程中的变化而不是均衡，主张必须重视经济决策过程中的“学习”和“继承”因素（盛昭瀚，2002）。Silverberg & Verspagen（1994）提出了演化空间的技术扩散和溢出效应模型，认为企业的学习能力差异以及学习和创新过程决定企业采用新技术的时间与效果。

20 世纪 50 年代以来，制度对经济增长与社会发展的重要作用日益被人们认识，促成了制度经济学的发展。早期关于制度的研究主要局限在既定制度下的经济运行机制，关注于均衡态的分析和给定框架内的决策，忽视了对制度演化进行分析。演化经济学创立之初，和制度经济学存在许多方面的分歧。20 世纪 80 年代后期以来，涌现出一批经济学家应用进化论的观点来解释制度经济学，演化经济学在分析社会习惯、规范或制度的自发形成及其影响因素等方面取得了令人瞩目的成绩（Aoki，2001；Basu，1995；Bowles，2004；Clemens，2006；Haynes et al.，2005；Kessler，2008；Kolstad，2007；Levy，2004；Reinstaller，2005；Sugden，1995；Young，1996；董志强，2008）。在这个过程中，制度经济学家也逐渐接受演化思想，并将它用于研究制度形成和变化机理，制度经济学和演化经济学逐渐走向融合互动。演化经济学认为，制度的演化是一个复杂的过程，具有较强的路径依赖性和结果的不确定性。在不完全信息、不确定环境下，决策制定过程通常发生在现存“惯例”的边界内，经济代理人倾向于采用惯例或一定程度上可以预见的行为，当其收益低于预期或平均收益时，才最有可能对“惯例”进行调整而“搜寻”创新。由于非线性机制的存在和作用，使得系统的发展存在多重均衡，系统的演化具有对初始条件的依赖性，在既有的初始状态下，政策制定起着

相当大的作用，它构成了选择环境的一部分，将决定着系统的演化走向。区域经济政策必须面对新的发展道路不能预见的事实（不确定性、偶然性和多重均衡的存在）。许多区域拥有改善其地方环境的“机会”，政策的范畴在于对技术进步的引进和激励，当政策目标较好地嵌入周围的环境时，区域经济政策更可能成功。

区域创新是区域经济增长的动力源泉，而知识溢出是影响区域经济增长和区域创新的关键变量。

3. 演化理论与地理经济学

20 世纪 90 年代，经济地理学界将演化思想应用于产业集群、新产业区、创新理论等的分析，掀起演化经济地理学的研究，演化经济学家也开始用演化思想研究经济活动的空间问题。Arthur（1994）、Fujita 等（1999）利用演化经济学中的机会和递增报酬概念解释区域经济聚集，认为这种空间集聚的自增强过程对区域发展和区域差异有强烈影响。Hudson（1995）用演化理论中的消极锁定概念来解释老工业区域经常面临的调整问题。Storper（1997）把惯例和路径依赖性演化概念同区域调节联系起来，根据各区域的集体知识、制度结构和社会惯例，他们都假定（呈现）了许多类型的区域。Boschma & Van der Knaap（1997）采用地方机会窗口模型来解释区域发展新的高科技产业的长期能力，认为不确定性、创造力和随机事件决定新涌现产业的空间位置。在他们的模型中，产生新产业的主要创新区位是核心，机会、递增报酬这样的演化概念被用作描述和解释空间交互前进的过程。Metcalfe（1994）认为一个演化创新系统的有效运作依赖于公司和以知识为基础的制度的耦合，它们一起提高学习和创造力的过程。Vietor（1994）指出因为“路径依赖”，演化观中的政策制定者应考虑特殊的技术、经济和制度背景。Boschma 和 Lambooy（1998）认为在一个演化世界中，政策指导者的主要目标是确保选择过程有效发生。近年来，演化经济学领域出现了行业技术演化（Brennan & Wegener，2003；Hennessy，2005）、经济转型（Atkinson，2005）、区域演化理论（Essletzbichler & Rigby，2007）、创新和区域政策（Lambooy，2005；Rosiello & Orsenigo，2008）、知识发展和积聚（Maskell & Malmberg，2007）和区域差异对公司绩效的影响（Boschma & Weterings，2005）等演化分析。

虽然演化经济在区域经济发展中的应用和研究取得了一些成就，但尚处于起步阶段，且由于演化经济学本身还很年轻，其理论还有许多不足之处，研究者对于经济演化的微观基础还存在争议。同时，建立在演化原理上的区域经济政策也很可能需要进一步讨论。如演化政策制定者是一个适应者而不是优化者。区域政策需面对许多不能预见的事实，环境和人也是不断相互作用的，这样就使得环境的选择不能单独决定生产或发展新技术的区域是成功还是失败。而且，区域未来发展的政策制定者的选择可能非常有限。当地方战略较大地偏离地方背景时区域政策很可能失败。这便会引发很多问题。在这样的境况下如何避免局域化的路径依赖引起的“锁定”情况？政策制定者如何评估特别新的技术对重建他们区域的适合程度？……这些问题都是当前演化经济学在研究区域发展时面临的主要挑战，也是要努力解决的、非常有意义的问题。

第六节　知识溢出理论

一、知识及特性

1. 知识的概念

自人类文明以来，人们就用不同的方式创造和应用知识。起初人们对知识的创造只局限于与生活相关的自然知识，如原始社会的结绳记事、钻木取火、狩猎技术等，到农业社会人们逐渐学会了农作物种植、结网捕鱼等实践知识。而数学、生物学、天文学、地理学等专业性知识的产生则是随着社会进步逐渐出现的，科技知识的运用又造就了工业社会的能源、动力、纺织、电动机等进展性知识的产生，直到现在信息社会中信息知识的生产、传播和使用，人们一直重视知识的创造和利用。从知识的发展过程可知，知识是人们在认识和改造自然、创造社会的过程中逐渐积累的成果，人类历史就是一个创造知识、积累知识和应用知识的过程。现代社会以来，随着科学技术的迅猛发展，知识进一步代替了物质资源，成为经济增长理论中的重要解释变量。作为带动经济进步和社会发展的决定性因素，知识已成为改造世界的一种强有力的工具。

时期不同、视角不同，对知识的解释也会不同。例如，古希腊哲学家柏拉图（1963）最早将知识定义为证明（justified）了的真信念。美国学者贝尔（Bell，1973）从用途的角度将知识定义为：对事实或思想的一套系统的阐述，是合理的判断或经验性的结果，它通过某种交流手段，以某种系统的方式传播给其他人。Nonaka & Takeuchi（1995）认为知识是一种被确认的信念，通过知识持有者和接收者的信念模式和约束来创造、组织和传递，在传递知识的同时也传递着一套文化系统。知识是从不相关或相关的信息中变化、重构、创造而得到的，其内涵比数据、信息要更广、更深、更丰富。《辞海》对知识的定义是：①人们在社会实践中积累起来的经验，从本质上说，知识是属于认识的范畴，人的知识是在后天的实践中形成的；②相知、相识，指熟识的人。《现代汉语词典》给出了知识的两种解释：①人们在改造世界的实践中所获得的认识和经验的总和；②指有关学术文化的。经济合作与发展组织（OECD，1996）认为，知识是蕴涵在人（又称人力资本）和技术中的重要成分。1998～1999 年的《世界发展报告》（蔡秋生

等译，1999）认为，知识是用于生产的有价值的信息，信息是以有意义的形式加以排列和处理的数据，而数据是指经组织的数字、词语、声音和图像。

尽管人们对知识的定义多种多样，但通过分析可发现其共同点，即知识是人们在改造世界的实践中所获得的认识和经验的总和，它通过某种手段在知识持有者和接收者之间创造、组织和传递。

2. 知识的分类

关于知识的分类很多，从不同角度考虑都有一定的合理性。一般地，隐性（缄默）知识（tacit knowledge）和显性知识（explicit knowledge）常被作为知识最基本的分类，这种划分是基于知识获取方式考虑的。隐性知识和显性知识的概念最早由英国科学家、哲学家波兰尼提出，他认为人有两种类型的知识：通常称作知识的是以书面文字、图表和数学公式加以表达的知识，只是其中的一种类型；没有被表达的知识是另一种知识，如我们在做某件事情的行动中所掌握的知识（郭瑜桥等，2007）。在波兰尼看来，人们所认识的经常多于人们所能告知的，这说明知识存在显性知识和隐性知识两种形式。显性知识是指那些通常意义上可以用概念、命题、公式、图形等加以陈述的知识；隐性知识则指人类知识总体中那些无法言传或不清楚的知识。Nonaka & Takeuchi（1995）在此基础上做了进一步研究，提出了隐性知识和显性知识相互转化的 SECI 模型。通过对这种理论的不断讨论，显性知识可理解为对隐性知识一定程度的抽象和概括，隐性知识则是高度个性化的、难以格式化的非编码型知识，在现实中通常表现为技术、专长、经验、组织文化等。

经济合作与发展组织（1996）按照知识理解的逻辑顺序将其分为四类：①知道是什么的知识（know-what），即所谓的内容；②知道为什么的知识（know-why），即原理或规律理论；③知道怎样做的知识（know-how），即技能；④知道是谁的知识（know-who），即行为者。

根据知识的专业化程度，知识又可以分为专门知识和通用知识。专门知识是指在代理间转移需要付出高昂代价的知识，通用知识则是指无需高昂代价即可传播的知识（袁静和孔杰，2007）。

3. 知识的特性

知识作为一种特殊的产品，具有不同于一般物质产品和公共产品的性质。同时，知识作为经济增长的一种内生要素，与经济要素相比又有其特殊性。现将知识的特性总结如下（陈则孚，2003）：

（1）知识具有主客观性和普遍性。知识是客观事物在人们头脑中的主观反映，是人们对主客观世界认识和经验的总和。

（2）知识具有依附性和无形性。知识是无形的，不能独立存在。知识必须依附纸张、磁盘、录音带、光盘或人的大脑等载体才能存在。

（3）知识具有无限性与有限性。一方面，从量的角度考虑，知识是无穷无尽的，而个人就能力和精力而言，所能掌握的知识却有限；另一方面，主客观世界是无限的，人的认识能力虽有限，但经人类努力创造的知识又将是无限的。

（4）知识具有滞后性与超前性。人们掌握知识需要时间，和世界的最新变化之间可能存在矛盾，因而具有滞后性。同时，人可以利用掌握的客观世界的发展规律预测事物发展趋势，因而知识具有超前性。

（5）知识具有时效性与非时效性。在知识库中的基本规律等知识是关于主客观世界发展的基本规律和法则，过去、现在和将来都将适用，因而具有非时效性；而像产品配方、工艺流程、思想观念等知识，则会随着人类认识的深化和社会的进步逐渐更新，因而具有时效性。可见知识是不断发展变化的。

（6）知识具有共享性、垄断性与不可逆性。知识本身是公共产品，具有公共性质，某项知识一旦产生，在本质上就是全人类的共同财富，可以被不同的人使用。因而一个人拥有的知识不排除他人也同样完整地拥有，知识能够被相互交流和学习，知识拥有者都有交流与共享的愿望。但由于利益差别和竞争需要，知识又具有一定的垄断性和部分排他性，知识所有者会通过产权或法律保护其知识并排除他人使用。此外，知识一旦被人们掌握，便不可被剥夺和逆转，可以被重复使用，某种知识一旦被传播开来，就不可能被收回。

（7）知识的不可替代性与不可比性。知识是人脑对外界信息进行加工的结果，而每个人的个人能力、知识积累、考虑问题的角度不同，所选取的方法与路径不同，个人的主观价值取向不同，因而加工信息的结果，即知识也就不同；很难判孰优孰劣，所以具有不可比性。每一种知识都独具特性，所以知识是不可替代的。

（8）知识的不可分性和难以度量性。知识是不可分的，具有非加和性，正如一个高级知识分子所具有的知识不能等同于用某篇或某几篇论文累加起来的结果。因为知识的宽泛性和抽象性，知识是难以度量的。

（9）知识的互补性（汪丁丁，1997）。知识的互补性包括知识的空间互补性和时间互补性。前者指不同类型的知识或不同的传统知识在空间上表现出来的互补性；后者指同一类型知识的不同知识片段沿着时间经验表现出的互补性。

（10）知识的外部性与扩散效应。对个人和整个社会来说，在生产、传播和使用知识的过程中可以不断将其丰富和发展，而且知识的传播可以提高他人的知识水平和增加知识的创造与积累；知识水平的提高、社会进步的加快又会有利于全社会对知识的生产、传播和使用以及知识效用的发挥，所以知识具有巨大的正外部效应。

通过对知识概念以及性质的分析，便于我们把握经济发展过程中知识所发挥的作用，可以使我们更清晰地了解知识溢出的内涵和机制。

二、知识溢出的概念及分类

溢出（Spillovers）是一个近年来被强调的经济学概念。在马歇尔（1890）《经济学原理》中，“溢出”被首次提及。他将“溢出”等同于外部性，认为在正常的经济活动中，对任何稀缺资源的消耗，都取决于供求关系的比例，经济低效率的根源在于“外部不经济”。Arrow（1962）将“干中学”引入新经济增长理论，他认为私人物资资本的积累会导致公共知识资本的增加，通过“干中学”带来生产率的提高。溢出作为私人资本投入的“副产品”，是“一个投资行为有益于将来的投资者，但是这个好处并没有经过市场进行支付”。

知识溢出概念的正式提出始于20世纪60年代，MacDougall（1960）在探讨东道国接受FDI的收益时第一次把知识的溢出效应视为FDI的一个重要现象提出来。他认为，在国际间不存在限制资本流动的因素，资本可以自由地从资本要素丰裕的国家流向资本要素短缺的国家，结果将通过资本存量的调整使各国的资本边际生产力趋于均等，从而提高世界资源的利用率，增加世界的总产量和各国的福利。Simusic（1962）在研究审计定价和风险收费时，首次使用了“知识溢出效应”术语，他认为提供非审计服务所获得的知识，可能向审计产品“溢出”，从而降低审计成本，提高审计产品的效率，使社会总成本得以降低。

Stiglitz（1969）把知识的溢出定义为，从事类似的事情（模仿、创新）并从其他的研究（被模仿的创新研究）中得到更多的收益。Kokko（1992）把知识溢出定义为外商企业所拥有的知识未经外商企业的正式转让而被本地企业所获得的现象，认为溢出效应的发生主要来自于示范、模仿和传播以及竞争。Griliches（1992）定义知识溢出为，做相似的工作并从彼此研究中受惠。Stoneman（1995）认为知识溢出过程是一种“学习”活动，即通过有目的、主动的学习获得知识的应用或是将学习到的知识与现有知识相融合开发出新知识的活动。

Branstetter（1998）定义的知识溢出，当企业甲能够从企业乙从事的R&D活动中获得经济收益，并且不承担企业乙的研究成本时，知识溢出便发生了。Caniels（2000）认为知识溢出是通过信息交流得到的智力收益，它不给知识的生产者以直接补偿或给予的补偿小于知识的价值。Poldahl（2004）定义知识溢出是创新思想与技术非自愿地、无补偿地扩散和转移。

伴随知识溢出对经济增长作用的提出，我国学者就知识溢出内涵也进行了积极讨论。梁琦（1999）认为知识溢出的正效应指获得他人知识的个人可以减少学习成本，提高个人的学习能力；而企业可以降低创新成本，提高技术水平。知识溢出的负效应是指知识生产者的收益小于其社会收益，对于创新个人和企业而言都会打击其创新的积极性，整个国家的知识生产减速，知识积累速度变慢。侯汉平（2001）从知识非排他的公共物品性质出发，认为R&D知识具有扩散性，知识扩散会引起经济社会、技术和生产力的进步。R&D 知识一旦被发现会被其他厂商使用，而拥有知识产权的厂商不能阻碍这一现象发生，所以它不能从中获取全部研发收益，这种经济的外部性表现称为“知识溢出效应”。刘柯杰（2002）认为知识外溢即知识的外部性，指知识一经产生就会很快扩散到其他地方，进而增进整个社会的福利，其产生原因是基于知识的稀缺性、重要性和开放条件下溢出渠道的增多。王铮等（2003）认为知识溢出是指区域之间通过信息交流获取研发成果，区域间相互学习、相互“搭便车”带来经济增长。吴寿仁（2004）认为知识溢出是指企业所拥有的知识在有利于自身的同时还有利于其他企业，对其他企业产生正的溢出效应，这种由企业学习活动带来的企业总收益增加、生产产品或提供服务成本下降的现象称为知识溢出效应。孙兆刚等（2005）认为知识溢出是知识扩散的一种方式，是被动、无意识、非自愿泄露出来的，或表现为技术贸易中信息的占有。在知识溢出过程中，接受者会根据自己的具体情况选择知识体系，一般强调知识接受者的地位，强调知识的再造效应。杨玉秀和杨安宁（2008）认为知识溢出对合作创新具有正负两种效应。一方面，知识溢出为合作创新提供了前提和基础，知识溢出越多就越有利于合作创新的成功完成；另一方面，知识溢出又在一定程度上（“搭便车”现象和溢出方的外部不经济）打击了合作者的合作意愿和积极性，阻碍了合作创新的产生和实现。

在许多文献中，知识溢出、知识转移、知识（技术）扩散等概念因语义相近而常被混淆使用。Fallah & Ibrahim（2004）对此做了区分，他们认为知识溢出是知识无意识的传播，如果知识交流有意识地发生于人或组织中则是知识转移（李青，2007）。知识扩散则指知识通过某种渠道从发源地向外进行空间传播和转移，或通过合法手段将知识从知识生产者传递到知识使用者的过程。

可见，不同学者对知识溢出的理解并不太一致。总的说来，知识溢出是知识扩散过程中的外部性，是指知识接收者将获得的知识与自有知识相融合开发出新的知识，却没有给予知识的提供者以补偿或者给予的补偿小于知识创造的成本，接收者自觉或不自觉地没有承担全部成本，使得知识提供者没有享受全部收益的现象。通过这种方式获取的知识就是哈耶克所说的“免费的礼物”，这种现象称为知识溢出。

知识具有外部性特征，而“知识的外溢效应”是其外部性的主要体现，知识溢出便来源于这种外部性。Marshall（1890）较早关注外部性这一经济现象。Arrow（1962）最早用外部性解释了溢出效应对经济增长的作用。Romer（1986）沿着 Arrow 的思路，提出了知识溢出模型。Lucas（1988）设计了人力资本溢出模型，认为溢出效应就是相互学习或向他人学习的过程，具有较高人力资本的人会对周围的人产生有利影响，但本身却不会因此收益。大多数有关知识溢出概念的研究都是从知识的外部性特征展开的，知识的外部性特征主要有：外部性（如前面提到的 Marshall、Arrow 和 Romer）；Porter 外部性（Porter，1990）；Jacobs 外部性（Jacobs，1969，1985）；租金外部性（Griliehes，1979，1992）。外部性特征不同，知识溢出类型就不同。

关于知识溢出的分类，缄默知识论的提出使得许多英美学者从显性知识和隐性知识的角度划分知识溢出类型，显性知识就是易于整理和编码的、内容单一的知识，隐性知识则是很难编码的、隐含的知识。Verspagen（1991）将知识溢出分为租金溢出和纯知识溢出。具有创新知识的新商品在商业化过程中，由于其价格未能反映知识创新所带来的质量提高，这种高知识含量的商品作为其他企业的原料，投入其生产过程中时，该企业将获得原企业产品创新的一部分收益，这样的知识溢出被称为租金溢出。由于研发人员的流动、自我保密措施不健全、知识本身的可流动性、合作中的传播等原因而引发的自有知识被其他企业模仿和挪用，这种通过非商业化途径得以传播和扩散的知识溢出称为纯知识溢出。Griliches（1992）认为可以将知识溢出分为物化形式的溢出和非物化形式的溢出。商品购买时附带的知识或蕴涵在商品中其他形式的知识为物化溢出；与商品的流通无关，由企业研发、科学会议、国际期刊、专利信息等活动引起的知识溢出称为非物化溢出。两种类型的溢出对产业发展和各地区生产力增长都很重要。Maskell（2001）把产业集群内部的知识溢出划分成水平方向的知识溢出和垂直方向的知识溢出两种情况。水平方向的知识溢出发生在集群内生产相似产品且具有竞争关系的企业之间，垂直方向的知识转移发生在通过供应网络联系在一起的集群企业之间，这些企业由于具有相互补充的资源而形成服务和物料的输入—输出关系。根据知识外部性特征，Poldahl（2004）把知识溢出分为垂直（租金）知识溢出与水平知识溢出（纯知识溢出），垂直（租金）知识溢出的发生与经济交易相关，水平知识溢出（纯知识溢出）的发生与经济交易无关，主要通过对创新产品的模仿、逆向工程和劳动力流动等方式实现。

王玉灵（2001）把知识溢出分为租金溢出和知识溢出。谢富纪（2001）认为知识溢出是一个部门在对外经济与业务交往中，知识的自然输出和外露，并认为知识溢出有“分裂式”溢出（rent spillovers）和“纯知识”溢出（pure knowledge spillovers）两种类型，前者与部门之间的实物流有关，后者则通过反向工程、信息交流等非实物流渠道溢出。韩鹏（2004）也进行了类似的分类。

可见，从不同角度出发，知识溢出的定义和分类不同。但通过分析，知识溢出内涵具有一定的共性：在原有知识积累的基础上，吸收新的知识并与自身知识融合，在此基础上进行创新，从而获得知识溢出效应带来的收益。知识溢出的分类主要基于知识的特性和传播介质的不同。知识溢出不同种类的定义及分类对研究知识溢出效应及其对区域经济增长的作用都非常重要。

第七节　区域经济发展理论在我国的变迁及演化分析

20 世纪 20 年代，人们开始重视区域经济问题，但直到 20 世纪 50 年代才逐步形成理论，并成为各国或各地区经济发展战略制定的重要理论依据。我国学者对区域经济发展战略的系统研究始于 20 世纪 70 年代末期。目前，尽管不同学者对区域经济发展战略内涵和外延的理解还不太一致，但学术界和决策层在区域经济发展战略的基本思想和研究内容方面已基本达成共识，认为区域经济发展战略主要研究如何按照地域分工与合作的原则来组织系统内区域的产业发展与布局，以便能够在一国或一个地区内形成聚集与分散相结合，既能最大限度地发挥各区域的地区优势，又能分工协作的区域经济体系（冯之浚等，2002）。新中国成立以来，我国在吸收借鉴西方经济发展理论的基础上，结合我国国情和不同阶段的现实情况，提出了相应的区域经济发展战略和理论。主要有：

1. 新古典区域经济均衡发展理论及发展经济学的大推进理论

新中国成立之初，我国实行的是计划经济体制，当时工业基础相当薄弱且生产力布局极不平衡。以毛泽东为核心的领导人，依据当时国际国内形势，提出了区域经济均衡发展战略，主要以大推进理论为主，强调国民经济均衡发展，核心思想是“均衡布局、共同富裕”，旨在通过利用和发展沿海工业来促进内地工业的发展，从而实现沿海和内陆的平衡发展。这一时期，中央政府集中人力、物力、财力，政策制定及投资均向中西部内陆倾斜。这种区域经济均衡发展模式持续到 20 世纪 70 年代，这一发展战略加快了内陆的经济发展，从而使东西部地区的经济发展差距逐渐缩小，在很大程度上缓解了旧中国长期以来的区域经济极端不均衡现象。然而，由于中西部地区自然环境和经济基础较差，所以投资回报率比沿海地区要低，20 世纪 60 年代中期到 70 年代末，东部地区几乎处于停滞甚至削弱状态，从而影响了我国经济整体水平的提高。

总的说来，这一时期的政策，特别是新中国成立之初的政策，与当时的政治经济环境是相符的，解放了生产力，促进了经济发展，充分发挥了人的主观能动性，从演化理论的行为“惯性”也可以诠释后来的“大跃进”。虽然当环境和条件发生变化时，行为者可能仍按惯例决策。

2. 区域经济非均衡发展理论

由于“大跃进”和“文化大革命”时期经济发展的迟缓和停滞，原有建设思路遭受的“挫折”使得决策主体对原有的“惯例”进行创新。党的领导集体对领导核心进行了重新选择，以实现决策的创新。

党的第二代领导核心邓小平在总结先前区域经济发展经验教训的基础上，提

出让一部分地区、一部分人先富起来，以先富带动后富的区域经济非均衡发展理论。由于我国的社会主义建设事业是一项前人没有从事过的崭新的光辉事业，领导核心选择这一发展思路实际上也是先在一部分地区试点，“摸着石头过河”符合演化思想的“行为人在决策过程中会学习尝试”这一见解。

区域非均衡发展战略的主要内容是：优先发展东部地区，在此基础上推动中部地区经济发展，开发西部地区，逐步形成合理的区域经济布局，使国民经济走协调发展的道路，最终实现共同富裕（苏雪莲，2002）。“效率优先、兼顾公平”开始成为发展区域经济的战略主导思想，当时由于面临与发达国家巨大差距的压力和人民生活急需改善的境况，提出“效率优先”这一“创新”可当作演化理论中“惯例的变异”，而“兼顾公平”某种程度上可以看成“惯例的遗传性特征”。

1979 年 9 月，党中央决定在深圳、珠海、汕头和厦门设立经济特区，试行改革开放政策，实行特殊的优惠政策和灵活措施，鼓励外商投资、兴办企业等。此后，党中央又陆续设立沿海开放城市、沿海经济开发区，经历从沿海向内陆地区推进的历程。三十余年来，这一理论促进了沿海地区的迅速发展，经济特区经济长期持续快速增长，我国宏观经济效益迅速提高。更重要的是形成了带动经济发展的增长极，通过其强大的乘数效应和扩散效应带动内陆以及整个经济的发展。

但同时也出现了一些负面效应，东部沿海与西部地区差距进一步扩大，西部地区人才“孔雀东南飞”现象严重，地方保护主义抬头，民族团结基础削弱等。实际上，一个国家的经济发展是国家、区域、产业、企业共同演化的结果，不同层面上的行为者的利益并不一致，“兼顾公平”在实施过程中走样，加之对区域发展的“规模收益递增”和“初始条件的微小差异随着时间的流逝会变得越来越大——初始条件的敏感依赖性”或“路径依赖”等效应预料和估计不足，使得城乡、区域经济发展和收入差距加大。

3. 梯度推移论和反梯度推移论

随着改革开放的不断深入，中国区域经济发生了根本性变化，中国区域经济理论的探索和实践也蓬勃开展。20 世纪 80 年代初，针对我国生产力水平长期呈东、中、西三级梯度态势发展，梯度推移理论被应用于我国区域经济发展研究。许多学者将中国东、中、西三大地带分别看作高梯度区、中梯度区和低梯度区，认为应对其实行梯度开发政策，“立足沿海、循序渐进、中间突破”，最终实现中国整体经济发展。随后又出现了反梯度理论，认为梯度理论对我国西部发展不利，于 1999 年提出西部大开发战略，提出对于我国相对落后的中西部地区，也可以采取适当的政策和措施，根据自身条件，直接引进新技术，发展高科技，实行超越发展，然后向中东部梯度地区进行反推移。

上述发展思路可看成是经济发展过程中遭遇到问题后对原有发展思路“惯

例”的再思考和“创新”，但又不是简单对第一阶段“纯公平”惯例的简单回归，是一次“螺旋式”上升。

4. 经济发展的辐射理论

经济发展中的辐射主要是指资本、技术、人力等生产要素以及行为方式、思想观念、生活习惯等因素，通过从经济发展高水平地区向低水平地区流通和传播，实现各种资源的优化配置。辐射可以分为点辐射、线辐射和面辐射。点辐射是以大中城市为中心向周边地区推进的辐射；线辐射是以交通干线以及沿江河湖海的陆地带为辐射源，向两翼或上下游地区推进的辐射；点辐射和线辐射会极大地提高辐射区域的经济发展水平，从而形成以中心城市和辐射线为核心的经济发展高水平区域，这些区域又会进一步辐射周围落后地区，从而形成一个有较大范围的辐射面。我国改革开放以来，就已经逐步形成了珠江三角洲、长江三角洲、环渤海经济区、京津冀地区、闽南三角地带经济区等经济发展前沿阵地，对我国国民经济整体发展发挥了重大作用。

经济发展的辐射理论实际上可看作发展过程中的具体操作手段或局部区域的发展策略，是发展过程遇到困难后，行为人搜寻新的发展模式，再结合我国的情况进行吸收和创新的结果。

5. 区域经济非均衡协调发展理论

以江泽民为核心的第三代中央领导，在继承邓小平“两个大局”战略思想上，更加重视区域协调发展问题。“九五”计划期间，国家确立了“缩小地区差距，坚持区域经济协调发展”的区域经济发展战略。1997 年党的十五大上，江泽民明确指出：“东部地区要充分利用有利条件，在推进改革开放中实现更高水平的发展，有条件的地方要率先基本实现现代化。中西部地区要加快改革开放和开发，发挥资源优势，发展优势产业。国家要加大对中西部地区的支持力度，优先安排基础设施和资源开发项目，逐步实行规范的财政转移支付制度，进一步发展东部地区和中西部地区多种形式的联合和合作，更加重视和积极帮助少数民族发展经济，从多方面努力，逐步缩小地区发展差距。”1999 年提出西部大开发战略，其重点是通过西部的开发和建设，提高落后地区的发展水平，最终实现共同发展。这一战略使我国西部地区人民生活水平大幅提高，基础设施和生活环境得到极大改善，西气东输等重大项目的投资建设，既增加了西部地区收入，也给东部地区提供了能源供应，促进了东西部的协调发展。东西部各方面合作使国民经济持续、健康、快速发展。

从演化的角度看，这是党的第三代领导集体面对区域差距、城乡差距进一步扩大的现状，“基于为最广大人民服务”的宗旨对第二阶段经济发展“惯例”的创新，是第一阶段“平等”发展惯例的创新性继承。

6. 区域经济全面协调可持续发展理论

可持续发展理论认为，区域经济应走可持续发展道路，坚持社会、经济、资源以及生态环境协调发展，逐步缩小地区间的差距，实现经济持续、全面、协调发展。党的十六届三中全会提出："坚持以人为本，树立全面、协调、可持续的发展观，促进经济社会和人的全面发展。"区域可持续发展理论是蕴涵着全面发展、协调发展、均衡发展、可持续发展和人的全面发展的科学发展观，反映了社会主义现代化建设的客观规律，体现了社会主义社会全面发展的战略构想。

以胡锦涛为总书记的新一届党中央在大力推进西部大开发伟大战略任务的同时，不失时机地提出了"树立科学发展观，统筹区域发展，形成促进区域经济协调发展机制"的重要论断，且明确提出了新时期促进区域经济协调发展的战略布局，即"坚持推进西部大开发，振兴东北地区等老工业基地，促进中部地区崛起，鼓励东部地区加快发展，形成东中西互动、优势互补、相互促进、共同发展的新格局"，这一布局的提出标志着科学的全面发展观的实施（杨红英，2007）。全面发展观要求做到五个协调，即城乡协调发展、地区协调发展、经济与社会协调发展、人与自然协调发展和经济增长与就业协调发展。

面对城乡差距扩大的趋势，城乡发展问题近年来也成为关注的重点，党的十六大在全面分析国内外形势和我国发展所处阶段的基础上，提出了统筹城乡经济社会发展的重大方针。党的十七大报告进一步做出了"统筹城乡发展，推进社会主义新农村建设"的部署。这些政策都旨在缩小城乡差距，在促进省内均衡发展的基础上，促进区域均衡协调发展。

这一系列战略举措是新一代领导集体在前一阶段发展思路上，针对全球面临的资源过度使用、环境污染和全球气候变暖等问题，针对过去经济发展过程中"以城镇为中心"对乡村的忽略，针对经济发展过程中片面追求生产率忽视生态的行为，针对某些个体单纯追求利益而忽视消费者健康的行为，针对某些牺牲未来、牺牲子孙后代的权利和利益而追求短期利益的行为……对前一阶段发展"惯例"的继承和重大创新。在这一高度精练、系统而全面的发展战略指引下，在我国、全球的发展大环境下，如果一系列具体的区域发展制度、政策和措施能很好地嵌入各个区域（包括西部、中部和东部，包括城乡，包括三大带内各个省份、市、县等），必将实现区域经济全面、协调、可持续发展的战略目标，并解决区域发展中产生的新问题，实现人的全面发展和社会的和谐进步。

第三章　长三角区域差异及演化

长江三角洲是中国三大经济都市圈（长江三角洲、珠江三角洲、京津冀）之一，近几十年来，其经济、文化、外贸等方面发生了翻天覆地的变化，经济快速稳定发展，人民生活水平也逐步达到了小康水平。目前，长三角已经成为世界第六大城市群体，土地和人口分别占全国2.2%和10.4%，但创造的GDP占全国近1/4。它被认为是中国经济活力最强、发展潜力最大的经济区，是中国现代化的先导区和新型工业化的最重要基地。尽管长三角区域经济发展迅速，然而由于受到区域发展政策、地理环境以及地区的历史因素等的影响，长三角区域发展不均衡问题近年来日渐凸显。

第一节　长三角区域经济发展历史

因为长三角自给自足的自然经济是从鸦片战争开始解体的。谈论长三角区域经济发展历史一般从鸦片战争开始，并以新中国成立为分界点，大致可分为两个阶段：新中国成立前和新中国成立后的长三角区域经济发展。

一、新中国成立前长三角区域的经济状况

1840～1949年，中国遭受帝国主义侵略，封建制度瓦解、自给自足的自然经济解体。这一时期中国经济发展处于萌芽阶段，作为支柱产业的工业并没有真正发展起来，外商投资的不均衡决定了整个中国经济发展的不均衡。帝国主义资本的集中地区，如上海、天津、广州、东北地区等，成为“工业中心”基地。这一时期的经济发展是以东部地区为主和“北重南轻”为主的区域经济发展结构，经济发展绝对不平衡，以广州为主的珠江三角洲经济，以天津和青岛为主的渤海湾经济，以鞍山、抚顺、沈阳、大连为主的东北经济，以重庆为主的大后方经济等（金相郁，2007）。长三角地区主要以上海为主，外商的投资一定程度上促进了长三角经济的发展，尽管工业处于萌芽阶段，但不同程度地带动了整个地区经济的发展。这一时期长三角地区经济发展具有如下特征：

1. 伴随通商口岸的开放，外商的投资推动了经济发展，上海全国金融中心的地位形成

1840年的鸦片战争帝国主义列强在入侵中国的同时，也打开了中国通向世界的大门。这一时期的外商投资多以煤炭、铁路、金属矿产为主。《南京条约》签订后，开通了上海、宁波等五地为通商口岸；《马关条约》签订后，中国被迫开辟了苏州、杭州等四地为通商口岸。尤其在20世纪初期，通商口岸的开放使得外商投资加快，同时也促使上海中心地位形成。以上海地区的外资银行为例，1936年上海拥有外国银行27家，超过东京的11家、孟买的13家和香港的17家。上海有总行设在新加坡、菲律宾等地的侨资银行的分行，同时还有众多华资银行和中国传统的金融机构——钱庄。到20世纪30年代，上海各类金融市场基本形成，近代上海在全国的金融中心地位业已确立（陈剑峰，2008）。正如吴景平和马长林（2003）所说，上海在内汇和外汇业务各方面的领衔功能，是其金融中心地位的显著标志。

此外，外资银行的兴起，某种程度上也促使民族资本主义企业的繁荣。毛泽东曾认为外国资本主义对于旧中国的经济发展起了很大的分解作用，在破坏我国原有经济、手工业的同时，又促进了城乡商品经济的发展。自19世纪70年代以来，在“师夷长技以制夷”等一些进步思想的影响下，民营企业家开始利用外资兴办实业。例如，1921年南通大生资本集团的总经理张謇为了实施庞大的疏导淮河工程，与美商方克伯集团签订了借款200万元的草约，并向日本借款200万元；1913年，在上海经营的朱志尧的求新机械厂一次性借法国东方汇理银行款项172万两（周其厚，2003）。

2. 以纺织业等轻工业为主，重工业很少

长三角历来以盛产丝绸出名，它的纺织业一直是该地区农民传统家庭手工业，尤其到了近代，随着上海港的开埠、对外贸易的扩大、新技术的引进，纺织业发展迅速，产品开始转向国际市场。王国平（2004）认为，苏南等地轻工业为区域发展积累了资本，带动了其他经济部门的发展。苏北较少的重工业对本地区的积极作用有限，苏北经济发展滞后。以苏州为例，根据民国初年的统计，1918年，苏州丝织业年产纱缎为107040匹，外销77930匹，占总产量的72.8%；年产值2414250元，外销1184550元，占总产值的49.06%；共有丝织工人16779人，其中生产外销产品的9949人，占数的59.29%（张海英，1999）。

黄宗智（1992）通过对这一时期一些调查资料分析研究后认为，20世纪30年代的长三角实际上不存在华北平原那样的经营式农业。

3. 区域经济以上海为中心

1853年后，上海取代广州成为中国最大的对外贸易口岸，进出口货值占全国进出口货总值的50%以上。1873年后，形成内河、长江、沿海和远洋四大航运系统，上海成为全国的航运中心。1895年，上海成为中国外资企业最集中的城市。1900年，上海成为中国人口规模最大的都会，城市人口突破100万。1922年，上海位列世界六大港口之一。1930年后，上海成为远东著名的金融中心（陈剑峰，2004）。

近代上海的崛起，给江浙经济腹地产生了强力的辐射。受上海港崛起强大引力的吸纳，长三角原先以苏州为中心的城镇体系，出现了归向上海的重新组合，逐步形成了以上海港内外贸易为主要联结纽带的新城镇体系，整个长三角地区，均在这个体系包容内，上海的中心地位得以确立，而苏州、杭州等均降为本地区次中心城市（陈剑峰，2008）。上海成为一个正在成长的新的增长极，与江浙形成了港口与腹地的关系，与整个长三角地区的经济形成了集聚与扩散的、那时期的新型关系。

二、新中国成立后到改革开放前长三角区域的经济状况

这一阶段整个经济发展主要按照苏联模式，即忽视农业的发展，把主要精力放在工业建设上，实行计划经济制度，农业集体化，私营企业逐渐变为中央计划下的国营企业，工业总值在整体上得到提高，奠定了中国工业化基础。由于“大跃进”和“文化大革命”的影响，经济发展受到影响，尤其是农业生产受到严重破坏，但是从整体水平上看，中国经济还是得到了迅速的发展，较之1949年前的中国，工业基地在内陆建立起来，新兴工业城市也开始发展。有的学者依照Jian等（1996）的观点，把这段时期分为中央计划经济及大力发展工业化时期（1952～1965年）和“文化大革命”时期（1966～1977年）两个阶段。

这一时期中央计划和地方自治结合，经历了数次集中与分散过程。这个时期中央计划与地方或地区自治经济体之间的独特混合，被Donnithorne（1972）称为“蜂窝经济”。该学者认为，1953年起，开始走集体化、工业化的道路，在第一个五年计划中许多工业从沿海地区移至内陆；“大跃进”时代，过于强调工业化，忽视了农业发展；1962～1965年重新集中化；1966年起“文化大革命”，经济发展受到冲击，限于迟缓和停滞；1973年起将政策倾向从内陆移至沿海，政策分散化。

在大的历史环境下，长三角的经济发展也在振荡曲折中探索前进，表3－1是上海、江苏、浙江、长三角及全国在1953年、1966年、1970年、1978年的人口、国内生产总值、社会消费品零售额的数据。这些数据可代表1949～1978年中的两个阶段经济发展的水平。

表 3—1　1949～1978 年长三角经济发展水平

指标	年份	上海	江苏	浙江	长三角	全国	长三角占全国的比例
人口（万人）	1953	615.24	3739.00	2268.51	6622.75	58796.0	0.1126
	1966	1095.83	4748.07	3033.39	8879.29	74542.0	0.1191
	1970	1072.55	5252.09	3315.84	9640.48	82992.0	0.1162
	1978	1098.28	5834.33	3750.96	10683.60	96259.0	0.1110
生产总值（亿元）	1953	51.71	52.4	27.2	131.31	834.3	0.1574
	1966	124.81	109.9	58.3	293.01	1827.3	0.1604
	1970	156.67	129.2	69.2	355.07	2207.0	0.1609
	1978	272.81	249.2	123.7	645.71	3605.6	0.1791
社会消费品零售额（亿元）	1953	25.26	21.4	13.7	60.36	348.0	0.1734
	1966	28.72	39.5	26.1	94.32	732.8	0.1287
	1970	31.85	43.5	28.8	104.15	858.0	0.1214
	1978	54.10	84.8	46.9	185.80	1558.6	0.1192

注：资料来源于《新中国成立五十五年统计资料汇编》。

从表 3—1 的数据可以看出，这段时期长三角的经济发展虽然缓慢，但仍然在持续发展，经济总量在全国的比例也在逐年上升。到 1978 年，人口占全国的 11.1%，却创造了占全国 17.91%的生产总值，显示出其在整个国民经济中的重要作用。由于受到“大跃进”和“文化大革命”的影响，长三角的社会消费水平在逐年降低，1978 年仅占到了全国的 11.92%，比 1953 年的比例减少了 5.42%。在这段时期中，上海的地区生产总值和全社会消费品零售额占长三角的比例一直在 1/3 左右徘徊，如果考虑人均情况，仍显示出上海的带头作用。

三、改革开放后长三角区域的经济状况

改革开放赋予了中国经济鲜活的生命力。对外开放加强了国际交流、外资利用和新技术引进等。国企改革产权逐渐清晰，市场开始主导生产和企业战略，企业的自主权增加。价格改革是市场机制的核心，加强了对市场经济的调节作用，国家宏观调控价格总水平从行政手段为主转变为经济和法律手段为主，各个地区经济获得了长足发展。我国的财政改革经历了“让权—放权—分权—非对称性分权”的改革路径以及后来提出的“民生财政”，都体现了渐进性特征和很强的中国特色，把社会公平正义方面的作用更为凸现（刘尚希和邢丽，2008）。此外，农村家庭联产承包责任制的实施调动了农民的积极性，乡镇企业的异军突起，繁荣了农村经济，既大量解决了农村剩余劳动力，又增加了农民收入，为农民致富

奔小康做了很好的铺垫。财政分权和分税制改革促进区域经济增长的同时，也使地区（特别是东部、中部、西部三大带）城乡发展不平衡进一步扩大。

长三角拥有天时、地利、人和的优点，改革开放初期，其经济迅速发展，涌现出“苏南模式”、“温州模式”的经济发展样板。20 世纪 90 年代，上海浦东的开发，成为长三角新的带动力。20 世纪末，长三角超越了珠三角，成为全国的经济中心和最有活力的地区。21 世纪以来，长三角新一轮发展规划将引发长三角地区的加速发展。温思美和沈厚林（1996）认为，1990 年前长三角的发展中上海的带动作用不明显，浦东开放开发赋予上海带动未来长三角和整个长江立于地区经济发展的龙头地位。在这个观点基础上，有的学者以 1992 年浦东开发为界把改革开放后的长三角经济发展分为两个时期。这里以 20 世纪 90 年代为界把改革开放后的长三角经济发展分为两个阶段，即改革开放至 90 年代的长三角经济发展的缓慢期和 90 年代后至今长三角经济发展的快速期。这里只阐述前一阶段，对于后一阶段在长三角的现状部分描述。

把改革开放后到 90 年代这一时期的长三角经济发展特征概括为“缓慢期”是相对于 90 年代后的经济快速发展而说的。这段时期上海的“龙头”作用不明显，是改革开放政策实施的探索阶段。这段时期长三角经历了“六五”（1981～1985 年）和“七五”（1986～1990 年），是这一改革开放的初期阶段。

改革开放是包括经济体制和政治体制在内的对内改革和对内、对外开放。改革首先从农村开始，家庭联产承包责任制的实施极大地调动了长三角农民的积极性，活跃了农村生产力，有效地调整了长三角农村的经济结构，农业发展态势良好。1978 年，长三角粮食总产量为 4128.73 万吨，1985 年为 4961.64 万吨，1990 年为 5094.61 万吨。同时，改革开放后，长三角乡镇企业异军突起成为其经济发展的典型模式。乡镇企业的迅速发展在大量地解决了农村剩余劳动力的同时，也为工业的发展奠定了基础，并繁荣了农村经济，推进了长三角的乡村工业化和城市现代化发展进程，涌现出“苏南模式”、“温州模式”的经济发展样板。1993 年江苏、浙江两省乡镇企业产值分别达到 2173 亿元和 1002 亿元，占全省工业总产值的比重分别达到 43％和 39％。

对外开放政策的实施极大地扩展了长三角地区与世界的交流，中外合资、中外合作、外商独资企业日益增多，进出口总额呈上升趋势。1985 年 FDI 的迅速发展，上海、江苏、浙江的 FDI 增长率分别为 120.80％、361.63％、648.41％；“七五”期间，“两省一市”的 FDI 都有不同幅度的增长，其中上海的增幅最大。以上数据也可说明，FDI 在长三角经济发展中所起的作用越来越大。

改革和开放，将长三角经济带入新的发展空间。尽管这段时期的长三角开始步入快速发展的轨道，农、工、贸和人民生活水平经过两个五年计划 10 多年时间的发展，已经比改革开放前有了很大的提高。但从总量上看，这段时期的上海

经济发展没有江苏、浙江快，还有差距拉大的趋势，没有显示出核心城市地位。以 1985 年和 1992 年三地区的地区生产总值为例，1985 年的地区生产总值，上海、江苏、浙江分别为 466.75 亿元、744.9 亿元、427.5 亿元；到了 1992 年，三地地区生产总值分别为 1114.32 亿元、2136.0 亿元、1365.1 亿元。以上数据可以看出，上海的地区生产总值增速没有江苏、浙江快，这一期间三地的增长率分别为 138.74%、186.75%、219.32%。这也许和浦东没有开发有关，这一时期上海对长三角经济增长的带动力不明显。但应该看到，上海经济对江、浙经济的发展仍起到了积极作用，尤其是对苏南、浙东北的乡镇企业的发展起到了辐射作用，提供了某些技术和便利。比如，上海提供技术、江浙利用资源优势发展地区经济。这种作用在繁荣江、浙地区乡镇企业的同时，也促进了长三角内部资源的流动，开始了长三角区域经济一体化建设的进程。陈剑峰（2008）把这段时期长三角一体化建设总结为以企业联合推动型为主的区域内部合作，上海和周边江、浙地区间的产业分工由垂直分工向水平分工发展。尽管“两省一市”有加强联合的意向，但总体看依然是走各地独立发展的道路。

第二节　长三角区域经济发展的现状

长三角区域经济发展状况既包括发展的优势和取得的成就，也包括面临的一些问题。

一、长三角区域发展的优势和成就

20 世纪 90 年代至今，长三角的经济发展可以用“快速”概括，这一时期长三角经济实力持续增长，产业结构出现新变化，消费需求、投资需求和国外需求增势强劲，外商直接投资大幅增加，财政金融运行良好，城镇和农村居民收入都大幅提高，上海的核心作用更加明显，同时形成了经济增长多极化新格局。2000 年，长三角经济已超过珠三角，在国内经济中处于领先位置和中心地位；在国外市场竞争中形成优势品牌，培养了自己的核心竞争力。在新时代长三角再次迅速崛起，在国内外经济舞台中发挥越来越重要的作用。上海市常务副市长冯国勤 2008 年在总结长三角发展历程中提到：“回首十年，在国家改革开放深入和浦东开发带动下，长三角经济社会日渐步入发展的‘快车道’。今天的长三角不仅已跻身世界大城市群行列，而且以占全国约 1%的国土面积，产生了占全国 22.7%的 GDP、23.3%的财税收入、37%的进出口贸易额和 34%的累积实际使用外商直接投资，成为中国经济的增长极和发动机之一，凸现了长三角在中国区域经济版图上的重要位置。”

国家良好政策的引导是长三角崛起的先决条件。经济基础决定上层建筑，上层建筑对经济具有反作用。良好政策的指引使得上海的“龙头”再次抬起，整个长三角腹地迎来了新的契机。1992 年邓小平在南方谈话中，就提到了开发浦东的战略。党的十四大又作出了“以上海浦东开发开放为龙头，进一步开放长江沿岸城市，尽快把上海建成国际经济、金融和贸易中心之一，带动长江三角洲和整个长江流域地区经济的新飞跃”的战略部署。1995 年 9 月中共十四届五中全会进一步确立了“5+1”的开发开放先行试验区的格局，将浦东新区置于与五个经济特区同等地位，开发开放的高起点定位（陈剑峰，2008）。“十一五”期间，上海市提出了“四个中心”的发展目标，即把上海建成国际经济中心、国际金融中心、国际贸易中心和国际航运中心。2010 年“世博会”的召开，进一步推动了长三角经济快速发展。《长江三角洲地区区域规划纲要》（送审稿）中提出了“一核六带”区域发展总体布局框架，即强化上海这个发展核心，优化提升沪宁、沪杭沿线发展带，重点建设沿江发展带、沿杭州湾发展带，积极开发沿海发展带，培育南京、湖州和杭州发展带，引导发展沿太湖生态服务带。2008 年 8 月，国务院常务会议通过了《进一步推进长江三角洲地区改革开放和经济社会发展的指导意见》，要求长江三角洲地区要重点抓好加快调整产业结构，努力形成以现代服务业为主的产业结构，全面推进工业结构优化升级，努力建设国际先进制造业基地，统筹城乡发展，全面深化农村改革，大力发展现代农业等十项工作（刘文婕，2008）。

好的机会与把握、由企业为主导的地区分工和良好的发展机制是长三角发展的重要条件。2001 年中国加入世界贸易组织（WTO）后，长三角国际化进程加速，许多国际制造业开始向中国沿海转移。由于上海和长三角腹地地理位置优越、工业基础好、基础设施好、科技文化事业发达等条件，长三角地区已越来越受到外商的青睐。由企业为主导的地区分工使得企业不再局限于某一地区，而是充分利用各地区的资源、劳动力、外贸、政策等优势把分公司、分厂等建立在有优势的地区，以节省成本和销售产品。比如，很多企业利用上海的外贸优势和核心城市地位在上海设立总公司或分公司，而在苏州、无锡、常州、温州、宁波等地利用当地的劳动力廉价、原材料易获取等优势进行加工制造。这种地域的分工使得长三角内部联系更加紧密，加速了长三角的经济一体化进程，同时也使得企业获得更大利润，提高企业的市场竞争力。良好的发展机制是经济快速发展的保障，汪伟全（2009）认为长三角区域经济的迅速增长离不开其合适的发展机制，长三角“两省一市”发展模式具有特殊涵义：以浦东开发开放为特征的上海经济模式；以“温州模式”为特征的浙江民营经济模式；以“苏南模式”到外向型经济为特征的江苏发展模式。独具特色的发展模式给当地经济注入了活力，突破制约区域经济发展的“瓶颈”，并使经济圈内富有效率地分工与合作。

总的说来，长三角经济在上海，特别是浦东地区发展的带动和良好政策的指引下，经济飞跃发展。长三角正逐渐成为我国综合实力最强的经济增长极，经济的发展把“两省一市”联系得更为紧密，省际和子区域间的合作更加频繁，进一步推动了长江区域一体化建设。它的影响正如陈建军（2008）所说，经济核心区域的“强强联合”，产生了产业经济集聚效应，一定程度上解决了现实经济运行中的产品和要素市场的分割以及地方保护主义问题，加快统一的国内市场的形成，形成了区域经济发展的“雁行模式”格局，成为推动中国国内中西部地区经济发展的“领头雁”和动力源。

二、长三角区域发展面临的问题

长三角在迎接机遇、发挥优势的同时，也有一些问题亟待解决。在制定政策时要发挥比较优势，向好的状态引领，变劣势为优势。

1. 以粗放式的增长为主

“粗放式”增长的特点就是高投入、高耗能、高污染，而技术含量低、生产效率低、管理方式不科学，进而导致产量低、效益低。其结果就是一些行业产能过剩、供需失衡、成本上涨、价格下跌、盈利空间受到挤压。包健（2008）指出，苏浙两省与发达国家相比，单位 GDP 能耗大约是日本的 6 倍、英国的 3 倍、美国的 2.2 倍、韩国的 1.8 倍、中国台湾地区的 2 倍。而上海目前每平方公里 GDP 的水平仅为首尔的 61%、纽约的 50%、巴黎的 43%。在长三角工业用地平均产出率仅相当于国际工业用地平均产出率的 1/80。苏州工业园区的平均水平是 36 万美元/亩，而法国的开发区平均水平是 60 万美元/亩，新加坡、中国台湾等地均在 100 万美元/亩（顾建兵，《21 世纪经济报道》，2003 年 3 月 4 日）。如果不考虑国际价格差异，这表明长三角现阶段的发展在很大程度上仍是依赖土地和能源的消耗。所以长三角的制造业面临着向低能耗、低污染、高技术含量、精密加工的方向发展的挑战，经济发展方式面临着从粗放型增长方式向集约型增长方式转变的压力。

2. 城市产业结构趋同现象严重

新中国成立后，由于国家工业化的战略，许多工业部门在设置上是相似的，这使得长三角要素禀赋比较接近。加之地区分工带来的利益不能在地区间均等地分配，同时各地区利益的相对独立性和干部绩效评估体系中的一些缺陷，使得长三角一体化缺乏制度保障，造成城市产业结构趋同。2000 年上海与苏南工业部门结构相似系数为 0.84，苏南与浙北为 0.91，上海与浙北为 0.70；2001 年上海与苏南工业部门结构相似系数为 0.84，苏南与浙北为 0.93，上海与浙北为 0.70。2004 年在上海与江苏投资前 10 位的产业中，有 7 个产业相同，投资额占同期投资比例分别为 93.76%和 80%，而江苏与浙江投资前十位产业中相同的产业达到了8个，投资比例分别达到了90%和79.03%。长三角有14个城市排在前4位的支柱产业均是电子信息、汽车、新材料、生物医药工程，趋同率达到了70%。在长三角地区的“十五”高科技产业发展规划中，集成电路产业的同构性达35%、纳米材料为48%、计算机网络为59%、软件产业为74%。这样的重复建设难以产生规模经济，难以形成合理的专业化分工，会导致资源的浪费和企业发展受阻；难以开展区域产业内及产业间的协同合作，会导致过度竞争，破坏市场经济秩序，降低整个区域的竞争力，影响整个区域的一体化和发展（周朝，2005；钱惠峰，2007）。

3. 产业结构的低度化

近些年来，尽管高新技术产业有很大发展，建立了许多高新技术园区，但是从产品的技术含量来看，长三角产业大多仍是劳动密集型、资金密集型，技术含量不高，产品附加值低，利润率不高，产品在国际市场的竞争力不强。此外，高耗能的产品对环境造成了严重污染。钱惠峰（2007）从产业链、产品层次来说明这一问题，认为处于产业链高端的进行深加工的产业比重小，而处于产业链低端的产业所占比重较大，高端的、具有品牌效应的产品比重小。

4. 环境污染严重

长三角地区产品加工业或制造业集中，乡镇企业发达，高新技术产业发展相对缓慢，这种粗加工不仅会消耗大量的原材料，更给环境带来很大危害。目前，长三角污染严重，水污染和土壤污染突出、酸雨发生频繁、“三废”排放激增。有的地区为了追求GDP的高速增长，盲目引进污染产业并疏于管理，加之产业的集聚性，使得区域社会经济系统向环境的有害输出严重超过了环境的承载力。有的地区为了追求农业的短期高产，大量施用化肥，使得周围环境不堪重负。这种加工和生产方式还可能引发食品安全危机。“能源危机”和“环境污染”告诉我们，转变长三角的经济增长方式和优化产业结构是必然选择。

5. 城乡、区域差异进一步扩大

长三角经济的迅速发展不仅带动了泛长三角地区，而且也向全国辐射，它的发展模式为很多地方借鉴。人们往往只看到长三角经济迅速崛起、综合实力增强的积极的一面，而忽视了其内部发展的非均衡。实际上，从前面的数据和分析也可以看出，江苏、浙江和上海之间的经济发展存在差异。此外，在省市内部也存在差异，如苏南、苏北、苏中之间的发展不均衡；浙西南、浙东北之间的发展不均衡。近年来这些地区不均衡和城乡不均衡、城市之间的不均衡有扩大趋势。这些已经成为长三角一体化的制约因素，而且还可能影响长三角地区社会的和谐与稳定。

第三节 长三角区域发展不均衡的基本研究方法

一、区域发展不均衡的分析方法概述

要分析区域不均衡，首先要对不均衡进行度量，所以通常不均衡的分析方法也指不均衡的测算方法。测算不平衡的范围很广，但从广义上来看，Tsui (1993) 认为，不均衡的测算可归结于以下三种方法：

(1) 借助于统计学的方法或分布。例如，基尼系数、变异系数（CV）或 Theil 熵方法（又称为塞尔指数）。

(2) 在公理手段基础上建立起来的方法。这个方法在程序上与第一种方法相反。首先构想不均衡测算的理想公理，在这些公理的基础上，以数学的方式衍生出测量或测量方法的分类。例如，一般测度熵（GEM）分类就是这种方法典型的例子。

(3) 利用社会福利函数构建的测量方法。基于道德判断构想、构造广义社会福利函数，然后将这个函数转换为不均衡指数。Atkinson（1983）构造的 Atkinson 函数和由 Sen（1972）提出的测量方法属于这一类。

在实际应用中主要以第一类方法为主，即基尼系数和变异系数。这样做的优点是各种研究的结果可以互相比较，但要注意区分人口中的个人不均衡的测算与地区/国家平均数（如地区间的不均衡）。人们广泛认可的是个人收入不均衡的测算方法是基尼系数，它以 Lorenz 曲线的方式做出合适的几何解释。基于基尼系数的广泛认可性，有不少学者也把它用于研究区域不均衡。关于地区不均衡的大多数研究是建立在变异系数基础之上的，但这个指标固有的道德倾向目前尚不清楚。此外，变异系数还有着对分布异常值高度敏感的不理想统计特征。因此，许多学者建议采用其他可选择的测算不均衡的方法。最需要留心的是，每种不均衡的测算方法都有一些我们应该知道但也许尚不明确的道德判断。这同时也意味着没有任何一种不均衡的测算方法是绝对“客观”的。

此外，地区不均衡在某些方面不同于个体之间的不均衡。因为从人口角度看，各地区的人口多少不一。在任何情况下，分析地区不均衡使用人口比重的形式都更为有意义。而且从经济和逻辑的观点来看，没有通过人口比重来测算不同地区不均衡大小的方法，看起来也是不合适的。但是目前很多研究仍使用无权重的方法。

关于不均衡指数对不均衡的变化、聚合水平的敏感性，可从后面长三角的实证分析中得到进一步验证。下面，我们介绍一些度量区域不均衡的指数（系数）。

1. 变异系数（CV）

变异系数是标准的统计测量方法，它等同于被平均值常态化的标准误差。考虑人口比重的CV为：

$$CV = \frac{\sqrt{\sum_{i=1}^{N} w_i (x_i - m)^2}}{m} \tag{3-1}$$

其中，N表示区域总数量，w_i表示区域i的人口权重（各个区域占总体人口的比例），满足$\sum_{i=1}^{N} w_i = 1$，$x = (x_1, x_2, \cdots, x_n)$是度量变量向量（如各个区域的人均收入、人均GDP等），m表示基于人口权重的平均值，即$m = \sum_{i=1}^{N} w_i x_i$。CV系数除了道德判断、对分布异常值高度敏感之外，与其他指数相比，最大局限性在于不能分解出各子单位做出的“贡献”，但不均衡的分解又是测量地区不均衡的理想手段。

2. 基尼系数

Gini系数的计算如下：

$$G = 1 - \sum_{i=1}^{n} w_i (2Q_i - s_i) \tag{3-2}$$

其中，n表示区域数（或总人口被分成的组数），i＝1，…，n表示第i个区域（或被分成的第i组）；m_i表示区域i（第i组）的人均平均收入；w_i表示区域i（或第i组）人口所占总人口的比重，$\sum_{i=1}^{n} w_i = 1$；$s_i = w_i x_i / \sum_{i=1}^{n} w_i x_i = w_i x_i / m$，$Q_i = \sum_{k=1}^{i} s_k$。在计算过程中，式（3－2）中的变量按关键字$x_i$的升序排列，$x_i$是第i个区域的经济指标，如人均收入、人均GDP等。

在差异分析的众多方法中，Gini系数受到了政府和学者的重视。它是分析居民收入分配不均等程度的相对统计指标，其值域为［0，1］，其值越大表示越有差异，在国际上其警戒值为0.4。Gini系数可用Lorenz曲线展示出直观性，这是其受欢迎的原因之一。同样Gini系数的道德判断不容易被解释。Gini系数的最大优点是结果的可比较性。Gini系数虽可以分解，但其分解不具有完全特性。

Gini系数还有其他形式，参见Herrmann-Pillath et al.（2002）。Yao（1999）认为（3－2）式比其他公式有如下很多优点：①可以采用Excel表计算；②可以用于计算Gini系数的区域（组之间或类之间）部分；③可以很容易地通过按人口层次和收入来源来分解各自的部分。

3. 胡佛指数

胡佛指数的标准化形式如下：

$$\text{Hoover}(x) = \frac{1}{2}\sum_{i=1}^{N}\left| w_i - \frac{x_i P_i}{\sum_{j=1}^{N} x_j P_j} \right| \tag{3-3}$$

其中，P_i、P_j 分别表示区域 i 和区域 j 的人口。该指数可能是最简单的，也是最稳健的不均衡指数，这一点可以从我们下一节的计算结果中看出。胡佛指数是偏离比例的标准化均值，严格反映了区域人口份额和区域财富份额不成比例的情况。胡佛系数给出了完全均衡的基准点，以及决定了为达到这一目标必须执行地区之间再分配的量。胡佛指数可反映和比较不均衡造成的趋势和压力，但并不是符合实际政策制定的标杆。对于地区分析，胡佛指数指出：为了均衡人均值，地区间需要再分配的量。

4. 一般测度熵（GEM）

一般测度熵（General Entropy Measures，GEM）最早由 Shorrocks（1980）经过一系列的公理推导而得出。随后被 Tsui（1993，1998b）应用于分析区域发展不均衡。GEM 的一般形式为：

$$I(x) = \begin{cases} \frac{1}{c(c-1)}\sum_{i=1}^{N} w_i\left[\left(\frac{x_i}{m}\right)c - 1\right], c \neq 0,\ c \neq 1 \\ \sum_{i=1}^{N} w_i \frac{x_i}{m}\ln\left(\frac{x_i}{m}\right),\ c = 1 \\ \sum_{i=1}^{N} w_i \ln\left(\frac{m}{x_i}\right),\ c = 0 \end{cases} \tag{3-4}$$

其中，c 是实数，其他参数的含义同前。c 可看作 GEM 的道德参数，反映了 GEM 对分布尾端变化的敏感性，$c<2$ 时的测度对分布尾端的变化比较敏感，可理解为对贫穷增加的敏感性（Tsui，1998b）。对比 GEM 和 Theil 指数（Kanbur，1999）可以发现，Theil 指数是通用测度熵的特例，当参数 c 为 0 或 1 即为著名的 Theil 指数。GEM 是唯一一类具有加成分解性（即整个区域不均衡可完全分解为较小集聚单位的不均衡之和）的指数。它的区域分解我们将在下一小节介绍，它的城乡分解我们将在下一章介绍。

5. Max/Min 系数

Max/Min 系数是某指标反映的最富有的子区域和最落后的子区域指标值之比，实际计算时，通常又采用某指标反映的最富有的 M 个子区域的均值和最落后的 M 个子区域的均值之比。Max/Min 系数一定程度上反映了区域内经济发展极差或“贫富差距”程度，即区域内子区域发展的“贫富差距”程度。Max/Min 系数的局限是对异常值敏感，采用 M 个子区域加权均值计算的值变小，减弱了对异常值的敏感性，但 M 的多大才合理难以确定，缺乏统一标准。

6. 极化指数

极化主要描述区域类成员围绕数个局部均值呈聚类式地分布在不同聚类之间

的差异程度。Esteran & Ray（1994）认为极化是对正在消失的中产阶级现象的简略表述，并总结出经济收入分布极化现象的基本特征：①在同一极化类的成员之间趋向于高度的同质性；②在不同极化类的成员之间趋向于高度的异质性；③有分量类的数量很少，不具分量的类是微不足道的。Esteran & Ray 提出了一种适用于测度收入分布极化的度量方法，被称为 Esteban—Ray 指数（简称 ER 指数），其一般形式如下：

$$ER = A\sum_{i=1}^{N}\sum_{j=1}^{N} p_i^{1+\alpha} p_j \left| x_i - x_j \right| \tag{3-5}$$

其中，p_i 为区域权重（本书中采用区域人口权重），A 和 α 分别表示标准化系数和极化敏感度系数，其他参数的含义同前。α 规定取（0，1.6）区间的任意值，而且 α 取值越接近 1.6，ER 指数越不同于标准的基尼系数。

Wolfson（1994）展示了支撑不均衡分布测度的最基本公理“匹古—道尔顿转移条件”与极化概念的不一致，认为利用传统的区域不均衡测度方法（如 Gini 系数）来测评区域极化是不合适的，并在洛伦兹曲线的基础上推演出收入分布极化的测度方法，被称为 Wolfson 指数（这里简称 WP 指数）。

$$WP = 2[1 - 2L_{\frac{1}{2}}) - G]\frac{m}{M} \tag{3-6}$$

其中，M 为样本的中位数，$L_{\frac{1}{2}}$ 为底层向上一半人口所在区域的基于人口权重的平均值，G 为基尼系数，其他参数含义同前。

Tsui & Wang（1998）在 Lorenz 曲线基础上推演出收入和财富分布极化的测度方法。在 Wolfson 的基础上，利用增加的两极化与增加的扩散两个部分排序公理推导出一组新的极化测度指数，被称为 Tsui-Wang 指数（简称 TW 指数）。其表达式如下：

$$TW = \frac{\theta}{P}\sum_{i=1}^{N} P_i \left| \frac{x_i - M}{M} \right|^r \tag{3-7}$$

其中，P 表示所有区域的总人口，θ 和 r 均表示大于零的常数系数，r 取（0，1）区间内的任一值，在本书的计算中取 $\theta=1$，$r=0.5$。

ER、WP 和 TW 指数的值越大，表示极化程度越大；反之则越小。区域不均衡和极化这两个概念的关系尚存在很多争议，区域不均衡是对总体的分解，不均衡是用来衡量某项指标的总体分布程度，强调个体偏离总体均值的程度；而极化则是侧重于局部分析，强调的是区域类成员围绕样本局部平均值成聚类式地分布，以至于同一类的成员之间具有非常相似的特征，但不同聚类成员之间差异很大。我们认为区域不均衡指数和极化指数两者都是区域差异的反映，只是角度不同，虽然从不同角度进行分析很可能会产生不一致的结果，但这样有助于更好地了解问题所在，使得分析更全面。因而，在分析区域经济发展不均衡的同时，有

必要了解这种区域不均衡的分布是否存在聚类现象。所以在本书中我们采用了两者的对比分析，以更清楚地揭示问题。

郭腾云（2004）认为以上三个指标仅仅反映研究对象分布的总体极化程度，并不能反映研究对象在空间上的极化方向，并根据区域经济不均衡存在空间极化时同一类型区域不均衡小、不同类型区域不均衡应该很大的特性，提出用 Kanbur-Zhang 指数（简称 KZ 指数）来反映区域不均衡在空间上的极化方向。KZ 指数的具体数学表达式如下：

$$KZ = I(\mu_1, \mu_2, \cdots, \mu_k) / \sum_{k=1}^{K} W_k I_k \tag{3—8}$$

其中，K 为区域类数，W_k 和 I_k 分别是第 k 区域类的（人口）权重和不均衡值，第 μ_k 为第 k 区域类 n_k 个区域被测度指标的加权平均值。式（3—8）右边的分母被称为区域内部不均衡部分，分子被称为区域之间不均衡部分。

此外，有的学者在研究区域发展差异时用到了 σ-收敛指标（Jian 等，1996），在判断是否收敛时用到了 β-收敛检验（Jian 等，1996；宋学明，1996；魏后凯，1997）、ADF 检验（陈安平和李国平，2004）和 Johanson 协整检验（陈安平和李国平，2004；姚波，2005）。

二、不均衡的区域分解

这里只介绍 GEM 和 Gini 系数反映的总的不均衡按不同集聚水平（不同区域层次）的分解，对于二元经济结构的城乡区域分解我们将在第四章介绍。

1. GEM 的区域分解

这里我们只讨论 c=0 时的分解，关于 GEM 详细的分解请参见 Shorrocks（1984）。总的不均衡 I（x）可分解为区域内部不均衡 W（x）和区域之间不均衡 B（x），见式（3—9）所示。

$$I(x) = B(x) + W(x) \tag{3—9}$$

x_N 表示第 N 个地区，根据一定的区域划分方法，将 N 个地区归并为 K 个地区（比如，全国的三大带、六大宏观区域；长三角的两省一直辖市和“六大地区”等），K≤N，不失一般性，按下列顺序表示聚合的区域：

$$z_1 = (x_1, \cdots, x_{a1}), z_2 = (x_{a_1+1}, \cdots, x_{a_2}), \cdots, z_K = (x_{a_{k-1}+1}, \cdots, x_N) \tag{3—10}$$

其中，$a_k \in \{2, \cdots, N-1\}$，$k = 1, \cdots, K-1$；$1 \leqslant a_1 \leqslant a_2 \leqslant \cdots \leqslant a_{K-1} \leqslant N$，$a_0 = 0$，$a_K = N$。这个工作相当于把 x=（$x_1$，$x_2$，…，$x_n$）重新编号，使得前 a_1 个地区的指标值对应于第一个聚合区域包含的构成地区的指标值，使得 $a_{k-1}+1$ 到 a_k 的 $a_k - a_{k-1}$ 个地区的指标值对应于第 k 个聚合区域包含的构成地区的指标值，k=1，…，K。

假设 μ_k 是聚合后的区域 k 的人口权重，w_j 是在聚合区域 k 中的第 j 个地区的人口权重，则有：

$$\mu_k = \sum_{j=a_{k-1}+1}^{a_k} w_j,\ 1 \leqslant k \leqslant K \tag{3-11}$$

假设 m_k 是第 k 聚合区域基于人口权重的平均值，则有：

$$m_k = \sum_{j=a_{k-1}+1}^{a_k} \frac{w_j}{\mu_k} x_j \tag{3-12}$$

由式（3—4）、（3—11）、（3—12）可得：

$$B(x) = I(m_1, \cdots, m_K) = \sum_{k=1}^{K} \mu_k \ln(\frac{m}{m_k}) \tag{3-13}$$

$$W(x) = \sum_{k=1}^{K} \mu_k I(z_k), I(z_k) = \sum_{j=a_{k-1}+1}^{a_k} \frac{w_j}{\mu_k} \ln(\frac{m_k}{x_j}) \tag{3-14}$$

其中，I（m_1，…，m_k）是基于 K 个地区平均值的 GEM，I（z_k）是构成第 K 聚合区域的所有地区之间差异。例如，长三角地区总的不均衡既可以按两省一直辖市的聚合区域分解，也可以按六大地区（本书中指苏北、苏中、苏南、上海、浙东北、浙西南）来分解，如图 3—1 所示。

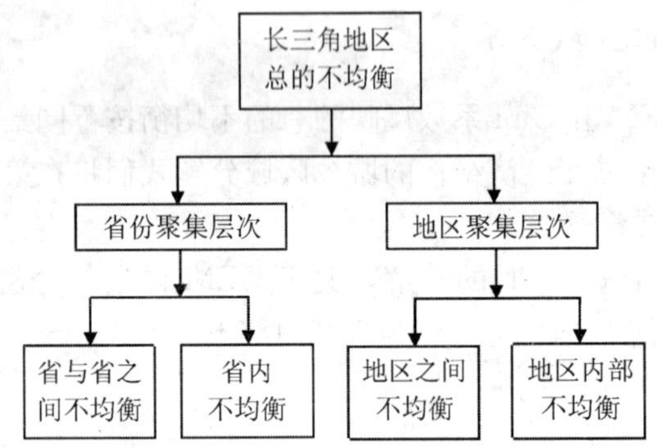

图 3—1　长三角地区 GEM 按不同聚合水平分解示意

2. Gini 系数的区域分解

Gini 系数的分解首先按照聚合区域将各个地区（本书中为市水平）分组，即将 N 个地区归并为 K 个聚合区域，并对其编号，属于同一个聚合区域的编号相同。比如，如果某个地区属于第 k 个聚合区域，就给其一个区域代码 k（也可以是其他的值，只要不同聚合区域代码不同就可以）。总的 Gini 系数由组分内部差异、组分之间差异和重叠的三个部分组成（Pyatt，1976），即：

$$G = G_A + B_B + G_O \tag{3-15}$$

其中，G_A 表示 G 聚合区域内部差异，G_B 是聚合区域之间差异，G_O 表示 G 的重

叠部分。如果聚合区域内部没有不平衡，那么 $G_A=0$；如果所有聚合区域的指标人均平均值相等，则 $G_B=0$；如果低人均平均值聚合区域中最高的人均平均值地区的指标值不高于高人均平均值聚合区域中最低的人均平均值地区的指标值，则 $G_O=0$。对于聚合区域之间的收入不平衡，G_B 对 G 的相对贡献率有着重要的启示。由 G_A、G_B 和 G_O 的含义知，它们都是非负的。

Pyatt（1976）采用博弈论的矩阵代数证明了式（3—15）成立。关于复杂的矩阵代数和数学证明请参考 Pyatt（1976）和 Yao（1999）这两篇文献，这里只介绍其分解程序。

第 1 步：用等式（3—2）得到 G。

第 2 步：G_B 由聚合后的 K 个聚合区域的数据按式（3—2）计算，即：

$$G_B = 1 - \sum_{k=1}^{K} \mu_k (2Q_k' - s_k') \tag{3—16}$$

其中，$s_k' = \mu_k m_k / \sum_{k=1}^{K} \mu_k m_k$，$Q_k' = \sum_{I=1}^{k} s_I'$ 是聚合区域的指标人均平均值份额累计到 k 的总和，其他参数的含义同 GEM 的分解。

为了得到 G_B，式（3—16）中的所有元素必须按聚合区域的指标人均平均值的升序排列，即 $m_1 \leqslant m_2 \leqslant \cdots \leqslant m_k$。

第 3 步：G_A 可以由下式计算：

$$G_A = \sum_{k=1}^{K} \mu_k s_k' G_k \tag{3—17}$$

G_k 代表第 k 个聚合区域的 Gini 系数。因此，对于 K 个聚合区域就有 K 个 Gini 系数。G_k 的对各个聚合区域包含的地区按式（3—2）计算。

第 4 步：$G_O = G - G_A - G_B$

一些研究发现，G_O 还可以通过如下方式直接从式（3—2）中获得。如果等式中所有的元素都能按照聚合区域指标人均平均值（主关键字）的升序和地区指标人均平均值（次关键字）的升序排列按式（3—2）得到一个系数，记为 G'，则 $G_O = G - G'$，G' 称为集中系数，有的学者称其为伪 Gini 系数，Yao（1999）给出了这种方式计算 G_O 的解释。如果 G_O 的值用这种方法计算可以节省第 2 步或第 3 步的计算时间，而且能用两种不同方法计算 G_O 给分解方法方面提供了有效的检查机制。如果计算结果不等，那么就表明计算过程有误。Gini 系数区域分解示意图如图 3—2 所示。

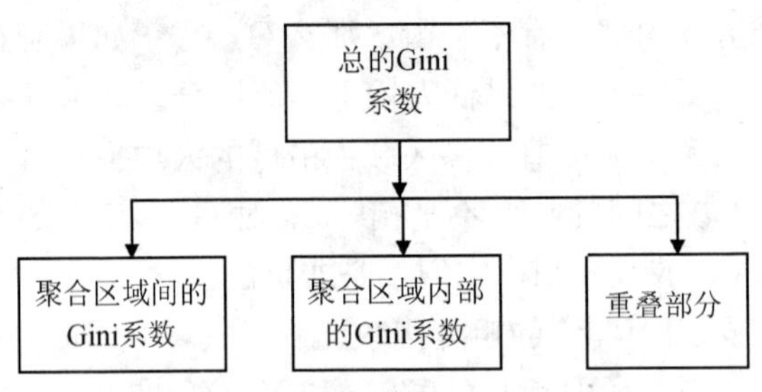

图 3-2 Gini 系数按聚合水平分解示意

三、经济指标的选择和数据来源

1. 经济指标的选择

统计指标最能够反映一个地区或国家福利和发展的总体水平。统计指标的选择在很大程度上受流行性、数据获得难易和个人伦理喜好的影响。

GDP 是宏观经济的测量标准，是反映资本周转率的指标。它并不包括非市场产品和服务，也不包括任何收入在人口中分配的信息。近年来，GDP 的广泛应用模糊了经济发展与社会福利的真实关系，实际上社会福利含有非物质成分，如空闲时间或自然价值。GDP 作为福利的测算标准很久以来一直受到批评，因为它不考虑自然资源的消费或环境污染的负面影响，没有区分社会福利的上升和商品、服务的下降。

GDP 作为测量方法的缺陷促使人们考虑别的方法。在这样的背景下，人类发展指数（HDI）、可持续经济福利指数（ISEW）、发展质量指标以及所谓绿色社会生产指标应运而生。所有这些指标都提到了发展的基础生态和伦理层面，它们建立在可持续发展的基础之上。可持续发展被定义为满足现在的需求而不以牺牲子孙后代的需求为代价的发展。

自 1990 年以来，联合国发展计划将 HDI 应用于人类发展报告。HDI 被定义为重要预期、教育水平和生活标准的组合，被看作是人均 GDP 的购买力均价。美国、英国和德国使用 ISEW 指标，该指标表现出 GDP 的持续发展趋势不一定对应于福利的可持续发展。

由于在度量上和在发展中国家实际执行等方面的困难，这方面的数据难以获取，目前在发展中国家这些可持续指标多停留在定性层面。

考虑到数据的可获取性和研究的需要，本书主要选择 GDPPC（人均国内生产总值）、RPCI（农村居民人均纯收入）、UPCI（城镇居民人均可支配收入）、TPCI（人均总收入，是 UPCI 和 RPCI 的人口加权平均）来计算和分析长三角各个聚合水平下不均衡的发展和演化。对于不同聚合水平下长三角地区总的不均衡

我们主要用 CV、Gini 系数、GEM、Hoover、Max/Min 来反映；对于不同聚合水平下的不均衡用 Gini 系数、GEM 和极化指标（ER、TW）反映；分解我们采用 Gini 系数和 GEM。

2. 数据来源及加工

本书采集的数据来自国家统计局和国家信息中心以及长三角地区两省一市历年的统计年鉴。曾经有学者因为各个地方统计局的职员素质参差不齐、统计方法不科学、统计地位不独立而对我国的官方数据表示怀疑。我们认为长三角地区是我国经济最发达的地区之一，大量高层次人才会聚，统计人员素质较高，采用的统计方法也相对科学（实际上，全国各个地方近年来的统计手段随着经济发展、社会进步已变得越来越规范和科学）。

虽然统计的独立性地位仍然没有得到很好解决，但我们认为长三角地区的官方数据还是可靠的。本书所选择的时段是长三角经济快速发展的时期，各种数据的统计口径是基本一致的。

我们的数据包括 1993～2007 年，长三角 24 个地级市和 1 个直辖市 12 年的数据，其中 1994～1996 年的数据因大部分缺失，我们没有分析这些年份。有些地区的行政边界进行了调整，如江苏在 1993 年只有 11 个城市，到 1997 年增加到了 13 个，但为了保持 1993～2007 年数据比较的一致性，这里以 1993 年为标准，将 1997～2007 年的地区数据以人口为权重进行合并。同时，在确保地区数据一致性的条件下，我们还保证数据之间的可比性，根据 1994～2007 年各个市的消费价格指数，将 1997～2007 年的 GDPPC、RPCI 和 UPCI 分别用居民消费价格指数、农村居民消费价格指数和城镇居民消费价格指数进行调整到 1993 年的价格基准。

我们在聚合水平中分别考虑了省级聚合水平（指上海、江苏、浙江），六大地区聚合水平，六大地区指定是上海、苏南、苏中、苏北、浙东北和浙西南（根据省统计年鉴划分六大地区如下：上海；苏南由南京、无锡、苏州、常州和镇江构成；苏中包括南通和扬州；苏北为徐州、连云港、淮阴和盐城；浙东北由杭州、宁波、嘉兴、湖州、绍兴和舟山构成；浙西南包括温州、金华、衢州、台州和丽水五个地级市）。其中为了统计的一致性，把后来划分出来的泰州并入扬州，宿迁和淮安并为淮阴。

第四节　长三角区域发展总的不均衡的实证分析

我们对初始数据的录入、加工和计算结果的展示主要采用 Excel。对数据计算则根据本章第一节和第二节提到的相应公式采用 Matlab6.5 编程处理，计算结果的展示也利用了 Matlab6.5 丰富的图形工具。

一、总的不均衡和极化

1. 不同聚合水平下长三角总的不均衡的演化

(1) 长三角经济发展和居民收入的总体演化。长三角地区经济在 1993～2007 年，GDPPC 得到了快速的增长，去除价格因素影响后的人均 GDP 变化见图 3－3。在 1993～2000 年，长三角 GDPPC 均值增加 87.43%，如图 3－4 所示；平均每年增加 9.39%，如图 3－5 所示。在 2000～2007 年长三角 GDPPC 均值增加 13941 元，平均每年增加 13.28%，如图 3－4 和图 3－5 所示。由此可以看出，进入 21 世纪以来，长三角的经济高速增长，比 20 世纪 90 年代更加快速。随着经济增长，居民的人均收入也在增长，1993～2000 年、2000～2007 年分别增长 69.28%和 109.36%，年增长率分别为 7.81%和 11.13%，和经济增长相适应。可以看出 21 世纪以来居民收入的增长也快于 20 世纪 90 年代。再看城乡收入的变化可以发现：农村居民的纯收入增长不如城镇居民收入增长速度快，2000～2007 年增长为 68.28%、年均增长 7.72%，略高于 1993～2000 年的增长率 64.33%和年均增长率 7.35%；而城镇居民的可支配收入 21 世纪以来增长快速，2000～2007 年年均增长 10.48%，远远高于 1993～2000 年的年均增长率 6.20%。1993～2000 年城镇居民的可支配收入增长速度低于农村居民的纯收入的增长速度，但 2000～2007 年却相反，前者是后者的 1.48 倍。结合图 3－3 可以看出，城镇居民的可支配收入基数高于农村居民的纯收入基数，可看出城乡差距进一步加大，具体情况我们将在第四章详细分析，本章只分析各自不均衡的演化。

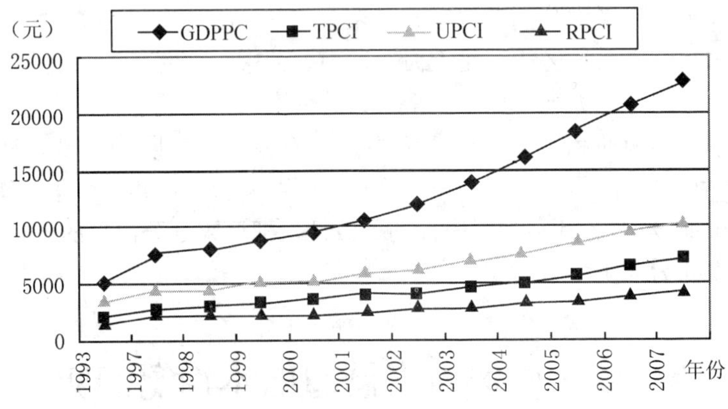

图 3－3　长三角地区人均地区生产总值、人均收入的演化

(还原到 1993 年的价格水平)

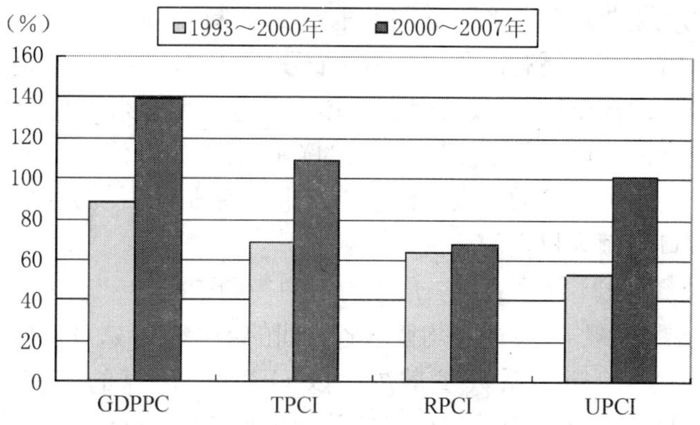

图 3—4　长三角地区人均地区生产总值、人均收入等 1993～2000 年/2000～2007 年的增长率（还原到 1993 年的价格水平）

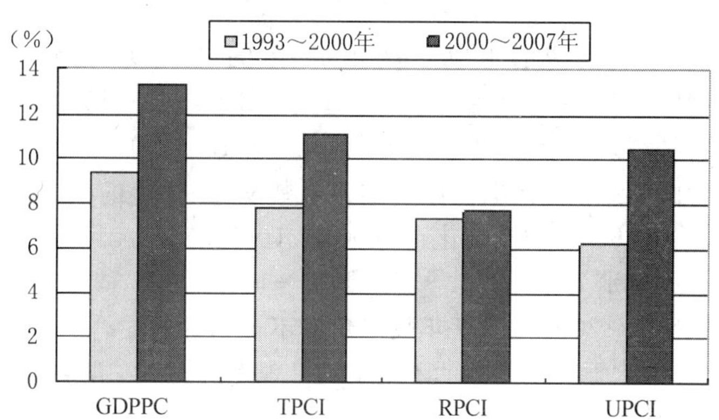

图 3—5　长三角地区人均地区生产总值、人均收入等 1993～2000 年/2000～2007 年的年均增长率（还原到 1993 年的价格水平）

从图 3—3 还可看出居民人均收入一直介于农村居民纯收入和城镇居民可支配收入之间，三条曲线一直不相交，显示了长三角的二元经济结构。

（2）不同聚合水平下不同指数反映的长三角总的不均衡演化。由表 3—2 看出，以市为聚合单位计算出来的长三角总的不均衡数值明显大于以省（直辖市）为集聚单位计算出来的数值，这主要是因为在以省为集聚单位时，由于内部地区存在异质性，在合并过程中相互之间进行抵消。所以在分析长三角的不均衡时，不能以省为单位进行指标数据的计算。由于考虑要分析城乡二元经济结构，我们没有对上海这一直辖市再进行划分。此外，一些学者（Carsten Herrmann-Pillath 等，2002）因“县级水平数据的获取受到限制”，地级市的县区之间商贸、人口等交流非常密切，还有部分市区不含农业人口，认为县并不是分析区域不均衡的理想单位。Max/Min 省级聚合水平和六大地区聚合水平我们采用了“最富有”区域的指标值除以“最落后”（相对的）区域的指标值，而市级水平采用的是“最富有”的5个区域的以人口份额为权重的均值除以“最落后”（相对的）5个区域的以人口份额为权重的均值。

第一，以 GDPPC 反映的长三角总的不均衡的演化。从表 3－2（a）可以看出，除以省为聚合单位计算的不均衡（省之间的不均衡，这可从后面的总的不均衡的分解看出）中 Gini 系数发散外，以 GDPPC 计算的 Gini、CV、GEM、Max/Min 和 Hoover 指数表示的长三角总的不均衡在1993～2000 年基本呈收敛趋势。其中，以“两省一市”为聚合单位计算的各指数这期间的变化虽然有起伏，从 1993 年的（0.4459，0.1435，0.0608，2.77，0.1362）变化到 2000 年的（0.3846，0.1481，0.0499，2.63，0.1147），增长率分别为－13.3%、3.2%、－18.0%、－4.9%和－15.8%；以“六大地区”为聚合单位计算的各指数从 1993～2000 年的变化也有起伏，从 1993 年的（0.6058，0.3240，0.1749，5.67，0.2586）变化到 2000 年的（0.5471，0.2981，0.1515，5.02，0.2448），增长率分别为－9.7%、－8.0%、－13.4%、－11.5%和－5.3%；以“市”为聚合水平（采用市水平的数据）计算的各指数从 1993 年的（0.6263，0.3371，0.1863，7.41，0.2616）波动变化到 2000 年（0.5733，0.3177，0.1673，6.48，0.2472），增长率分别为－8.5%、－5.7%、－10.2%、－12.6%和－5.5%。

以各指数计算的 2000～2007 年长三角的不均衡除省聚合水平呈现收敛趋势外，六大地区和市水平计算的总的不均衡均呈现发散趋势，从另一个角度再一次说明，在研究区域发展不均衡，特别是长三角区域发展不均衡时，不能以省水平或更高聚合单位的数据来进行研究。

2000～2007 年，GDPPC 计算的各指数展示的省聚合水平下长三角总的不均衡从 2000 年（0.3846，0.1481，0.0499，2.63，0.1147）变化到 2007 年的（0.3864，0.1169，0.0439，2.41，0.1119），呈现收敛区域；六大区域聚合水平下长三角总的不均衡从 2000 年（0.5471，0.2981，0.1515，5.02，0.2448）变化到 2007 年的（0.5844，0.3194，0.1772，5.56，0.2556），呈现发散趋势，各指数的增长率分别为 6.8%、7.1%、17.0%、10.8%和 4.4%；地市级聚合水平下长三角总的不均衡从 2000 年（0.5733，0.3177，0.1673，6.48，0.2472）变化到 2007 年的（0.6222，0.3372，0.1916，7.49，0.2614），呈现发散趋势，各指数的增长率分别为 8.5%、6.1%、14.5%、15.7%和 5.7%。

表 3－2(a)　不同聚合水平下 GDPPC 计算各种不均衡指数反映的长三角总的不均衡

年份	省级聚合水平					六大地区聚合水平					地级市聚合水平				
	CV	Gini	GEM	Max/Min	Hoover	CV	Gini	GEM	Max/Min	Hoover	CV	Gini	GEM	Max/Min	Hoover
1993	0.4459	0.1435	0.0608	2.77	0.1362	0.6058	0.3240	0.1749	5.67	0.2586	0.6263	0.3371	0.1863	7.41	0.2616
1997	0.3808	0.1452	0.0485	2.60	0.1134	0.5276	0.2867	0.1397	4.86	0.2332	0.5535	0.3068	0.1548	6.23	0.2357
1998	0.3926	0.1503	0.0512	2.66	0.1166	0.5454	0.2965	0.1489	5.01	0.2420	0.5725	0.3166	0.1664	6.94	0.2442
1999	0.3855	0.1466	0.0495	2.62	0.1147	0.5420	0.2949	0.1470	4.90	0.2416	0.5700	0.3152	0.1642	6.59	0.2441
2000	0.3864	0.1481	0.0499	2.63	0.1147	0.5471	0.2981	0.1515	5.02	0.2448	0.5733	0.3177	0.1673	6.48	0.2472
2001	0.3662	0.1389	0.0452	2.52	0.1089	0.5296	0.2892	0.1421	4.73	0.2380	0.5594	0.3092	0.1564	5.46	0.2420
2002	0.3470	0.1373	0.0420	2.45	0.1021	0.5344	0.2953	0.1510	4.80	0.2447	0.5695	0.3162	0.1680	6.08	0.2487
2003	0.3282	0.1250	0.0374	2.33	0.0976	0.5392	0.2983	0.1554	4.80	0.2481	0.5831	0.3222	0.1725	6.33	0.2526
2004	0.3278	0.1229	0.0371	2.32	0.0981	0.5462	0.3017	0.1603	4.88	0.2520	0.5895	0.3257	0.1769	6.52	0.2558
2005	0.3621	0.1280	0.0433	2.45	0.1092	0.5733	0.3147	0.1743	5.40	0.2597	0.6126	0.3357	0.1900	6.89	0.2641
2006	0.3492	0.1262	0.0409	2.41	0.1049	0.5764	0.3179	0.1809	5.50	0.2637	0.6183	0.3410	0.1987	7.57	0.2673
2007	0.3684	0.1169	0.0439	2.41	0.1119	0.5844	0.3194	0.1772	5.56	0.2556	0.6222	0.3372	0.1916	7.49	0.2614
1993～2000 相对增长率（%）	－13.3	3.2	－18.0	－4.9	－15.8	－9.7	－8.0	－13.4	－11.5	－5.3	－8.5	－5.7	－10.2	－12.6	－5.5
2000～2007 相对增长率（%）	－4.7	－21.0	－12.0	－8.4	－2.4	6.8	7.1	17.0	10.8	4.4	8.5	6.1	14.5	15.7	5.7

表 3－2(b)　不同聚合水平下 TPCI 计算各种不均衡指数反映的长三角总的不均衡

年份	省级聚合水平					六大地区聚合水平					地级市聚合水平				
	CV	Gini	GEM	Max/Min	Hoover	CV	Gini	GEM	Max/Min	Hoover	CV	Gini	GEM	Max/Min	Hoover
1993	0.3202	0.1345	0.0378	2.33	0.1033	0.4220	0.2258	0.0849	3.38	0.1883	0.4320	0.2381	0.0898	3.88	0.1883
1997	0.2035	0.0763	0.0160	1.77	0.0608	0.2597	0.1388	0.0311	2.23	0.1074	0.2731	0.1511	0.0353	2.59	0.1085
1998	0.2077	0.0786	0.0166	1.79	0.0618	0.2697	0.1444	0.0334	2.23	0.1151	0.2825	0.1566	0.0379	2.52	0.1154
1999	0.2524	0.0934	0.0234	1.97	0.0755	0.2981	0.1534	0.0383	2.46	0.1163	0.3083	0.1643	0.0423	2.84	0.1186
2000	0.2509	0.0900	0.0230	1.96	0.0754	0.3012	0.1556	0.0395	2.48	0.1188	0.3135	0.1687	0.0447	3.16	0.1208
2001	0.2348	0.0874	0.0206	1.90	0.0701	0.2831	0.1468	0.0353	2.37	0.1133	0.2951	0.1592	0.0397	2.85	0.1157
2002	0.2208	0.0888	0.0189	1.85	0.0664	0.2755	0.1450	0.0346	2.27	0.1171	0.2891	0.1587	0.0387	2.66	0.1194
2003	0.2266	0.0879	0.0196	1.87	0.0671	0.2893	0.1549	0.0383	2.36	0.1224	0.3021	0.1667	0.0429	2.87	0.1246
2004	0.2368	0.0910	0.0211	1.91	0.0705	0.3017	0.1610	0.0414	2.43	0.1279	0.3154	0.1738	0.0467	3.04	0.1302
2005	0.2362	0.0879	0.0208	1.90	0.0706	0.3128	0.1679	0.0449	2.47	0.1353	0.3272	0.1812	0.0505	3.20	0.1370
2006	0.2126	0.0716	0.0170	1.78	0.0643	0.3043	0.1665	0.0436	2.40	0.1332	0.3183	0.1788	0.0502	3.27	0.1334
2007	0.2178	0.0691	0.0177	1.78	0.0662	0.3111	0.1700	0.0454	2.42	0.1356	0.3234	0.1809	0.0514	3.33	0.1360
1993～2000 相对增长率（%）	−21.7	−33.1	−39.3	−16.0	−27.0	−28.6	−31.1	−53.5	−26.5	−36.9	−27.4	−29.1	−50.2	−18.5	−35.9
2000～2007 相对增长率（%）	−13.2	−23.3	−23.1	−8.8	−12.2	3.3	9.3	15.0	−2.6	14.2	3.2	7.2	14.9	5.2	12.6

表 3-2(c) 不同聚合水平下 RPCI 计算各种不均衡指数反映的长三角总的不均衡

年份	省级聚合水平					六大地区聚合水平					地级市聚合水平				
	CV	Gini	GEM	Max/Min	Hoover	CV	Gini	GEM	Max/Min	Hoover	CV	Gini	GEM	Max/Min	Hoover
1993	0.2244	0.1029	0.0213	2.13	0.0922	0.3894	0.2098	0.0732	2.96	0.1809	0.4246	0.2329	0.0865	3.20	0.1904
1997	0.0926	0.0353	0.0036	1.48	0.0294	0.1898	0.1039	0.0174	1.78	0.0837	0.2194	0.1227	0.0232	2.35	0.0877
1998	0.0789	0.0248	0.0026	1.42	0.0192	0.1781	0.0959	0.0150	1.67	0.0801	0.2095	0.1172	0.0214	2.37	0.0854
1999	0.0715	0.0302	0.0023	1.36	0.0262	0.1581	0.0870	0.0122	1.57	0.0711	0.1897	0.1067	0.0177	2.23	0.0787
2000	0.0660	0.0246	0.0019	1.34	0.0201	0.1679	0.0919	0.0136	1.58	0.0762	0.2023	0.1138	0.0211	2.57	0.0810
2001	0.0870	0.0429	0.0036	1.35	0.0401	0.1724	0.0952	0.0149	1.58	0.0773	0.2020	0.1156	0.0209	2.18	0.0882
2002	0.0992	0.0498	0.0048	1.35	0.0477	0.1763	0.0977	0.0157	1.57	0.0774	0.2050	0.1170	0.0215	2.15	0.0915
2003	0.1056	0.0529	0.0054	1.40	0.0502	0.1879	0.1044	0.0180	1.66	0.0807	0.2175	0.1246	0.0244	2.28	0.0964
2004	0.1072	0.0536	0.0056	1.41	0.0512	0.1955	0.1081	0.0195	1.70	0.0838	0.2253	0.1291	0.0263	2.35	0.0998
2005	0.1178	0.0589	0.0068	1.46	0.0565	0.2082	0.1157	0.0221	1.78	0.0893	0.2367	0.1358	0.0292	2.41	0.1054
2006	0.1277	0.0644	0.0081	1.48	0.0621	0.2174	0.1205	0.0240	1.78	0.0934	0.2440	0.1398	0.0313	2.45	0.1099
2007	0.1326	0.0670	0.0087	1.49	0.0649	0.2237	0.1243	0.0257	1.81	0.0948	0.2505	0.1435	0.0333	2.43	0.1128
1993～2000 相对增长率(%)	−70.6	−76.1	−91.0	−36.8	−78.1	−56.9	−56.2	−81.4	−46.6	−57.9	−52.4	−51.1	−75.7	−19.6	−57.5
2000～2007 相对增长率(%)	101.0	172.4	358.4	10.6	222.0	33.2	35.2	88.8	14.9	24.4	23.8	26.1	58.3	−5.4	39.3

表 3－2(d) 不同聚合水平下 UPCI 计算各种不均衡指数反映的长三角总的不均衡

年份	省级聚合水平					六大地区聚合水平					地级市聚合水平				
	CV	Gini	GEM	Max/Min	Hoover	CV	Gini	GEM	Max/Min	Hoover	CV	Gini	GEM	Max/Min	Hoover
1993	0.1894	0.1005	0.0175	1.54	0.0873	0.2157	0.1205	0.0252	1.93	0.0915	0.2198	0.1241	0.0266	2.21	0.0931
1997	0.1334	0.0699	0.0089	1.34	0.0655	0.1469	0.0815	0.0115	1.56	0.0655	0.1593	0.0906	0.0134	1.81	0.0697
1998	0.1704	0.0890	0.0146	1.45	0.0840	0.2019	0.1096	0.0231	1.82	0.0840	0.2124	0.1176	0.0259	2.15	0.0913
1999	0.2049	0.1077	0.0202	1.60	0.0937	0.2286	0.1280	0.0280	2.02	0.0937	0.2399	0.1363	0.0310	2.23	0.1019
2000	0.2126	0.1108	0.0218	1.62	0.1006	0.2376	0.1341	0.0304	2.05	0.1006	0.2512	0.1435	0.0339	2.37	0.1097
2001	0.1725	0.0897	0.0144	1.48	0.0814	0.1906	0.1076	0.0189	1.73	0.0814	0.2043	0.1169	0.0217	1.95	0.0892
2002	0.1592	0.0827	0.0125	1.42	0.0777	0.1790	0.1005	0.0168	1.65	0.0777	0.1912	0.1092	0.0190	1.84	0.0824
2003	0.1623	0.0835	0.0129	1.43	0.0794	0.1847	0.1033	0.0182	1.68	0.0794	0.1990	0.1131	0.0208	1.98	0.0889
2004	0.1660	0.0853	0.0135	1.44	0.0813	0.1939	0.1079	0.0204	1.73	0.0818	0.2088	0.1185	0.0234	2.10	0.0942
2005	0.1507	0.0777	0.0111	1.40	0.0732	0.1927	0.1045	0.0207	1.74	0.0847	0.2047	0.1147	0.0232	2.12	0.0899
2006	0.1419	0.0717	0.0097	1.37	0.0685	0.1912	0.1033	0.0202	1.72	0.0870	0.2049	0.1137	0.0236	2.26	0.0922
2007	0.1341	0.0679	0.0086	1.37	0.0630	0.1865	0.1020	0.0191	1.71	0.0836	0.1970	0.1094	0.0219	2.08	0.0883
1993～2000相对增长率(%)	12.2	10.2	24.4	5.2	15.2	10.1	11.3	20.9	5.8	9.9	14.3	15.7	27.4	7.1	17.8
2000～2007相对增长率(%)	－36.9	－38.7	－60.6	－15.7	－37.3	－21.5	－23.9	－37.3	－16.2	－16.9	－21.6	－23.8	－35.4	－12.1	－19.6

第二，以 TPCI 反映的长三角总的不均衡的演化。下面分析人均收入（TPCI）计算的长三角不均衡的变化情况，从表 3—2（b）可以看出，不管是 1993～2000 年，还是 2000～2007 年，不管三种聚合水平下的哪一种聚合水平，在五个指数的增长幅度中，GEM 的变化幅度都是最大的，这也许印证了 GEM 不均衡指数对贫穷的敏感性。

1993～2000 年不同聚合水平下各个指数反映的总的收入不均衡呈现收敛趋势，除省级聚合水平下的 Gini 系数外，总的变化趋势与 GDPPC 计算的变化趋势相同，但变化幅度远大于后者。以“两省一市”为聚合单位计算的各指数这期间的增长率分别为－21.7％、－33.1％、－39.3％、－16.0％和－27.0％；以“六大地区”为聚合单位计算的各指数的增长率分别为－28.6％、－31.1％、－53.5％、－26.5％和－36.9％；以“市”为聚合水平计算的各指数的增长率分别为－27.4％、－29.1％、－50.2％、－18.5％和－35.9％。其中，1998 年、1999 年、2000 年这三年的变化趋势与 GDPPC 计算的结果不同，这三年三种聚合水平下 GDPPC 计算的各种指数的变化趋势除省级聚合水平下 Hoover 指数 1999～2000 年基本不变、市级聚合水平下 Max/Min 一直减少外，变动规律都为减小/增加，而 TPCI 的变化情况却非常复杂。在省级聚合水平下，1998 年、1999 年、2000 年，各种指数的变化都呈增加/减少变化，1999 年和 2000 年，Max/Min 和 Hoover 指数的变化很小；在六大地区聚合水平下各种指数反映的不均衡这三年呈增加/增加变化；在市级聚合水平下各种指数也呈增加/增加变化。

2000～2007 年不同聚合水平以 TPCI 数据计算的各个指数反映的总的收入不均衡在“六大地区”和市级水平下呈现发散趋势（Max/Min 除外），除“六大地区”聚合水平下 Max/Min 的变化趋势与 GDPPC 计算的变化趋势刚好相反外，各指数反映的总的不均衡的演化趋势与 GDPPC 计算的结果相同。而省级聚合水平下的各指数反映的总的不均衡收敛再次说明，研究长三角的不均衡不能以“两省一市”水平的数据来分析。

以“两省一市”为聚合单位 TPCI 计算的各指数 2000～2007 年的增长率分别为－13.2％、－23.3％、－23.1％、－8.8％和－12.2％；以“六大地区”为聚合单位计算的各指数增长率分别为 3.3％、9.3％、15.0％、－2.6％和 14.2％；以“市”为聚合水平计算的各指数的增长率分别为 3.2％、7.2％、14.9％、5.2％和 12.6％。其中，在市聚合水平下 2002～2007 年除 2006 年有所微小减弱外，各指数反映的不均衡演化基本都呈发散趋势。

由于经济和社会的二元结构，有必要再分别分析农村收入和城镇收入计算的不平衡。我们可以说生活水平的差距主要依赖于个人收入，但主要依据区域（不同聚合水平）的人均收入来计算，所以 GDPPC 的敛散趋势对收入不均衡的演化也有影响。而且，从不同聚合水平下 Gini 系数的变化看出，聚合单位越小，Gini系数反映的收入不均衡越大，以2007年为例，省、地区、市三种聚合水平下Gini系数分别为0.0691、0.17和0.1809。因此，以各个市的人均收入来计算长三角的不均衡，已经忽略了各个市的内部差异，计算出的Gini系数应该比采用个人收入计算的结果要小，在考虑警戒标准时不再适合国际上Gini系数0.4的警戒标准，警戒标准应该比0.4要小。

第三，以RPCI、UPCI反映的长三角总的不均衡的演化。1993～2000年，农村居民纯收入计算的各指数的增幅都小于0，反映这期间长三角农村收入总的不均衡呈现收敛趋势，而城镇居民收入计算的不均衡指数的增幅都大于0，总的演化趋势呈现为发散。根据对农业发展的讨论，我们可以认为，这个时期农村相对收入的增长超过了城镇收入的相对增长，该事实可以从图3—4和图3—5得到证实。

2000～2007年，以农村居民纯收入计算的各指数（市级水平计算的Max/Min除外）的增幅都大于0，反映这期间长三角农村收入总的不均衡呈现发散趋势，“两省一市”之间的差距甚至翻倍，这一现象值得注意；而城镇居民收入计算的不均衡指数的增幅都小于0，总的演化趋势呈现为收敛。这一时期，农村相对收入增长缓慢，远远低于城镇相对收入的增长速度，反映了上一期间农村改革带来的收入增势减缓，农业发展的区域差异暴露出来，农村区域间发展的地理优势显示出来，农村之间的收入差距逐渐扩大；而这一时期城镇居民相对增长速度远远高于上一时期，我们可以认为，这个时期城镇收入的相对增长超过了农村收入的相对增长，也远远高于农村收入相对增长速度（见图3—4和图3—5）。再由于这一时期长三角内部城镇之间薪酬和福利制度改革，使得城镇之间同类居民的收入非常接近，UPCI的分布变得更加均匀，所以UPCI计算的不均衡减少。

不同聚合水平下各种指标RPCI计算的总的不均衡始终大于UPCI计算的总的不均衡，这主要是因为，分析期内农村收入的来源和分配主要由市场力量决定，而城镇收入的分配更大程度上受均衡政策干预的影响。例如，国家企业和事业单位工资的确定。此外，长三角城镇由于地理上的接近，私有企业的工资水平和结构也具有相似性。RPCI和UPCI两种不均衡因素交互作用中，前者对不均衡起主导作用，所以使得“六大地区”和市级水平计算的总的收入不均衡（TPCI计算的）的变化趋势与RPCI的变化趋势趋于一致，但变化幅度后者明显大于前者。

市级水平各指标计算的总的不均衡大于六大地区水平下计算的总的不均衡，六大地区水平总的不均衡大于省级聚合水平下计算的总的不均衡，这一关系在图3—6、图3—7、图3—8和图3—9中表现得更为直观。特别是省级聚合水平下长三角的不均衡和市级聚合水平下的不均衡相差非常明显，以GDPPC和RPCI的计算结果为例，Gini系数、GEM的两种水平下的相差都在两倍以上，有时

GEM 甚至达到了 3～4 培，而各指数反映的“六大地区”和市级水平下长三角总的不均衡之间的差异，不管以何种指标计算相差都不大。这些说明以“六大地区”来分析长三角的不均衡具有一定的代表性。对比图 3－6、图 3－7、图 3－8 和图 3－9，可以发现：

一是三种水平（“两省一市”、“六大地区”、“市”，下同）下以 UPCI 计算的长三角不均衡相差最小，即不同聚合水平对 UPCI 各种不均衡指数的大小影响最小，反映了城镇居民人均可支配收入在不同层次上分布的均匀性，即各个省、地区内部城镇居民的人均可支配收入之间差异不大。但相对增长率并不具有这样一种关系。

二是三种水平下以 GDPPC 反映的长三角不均衡的变化都较为和缓，起伏不大。而 RPCI 反映的长三角不均衡的变化升降、起伏最为明显，UPCI 反映的长三角不均衡虽然升降不大，但也有起伏，两者加权平均 TPCI 反映的长三角不均衡虽升降比 GDPPC 明显，但幅度也不如 RPCI 反映的结果那么明显。

三是 GDPPC 显示的不均衡的变化呈 U 型趋势，但并不明显，这可从图 3－10 市级水平下的结果展示图看出，像一个下凸的弧线或一个盘子的切面；TPCI 计算显示的 U 型趋势明显，底部有微弱突起；RPCI 在四个指标反映的不均衡演化趋势中，U 型趋势最为明显；UPCI 计算出长三角的不均衡呈倒立的 S 型或锯齿形趋势，但幅度不大。

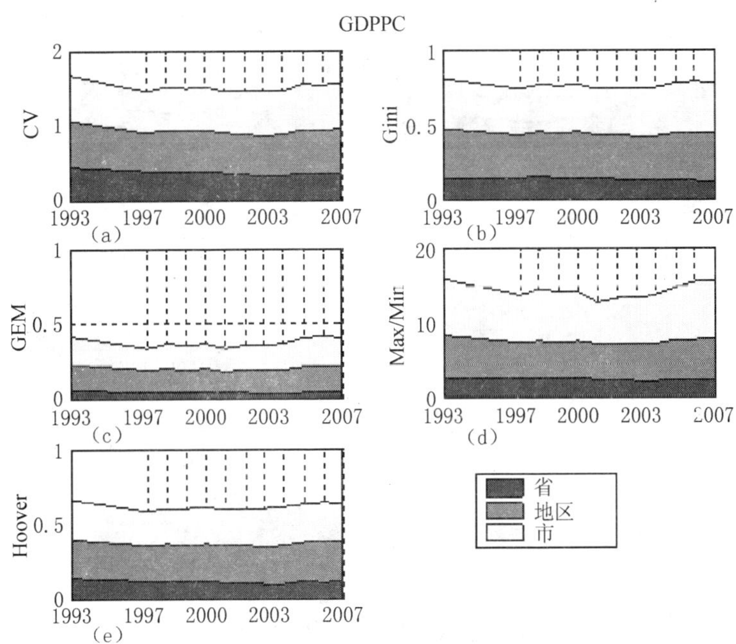

图 3－6　GDPPC 计算的长三角不均衡指数图

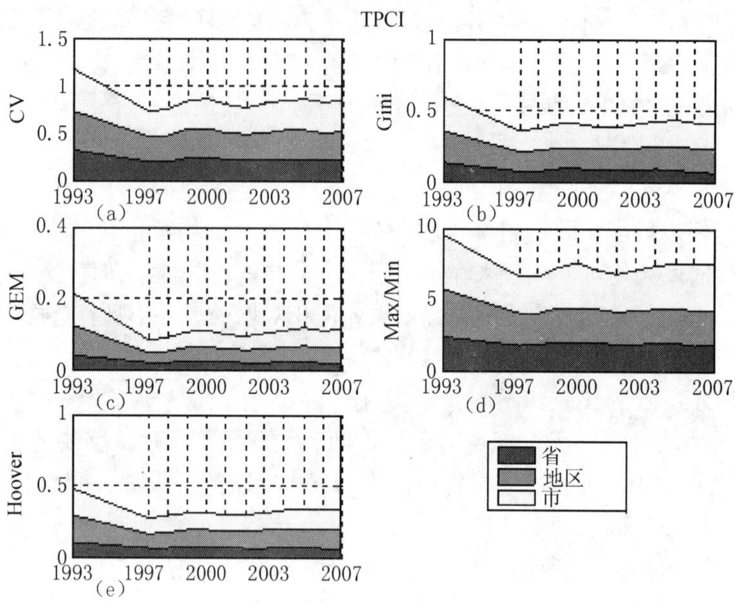

图 3—7　TPCI 计算的长三角不均衡指数图

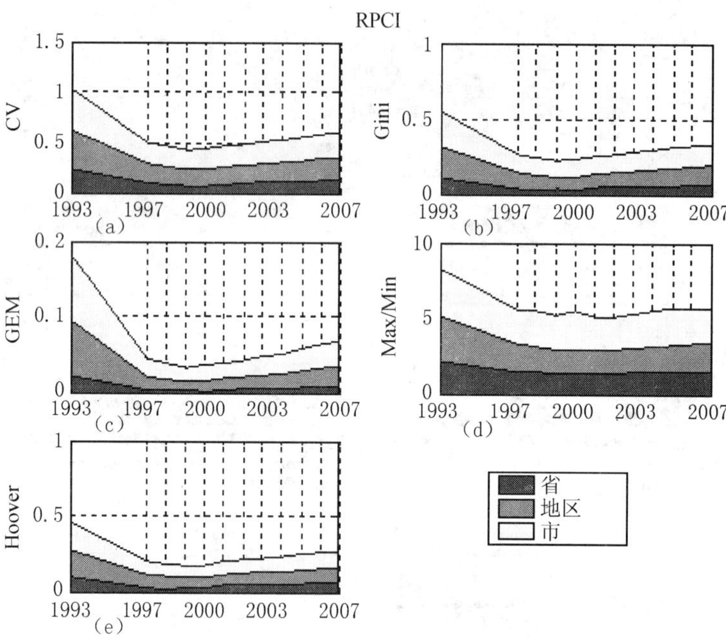

图 3—8　RPCI 计算的长三角不均衡指数图

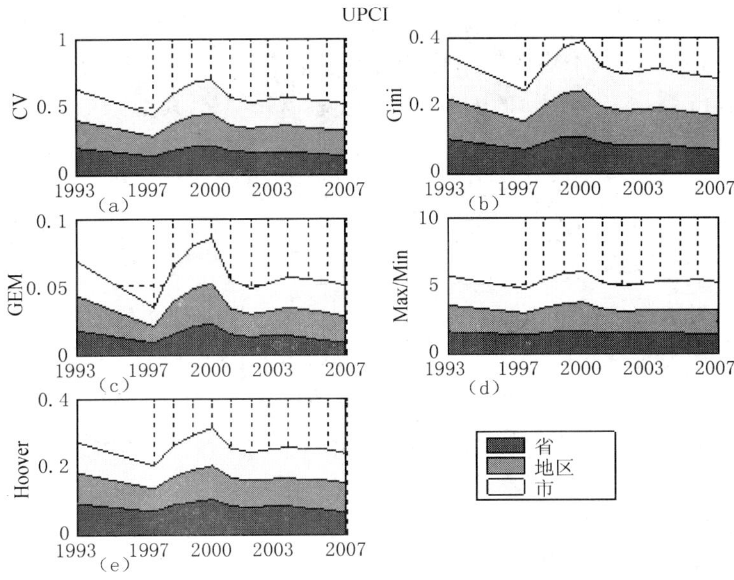

图 3—9 UPCI 计算的长三角不均衡指数图

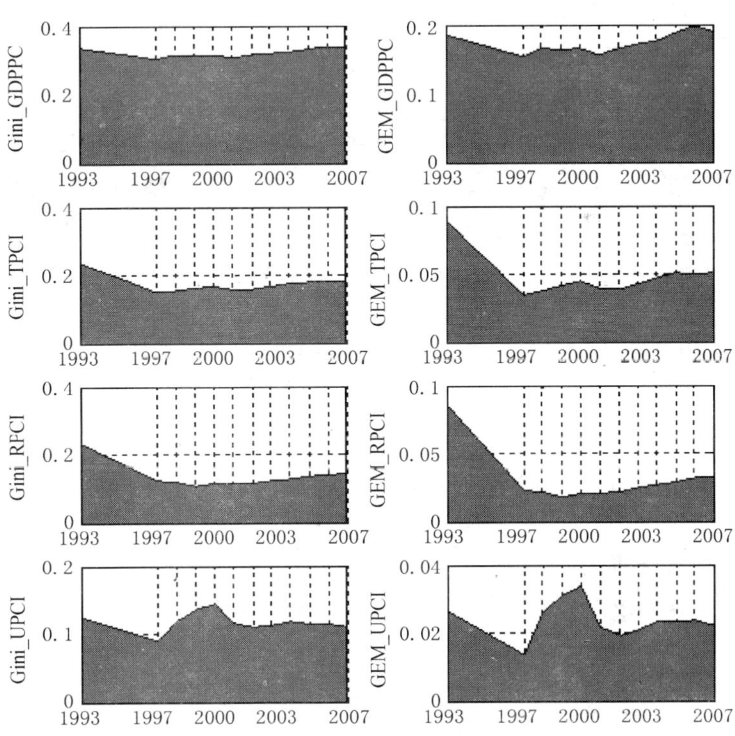

图 3—10 市级水平下的长三角不均衡 Gini 系数和 GEM 的对比

四是除 Max/Min 外（尤其是图 3—8 和 3—9 与其他指数反映的趋势差异较大），各种指数反映的不均衡的演化趋势和形状基本一致。从这些图，特别是图 3—10 中 Gini 系数和 GEM 的对比可以发现，GEM 把其他指数（Max/Min 除外）起伏升降表现得更为明显，可以看出 GEM 指数相对另外几个不均衡指数，对不均衡的变化和聚合水平更为敏感。

根据第三点和第四点的分析以及对比图 3—7 到图 3—10 可以发现，单以 TPCI 来计算长三角收入的不均衡不具有科学性，因为在对 UPCI 和 RPCI 加权平均时，丢失了许多信息，两者的升降或起伏因这样处理而“削平”了。所以在研究收入不均衡时不应把城乡两部分数据加权合并。对于这一问题，我们将在第四章深入分析。同样，数据在聚合为更高水平的数据时，也存在信息丢失，聚合水平越高，信息丢失越多。所以在分析总的不均衡时，不宜采用省级水平的数据，因为它丢失了省内的不均衡信息。因此，聚合的水平越高，总的不均衡值越小。这指的是不均衡的绝对数，从表 3—2 可以看出，不均衡的相对增长率并不具有这一规律。

值得注意的是长三角不均衡的演化多呈 U 型趋势（UPCI 呈倒 S 型），并不符合 Kuznets（1955）提出的倒 U 型曲线趋势［指一个国家或地区经济发展过程中，不均衡开始上升，然后下降，参见 Barro（2000）及其参考文献］。

2. 长三角总的不均衡和极化的对比分析

市级水平各指标计算的长三角总的极化情况见表 3—3，为了便于对比分析，我们同时列出了 GEM 反映的不均衡。总的说来，长三角 GDPPC、TPCI、RPCI 和 UPCI 在 1993～2007 年的不均衡和极化基本呈现相同趋势，极化的数值都大于不均衡的 GEM 值，但极化的变化幅度皆小于不均衡的变化幅度。

1993～2000 年 GDPPC 反映的极化和不均衡总体呈现收敛趋势，极化的变化率为－3.9%，总的不均衡的变化率为－10.2%，年增长率分别为－0.6%和－1.5%；TPCI 反映的极化和不均衡均以－21.9%和－50.2%的速度收敛，年均增长率分别为－3.5%和－9.5%；RPCI 反映的极化和不均衡分别以－36.1%和－75.7%的速度收敛，年均增长率分别－6.2%和－18.3%；UPCI 反映的极化和不均衡分别以 14.2%和 27.4%的速度发散，这也许是不同城镇之间工资改革的先后造成的差异。

从表 3—3，我们还可以看出，21 世纪以来，长三角的 GDPPC、TPCI、RPCI 和 UPCI 的反映的极化和不均衡的变化相似，其中 GDPPC、TPCI、RPCI 反映的极化在加大，UPCI 反映的极化在收敛。2000～2007 年，GDPPC 反映的极化以 3.4%的速度发散，不均衡以 14.5%的速度发散，年增长率分别为 0.5%和 2.0%；TPCI 反映的极化以 9.4%的速度发散，不均衡以 14.9%的速度发散，年增长率分别为 1.3%和 2.0%；RPCI 反映的极化以 13.7%的速度发散，不均衡以 58.3%的速度发

散，年增长率分别为 1.8%和 6.8%；UPCI 反映的极化和不均衡分别以−16.8%和−35.4%的速度收敛，年均增长率分别−2.6%和−6.1%。

表 3—3　市级水平下各种人均指标计算反映的长三角总的不平衡和极化

年份	GDPPC		TPCI		RPCI		UPCI	
	GEM	TW	GEM	TW	GEM	TW	GEM	TW
1993	0.1863	0.7182	0.0898	0.5761	0.0865	0.5818	0.0266	0.3924
1997	0.1548	0.6682	0.0353	0.4215	0.0232	0.3736	0.0134	0.3561
1998	0.1664	0.6860	0.0379	0.4382	0.0214	0.3780	0.0259	0.3886
1999	0.1642	0.6849	0.0423	0.4444	0.0177	0.3556	0.0310	0.4267
2000	0.1673	0.6901	0.0447	0.4498	0.0211	0.3719	0.0339	0.4480
2001	0.1564	0.6780	0.0397	0.4443	0.0209	0.3910	0.0217	0.3959
2002	0.1680	0.6870	0.0387	0.4416	0.0215	0.4066	0.0190	0.3816
2003	0.1725	0.6937	0.0429	0.4549	0.0244	0.4122	0.0208	0.3842
2004	0.1769	0.7065	0.0467	0.4887	0.0263	0.4030	0.0234	0.4062
2005	0.1900	0.7240	0.0505	0.4884	0.0292	0.4143	0.0232	0.3729
2006	0.1987	0.7281	0.0502	0.4849	0.0313	0.4187	0.0236	0.3769
2007	0.1916	0.7137	0.0514	0.4922	0.0333	0.4227	0.0219	0.3727
1993～2000 相对增长率（%）	−10.2	−3.9	−50.2	−21.9	−75.7	−36.1	27.4	14.2
2000～2007 相对增长率（%）	14.5	3.4	14.9	9.4	58.3	13.7	−35.4	−16.8

21 世纪以来，长三角的 RPCI 比 UPCI 的不平衡和极化值较高，而且还有逐年拉大的趋势，出现这种现象的主要原因是 UPCI 受政府政策影响较大，而政府政策有着一定的稳定性和普及性，但省份、城镇之间又有着实施的先后性。RPCI 受市场、自然条件、地理因素等众多不确定因素的影响，特别是长三角不同地区的乡镇企业发达程度不一样，造成了 21 世纪以来 RPCI 比 UPCI 不均衡和极化程度高。对于 RPCI 和 UPCI 的不均衡差距逐年增大的问题，政府在制定政策时应多关注相对落后地区的农村、农业和农民问题，尤其是要注意培育和发展这些地方的乡镇企业。值得欣慰的是，近年来 TPCI、RPCI 和 UPCI 反映的不均衡和极化虽然相比 20 世纪末有所增长，但与历史最高水平 1993 年相比还是有很大降低。其中不均衡降低幅度分别为 42.8%、61.5%、17.7%，极化降低幅度

为 14.6%、27.3%、5.0%。这充分反映了从 20 世纪初以来长三角人民生活普遍改善，区域间平均收入差距缩小。

值得注意的是，近两年 GDPPC 反映的不均衡和极化已超过或在历史最高水平 1993 年左右徘徊。

我们把各个指标计算的长三角的极化随时间变化的关系用面积图来反映，如图 3－11 所示。为了便于对比分析，我们把另一极化指数 ER 的变化也在图形中反映。与不均衡变化的图 3－10 对比可以发现：

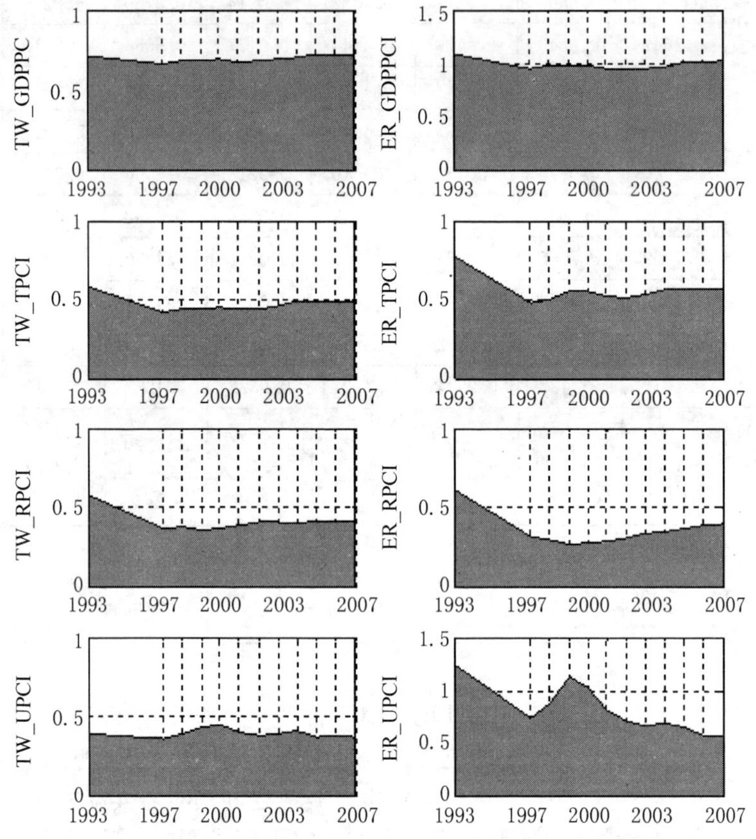

图 3－11 TW 和 ER 反映的长三角极化随时间的演化

一是从总体上看，极化图和不均衡图大致具有相似的形状。GDPPC、TPCI 和 RPCI 的极化在这期间大致具有 U 型的变化趋势，ER 极化反映的 U 型演化趋势和不均衡相似度很高；UPCI 呈波浪形的起伏，但 TW 起伏幅度小，不如 Gini 系数和 GEM 那么明显。相对而言，极化图形的变化形状与 Gini 系数更为接近。

二是相对而言，ER 极化指数的变化趋势与不均衡指数形状的变化更为接近，特别是与 Gini 系数相似都很高，留有 ER 极化指数“脱胎”于 Gini 系数的痕迹。而 TW 指数是在 Wolfson 指数基础上发展起来的“第三代”指数，“变异”程度更大。以 UPCI 为例，ER 改变了不均衡中间“锯齿”的弧度，在抬高左边的同时，右边变化不大，使得“山势”的起伏更为明显；TW 把“锯齿”“磨平”，变得“光滑”还微有起伏，且保持了“左右”两边的平衡。

三是 GDPPC、TPCI 和 RPCI 反映的长三角极化的变化在一些细微之处和不均衡存在明显差异。比如，1997～2001 年，相比极化指数，GEM 中间有突起和微弱下陷。还有 TPCI 反映的 TW 和 GEM 在 1998～2002 年的变化差异很明显；RPCI 反映的 TW 和 GEM 两端的变化等都存在差异。

总的说来，TW 和 ER 作为极化指数，与不均衡指数之间存在差别也存在联系。它们描述区域类成员围绕局部均值呈聚类似的分布，反映不同聚类之间的差异；而在市级水平数据下，不均衡反映不同市之间的差异。

二、基于多层次分解的长三角不均衡的结构分析

1. 满足加成性的多层次分解结果分析

根据 GEM 的可完全分解特性（加成分解特性），将长三角总的不均衡按照省和地区的层次进行分解为子区域（指包含直辖市的省或地区）之间和子区域内部的不均衡。表 3－4 就是根据省和地区两个层次分解得出的。

表 3－4（a） GDPPC 计算的 GEM 按不同聚合层次分解

年份	(GEM)	省之间		省内		地区之间		地区之内	
	I（x）	B（x）	贡献率（%）	W（x）	贡献率（%）	B（x）	贡献率（%）	W（x）	贡献率（%）
1993	0.1863	0.0608	32.64	0.1255	67.36	0.1749	93.85	0.0115	6.15
1997	0.1548	0.0485	31.34	0.1063	68.66	0.1397	90.20	0.0152	9.80
1998	0.1664	0.0512	30.79	0.1152	69.20	0.1489	89.47	0.0175	10.53
1999	0.1642	0.0495	30.14	0.1147	69.86	0.1470	89.53	0.0172	10.47
2000	0.1673	0.0499	29.81	0.1174	70.19	0.1515	90.53	0.0158	9.47
2001	0.1564	0.0452	28.91	0.1112	71.09	0.1421	90.86	0.0143	9.14
2002	0.1680	0.0420	25.00	0.1260	75.00	0.1510	89.87	0.0170	10.12
2003	0.1725	0.0374	21.70	0.1351	78.30	0.1554	90.10	0.0171	9.90
2004	0.1769	0.0371	21.00	0.1397	79.00	0.1603	90.61	0.0166	9.39

续表

年份	(GEM)	省之间		省内		地区之间		地区之内	
	I (x)	B (x)	贡献率(%)	W (x)	贡献率(%)	B (x)	贡献率(%)	W (x)	贡献率(%)
2005	0.1900	0.0433	22.79	0.1467	77.21	0.1743	91.75	0.0157	8.26
2006	0.1987	0.0409	20.60	0.1578	79.40	0.1809	91.02	0.0178	8.98
2007	0.1916	0.0439	22.89	0.1477	77.11	0.1772	92.50	0.0144	7.50
1993～2000相对增长率(%)	−10.2	−18.0	−8.7	−6.4	4.2	−13.4	−3.5	38.3	54.0
2000～2007相对增长率(%)	14.5	−12.0	−23.2	25.8	9.9	17.0	2.2	−9.2	−20.8
1993～2007相对增长率(%)	2.8	−27.9	−29.9	17.7	14.5	1.4	−1.4	25.5	22.0

表 3−4 (b)　TPCI 计算的 GEM 按不同聚合层次分解

年份	(GEM)	省之间		省内		地区之间		地区之内	
	I (x)	B (x)	贡献率(%)	W (x)	贡献率(%)	B (x)	贡献率(%)	W (x)	贡献率(%)
1993	0.0898	0.0378	42.05	0.0521	57.95	0.0849	94.51	0.0049	5.49
1997	0.0353	0.0160	45.21	0.0194	54.79	0.0311	87.92	0.0043	12.08
1998	0.0379	0.0166	43.85	0.0213	56.15	0.0334	88.14	0.0045	11.86
1999	0.0423	0.0234	55.21	0.0190	44.79	0.0383	90.57	0.0040	9.43
2000	0.0447	0.0230	51.33	0.0218	48.67	0.0395	88.34	0.0052	11.65
2001	0.0397	0.0206	51.87	0.0191	48.13	0.0353	89.08	0.0043	10.92
2002	0.0387	0.0189	48.75	0.0199	51.25	0.0346	89.21	0.0042	10.80
2003	0.0429	0.0196	45.53	0.0234	54.47	0.0383	89.15	0.0047	10.85
2004	0.0467	0.0211	45.20	0.0256	54.80	0.0414	88.77	0.0052	11.23
2005	0.0505	0.0208	41.18	0.0297	58.82	0.0449	88.95	0.0056	11.05
2006	0.0502	0.0170	33.84	0.0332	66.16	0.0436	86.96	0.0065	13.04
2007	0.0514	0.0177	34.37	0.0337	65.63	0.0454	88.40	0.0060	11.60
1993～2000相对增长率(%)	−50.2	−39.3	22.1	−58.2	−16.0	−53.5	−6.5	5.6	112.2

续表

年份	(GEM)	省之间		省内		地区之间		地区之内	
	I (x)	B (x)	贡献率 (%)	W (x)	贡献率 (%)	B (x)	贡献率 (%)	W (x)	贡献率 (%)
2000～2007 相对增长率 (%)	14.9	−23.1	−33.0	54.9	34.8	15.0	0.1	14.4	−0.5
1993～2007 相对增长率 (%)	−42.8	−53.3	−18.3	−35.2	13.3	−46.5	−6.5	20.8	111.2

表 3—4 (c)　RPCI 计算的 GEM 按不同聚合层次分解

年份	(GEM)	省之间		省内		地区之间		地区之内	
	I (x)	B (x)	贡献率 (%)	W (x)	贡献率 (%)	B (x)	贡献率 (%)	W (x)	贡献率 (%)
1993	0.0865	0.0213	24.59	0.0653	75.41	0.0732	84.65	0.0133	15.35
1997	0.0232	0.0036	15.61	0.0196	84.39	0.0174	74.90	0.0058	25.10
1998	0.0214	0.0026	12.08	0.0188	87.92	0.0150	70.09	0.0064	29.91
1999	0.0177	0.0023	12.97	0.0154	87.03	0.0122	68.54	0.0056	31.46
2000	0.0211	0.0019	9.06	0.0192	90.94	0.0136	64.60	0.0075	35.40
2001	0.0209	0.0036	17.43	0.0172	82.57	0.0149	71.50	0.0060	28.50
2002	0.0215	0.0048	22.38	0.0167	77.62	0.0157	73.17	0.0058	26.83
2003	0.0244	0.0054	22.23	0.0189	77.77	0.0180	73.87	0.0064	26.13
2004	0.0263	0.0056	21.29	0.0207	78.71	0.0195	74.22	0.0068	25.78
2005	0.0292	0.0068	23.17	0.0224	76.83	0.0221	75.58	0.0071	24.42
2006	0.0313	0.0081	25.78	0.0232	74.23	0.0240	76.61	0.0073	23.39
2007	0.0333	0.0087	26.23	0.0246	73.77	0.0257	77.08	0.0076	22.92
1993～2000 相对增长率 (%)	−75.7	−91.0	−63.2	−70.7	20.6	−81.4	−23.7	−43.9	130.6
2000～2007 相对增长率 (%)	58.3	358.4	189.6	28.4	−18.9	88.8	19.3	2.4	−35.3
1993～2007 相对增长率 (%)	−61.5	−58.9	6.7	−62.3	−2.2	−64.9	−8.9	−42.5	49.3

表 3－4（d） UPCI 计算的 GEM 按不同聚合层次分解

年份	(GEM)	省之间		省内		地区之间		地区之内	
	I（x）	B（x）	贡献率（%）	W（x）	贡献率（%）	B（x）	贡献率（%）	W（x）	贡献率（%）
1993	0.0266	0.0175	65.87	0.0091	34.13	0.0252	94.55	0.0015	5.45
1997	0.0134	0.0089	66.59	0.0045	33.42	0.0115	85.99	0.0019	14.00
1998	0.0259	0.0146	56.40	0.0113	43.60	0.0231	89.22	0.0028	10.78
1999	0.0310	0.0202	65.04	0.0109	34.96	0.0280	90.29	0.0030	9.71
2000	0.0339	0.0218	64.29	0.0121	35.71	0.0304	89.73	0.0035	10.27
2001	0.0217	0.0144	66.20	0.0073	33.80	0.0189	87.00	0.0028	13.00
2002	0.0190	0.0125	65.71	0.0065	34.29	0.0168	88.45	0.0022	11.56
2003	0.0208	0.0129	61.89	0.0079	38.11	0.0182	87.36	0.0026	12.64
2004	0.0234	0.0135	57.62	0.0099	42.38	0.0204	87.08	0.0030	12.93
2005	0.0232	0.0111	47.77	0.0121	52.23	0.0207	89.06	0.0025	10.94
2006	0.0236	0.0097	41.15	0.0139	58.85	0.0202	85.59	0.0034	14.41
2007	0.0219	0.0086	39.25	0.0133	60.75	0.0191	87.09	0.0028	12.91
1993～2000 相对增长率（%）	27.4	24.4	－2.4	33.3	4.6	20.9	－5.1	139.9	88.3
2000～2007 相对增长率（%）	－35.4	－60.6	－38.9	9.9	70.1	－37.3	－2.9	－18.8	25.7
1993～2007 相对增长率（%）	－17.7	－50.9	－40.4	46.5	78.0	－24.2	－7.9	94.8	136.7

（1）省层次分解结果分析。

第一，GDPPC 总的不均衡主要来自于省内的不均衡，因为省内不均衡占了总体不均衡的 2/3 以上，而且几乎每年对长三角总体不均衡的贡献率（比重）都在增大。从 2000 年开始，GDPPC 的贡献率达到了 70％以上，自 2002 年以后，GDPPC 的贡献率达到了 75％以上。在分析期中，2006 年贡献率达到了最大值，为 79.4％。

1993～2000 年，省内不均衡减少 6.4％，但其比重增加 4.2％，说明“两省一市”之间的不均衡在减少，减少了 18.0％，比重减少 8.7％；2000～2007 年，省内不均衡增加 25.8％，比重增加 9.9％，省之间的不均衡减少 12.0％，比重

减少 23.2%；1993～2007 年，省内不均衡累计增长为 17.7%，比重增长 14.5%。由此可见，要降低长三角 GDPPC 的总的不均衡必须首先从省内着手，然后兼顾省之间的不均衡。

第二，长三角 TPCI 总的不均衡在 2005 年以前来自于省内不均衡的比重一直低于 60%，但在 2006 年和 2007 年，省内不均衡的比重有突破 2/3 之势。1993～2000 年，省内不均衡减少 58.2%，比重减少 16.0%；而省间不均衡减少幅度小于省内不均衡，减少 39.3%，比重增加 22.1%；2000～2007 年，省内不均衡增加 54.9%，比重增加 34.8%，省之间的不均衡虽然减少 23.1%，小于前期 39.3%，但因为总的不均衡在增加，所以其比重减少 33.0%。因此，近年来，TPCI 不均衡的变化值得注意，但因为 TPCI 是 RPCI 和 UPCI 的总和，因此还要分开来分析。

第三，长三角农村人均纯收入的不均衡主要取决于省内不均衡。分析年份，省内不均衡的贡献率最小 2007 年为 73.77%，最大 2000 年达到 90.94%。20 世纪省内不均衡的贡献率一直在上升，21 世纪以来省内不均衡的贡献率基本逐年下降。1993～2000 年，虽然省内不均衡减少 70.7%，但因为总的不均衡减少 75.7%，所以比重反而增加 20. 6%；2000～2007 年，不均衡增加 28.4%，但因为省之间不均衡增加的速度更快，所以比重反而下降 18.9%。20 世纪省内不均衡和省之间的不均衡下降，可能与增加农业投入、免掉农业税、大力发展乡镇企业和保护农民权益等一系列富农惠农政策有关，而 21 世纪不均衡增加可能与省内部的交通、运输等一些客观地理因素在发展中的作用凸显、原有政策的作用减弱、省之间的要素差异开始作用等有关。要降低 RPCI 的不均衡就要抓住省内差异这个主要作用因素。

第四，长三角 UPCI 的不均衡呈现戏剧性的变化。2004 年以前（包括 2004 年）不均衡主要来自于省间，这与前三个指标呈现相反状态。从 2005 年开始，省内不均衡占主要部分，而且每年有增加趋势。比如，2005 年比重为 52.23%，2006 年为 58.85%，2007 年就达到了 60.75%。1993～2007 年，省内不均衡总的增加为 46.5%，比重增加 78%；省之间的不均衡减少 50.9%，比重减少 40.4%。造成这种现象的原因在于 UPCI 更多受财政的影响，而省之间财政政策总体相似度大。而省内不同城镇之间由于经济发展水平的差异、财政支出的差异而导致的收入差异开始凸现，总的 UPCI 的不均衡有以省内的不均衡为主导的趋势。

综合以上四点分析，我们总结出，省内不均衡的贡献率占到了总体不均衡贡献率的绝大部分。此外，从平均相对增长率来看，除了 RPCI（但其所占的比重仍很大），其余三个指标的省内不均衡每年都在以一定速度增加。所以可以认为，造成省这一层次的不均衡的主要原因在于省内不均衡，也就是说，降低省际不均衡主要应从省内不均衡考虑。这一分析与实际也符合。长三角两省一市中的江苏和浙江有相似的产业结构，但都与上海的产业结构有一定的差距，而由于上海的人口权重不是很大，造成省间的不均衡也不是很大。然而江苏和浙江内部至今一直面临着发展的不均衡，这就造成了省内不均衡成为总体不均衡的主要因素。

（2）地区层次分解结果分析。

第一，按地区层次分解，长三角 GDPPC 的不均衡主要来自于六大地区间的不均衡，其贡献率都在 90%左右，最高为 93.85%，最低也为 89.47%。从 2002 年开始至今，地区间的不均衡几乎一直在增长，贡献率从 89.87%增加到 92.95%。1993～2000 年，地区之间的不均衡减少 13.4%，比重减少 3.5%；2000～2007 年地区之间的不均衡增加 17.0%，比重增加 2.2%。总的说来，近年来地区之间的不均衡已经超过历史最高水平，如果从经济发展角度考虑，降低不均衡重点应从地区间的不均衡入手。

第二，地区层次分解中，TPCI 的不均衡也主要来自于地区间的不均衡，在观察期内，1993 年地区间不均衡贡献率达到最高点 94.51%，2006 年地区间不均衡贡献率最低，为 86.96%。1993～2000 年地区间的不均衡减少 53.5%，但由于总体不均衡的减少，比重只减少 6.5%；2000～2007 年地区间的不均衡增加 15%，比重只增加 0.1%。21 世纪以来，地区间不均衡的贡献率基本稳定在 89%左右，此外，这一时期人均收入地区间的不均衡和地区内部的不均衡基本上逐年都在增加，如果关注收入差异，这是一个值得注意的因素。

第三，地区间的 RPCI 不均衡的贡献率基本都在 70%以上，特别是 21 世纪以来，地区间的农村居民收入差异都在 70%以上，且逐年递增。尤其值得注意的是从 1999 年开始农村居民人均收入的不均衡在逐年递增，表明影响农民人均收入的地区间要素的差异明显，要缩小地区间差异，应发挥地区比较优势，同时改善落后地区的农村的公共设施建设，缩小地区间农村发展环境的差异。此外，近 1/4 的地区内部差异也不容忽视。

第四，同样，UPCI 地区间的不均衡仍是造成城镇收入总的不均衡的主要原因，但是贡献率在波动中有下降趋势。表 3－4（d）中数据显示，1993～2000 年地区间的不均衡增加 20.9%，主要是因为地区发展政策的差异导致的；2000～2007 年地区间的不均衡减少 37.3%，而地区内的不均衡每年减少幅度不如地区间。这种现象形成的原因在于长三角地区一体化的实现，使得地区间经济交流增强，经济互补增多。比如，很多跨国公司在上海设立总部，但是在苏州、无锡等城市设立加工厂。但一体化在区域内部的作用有待加强。

综合以上四点分析，我们认为地区间不均衡占到地区层次中总的不均衡大部分，而且地区内的不均衡在逐年增加。这一点与我们观念里的想法是一致的，因为地区划分既考虑了经济水平和地理位置因素，也更多地考虑了经济发展水平。

我们通过面积图展示了两种层次的分解，区域间和区域内不均衡的大小、所占比重以及随时间的演化，如图 3－12 所示。从该图可直观地看出，在省层次分解 RPCI 和 GDPPC 省内不均衡很明显占据主导；而 UPCI 主要表现为省之间的差异，近年来省内差异进一步增强；RPCI 和 UPCI 不均衡的综合作用显现为 TPCI 不均衡的变化，TPCI 表现的省之间不均衡和省内不均衡几乎具有相同的比重。在地区层次的分解中，四种指标计算的地区之间不均衡始终占据绝对主导，反映了地区层次分解的稳定性。

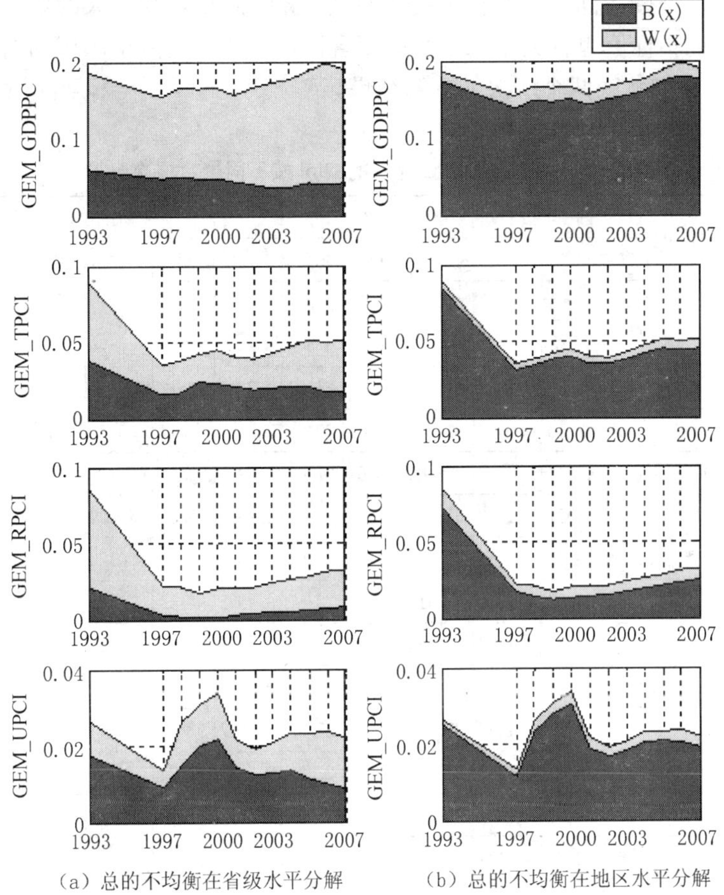

（a）总的不均衡在省级水平分解　　（b）总的不均衡在地区水平分解

图 3－12　各种指标计算的 GEM 不同层次的分解及其随时间的演化

此外，从图 3－12 中还可以看出总的不均衡和区域之间不均衡演化曲线的形状，在省级分解层次，虽然两者的形状具有相似性，但存在差异，且不同指标之间的表现也存在差异；在地区分解层次，各种指标反映的地区之间的不均衡和总的不均衡的演化具有相似度非常高的变化形态，这同时也反映了地区分解层次的稳定性。

2. 基于 Gini 系数的多层次分解结果分析

Gini 系数分解为区域间、区域内部的不均衡后，还剩下一部分反映低人均均值聚合区域中最高的人均指标值地区的指标值高于高人均均值聚合区域中最低的人均指标值地区的情况，这一部分通常被称为重叠部分。重叠部分值某种程度上反映了聚合区域之间该指标（指用于计算 Gini 系数的指标）反映的异质程度，该指数值越小，异质程度越大。当重叠部分为 0 时，说明所有聚合区域“异质”，即所有聚合区域按指标的均值从小到大的顺序排序之后，均值大的聚合区域，其组分子区域的指标值也皆大于均值小的聚合区域的各个组分子区域的指标值。表 3—5 反映了省和地区两个层次的分解结果。

表 3—5（a） GDPPC 计算的 Gini 按不同聚合层次分解

年份	Gini	按省层次分解						按地区层次分解					
		省之间		省内		重叠部分		地区之间		地区之内		重叠部分	
	G	G_B	贡献率（%）	G_A	贡献率（%）	G_O	贡献率（%）	G_B	贡献率（%）	G_A	贡献率（%）	G_O	贡献率（%）
1993	0.3371	0.1435	42.56	0.1058	31.38	0.0878	26.06	0.3240	96.12	0.0118	3.49	0.0013	0.39
1997	0.3068	0.1452	47.32	0.0976	31.80	0.0641	20.88	0.2867	93.44	0.0130	4.22	0.0072	2.33
1998	0.3166	0.1503	47.46	0.0997	31.48	0.0667	21.06	0.2965	93.65	0.0131	4.15	0.0070	2.20
1999	0.3152	0.1466	46.51	0.1000	31.72	0.0686	21.76	0.2949	93.56	0.0132	4.18	0.0071	2.27
2000	0.3177	0.1481	46.61	0.1011	31.82	0.0685	21.57	0.2981	93.83	0.0126	3.97	0.0070	2.20
2001	0.3092	0.1389	44.92	0.1002	32.41	0.0701	22.67	0.2892	93.53	0.0125	4.05	0.0075	2.42
2002	0.3162	0.1373	43.42	0.1060	33.53	0.0729	23.06	0.2953	93.41	0.0138	4.36	0.0071	2.24
2003	0.3222	0.1250	38.79	0.1120	34.77	0.0852	26.44	0.2983	92.58	0.0147	4.55	0.0093	2.88
2004	0.3257	0.1229	37.73	0.1146	35.18	0.0882	27.09	0.3017	92.63	0.0146	4.48	0.0094	2.89
2005	0.3357	0.1280	38.11	0.1163	34.64	0.0915	27.25	0.3147	93.74	0.0143	4.26	0.0067	2.00
2006	0.3410	0.1262	37.02	0.1204	35.31	0.0943	27.67	0.3179	93.22	0.0151	4.44	0.0080	2.34
2007	0.3372	0.1169	34.68	0.1174	34.83	0.1028	30.49	0.3194	94.72	0.0140	4.14	0.0038	1.14
1993～2000 相对增长率（%）	−5.7	3.2	9.5	−4.4	1.4	−22.0	−17.2	−8.0	−2.4	7.3	13.8	429.7	462.0
2000～2007 相对增长率（%）	6.1	−21.0	−25.6	16.2	9.5	50.0	41.3	7.1	0.9	10.9	4.5	−44.9	−48.1

续表

年份	Gini	按省层次分解						按地区层次分解					
		省之间		省内		重叠部分		地区之间		地区之内		重叠部分	
	G	G_B	贡献率（%）	G_A	贡献率（%）	G_O	贡献率（%）	G_B	贡献率（%）	G_A	贡献率（%）	G_O	贡献率（%）
1993～2007相对增长率（%）	0.0	−18.5	−18.5	11.0	11.0	17.0	17.0	−1.4	−1.5	18.9	18.9	191.7	191.6

表 3－5（b）　TPCI 计算的 Gini 按不同聚合层次分解

年份	Gini	按省层次分解						按地区层次分解					
		省之间		省内		重叠部分		地区之间		地区之内		重叠部分	
	G	G_B	贡献率（%）	G_A	贡献率（%）	G_O	贡献率（%）	G_B	贡献率（%）	G_A	贡献率（%）	G_O	贡献率（%）
1993	0.2381	0.1345	56.48	0.0701	29.44	0.0335	14.08	0.2258	94.84	0.0076	3.21	0.0046	1.95
1997	0.1511	0.0763	50.51	0.0455	30.12	0.0293	19.38	0.1388	91.87	0.0071	4.72	0.0052	3.41
1998	0.1566	0.0786	50.19	0.0467	29.85	0.0313	19.97	0.1444	92.20	0.0070	4.48	0.0052	3.32
1999	0.1643	0.0934	56.88	0.0433	26.35	0.0275	16.77	0.1534	93.38	0.0063	3.81	0.0046	2.81
2000	0.1687	0.0900	53.36	0.0466	27.61	0.0321	19.03	0.1556	92.24	0.0071	4.20	0.0060	3.56
2001	0.1592	0.0874	54.93	0.0440	27.67	0.0277	17.40	0.1468	92.22	0.0067	4.21	0.0057	3.57
2002	0.1587	0.0888	55.96	0.0453	28.56	0.0246	15.48	0.1450	91.40	0.0073	4.59	0.0064	4.01
2003	0.1667	0.0879	52.73	0.0483	28.94	0.0306	18.33	0.1549	92.93	0.0070	4.19	0.0048	2.88
2004	0.1738	0.0910	52.37	0.0504	28.98	0.0324	18.65	0.1610	92.65	0.0073	4.23	0.0054	3.12
2005	0.1812	0.0879	48.52	0.0541	29.89	0.0391	21.60	0.1679	92.67	0.0074	4.10	0.0058	3.22
2006	0.1788	0.0716	40.06	0.0591	33.08	0.0480	26.87	0.1665	93.11	0.0081	4.52	0.0042	2.37
2007	0.1809	0.0691	38.17	0.0601	33.21	0.0518	28.62	0.1700	93.96	0.0078	4.30	0.0031	1.73
1993～2000相对增长率（%）	29.1	−33.1	−5.5	−33.5	−6.2	−4.2	35.2	−31.1	−2.7	−7.3	30.9	29.7	83.1
2000～2007相对增长率（%）	7.2	−23.3	−28.5	29.0	20.3	61.3	50.4	9.3	1.9	9.8	2.4	−47.8	−51.3
1993～2007相对增长率（%）	−24.0	−48.6	−32.4	−14.3	12.8	54.4	103.2	−24.7	−0.9	1.8	34.0	−32.3	−10.9

表 3－5（c） RPCI 计算的 Gini 按不同聚合层次分解

年份	Gini	按省层次分解						按地区层次分解					
		省之间		省内		重叠部分		地区之间		地区之内		重叠部分	
	G	G_B	贡献率（%）	G_A	贡献率（%）	G_O	贡献率（%）	G_B	贡献率（%）	G_A	贡献率（%）	G_O	贡献率（%）
1993	0.2329	0.1029	44.19	0.0881	37.80	0.0419	18.01	0.2098	90.07	0.0127	5.45	0.0104	4.48
1997	0.1227	0.0353	28.73	0.0503	40.95	0.0372	30.32	0.1039	84.63	0.0093	7.56	0.0096	7.80
1998	0.1172	0.0248	21.17	0.0489	41.75	0.0435	37.09	0.0959	81.80	0.0099	8.44	0.0114	9.76
1999	0.1067	0.0302	28.28	0.0439	41.13	0.0327	30.59	0.0870	81.53	0.0093	8.75	0.0104	9.72
2000	0.1138	0.0246	21.60	0.0483	42.40	0.0410	36.00	0.0919	80.78	0.0106	9.32	0.0113	9.90
2001	0.1156	0.0429	37.12	0.0459	39.74	0.0267	23.14	0.0952	82.37	0.0097	8.39	0.0107	9.24
2002	0.1170	0.0498	42.58	0.0452	38.62	0.0220	18.80	0.0977	83.51	0.0094	8.01	0.0099	8.47
2003	0.1246	0.0529	42.43	0.0477	38.27	0.0240	19.30	0.1044	83.80	0.0100	8.00	0.0102	8.20
2004	0.1291	0.0536	41.53	0.0502	38.89	0.0253	19.58	0.1081	83.77	0.0102	7.90	0.0108	8.33
2005	0.1358	0.0589	43.37	0.0524	38.58	0.0245	18.05	0.1157	85.21	0.0101	7.42	0.0100	7.37
2006	0.1398	0.0644	46.11	0.0523	37.45	0.0230	16.44	0.1205	86.24	0.0105	7.50	0.0088	6.26
2007	0.1435	0.0670	46.67	0.0540	37.61	0.0226	15.72	0.1243	86.59	0.0110	7.64	0.0083	5.77
1993～2000 相对增长率（%）	−51.1	−76.1	−51.1	−45.2	12.2	−2.3	99.9	−56.2	−10.3	−16.5	70.9	8.1	121.2
2000～2007 相对增长率（%）	26.1	172.4	116.0	11.9	−11.3	−44.9	−56.3	35.2	7.2	3.4	−18.0	−26.5	−41.7
1993～2007 相对增长率（%）	−38.4	−34.9	5.6	−38.7	−0.5	−46.2	−12.7	−40.8	−3.9	−13.7	40.1	−20.5	29.0

表 3－5（d） UPCI 计算的 Gini 按不同聚合层次分解

年份	Gini	按省层次分解						按地区层次分解					
		省之间		省内		重叠部分		地区之间		地区之内		重叠部分	
	G	G_B	贡献率（%）	G_A	贡献率（%）	G_O	贡献率（%）	G_B	贡献率（%）	G_A	贡献率（%）	G_O	贡献率（%）
1993	0.1241	0.1005	81.02	0.0225	18.16	0.0010	0.83	0.1205	97.10	0.0029	2.30	0.0007	0.60
1997	0.0906	0.0699	77.17	0.0176	19.41	0.0031	3.43	0.0815	90.01	0.0042	4.59	0.0049	5.39
1998	0.1176	0.0890	75.70	0.0268	22.80	0.0018	1.51	0.1096	93.20	0.0046	3.93	0.0034	2.87

续表

年份	Gini	按省层次分解						按地区层次分解					
		省之间		省内		重叠部分		地区之间		地区之内		重叠部分	
	G	G_B	贡献率（%）	G_A	贡献率（%）	G_O	贡献率（%）	G_B	贡献率（%）	G_A	贡献率（%）	G_O	贡献率（%）
1999	0.1363	0.1077	79.05	0.0268	19.68	0.0017	1.27	0.1280	93.92	0.0047	3.44	0.0036	2.63
2000	0.1435	0.1108	77.18	0.0305	21.25	0.0023	1.57	0.1341	93.43	0.0054	3.79	0.0040	2.78
2001	0.1169	0.0897	76.75	0.0250	21.42	0.0021	1.82	0.1076	92.07	0.0051	4.36	0.0042	3.57
2002	0.1092	0.0827	75.70	0.0234	21.42	0.0031	2.88	0.1005	91.97	0.0050	4.54	0.0038	3.49
2003	0.1131	0.0835	73.78	0.0270	23.82	0.0027	2.39	0.1033	91.29	0.0053	4.72	0.0045	3.98
2004	0.1185	0.0853	71.98	0.0302	25.53	0.0030	2.49	0.1079	91.04	0.0060	5.09	0.0046	3.87
2005	0.1147	0.0777	67.74	0.0335	29.25	0.0035	3.01	0.1045	91.18	0.0050	4.35	0.0051	4.46
2006	0.1137	0.0717	63.01	0.0386	33.96	0.0034	3.03	0.1033	90.79	0.0057	5.01	0.0048	4.21
2007	0.1094	0.0679	62.09	0.0381	34.82	0.0034	3.09	0.1020	93.25	0.0054	4.91	0.0020	1.84
1993～2000相对增长率（%）	15.7	10.2	−4.7	35.4	17.0	119.6	89.8	11.3	−3.8	90.7	64.8	432.8	360.5
2000～2007相对增长率（%）	−23.8	−38.7	−19.6	24.9	63.9	50.0	96.8	−23.9	−0.2	−1.3	29.5	−49.6	−33.8
1993～2007相对增长率（%）	−11.8	−32.4	−23.4	69.1	91.8	229.3	273.5	−15.3	−4.0	88.2	113.5	168.7	204.8

（1）省层次分解的结果分析。GDPPC总的不均衡按Gini系数分解，三部分比重的大小关系为$G_B>G_A>G_O$，分析期内G_B（省之间的不均衡）的比重（对总的不均衡的贡献率）在1998年达到最大值47.46%，在2007年最小为34.68%；G_A（省内的不均衡）在2006年达到最大，在总的不均衡中占35.31%，1993年最小为31.38%；重叠部分比重最小值为20.88%（1997年），最大值为30.49%（2007年）。1997～2007年，不均衡重叠部分一直在递增，反映了相对落后省的内部区域对超前省份区域的“赶超”，两省一市经济发展的“同质性”增加。

第一，1993～2000年，省内不均衡减少4.4%，但其比重增加1.4%，两省一市之间的不均衡在增加，增加3.2%，比重增加9.5%；2000～2007年，省内不均衡增加16.2%，比重增加9.5%，省之间的不均衡减少21.0%，比重减少25.6%；1993～2007年，省内不均衡累计增长11.0%，比重增长11.0%，省之间的不均衡减少18.5%，比重减少18.5%。

第二，TPCI反映的Gini系数分解三部分比重的大小关系仍然符合$G_B>G_A>G_O$，但相比GDPPC，G_B所占的比重增加。2005年以前省之间的不均衡对总的不均衡贡献一直大于50%，2007年达到最低38.17%。省内不均衡一值在30%左右徘徊。G_O（重叠部分）及其比重2002年以来一直在增加。1993～2007年，G_O增加54.4%，贡献率增加103.2%，反映了“两省一市”收入的“同质性”在增加。

第三，长三角农村人均纯收入反映的Gini系数分解三部分比重的大小关系在分析期呈现非常复杂的变化，1997～2000年符合$G_B<G_O<G_A$，2001年为$G_O<G_B<G_A$，其他年份符合$G_B>G_A>G_O$。近年来省之间和省内部的差异在扩大，特别是省之间的差异扩大速度更快，2000～2007年省之间的不均衡增加172.4%，比重增加116.0%；而省内部的不均衡增加11.9%，比重减少11.3%。这是农业发展政策、地理因素和市场共同作用的结果。

第四，长三角UPCI反映的Gini系数分解三部分比重的大小关系始终符合$G_B>G_A>G_O$，即省之间的不均衡始终占据主导地位。G_B贡献率1993年最高为81.02%，2007年最低为62.09%，同时也说明城镇收入的不均衡主要来自于省、直辖市之间的不均衡，和GEM的结果一致。2000～2007年，虽然省之间不均衡几乎每年都在减少，但仍然占据主导因素；2002年以来，省内不均衡每年都在增加，比重从21.42%上升到34.82%。G_O增加幅度很大，但由于数值小，比重虽然从1998年开始每年都在增加，但始终很小，2007年为3.09%。计算结果充分说明省之间的差异明显，影响收入的要素异质性较大，省内部市之间的工资水平差异虽然有所增加，但仍大同小异。

综合以上四点分析，我们总结出，Gini系数的分解省之间的不均衡贡献率大多数情况下占据主导地位，这与GEM的分解不同，该分解中省内部均衡基本占据主导地位。在RPCI的GEM的分解中，省内不均衡始终大于省之间的不均衡，但Gini系数的分解却有非常复杂的表现。在UPCI的Gini分解中，省之间不均衡始终大于省内部不均衡；但GEM系数的分解以2005年为分界，省之间和省内部两者之间的比重呈现戏剧性的变化。这充分说明了两种不均衡指数之间的差异，及其在省层次分解的差异。

（2）地区层次分解的结果分析。

第一，按地区层次分解，长三角GDPPC以Gini系数反映的不均衡主要来自于六大地区间的不均衡（即G_B），其贡献率都在90%以上，最高为96.12%，最低也为92.58%。从2001年开始至今，地区间的不均衡几乎一直在增长，贡献

率从93.53%波动到94.72%。1993～2000年，地区之间的不均衡减少8.0%，比重减少2.4%；2000～2007年地区之间的不均衡增加7.1%，比重增加0.9%。重叠部分代表的不均衡和比重始终很小，说明地区间之间的异质性强，如果以经济发展水平来看地区划分，是有道理的。总的来看，地区之间的不均衡有超过1993年历史最高水平之势，相差仅1.4%。如果区域经济发展的政策是要降低不均衡，则重点从地区间的不均衡入手是合理的。

第二，Gini系数的地区层次分解中，TPCI的不均衡也主要来自于地区间的不均衡，在观察期内，1993年地区间不均衡贡献率达到最高点94.84%，2002年地区间不均衡贡献率最低，为91.40%。1993～2000年地区间的不均衡减少31.1%，但由于总体不均衡的减少，比重只减少2.7%；2000～2007年地区间的不均衡增加9.3%，比重只增加1.9%。21世纪以来，地区间不均衡的贡献率基本都在92%以上。在观察期内，1997年地区内的不均衡贡献率达到最高点4.72%，1993年地区间不均衡贡献率最低3.21%；重叠部分的不均衡所占比重始终在4.01%下。如果关注收入差异，地区间的不均衡是一个值得注意的因素。从人均收入角度看，地区划分也是合理的。

第三，地区间的RPCI不均衡的贡献率都在80%以上，21世纪以来，地区间的农村居民收入差异所占比重都在82%以上，且逐年递增。从1999年开始，农村居民人均收入的总的不均衡和地区之间的不均衡在逐年递增。这表明农民人均收入差异对地区、市之间要素差异的敏感依赖性随着时间的推移而呈现，同时为缩小农村居民收入差异指明了方向。地区内部的差异和重叠部分所占的比重大体相同，反映了地区内部的同质性，从农村人均收入角度看，地区划分也是合理的。

第四，同样从Gini系数看，UPCI地区间的不均衡仍是造成城镇收入总的不均衡的主要原因，在观察期内，1993年地区间不均衡贡献率达到最高点97.10%，1997年地区间不均衡贡献率最低，为90.01%。表3－5（d）中数据显示，1993～2000年地区间的不均衡增加11.3%，所占比重减少3.8%；2000～2007年，地区间的不均衡减少23.9%，但由于总体不均衡的减少，比重只减少0.2%。地区内部的差异和重叠部分因素作用很小，作用大体相同。

综合以上四点分析，我们认为地区间不均衡占到地区层次中总的不均衡大部分，说明地区划分中考虑了经济发展和收入因素。而在收入的分解中，重叠部分和地区内部差异作用相同，说明地区划分并没有完全按照收入因素，还考虑了其他因素，这与实际地区划分还兼顾了地理位置因素是一致的。我们通过面积图展示了两种层次的分解，区域间和区域内不均衡的大小、所占比重以及随时间的演化，如图3－13所示。

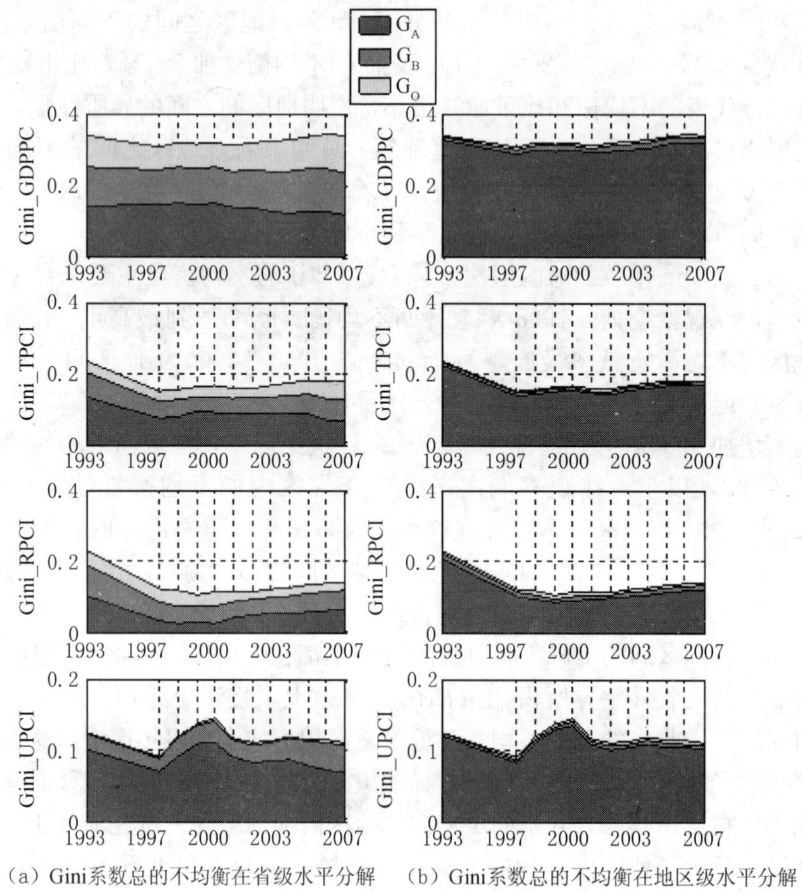

（a）Gini系数总的不均衡在省级水平分解　（b）Gini系数总的不均衡在地区级水平分解

图 3－13　各种指标计算的 Gini 不同层次的分解及其随时间的演化

从该图可直观地看出，在省层次分解中，UPCI、TPCI 和 GDPPC 省之间不均衡很明显在三种成分中占据主导；而 RPCI 三种成分的力量却随时间呈戏剧性变化。在地区层次的分解中，四种指标计算的地区之间不均衡始终占据绝对主导，反映了地区层次分解的稳定性。

此外，从图 3－13 中还可以看出，在省层次，RPCI 反映的总的不均衡和区域之间不均衡演化曲线的形状相似度高，但其他三个指标的表现存在明显差异；而在地区分解层次，四个指标 GDPPC、TPCI、RPCI、UPCI 反映的地区之间的不均衡和总的不均衡的演化具有相似度非常高的变化形态。与 GEM 系数的分解图 3－12 对比可以发现，在地区层次分解中，地区之间不均衡的比重和曲线的形状（与总的不均衡比较）具有相似的性质，这反映了地区分解层次对不均衡指数的稳定性。

第五节　不同聚合层次组分内部的不均衡和极化

一、两省一市的不均衡和极化

在前面长三角总体不均衡的分解中，我们可以看到，在省这一层次分解时，GDPPC、TPCI、RPCI 主要集中在省内不均衡，省内 UPCI 不均衡从 21 世纪以来，开始逐年增加，到 2005 年超过了省间不均衡。针对以上情况，我们再将长三角省内 GEM 进行下一步分解，分解到两省一市（上海、江苏、浙江）的不均衡，并计算其贡献率，得到的结果如表 3－6 所示。其中，Mean 表示两省一市的均值，GEM 表示其各自内部的不均衡，W 表示 GEM 占长三角按聚合水平两省一市分解时区域内总的不均衡的份额，TW 和 ER 是两个极化指标，它们的含义见本章第三节。通过该表可以看出各个指数随时间的演化，并发现影响省内不均衡的主要因素。不过在这里要说明的是，由于把上海视为单个城市进行计算的，所以上海内部不均衡与极化都为 0。

由表 3－6 可知，江苏省内的 GDPPC、TPCI、RPCI 和 UPCI 的不均衡是构成省内不均衡的主要组成部分，也是构成长三角不均衡的主要组成部分，其中 GDPPC 和 UPCI 表现得尤为突出。GDPPC 计算的江苏省的不均衡对总的省内不均衡的贡献率在 78％以上，UPCI 在 77％以上，而且江苏省 UPCI 不均衡的贡献一半以上的年份都在 86％以上。具体分析如下：

1. 对 GDPPC 计算结果的分析

从表 3－6（a）中可以看出，江苏省的 GDPPC 不均衡是构成地区内不均衡的主要组成部分，而且从 21 世纪以来 GEM 值和其在整个省内不均衡中所占的比重每年在增长。1993～2000 年，江苏省的人均 GDP 累计增长为 80.9％，可喜的是，不均衡减少 10.9％，在总的省内不均衡中所占的比重也下降 4.8％。这一时期，浙江省也获得了快速发展，GDPPC 增加 110.6％，快于江苏省，但不均衡也增加了 15.7％，贡献率增加了 24.2％。2000～2007 年，江苏省人均 GDP 增加 157.5％，经济在快速增长的同时，经济发展不均衡也增加 40.7％，贡献率增加 12.1％；相反，浙江的 GDPPC 增速为 118.0％，略高于上一时期，但不均衡下降 32.9％，贡献率下降 46.8％。

2000～2007 年在省这一层次，江苏省的 GDPPC 不均衡在扩大，而浙江省的在缩小，浙江省在保持经济快速发展的同时，如何使不均衡降低这一经验值得江苏省借鉴。从人均 GDPPC 来看，上海最高，其次是浙江省，最后是江苏省。从某种意义上说，江苏省的经济发展还有更大的上升空间。

表 3－6(a)　GDPPC 计算的两省一市的不均衡和极化

年份	上海					江苏					浙江				
	Mean	GEM	W(%)	TW	ER	Mean	GEM	W(%)	TW	ER	Mean	GEM	W(%)	TW	ER
1993	11682	0.0000	0.0	0.0000	0.0000	4223	0.1912	83.5	0.6544	2.204	4415	0.0596	16.5	0.5427	1.449
1997	15597	0.0000	0.0	0.0000	0.0000	6006	0.1539	79.4	0.6253	1.953	7241	0.0629	20.6	0.5045	1.381
1998	17105	0.0000	0.0	0.0000	0.0000	6420	0.1684	80.2	0.6116	2.004	7829	0.0654	19.8	0.5085	1.390
1999	18383	0.0000	0.0	0.0000	0.0000	7012	0.1667	79.6	0.6156	1.995	8463	0.0669	20.4	0.4974	1.395
2000	20113	0.0000	0.0	0.0000	0.0000	7641	0.1703	79.5	0.6267	2.022	9298	0.0689	20.5	0.5016	1.425
2001	21764	0.0000	0.0	0.0000	0.0000	8630	0.1592	78.5	0.6309	1.953	10284	0.0684	21.5	0.4948	1.439
2002	23546	0.0000	0.0	0.0000	0.0000	9616	0.1870	81.4	0.6450	2.099	11784	0.0671	18.6	0.4908	1.423
2003	27037	0.0000	0.0	0.0000	0.0000	11585	0.2027	82.3	0.6737	2.181	13569	0.0685	17.7	0.4941	1.445
2004	31319	0.0000	0.0	0.0000	0.0000	13499	0.2095	82.5	0.6801	2.221	15588	0.0706	17.5	0.5238	1.522
2005	37840	0.0000	0.0	0.0000	0.0000	15430	0.2217	83.0	0.6887	2.284	17238	0.0718	17.0	0.5431	1.540
2006	41979	0.0000	0.0	0.0000	0.0000	17447	0.2414	84.1	0.7053	2.383	19771	0.0722	15.9	0.5481	1.554
2007	47455	0.0000	0.0	0.0000	0.0000	19672	0.2397	89.1	0.7053	2.379	20274	0.0463	10.9	0.4925	1.292
1993～2000 相对增长率(%)	72.2	0.0	0.0	0.0	0.0	80.9	−10.9	−4.8	−4.2	−8.3	110.6	15.7	24.2	−7.6	−1.7
2000～2007 相对增长率(%)	135.9	0.0	0.0	0.0	0.0	157.5	40.7	12.1	12.5	17.7	118.0	−32.9	−46.8	−1.8	−9.3
1993～2007 相对增长率(%)	306.2	0.0	0.0	0.0	0.0	365.9	25.4	6.7	7.8	7.9	359.2	−22.3	−34.0	−9.2	−10.8

表 3－6(b)　TPCI 计算的两省一市的不均衡和极化

年份	上海					江苏					浙江				
	Mean	GEM	W(%)	TW	ER	Mean	GEM	W(%)	TW	ER	Mean	GEM	W(%)	TW	ER
1993	3810	0.0000	0.0	0.0000	0.0000	1636	0.0659	69.3	0.5043	1.332	2075	0.0459	30.7	0.4644	1.249
1997	4580	0.0000	0.0	0.0000	0.0000	2594	0.0265	74.9	0.4181	0.853	2828	0.0139	25.1	0.2906	0.573
1998	4763	0.0000	0.0	0.0000	0.0000	2666	0.0284	73.2	0.4160	0.856	2926	0.0163	26.8	0.2935	0.632
1999	5662	0.0000	0.0	0.0000	0.0000	2869	0.0260	75.1	0.4006	0.819	3175	0.0135	24.9	0.2853	0.552
2000	5917	0.0000	0.0	0.0000	0.0000	3024	0.0286	72.0	0.3949	0.872	3285	0.0174	28.0	0.2919	0.614
2001	6489	0.0000	0.0	0.0000	0.0000	3417	0.0255	73.3	0.4016	0.818	3767	0.0146	26.7	0.3080	0.577
2002	6713	0.0000	0.0	0.0000	0.0000	3620	0.0250	69.2	0.4068	0.787	4140	0.0175	30.8	0.3151	0.746
2003	7540	0.0000	0.0	0.0000	0.0000	4028	0.0322	75.6	0.4129	0.896	4524	0.0163	24.4	0.2883	0.612
2004	8450	0.0000	0.0	0.0000	0.0000	4419	0.0349	75.0	0.4211	0.933	4960	0.0185	25.0	0.3205	0.664
2005	9556	0.0000	0.0	0.0000	0.0000	5022	0.0409	75.6	0.4352	0.999	5534	0.0208	24.4	0.3438	0.722
2006	10547	0.0000	0.0	0.0000	0.0000	5925	0.0464	76.7	0.4594	1.117	6173	0.0222	23.3	0.3584	0.768
2007	11732	0.0000	0.0	0.0000	0.0000	6574	0.0465	75.7	0.4625	1.121	6682	0.0236	24.3	0.3811	0.824
1993～2000 相对增长率(%)	55.3	0.0	0.0	0.0	0.0	84.8	－56.6	3.9	－21.7	－34.5	58.3	－62.0	－8.8	－37.2	－50.8
2000～2007 相对增长率(%)	98.3	0.0	0.0	0.0	0.0	117.4	62.6	5.1	17.1	28.5	103.4	35.1	－13.1	30.6	34.3
1993～2007 相对增长率(%)	207.9	0.0	0.0	0.0	0.0	301.9	－29.5	9.2	－8.3	－15.8	222.0	－48.7	－20.7	－18.0	－34.0

表 3－6(c)　RPCI 计算的两省一市的不均衡和极化

年份	上海					江苏					浙江				
	Mean	GEM	W(%)	TW	ER	Mean	GEM	W(%)	TW	ER	Mean	GEM	W(%)	TW	ER
1993	2726	0.0000	0.0	0.0000	0.0000	1282	0.0718	62.4	0.4311	1.422	1758	0.0631	37.6	0.4749	1.427
1997	3196	0.0000	0.0	0.0000	0.0000	2155	0.0242	70.0	0.3874	0.833	2348	0.0149	30.0	0.2782	0.551
1998	3274	0.0000	0.0	0.0000	0.0000	2300	0.0205	62.1	0.3653	0.766	2408	0.0181	37.9	0.2968	0.634
1999	3228	0.0000	0.0	0.0000	0.0000	2380	0.0178	64.9	0.3463	0.698	2590	0.0136	35.1	0.2702	0.527
2000	3258	0.0000	0.0	0.0000	0.0000	2423	0.0207	59.6	0.3606	0.759	2567	0.0189	40.4	0.3104	0.602
2001	3406	0.0000	0.0	0.0000	0.0000	2532	0.0202	64.1	0.3593	0.741	2933	0.0150	35.9	0.2660	0.543
2002	3599	0.0000	0.0	0.0000	0.0000	2670	0.0195	64.8	0.3537	0.730	3201	0.0143	35.2	0.2906	0.546
2003	3853	0.0000	0.0	0.0000	0.0000	2760	0.0229	65.7	0.3668	0.862	3333	0.0155	34.3	0.2719	0.550
2004	4155	0.0000	0.0	0.0000	0.0000	2949	0.0246	64.8	0.3751	0.890	3580	0.0172	35.2	0.2831	0.584
2005	4677	0.0000	0.0	0.0000	0.0000	3197	0.0258	62.1	0.3801	0.936	3967	0.0197	37.9	0.3204	0.630
2006	5104	0.0000	0.0	0.0000	0.0000	3441	0.0263	57.6	0.3957	0.992	4375	0.0212	42.4	0.3186	0.668
2007	5488	0.0000	0.0	0.0000	0.0000	3688	0.0289	59.3	0.4055	1.025	4748	0.0213	40.7	0.3082	0.672
1993～2000 相对增长率(%)	19.5	0.0	0.0	0.0	0.0	89.0	−71.1	−4.5	−16.4	−46.6	46.0	−70.1	7.4	−34.6	−57.8
2000～2007 相对增长率(%)	68.4	0.0	0.0	0.0	0.0	52.3	39.1	−0.5	12.5	35.0	85.0	13.2	0.7	−0.7	11.6
1993～2007 相对增长率(%)	101.3	0.0	0.0	0.0	0.0	187.8	−59.8	−4.9	−5.9	−27.9	170.0	−66.2	8.2	−35.1	−52.9

表 3—6(d) UPCI 计算的两省一市的不均衡和极化

年份	上海					江苏					浙江				
	Mean	GEM	W(%)	TW	ER	Mean	GEM	W(%)	TW	ER	Mean	GEM	W(%)	TW	ER
1993	4297	0.0000	0.0	0.0000	0.0000	2793	0.0167	90.7	0.3546	0.637	3595	0.0037	9.3	0.2601	0.455
1997	5112	0.0000	0.0	0.0000	0.0000	3814	0.0069	77.4	0.3048	0.406	4801	0.0043	22.6	0.2394	0.460
1998	5314	0.0000	0.0	0.0000	0.0000	3663	0.0209	92.9	0.3885	0.766	4958	0.0033	7.1	0.2563	0.375
1999	6524	0.0000	0.0	0.0000	0.0000	4072	0.0183	86.7	0.3687	0.716	5344	0.0060	13.3	0.2891	0.522
2000	6822	0.0000	0.0	0.0000	0.0000	4215	0.0196	87.9	0.3567	0.753	5804	0.0064	12.1	0.2508	0.540
2001	7501	0.0000	0.0	0.0000	0.0000	5055	0.0113	84.8	0.3428	0.564	6536	0.0048	15.2	0.2387	0.439
2002	7676	0.0000	0.0	0.0000	0.0000	5397	0.0094	77.7	0.3254	0.495	7085	0.0061	22.3	0.2881	0.619
2003	8604	0.0000	0.0	0.0000	0.0000	6031	0.0121	85.1	0.3406	0.557	8015	0.0051	14.9	0.2051	0.444
2004	9447	0.0000	0.0	0.0000	0.0000	6577	0.0156	88.2	0.3583	0.651	8808	0.0051	11.8	0.2312	0.479
2005	10454	0.0000	0.0	0.0000	0.0000	7479	0.0196	91.0	0.3884	0.737	9659	0.0047	9.0	0.2504	0.422
2006	11450	0.0000	0.0	0.0000	0.0000	8370	0.0217	93.2	0.3854	0.733	10717	0.0045	6.8	0.2597	0.379
2007	12682	0.0000	0.0	0.0000	0.0000	9291	0.0212	95.1	0.3829	0.726	11419	0.0031	4.9	0.2358	0.304
1993～2000 相对增长率(%)	58.8	0.0	0.0	0.0	0.0	50.9	17.1	—3.1	0.6	18.2	61.4	74.0	30.0	—3.6	18.7
2000～2007 相对增长率(%)	85.9	0.0	0.0	0.0	0.0	120.4	8.2	8.2	7.4	—3.6	96.8	—52.1	—59.4	—6.0	—43.7
1993～2007 相对增长率(%)	195.1	0.0	0.0	0.0	0.0	232.7	26.7	4.8	8.0	13.9	217.7	—16.6	—47.3	—9.4	—33.2

从极化角度来看，1993～2000 年江苏省的 TW 减少 4.2%，ER 减少 8.3%，浙江省的 TW 以 7.6%的速度收敛，ER 以 1.7%的速度减少；2000～2007 年，江苏省以 TW 反映的极化趋势发散，增加 12.5%，ER 增加 17.7%，而浙江省则以 1.8%和 9.3%的速度收敛。总的说来，极化和经济发展的不均衡具有相同的变化方向，而两者与经济增长的关系表现复杂。

2. 对 TPCI 计算结果的分析

从表 3－6（b）中看出，江苏省的 TPCI 不均衡对总的内部不均衡的贡献在两省一市中占到了 2/3 以上，多数年份它的贡献率达到了 3/4，其内部不均衡从 21 世纪以来几乎一直在增加。1993～2000 年，江苏省的 TPCI 不均衡减少 56.6%，因为速度慢于浙江省 62%的减少速度，所以占不均衡的比重反而增加 3.9%，值得肯定的是，人均收入的增加速度 84.8%高于浙江省 58.3%的增加速度；2000～2007 年，江苏省人均收入增加 117.4%，在高于浙江省 103.4%的增加速度的同时，江苏省内部不均衡 62.6%的增加速度也高于浙江省的 35.1%，所以不均衡占总的内部不均衡的比重增加。

此外从极化的两个指标来看，江苏省的极化程度也高于浙江省，两者在 1993～2000 年都表现为收敛趋势，浙江省收敛速度更快些；2000～2007 年两者表现为发散，浙江省发散的速度，TW 与 ER 分别为 30.6%和 34.3%，均高于江苏省 17.1%和 28.5%的速度。极化的变化方向仍然和 GEM 一致。

3. 对 RPCI 计算结果的分析

从表 3－6（c）中可以看出，江苏省的 RPCI 占到总的省内部不均衡的比重大多数年份在 62%～65%徘徊，2002 年以来虽然内部不均衡在逐年增加，但比重却在逐年下降。分期间看，1993～2000 年，江苏省农村收入增加 89.0%，不均衡减少 71.1%，浙江省人均收入增加 46.0%，不均衡减少 70.1%，从速度变化上看江苏省好于浙江省，但农村人均收入从量上低于浙江省；2000～2007 年，江苏省农村人均收入增加 52.3%，不均衡增加 39.1%，浙江省农村人均收入增加 85.0%，不均衡增加 13.2%，浙江省好于江苏省。从不均衡贡献率的角度来看，江苏省自 1997 年达到峰值，为 70.0%，以后每年在波动中下降，2006 年、2007 年降到了 60%以下；相反，浙江省不均衡贡献率在逐年上升，到了 2006 年达到了 40%以上，但总的来看，江苏省的 GEM 仍然高于浙江省。

再从极化角度来看，江苏省的 RPCI 的 TW 和 ER 指数在 1993～2000 年分别以 16.4%和 46.6%的速度收敛，浙江省则以 34.6%和 57.8%的速度收敛，浙江省好于江苏省；2000～2007 年，江苏省的 TW 和 ER 指数分别以 12.5%和 35.0%的速度发散，浙江省以 0.7%的速度收敛和 11.6%的速度发散，从极化的绝对量和变化速度上看江苏省都处于相对劣势。从农村人均收入来看，上海分别是浙江省的 1.76 倍、江苏省的 1.79 倍。农村发展的区位优势体现明显，于是靠

近发达的城镇中心的，农村居民的人均纯收入也高。

4. 对 UPCI 计算结果的分析

从表 3－6（d）中可以看出，江苏省 UPCI 计算的 GEM 远远高于浙江省，不均衡占到了总的省内不均衡的大部分，尤其自 2002 年以来，江苏省的不均衡一直在增加，从 0.0094 一直递增到 0.0212，对总的省内不均衡的贡献率从 77.7%增加到了 2007 年的 95.10%。分阶段看，1993～2000 年江苏省城镇居民人均收入增加 50.9%，浙江省增加 61.4%，无论是从量上还是增长率上，江苏省都弱于浙江省。这一期间，江苏省 UPCI 计算的 GEM 增加 17.1%好于浙江省 74.0%的增长速度。2000～2007 年江苏省的城镇收入以 120.4%的速度增长，浙江省为 96.8%，从增长率看，江苏省好于浙江省；但 GEM 江苏省增加 8.2%，相反浙江省却减少 52.1%；从 UPCI 不均衡来衡量，浙江省做得比江苏省好。因此，对于 UPCI 的不均衡，我们认为形成上述现象很可能与各市所处的区位有很大关系，此外各省对城市发展的政策差异也有影响，尤其与最近几年江苏省各市成功引入的外资量、高新产业园区数量以及区域内产业的经营状况等有关。

我们把两省一市各个指标计算的 Mean、GEM 和 W 随时间的演化用图形来展示，如图 3－14 所示。结合图形，我们可以把前面的分析总结如下：

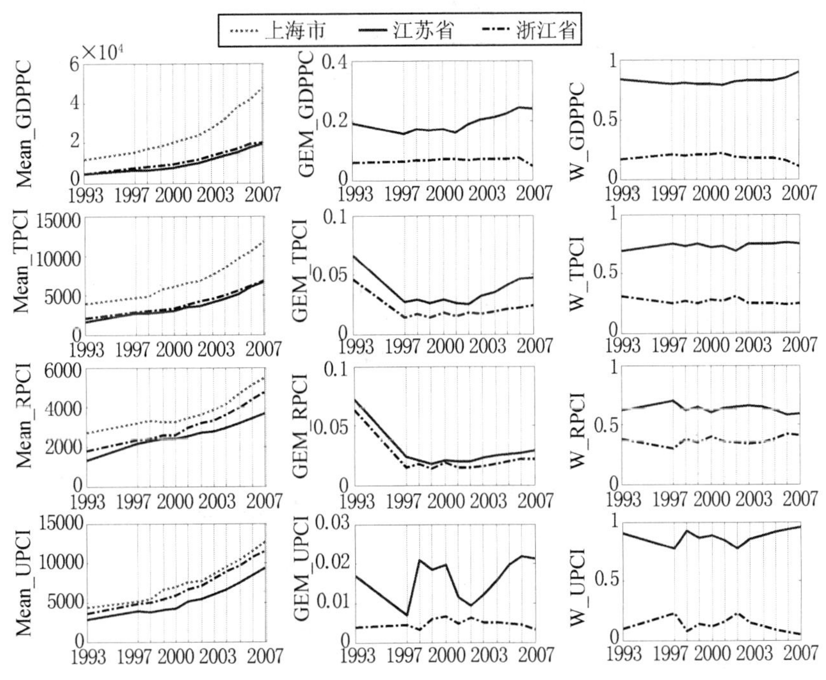

图 3－14　两省一市的 Mean、GEM 与 W 随时间的演化

第一，在各项经济指标中，江苏省的不均衡均构成了长三角地区内不均衡的主要组成部分。其中近几年，区域内 GDPPC 不均衡在江苏省贡献率在 80%以上；TPCI 贡献率在 75%以上；RPCI 贡献率在下降，但仍在 57%以上；UPCI 贡献率为 90%以上。

第二，江苏省和浙江省的 TPCI 和 RPCI 的 GEM 与总体不均衡大体是一致的，呈 U 型趋势；江苏省的 GDPPC 的不均衡随时间的演化也基本呈 U 型曲线，而 UPCCI 的不均衡演化有点儿像一个凹地里凸出的小山，基本呈现为 W 型。结合图 3－10 可以发现，江苏省各种指标计算的不均衡曲线的形状与长三角总的不均衡曲线的形状较为相似。这主要是因为在这一聚合层次，长三角总的不均衡主要受省内不均衡的影响，而省内不均衡中江苏省占主要份额。

第三，江苏省从 21 世纪以来，不管是经济增长，还是人均收入（TPCI、UPCI）都获得了高于浙江省甚至上海市的增长速度，但浙江省在不均衡问题的表现上始终好于江苏省，特别是农村人均收入的增长速度也好于江苏省。

第四，造成江苏省的不均衡程度比浙江省高的一个主要原因在于江苏省的低收入、不发达地区的人群占全省的比重要高于浙江省相应的比重。

两省各自的极化随时间的演化可用图形直观展示，如图 3－15 所示。

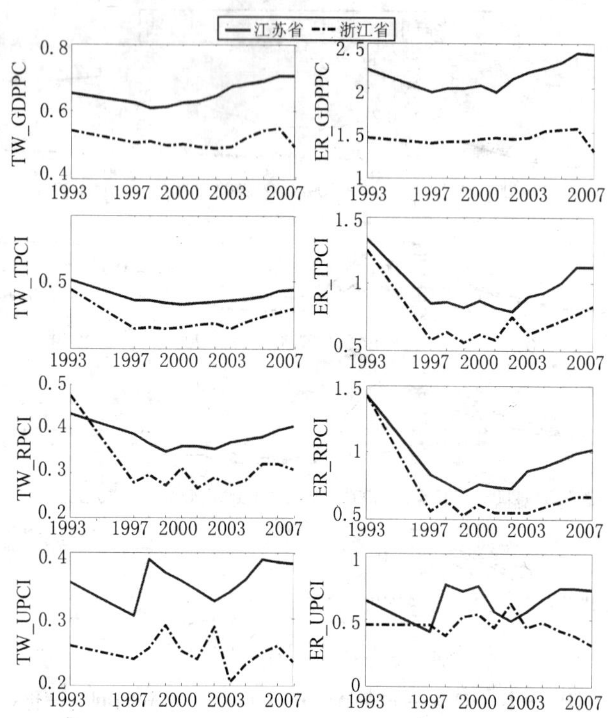

图 3－15　TW 与 ER 表示的江苏省和浙江省的极化随时间的演化

可以发现极化随时间的演化与GEM具有基本相同的趋势，在形状上ER与GEM更为接近。但极化与GEM的变化幅度和在某些时段上的变化形状存在明显差异，与前面长三角总的不均衡与极化对比的结论一致。再次说明不均衡和极化两个概念的差异，GEM主要反映的是整个区域的不均衡，而极化反映的是同质区域（市）聚类之后群体在区域中所占比例及其变化。

二、地区的不均衡和极化

在分析省这一聚合层次的不均衡和极化后，接着分析六大地区这一聚合层次中各个地区的不均衡和极化。

1. 各个地区内的不均衡

通过市级水平的GDPPC、TPCI、RPCI和UPCI的数据分别计算各个地区的均值、不均衡及其贡献率，得到的结果如表3—7所示，其中，Mean分别表示各个地区的均值，GEM表示其各自内部的不均衡，W表示GEM占长三角按聚合水平“地区”分解时地区内总的不均衡的份额。通过该表可以看出各个指数随时间的演化，并发现影响地区内不均衡的主要因素。由于把上海视为单个城市进行计算，所以上海内部不均衡为0，受空间限制，上海的数据在表格内没有列出。为了直观地展示各个地区的均值、GEM及其占长三角总的地区内的不均衡份额的变化，我们把计算结果也用图形展示，如图3—16所示。下面结合表和图进行具体分析。

(1) 对GDPPC计算结果的分析。从图3—16中可以看出，上海、苏南和浙东北的人均GDP分别名列前三名，且1997年以来经济增幅较大，苏中和浙西南比较接近，苏北相比经济发展最低。苏中地区的不均衡始终最低，在长三角总的区域内不均衡中占的份额（贡献率）也最低；20世纪末浙西南的不均衡及其贡献率较高，但21世纪以来开始下降，在2007年所有地区（不均衡分析不含上海，下同）中仅高于苏中；浙东北不均衡及其贡献率较为平衡，增幅最小；苏南近年来不均衡最高；苏北的不均衡及其贡献率起伏最大。

从表3—7 (a) 中可以看出，1993～2000年，苏南经济增长78.0%，不均衡减少2.7%，不均衡贡献率减少30.2%；苏中虽然所占比例小，但是发展速度快，经济增长79.4%，内部不均衡减少91.6%，不均衡贡献率减少94.1%；苏北经济增长94.6%，不均衡减少21.2%，其贡献率减少41.9%；浙东北经济增长107.9%，不均衡增加62.6%，其贡献率增加17.5%；浙西南经济增长116.7%，高于浙东北，但不均衡增加241.4%，其贡献率增加149.3%。总的看，这一时期浙江省经济在高速增长的同时，不均衡增长速率也较快；江苏省的经济增长速度虽慢于浙江省，但不均衡下降，特别是苏中、苏北在经济快速增长的同时，地区内的不均衡也大幅降低。

表 3—7(a)　GDPPC 计算的六大区域的均值、GEM 及其占省内不均衡的份额

年份	苏南			苏中			苏北			浙东北			浙西南		
	Mean	GEM	W(%)	Mean	GEM	W(%)	Mean	GEM	W(%)	Mean	GEM	W(%)	Mean	GEM	W(%)
1993	8026	0.0219	32.3	3327	0.0005	0.6	2061	0.0176	37.0	5742	0.0094	14.5	3038	0.0105	15.6
1997	10830	0.0205	22.8	5009	0.0024	2.2	3208	0.0133	21.2	9193	0.0146	17.0	5214	0.0326	36.7
1998	11901	0.0221	21.3	5014	0.0000	0.0	3416	0.0212	29.5	9976	0.0150	15.1	5612	0.0348	34.1
1999	13009	0.0230	22.5	5434	0.0000	0.0	3754	0.0180	25.5	10799	0.0155	16.0	6048	0.0359	35.9
2000	14288	0.0213	22.6	5970	0.0000	0.0	4010	0.0139	21.5	11940	0.0153	17.1	6584	0.0357	38.8
2001	15915	0.0238	28.1	6886	0.0008	0.8	4598	0.0040	6.8	13156	0.0194	24.0	7329	0.0335	40.3
2002	18375	0.0288	28.7	7209	0.0001	0.0	4904	0.0124	18.0	15034	0.0194	20.2	8430	0.0327	33.1
2003	22454	0.0398	39.6	8696	0.0012	1.0	5634	0.0055	7.9	17400	0.0192	19.9	9611	0.0314	31.6
2004	26243	0.0404	41.7	10178	0.0011	0.9	6417	0.0060	9.0	20227	0.0166	17.5	10872	0.0299	31.0
2005	30218	0.0379	41.7	11796	0.0005	0.4	7006	0.0064	10.1	22455	0.0188	21.3	11836	0.0244	26.6
2006	34677	0.0396	38.4	13120	0.0002	0.2	7629	0.0152	21.0	25833	0.0179	17.8	13509	0.0236	22.6
2007	38819	0.0382	46.3	15111	0.0003	0.3	8536	0.0145	24.8	25411	0.0130	15.9	14981	0.0107	12.7
1993～2000 相对增长率 (%)	78.0	−2.7	−30.2	79.4	−91.6	−94.1	94.6	−21.2	−41.9	107.9	62.6	17.5	116.7	241.4	149.3
2000～2007 相对增长率 (%)	171.7	79.7	105.1	153.1	651.7	691.9	112.9	4.2	15.2	112.8	−15.0	−6.6	127.5	−70.1	−67.2

表 3－7(b) TPCI 计算的六大区域的均值、GEM 及其占省内不均衡的份额

年份	苏南			苏中			苏北			浙东北			浙西南		
	Mean	GEM	W(%)	Mean	GEM	W(%)	Mean	GEM	W(%)	Mean	GEM	W(%)	Mean	GEM	W(%)
1993	2507	0.0075	25.6	1453	0.0007	2.1	1127	0.0047	22.7	2630	0.0034	12.0	1499	0.0109	37.6
1997	3405	0.0041	16.2	2542	0.0031	9.8	2058	0.0020	11.3	3136	0.0029	12.0	2507	0.0127	50.8
1998	3585	0.0031	11.7	2473	0.0016	4.7	2138	0.0031	16.6	3282	0.0024	9.4	2559	0.0151	57.6
1999	3817	0.0029	12.1	2708	0.0004	1.5	2305	0.0019	11.7	3487	0.0025	11.1	2853	0.0148	63.6
2000	4027	0.0042	13.6	2943	0.0001	0.3	2382	0.0034	15.9	3665	0.0022	7.4	2894	0.0190	62.8
2001	4491	0.0053	20.7	3305	0.0009	2.8	2743	0.0020	11.4	4189	0.0016	6.4	3333	0.0148	58.8
2002	4776	0.0044	18.0	3386	0.0021	6.8	2954	0.0021	12.2	4712	0.0065	27.4	3550	0.0087	35.6
2003	5515	0.0056	20.4	3674	0.0004	1.3	3191	0.0025	13.0	5070	0.0014	5.2	3959	0.0164	60.2
2004	6104	0.0068	22.2	3997	0.0006	1.5	3473	0.0028	13.2	5614	0.0018	6.1	4296	0.0174	57.0
2005	7107	0.0087	26.8	4438	0.0006	1.3	3873	0.0025	10.9	6337	0.0015	4.8	4703	0.0183	56.2
2006	8408	0.0049	12.9	5522	0.0007	1.4	4395	0.0093	34.9	7131	0.0017	4.6	5182	0.0176	46.1
2007	9297	0.0045	13.3	6201	0.0008	1.7	4846	0.0092	38.1	7832	0.0019	5.6	5498	0.0144	41.3
1993～2000 相对增长率(%)	60.6	－43.3	－46.7	102.5	－85.5	－86.6	111.3	－27.4	－29.8	39.3	－34.9	－38.4	93.1	74.4	66.8
2000～2007 相对增长率(%)	130.9	7.6	－2.6	110.7	624.1	505.2	103.5	172.9	139.4	113.7	－12.8	－23.9	90.0	－24.4	－34.2

表 3—7(c) RPCI 计算的六大区域的均值、GEM 及其占省内不均衡的份额

年份	苏南			苏中			苏北			浙东北			浙西南		
	Mean	GEM	W(%)	Mean	GEM	W(%)	Mean	GEM	W(%)	Mean	GEM	W(%)	Mean	GEM	W(%)
1993	2075	0.0396	43.2	1171	0.0000	0.0	922	0.0044	9.0	2306	0.0030	4.3	1247	0.0287	43.6
1997	2908	0.0113	27.8	2111	0.0008	1.9	1792	0.0012	5.7	2602	0.0034	11.1	2115	0.0152	53.4
1998	3054	0.0086	19.2	2213	0.0007	1.5	1963	0.0020	8.6	2699	0.0025	7.3	2143	0.0197	63.4
1999	3093	0.0091	23.0	2306	0.0005	1.3	2057	0.0017	8.6	2839	0.0025	8.4	2364	0.0157	58.8
2000	3180	0.0085	15.8	2385	0.0006	1.1	2065	0.0042	15.7	2879	0.0011	2.9	2288	0.0222	64.5
2001	3324	0.0084	19.3	2494	0.0005	1.1	2158	0.0033	15.2	3266	0.0017	5.5	2638	0.0160	58.9
2002	3513	0.0084	19.5	2611	0.0005	1.3	2288	0.0033	15.6	3556	0.0025	8.3	2889	0.0146	55.3
2003	3748	0.0093	17.9	2766	0.0003	0.8	2315	0.0034	14.5	3705	0.0014	4.3	3013	0.0176	62.5
2004	4028	0.0094	17.2	2965	0.0003	0.8	2442	0.0035	13.9	4022	0.0011	3.1	3212	0.0190	65.1
2005	4400	0.0094	16.1	3229	0.0004	0.8	2627	0.0037	13.6	4528	0.0004	1.1	3503	0.0206	68.3
2006	4856	0.0077	11.2	3512	0.0004	0.8	2860	0.0036	13.4	5044	0.0003	0.8	3828	0.0211	73.8
2007	5247	0.0072	10.1	3796	0.0004	0.7	3026	0.0044	15.6	5475	0.0003	0.8	4163	0.0214	72.8
1993～2000 相对增长率(%)	53.2	−78.4	−63.4	103.7	18093	29100	123.9	−3.4	74.9	24.8	−63.1	−32.1	83.4	−22.8	48.1
2000～2007 相对增长率(%)	65.0	−15.5	−36.0	59.2	−32	−38	46.6	3.6	−0.9	90.2	−72.5	−71.0	82.0	−3.6	12.9

表 3－7(d) UPCI 计算的六大区域的均值、GEM 及其占省内不均衡的份额

年份	苏南			苏中			苏北			浙东北			浙西南		
	Mean	GEM	W(%)	Mean	GEM	W(%)	Mean	GEM	W(%)	Mean	GEM	W(%)	Mean	GEM	W(%)
1993	3253	0.0016	25.5	2548	0.0000	0.3	2221	0.0066	65.9	3806	0.0006	5.9	3223	0.0004	2.4
1997	4164	0.0022	26.9	3815	0.0012	7.7	3276	0.0014	11.5	4804	0.0029	23.6	4796	0.0065	30.3
1998	4379	0.0029	23.8	3230	0.0005	2.0	2917	0.0085	46.4	5010	0.0019	10.2	4869	0.0055	17.6
1999	4818	0.0029	21.7	3811	0.0007	2.8	3232	0.0051	28.4	5295	0.0018	8.9	5428	0.0130	38.3
2000	5040	0.0046	30.0	4014	0.0012	4.6	3335	0.0046	24.1	5740	0.0017	7.1	5911	0.0140	34.3
2001	5800	0.0041	33.1	4802	0.0033	15.7	4341	0.0018	12.3	6479	0.0011	5.5	6635	0.0110	33.4
2002	6113	0.0030	32.0	5184	0.0013	6.6	4666	0.0015	12.9	7389	0.0062	42.7	6559	0.0015	5.8
2003	6931	0.0040	37.5	5676	0.0012	4.9	5116	0.0017	13.3	7942	0.0010	5.5	8146	0.0123	38.8
2004	7711	0.0049	39.1	6219	0.0014	4.7	5456	0.0026	18.1	8731	0.0013	6.2	8948	0.0118	31.9
2005	9007	0.0027	25.6	6981	0.0009	3.5	6006	0.0033	28.0	9618	0.0009	5.1	9739	0.0122	37.8
2006	10150	0.0027	20.1	7764	0.0011	4.1	6664	0.0076	47.9	10750	0.0008	3.5	10655	0.0114	24.4
2007	11246	0.0023	20.5	8730	0.0011	5.0	7396	0.0075	57.2	11737	0.0010	4.8	10805	0.0049	12.5
1993～2000 相对增长率(%)	54.9	197.5	17.7	57.6	3347	1702	50.1	－29.5	－63.4	50.8	190.7	18.7	83.4	3308	1354
2000～2007 相对增长率(%)	123.2	－49.4	－31.7	117.5	－9	9	121.8	61.0	137.4	104.5	－43.9	－32.6	82.8	－65	－63

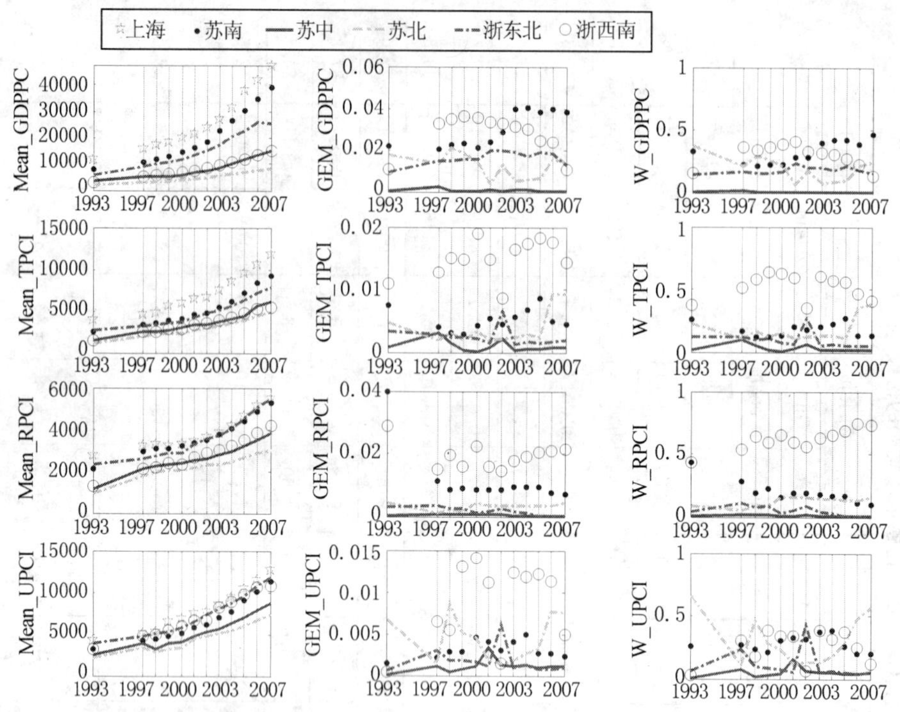

图 3-16 各地区的 Mean、GEM 与 W 随时间的演化

2000～2007 年，苏南经济增长 171.7%，不均衡增加 79.7%，不均衡贡献率增加 105.1%；苏中经济增加 153.1%，不均衡增加 651.7%，不均衡比重增加 691.9%，但苏中不均衡的值小到可以忽略；苏北经济增加 112.9%，不均衡增加 4.2%，不均衡贡献率增加 15.2%；浙东北经济增加 112.8%，不均衡减少 15.0%，不均衡贡献率减少 6.6%；浙西南经济增加 127.5%，不均衡减少 70.1%，不均衡贡献率减少 67.2%。总的说来，这一时期浙江省经济在高速发展的同时，地区内的不均衡也大幅减少，特别是浙西南在获得高于苏中和苏北的发展速度的同时，地区内的不均衡也大幅度下降；苏南的不均衡一直较高，这可能与苏南地区镇江的经济发展相对过慢有关，21 世纪以来，苏南的其他城市快速发展与镇江进一步拉大了距离。2007 年地区人均 GDP 排序为上海、苏南、浙东北、浙西南、苏中、苏北，不均衡的排序为苏南、苏北、浙东北、浙西南、苏中。

(2) 对 TCPI 计算结果的分析。从图 3-16 中可以看出，上海、苏南和浙东北的人均收入分别名列前三名，且人均收入增幅较大，苏中略高于浙西南、高于苏北。苏中地区的不均衡始终最低，在长三角总的区域内不均衡中占的份额（贡献率）也最低，但波动幅度高于 GDPPC 不均衡的波动幅度；浙西南的不均衡最高，波动幅度也大，不均衡的贡献率也始终名列第一，大多数年份超过 50%；

苏北不均衡近两年急剧增加，贡献率也急剧增加，说明苏北内收入差距拉大。

从表3－7（b）中可以看出，1993～2000年，苏南收入增长60.6%，不均衡减少43.3%，不均衡贡献率减少46.7%；苏中虽然所占比例小，但是收入增长快，增长102.5%，不均衡减少85.5%，不均衡贡献率减少86.6%；苏北收入增长111.3%，不均衡减少27.4%，不均衡贡献率减少29.8%；浙东北收入增长39.3%，不均衡减少34.9%，不均衡贡献率减少38.4%；浙西南收入增长93.1%，高于浙东北，但不均衡增加74.4%，不均衡贡献率增加66.8%。总的来看，这一时期江苏的表现较佳，苏中、苏北在人均收入快速增加的同时，不均衡也下降；苏南的增长超过浙东北的增长，但不均衡的增率小于浙东北。

2000～2007年，苏南收入增长130.9%，不均衡增加7.6%，不均衡贡献率减少2.6%；苏中收入增加110.7%，不均衡增加624.1%，但不均衡比重增加505.2%，结合GDPPC的分析可知，这与经济发展不均衡有关；苏北收入增加103.5%，不均衡增加172.9%，不均衡贡献率增加139.4%；浙东北收入增加113.7%，不均衡减少12.8%，不均衡贡献率减少23.9%；浙东北经济增加90.0%，不均衡减少24.4%，不均衡贡献率减少34.2%。总的说来，这一时期浙江人均收入在大幅增长的同时，地区内收入的不均衡也大幅减少，特别是浙东北人均收入的增加幅度高于苏中和苏北，但不均衡却在减少。2007年地区人均收入排序为上海、苏南、浙东北、苏中、浙西南、苏北，不均衡的排序为浙西南、苏北、苏南、浙东北、苏中。

（3）对RPCI的计算结果分析。从图3－16中可以看出，上海、浙东北和苏南的农村人均纯收入分别名列前三名，且浙东北和上海很接近，两者的曲线几乎重合，浙西南高于苏中，苏北相比农村人均纯收入最低。近年来，苏北与苏中、浙西南，苏中、浙西南与上海、浙东北和苏南之间的差距进一步拉大。苏中地区的不均衡始终最低，在长三角总的区域内不均衡中占的份额（贡献率）也最低；浙东北不均衡及其贡献率在波动中下降，降幅较大，2007年也接近苏中；浙西南的不均衡一直较高，不均衡贡献率近年来进一步上升；苏南农村居民纯收入的不均衡及贡献率2005年前一直高于苏北，但2006年、2007年其不均衡及贡献率都低于苏北。

从表3－7（c）中可以看出，1993～2000年，苏南农村人均收入增长53.2%，不均衡减少78.4%，不均衡贡献率减少63.4%；苏中农村人均收入增长103.7%，由于1993年基数小，不均衡及其贡献率增长幅度都非常大，但其绝对数仍然很低；苏北农村人均收入增长123.9%，不均衡减少3.4%，不均衡贡献率增加74.9%；浙东北农村人均收入增长24.8%，不均衡减少63.1%，不均衡贡献率减少32.1%；浙西南农村人均收入83.4%，高于浙东北和苏南，但不均衡降低幅度低于浙东北和苏南，本身不均衡的基数又较大，所以其贡献率增加48.1%。总的来看，这一时期浙西南经济在高速增长的同时，农村人均纯收入增长速率也较快，不均衡也较大；浙东北和苏中农村人均纯收入快速增长的同时，不均衡也较小；苏南的农村居民人均纯收入增长快于浙东北，地区内的不均衡也大幅降低；苏北农村人均纯收入增速最快，其不均衡有所减少。

2000～2007年，苏南农村人均纯收入增长65.0%，快于上一期，不均衡和贡献率减少幅度低于上期；苏中农村人均纯收入增加59.2%，比上期增长幅度明显降低，但不均衡减少32%，不均衡比重减少38%；苏北农村人均纯收入增加速度变缓，远远低于上一期，但不均衡增加3.6%；浙东北农村人均纯收入增加90.2%，不均衡减少72.5%，不均衡贡献率减少71.0%；浙西南农村人均纯收入增加82.0%，不均衡减少3.6%，不均衡贡献率增加12.9%。总的说来，这一时期浙东北农村人均纯收入在高速增长的同时，地区内的不均衡也大幅减少；浙西南农村人均纯收入在高于江苏三个地区的同时，地区内的不均衡降低幅度远远低于苏南和苏中，但其不均衡占了整个长三角地区内农村人均收入不均衡的一半。21世纪以来，苏南的其他城市快速发展使其与苏北、苏中进一步拉大了距离。2007年地区农村人均收入排序为上海、浙东北、苏南、浙西南、苏中、苏北，不均衡的排序为浙西南、苏南、苏北、苏中、浙东北，贡献率的排序为浙西南、苏北、苏南、苏中、浙东北。

(4) 对UPCI计算结果的分析。从图3—16中可以看出，上海和浙东北的城镇人均可支配收入分别名列前两名；浙西南也和苏南接近，甚至在大多数年份超过苏南；苏中与苏北与其他地区的差距拉大。苏中地区的不均衡及其贡献率曾经一度最低；近年来，浙东北已超过它，变得最低；苏南的不均衡在波动中下降，2007年其贡献率停留在20%附近；苏北的不均衡波动中上升，其不均衡和贡献率2007年上升到最高，为57.2%。

从表3—7(d)中可以看出，1993～2000年，苏南城镇居民可支配收入增长54.9%，不均衡增加197.5%，不均衡贡献率增加17.7%；苏中城镇居民可支配收入增长57.6%，由于1993年基数小，不均衡及其贡献率增长幅度都非常大，但其绝对数及贡献率仍然很低；苏北城镇居民可支配收入增长50.1%，不均衡减少29.5%，不均衡献率减少63.4%；浙东北城镇居民可支配收入增长50.8%，不均衡增加190.7%，不均衡贡献率增加18.7%；浙西南城镇居民可支配收入与RPCI巧合，都增加83.4%，高于江苏各地区，但不均衡增加3.3倍，虽略低于苏中，但由于基数大，不均衡贡献率2000年已占34.3%。总的看，这一时期除了苏北地区的城镇居民可支配收入增长较快而不均衡及贡献率大幅降低外，其他各地区的不均衡及贡献率都增速较大。

2000～2007年，苏南城镇居民可支配收入增长123.2%，是上一时期的2倍多，而且不均衡和贡献率都大幅度减少；苏中城镇居民可支配收入增加117.5%，是上一时期的2倍，不均衡减少8%，不均衡比重增加9%，与上期形

成鲜明对比；苏北城镇居民可支配收入增加121.8%，是上一时期的2倍多，但不均衡增加61.0%，不均衡比重增加137.4%；浙东北城镇居民可支配收入增加104.5%，不均衡减少43.9%，不均衡贡献率减少32.6%；浙西南城镇居民可支配收入增加82.8%，不均衡减少65%，不均衡贡献率减少63%。总的说来，这一时期苏南、浙东北、浙西南城镇居民可支配收入在高速增长的同时，地区内的不均衡也大幅减少；苏北城镇居民可支配收入在高于苏南、苏北的同时，地区内的不均衡及贡献率增幅最大；苏中在保持不均衡基本不变的情况下，城镇居民可支配收入增长速度高于浙江的两个地区。2007年地区城镇居民可支配收入排序为上海、浙东北、苏南、浙西南、苏中、苏北，不均衡的排序为苏北、浙西南、苏南、苏中、浙东北，贡献率的排序为苏北、苏南、浙西南、苏中、浙东北。

通过上述分析，可以看出，苏南、苏中、苏北、浙东北和浙西南五大区域的不均衡有的在波动中发散，有的在波动中收敛，有的几乎一直呈下降趋势，有的几乎一直呈上升趋势，而且地区收敛和发散不同经济指标的表现还存在较大差异。不同地区的不均衡随时间的演化基本上不具备U型曲线的形态。以上说明，不同地区的情况很复杂，要"对症下药"。

2. 各地区的极化

各地区极化的计算结果如表3－8所示，上海由于其特殊性，在计算中没有细分，其极化为0，在下面极化的分析中，我们不讨论上海。

表3－8（a） GDPPC计算的六大区域的极化

年份	上海		苏南		苏中		苏北		浙东北		浙西南	
	TW	ER	TW	ER	TW	ER	TW	ER	TW	ER	TW	ER
1993	0.0000	0.0000	0.3959	2.2600	0.1753	1.0786	0.3298	3.0965	0.3542	1.4075	0.2742	1.6216
1997	0.0000	0.0000	0.3698	2.1843	0.2640	2.4353	0.2945	2.4769	0.4000	1.4745	0.3221	2.3686
1998	0.0000	0.0000	0.3826	2.2667	0.0600	0.1268	0.2995	2.9606	0.4120	1.4981	0.3030	2.2501
1999	0.0000	0.0000	0.3915	2.3134	0.0863	0.2620	0.2906	2.7720	0.4229	1.5418	0.2931	2.1463
2000	0.0000	0.0000	0.3884	2.1832	0.0944	0.3138	0.3250	2.4844	0.4105	1.5350	0.2863	2.1244
2001	0.0000	0.0000	0.3960	2.2989	0.2017	1.4236	0.2832	1.4086	0.4128	1.7794	0.2676	2.0130
2002	0.0000	0.0000	0.4127	2.5063	0.1020	0.3661	0.3390	2.3834	0.3801	1.7308	0.2700	2.0232
2003	0.0000	0.0000	0.4561	3.0998	0.2240	1.7536	0.3131	1.5732	0.3926	1.6725	0.2767	2.0104
2004	0.0000	0.0000	0.4579	3.1241	0.2164	1.6358	0.3154	1.6671	0.3884	1.6120	0.3066	2.1698
2005	0.0000	0.0000	0.4558	2.9995	0.1741	1.0598	0.3255	1.6534	0.4095	1.7451	0.2590	1.8164
2006	0.0000	0.0000	0.4533	3.0889	0.1479	0.7687	0.4127	2.6069	0.4083	1.7068	0.2677	1.8390
2007	0.0000	0.0000	0.4407	3.0551	0.1565	0.8609	0.4096	2.5354	0.3975	1.5052	0.2356	1.3540

续表

年份	上海		苏南		苏中		苏北		浙东北		浙西南	
	TW	ER	TW	ER	TW	ER	TW	ER	TW	ER	TW	ER
1993～2000相对增长率（%）	0.0	0.0	−1.9	−3.4	−46.1	−70.9	−1.4	−19.8	15.9	9.1	4.4	31.0
2000～2007相对增长率（%）	0.0	0.0	13.5	39.9	65.7	174.4	26.0	2.1	−3.2	−1.9	−17.7	−36.3
1993～2007相对增长率（%）	0.0	0.0	11.3	35.2	−10.8	−20.2	24.2	−18.1	12.2	6.9	−14.1	−16.5

表 3−8（b） TPCI 计算的六大区域的极化

年份	上海		苏南		苏中		苏北		浙东北		浙西南	
	TW	ER	TW	ER	TW	ER	TW	ER	TW	ER	TW	ER
1993	0.0000	0.0000	0.3098	1.3056	0.1964	1.3616	0.2518	1.5625	0.2717	0.7521	0.3510	1.8959
1997	0.0000	0.0000	0.2576	1.0080	0.2800	2.7778	0.2222	0.9723	0.2356	0.7477	0.3059	1.5663
1998	0.0000	0.0000	0.1443	0.6085	0.2368	1.9823	0.2380	1.2575	0.2387	0.7033	0.4028	1.8670
1999	0.0000	0.0000	0.1447	0.5868	0.1730	1.0550	0.2344	0.9550	0.2705	0.6726	0.3580	1.8123
2000	0.0000	0.0000	0.2030	0.8487	0.1215	0.5177	0.2809	1.1876	0.2316	0.6381	0.3666	1.9850
2001	0.0000	0.0000	0.2059	0.9997	0.2068	1.5085	0.2462	0.8950	0.2357	0.5082	0.3374	1.8866
2002	0.0000	0.0000	0.2091	0.8923	0.2553	2.3043	0.2385	0.8949	0.3146	1.1942	0.2842	1.1677
2003	0.0000	0.0000	0.2439	0.9903	0.1731	1.0549	0.2535	1.0794	0.2310	0.4948	0.3479	2.0086
2004	0.0000	0.0000	0.2556	1.0890	0.1855	1.2129	0.2604	1.1750	0.1855	0.4412	0.3542	1.9991
2005	0.0000	0.0000	0.2149	1.1155	0.1827	1.1756	0.1883	1.0612	0.1971	0.5658	0.3570	2.0692
2006	0.0000	0.0000	0.1639	0.7411	0.1957	1.3496	0.3159	2.0659	0.2020	0.6298	0.3323	1.9620
2007	0.0000	0.0000	0.1590	0.7046	0.1992	1.3975	0.3395	2.0839	0.2114	0.6722	0.3003	1.5944
1993～2000相对增长率（%）	0.0	0.0	−34.5	−35.0	−38.2	−62.0	11.6	−24.0	−14.8	−15.2	4.4	4.7
2000～2007相对增长率（%）	0.0	0.0	−21.7	−17.0	64.0	169.9	20.9	75.5	−8.7	5.4	−18.1	−19.7
1993～2007相对增长率（%）	0.0	0.0	−48.7	−46.0	1.4	2.6	34.9	33.4	−22.2	−10.6	−14.5	−15.9

表 3—8（c）　RPCI 计算的六大区域的极化

年份	上海		苏南		苏中		苏北		浙东北		浙西南	
	TW	ER	TW	ER	TW	ER	TW	ER	TW	ER	TW	ER
1993	0.0000	0.0000	0.4273	2.9534	0.0506	0.0896	0.2521	1.4108	0.2536	0.7303	0.4430	3.1445
1997	0.0000	0.0000	0.3445	1.7251	0.2006	1.4077	0.1804	0.7640	0.2680	0.8324	0.3076	1.5980
1998	0.0000	0.0000	0.3282	1.4870	0.1923	1.2940	0.2290	0.9988	0.2353	0.7202	0.4302	2.1923
1999	0.0000	0.0000	0.3354	1.4812	0.1783	1.1130	0.2060	0.9254	0.2260	0.6810	0.3475	1.7716
2000	0.0000	0.0000	0.3280	1.4044	0.1852	1.2117	0.2704	1.2805	0.1714	0.3985	0.3671	2.0867
2001	0.0000	0.0000	0.3189	1.3768	0.1760	1.0947	0.2424	1.0913	0.2272	0.4779	0.3555	1.7097
2002	0.0000	0.0000	0.3215	1.3784	0.1791	1.1241	0.2430	1.1203	0.1686	0.3630	0.3516	1.6611
2003	0.0000	0.0000	0.3216	1.5322	0.1606	0.9097	0.2468	1.2098	0.2094	0.4383	0.3700	1.8580
2004	0.0000	0.0000	0.3212	1.5375	0.1620	0.9243	0.2627	1.2457	0.2182	0.4246	0.3765	1.9044
2005	0.0000	0.0000	0.3175	1.5946	0.1634	0.9396	0.2743	1.3237	0.1251	0.2300	0.3838	1.9362
2006	0.0000	0.0000	0.3022	1.3151	0.1734	1.0591	0.1951	1.3589	0.1374	0.2305	0.3792	1.9306
2007	0.0000	0.0000	0.2984	1.2784	0.1686	1.0000	0.2902	1.4071	0.1298	0.2463	0.3798	1.9625
1993～2000相对增长率（%）	0.0	0.0	−23.3	−52.4	265.9	1253.0	7.2	−9.2	−32.4	−45.4	−17.1	−33.6
2000～2007相对增长率（%）	0.0	0.0	−9.0	−9.0	−9.0	−17.0	7.4	9.9	−24.3	−38.2	3.5	−6.0
1993～2007相对增长率（%）	0.0	0.0	−30.2	−56.7	233.0	1016.0	15.1	−0.3	−48.8	−66.3	−14.3	−37.6

表 3—8（d）　UPCI 计算的六大区域的极化

年份	上海		苏南		苏中		苏北		浙东北		浙西南	
	TW	ER	TW	ER	TW	ER	TW	ER	TW	ER	TW	ER
1993	0.0000	0.0000	0.1327	0.5055	0.0908	0.2901	0.2939	1.8646	0.1752	0.3478	0.1159	0.3403
1997	0.0000	0.0000	0.1986	0.7610	0.2224	1.7226	0.1851	0.8252	0.2168	0.8984	0.2669	1.6167
1998	0.0000	0.0000	0.1800	0.8276	0.1755	1.0762	0.3314	2.0703	0.2323	0.7336	0.2849	1.3115
1999	0.0000	0.0000	0.1852	0.8815	0.1943	1.3346	0.2432	1.5745	0.2483	0.6678	0.3382	2.2779
2000	0.0000	0.0000	0.2155	1.1836	0.2212	1.6910	0.2542	1.4859	0.1996	0.6644	0.2813	2.3832
2001	0.0000	0.0000	0.2211	1.0697	0.2856	2.8767	0.1894	0.9596	0.1857	0.4909	0.2976	2.0417
2002	0.0000	0.0000	0.2106	0.9294	0.2245	1.7810	0.1730	0.7694	0.3562	1.1553	0.1668	0.6695

续表

年份	上海		苏南		苏中		苏北		浙东北		浙西南	
	TW	ER	TW	ER	TW	ER	TW	ER	TW	ER	TW	ER
2003	0.0000	0.0000	0.2488	1.1164	0.2215	1.7273	0.1952	0.8249	0.1365	0.4790	0.3357	2.1011
2004	0.0000	0.0000	0.2729	1.2947	0.2286	1.8411	0.2430	1.1167	0.1717	0.5946	0.3514	1.9599
2005	0.0000	0.0000	0.1847	0.7237	0.2057	1.4904	0.2547	1.2371	0.1823	0.4383	0.3477	2.0656
2006	0.0000	0.0000	0.1756	0.6534	0.2154	1.6345	0.2852	1.8386	0.2119	0.4201	0.3133	1.8839
2007	0.0000	0.0000	0.1661	0.6027	0.2150	1.6291	0.2838	1.8422	0.2187	0.4347	0.2214	0.8809
1993～2000 相对增长率（%）	0.0	0.0	62.3	134.1	143.5	483.0	−13.5	−20.3	13.9	91.0	142.8	600.4
2000～2007 相对增长率（%）	0.0	0.0	−22.9	−49.1	−2.8	−4.0	11.6	24.0	9.6	−34.6	−21.3	−63.0
1993～2007 相对增长率（%）	0.0	0.0	25.1	19.2	136.7	462.0	−3.4	−1.2	24.8	25.0	91.1	158.9

（1）GDPPC 计算结果的分析。从表 3－8（a）中可以看出，苏南的 TW 极化数值大于其他地区，ER 值除个别年份外也大于其他地区，从另一侧面说明苏南地区内部经济发展的差异性；苏中地区的 TW 表示的极化低于其他地区，ER 表示的极化除个别年份外，也低于其他地区；而浙西南极化的平均相对增长率为负数，呈收敛趋势。近年来，苏北在波动中发散，浙东北和浙西南在波动中下降。关于 1993～2000 年、2000～2007 年两个时期以及 1993～2007 年整个时期的变化见表 3－8，这里不再做进一步分析。

（2）TPCI 计算结果的分析。从表 3－8（b）中可以看出，苏南 1993～2000 年、2000～2007 年以及 1993～2007 年三个时段的增长率为负数，说明从总的人均收入来看，苏南的发展呈收敛趋势，出现上述现象说明苏南人均收入的同质性增加；苏北 1993～2000 年 ER 的增长率为负外，其他极化的增长速度都为正，且极化值也最高；苏中在 1993～2000 年极化值减少幅度较大，在 2000～2007 年极化值增加较大，但 1993～2007 年整个时期极化增幅不大；浙西南 2000～2007 年这一时期的减少幅度高于 1993～2000 年增加幅度，所以整个 1993～2007 年表现为减少，但因极化基数较大，极化程度在所有地区中仍占第二；浙东北除 2000～2007 年 ER 指数略有增长外，所有时期这两指数都表现为减少，虽然指数值低于苏南，但减少幅度也低于苏南，所以 TW 指数高于苏南。

(3) RPCI的计算结果分析。从表3－8(c)中可以看出，苏南和浙东北1993～2000年、2000～2007年以及1993～2007年三个时段的增长率为负数，说明两地区总体为收敛；苏中在1993～2000年这一时期极化增长率非常高，在2000～2007年有微弱减少，所以1993～2007年TW和ER总的增幅为233.0%和1016.0%，从1993年的极化程度最低上升1位；苏北的TW和ER表现不一致，TW三个时段都为正的增长，ER在2000～2007年增长为正，其他时段为负，其排名由1993年的第三位上升到2007年的第二位；除TW在2000～2007年有较小增幅，浙西南的TW和ER减少，但因基数较大，仍居第一位。

(4) UPCI的计算结果分析。从表3－8(d)中可以看出，苏南、苏中、浙东北和浙西南四大区域UPCI的极化程度在1993～2007年总体上均呈现出发散趋势，这说明上述四个地区在城镇人均可支配收入的不均衡上都有不同程度的增高。只有苏北呈现出微弱的收敛趋势，但由于基数大，仍位居第一。1993年从高到低整个排名为苏北、苏南、浙东北、浙西南和苏中；2007年从高到低整个排名为苏北、苏中、浙西南、苏南和浙东北。

苏中1993～2000年的增幅最大，虽然2000～2007年有微小的减幅，但整个1993～2007年的TW和ER的增幅分别为136.7%和462.0%，所以极化从原来的最低跃升到第二位；浙西南在1993～2000年，由于TW和ER增幅很高分别为142.8%和600.4%，虽然在第二时段有较大减负，但TW和ER在1993～2007年增加91.1%和158.9%，所以极化程度排名也从次低上升1位；浙东北和苏南由于增幅较小，排名分别由第三位和第二位下降2位。

把四大指标各个地区的极化TW和ER随时间的演化表现为图3－17所示。从该图可以直观地看出苏南、苏中、苏北、浙东北和浙西南五个地区的极化的演化趋势和两个极化指标的对比情况，可以发现：

第一，各个地区的极化指标从总体上有升有降，除部分地区的个别指标外，波动幅度较大。对于GDPPC，苏中的TW波动幅度较大；对于TPCI和UPCI，所有地区的波动幅度几乎都很大；RPCI除浙西南外，其他地区的极化指标值波动幅度较大。

第二，TW和ER两个指数在地区层次差异上较大，从图中可以看出，同一指标各个地区极化的演化曲线在TW和ER图中的波动幅度都存在较大差异。这反映了这两个指数在衡量极化上的性能差异，结合省级层次和整个长三角的分析，在分析极化时宜选择TW，把ER作为对比。

第三，对比极化图3－17和不均衡图3－16，可以发现，在地区层次上极化TW的演化趋势虽然在数值和一些具体时段上与GEM有差异，但在最终演化趋势和波动方向上大体是相同的，反映了两个概念的区别与联系。

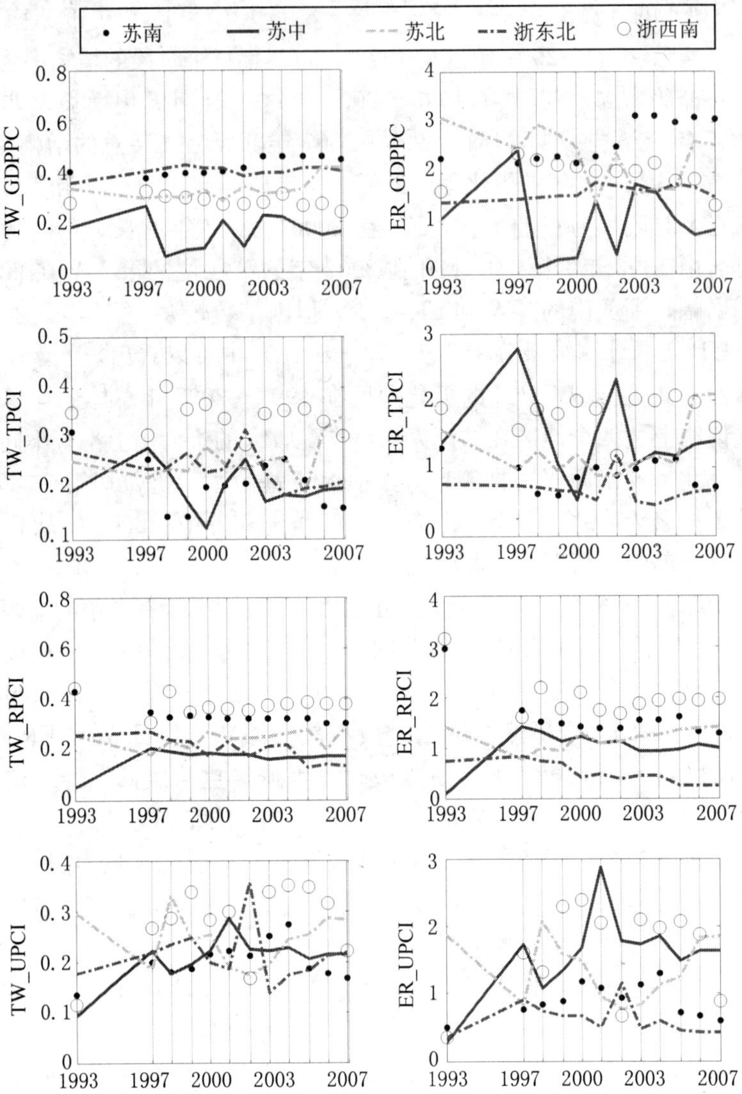

图 3－17　TW 与 ER 表示的各地区的极化随时间的演化

第六节　小　结

本章从整体的角度分析了长三角经济发展的历史和现状，又用实证方法对结果进行分析和验证。在概述长三角经济发展的历史和现状时，结合我国的情况和

长三角的实际，分新中国成立前、新中国成立至改革开放前和改革开放至今三个阶段总结。根据现有研究，在描述改革开放后至今的这段时期时，又以浦东开发为分界线，把这段历史分为改革开放至浦东开发前和浦东开发后至今两个阶段，并把浦东开发后至今作为现状描述，总结了长三角取得的成就和面临的问题。

本章对研究长三角区域发展不均衡的基本方法进行了概述，对长三角不均衡和极化进行了实证分析。分别对 Gini 系数、变异系数（CV）、Hoover 指数、Max/Min、一般测度熵（GEM）和极化指数做了介绍，分析了其优缺点，并从 GEM 和 Gini 系数的区域分解进行了分析和对比，说明了经济指标的选择和数据的来源及处理。采用各种不均衡指数和两种极化指数对长三角总的不均衡和极化及其随时间的演化进行了较为系统的对比分析。然后利用 GEM 和 Gini 系数对总的不均衡分“两省一市”和“六大区域”两个层次进行分解，分析发现按省这一聚合层次分解时，总的不均衡主要来自省内不均衡；而地区这一层次分解时，总的不均衡主要来自地区之间的不均衡。再对两种分解形式的对比发现，在地区分解层次，两种分解结果较为一致，并且地区间不均衡的演化趋势都与总的不均衡的趋势一致，反映了地区分解层次的稳定性。最后对不同聚合层次各区域的不均衡及其对长三角总的区域内不均衡的贡献率和各区域的极化进行了计算，并把演化趋势与总的不均衡的差异进行了对比。分析发现，在两省一市中，江苏省构成了区域内不均衡的主要组成部分，并和区域间的不均衡、长三角总的不均衡的变化曲线相似；在六大区域分析中，同一指标、不同指标各区域的不均衡和极化随时间的演化形态复杂，说明如果以省为单位分析不均衡，可能漏掉了很多信息。在实证分析中我们还获得了各种指数稳定性方面的信息，发现各种不均衡演化并不具有 Kuznents 倒 U 型趋势；相反，GDPPC、TPCI、RPCI 计算的长三角总的不均衡、区域间不均衡、区域内不均衡和省级聚合层次上的不均衡基本具有 U 型变化趋势。下面给出一些政策建议：

（1）不均衡随时间的演化与极化的演化之间有差异，但在演化趋势上又存在很大的相似性，所以对影响不均衡的政策制定同样对极化会产生作用。此外，四个指标 GDPPC、TPCI、RPCI 和 UPCI 的不均衡和极化的演化存在差异，说明影响四个指标不均衡的影响因素不同，如果政策的目标是要降低不均衡，应该具体分析，区别对待。

（2）在 1993～2005 年 GDPPC、TPCI 和 RPCI 在长三角总的不均衡、省内不均衡、地区间不均衡和省级聚合层次上的不均衡和极化主要表现为 U 型趋势，UPCI 不均衡具有与三者不同的趋势，且总的呈收敛趋势。这主要是因为农村居民收入不均衡的变化主要受到自然环境、市场上农副产品价格、地理条件以及乡镇企业发展等的影响，GDPPC 受市场、区位和政策等因素的影响，而城镇居民收入不均衡主要受工资和激励制度以及不同行业、不同技能人员之间的工资差异影响。政府应根据影响要素不同、均衡和极化的不同演化形态制定因地制宜的区域政策。

(3) 省内不均衡和地区间的不均衡占长三角总的不均衡的主要部分说明，不均衡分析以及相应的政策制定应建立在较小的集聚水平上——以地区作为决策单位。如果政策视角建立在较大的区域单位上，当政策过滤到最下层时，其作用可能被扭曲，其原始意图可能被淡化。并且在较高集聚层次制定区域发展政策往往无法集中到具体特定的对象，反而由于目标过大而削弱政策工具的影响力。

(4) 省内 GDPPC、RPCI 和 UPCI 的不均衡是构成整个长三角范围不均衡的主要组成部分，其贡献率一般都超过了 50%，有的甚至高达 70%以上。这是因为两省内部存在区位、投资、技术积累、人力资本等方面的差异，导致省内差异较大，而由于省内经济的积聚效应以及知识与技术溢出的速度缓慢，造成省内极大的不均衡，靠近发达地区的农村居民收入较高，而远离中心城市的居民收入较低。同时，产业结构调整较快，投资量大的地区的城镇居民收入较高，而一些区位优势不明显，人才和资金流失比较严重的地区居民收入较低。因此，政府在协调长三角的收入不均衡时，更需要关注省内部的不均衡。

(5) 过度的地区差异对社会协调发展是极为不利的。区域经济发展差距扩大必然会导致收入差距扩大，进而使得欠发达地区资源要素不断向发达地区集聚，欠发达地区就更加处于不利地位，这称为知识溢出的“逆流效应”。这种状况不仅降低了欠发达地区自身的积累和发展能力，而且还将制约发达地区产业向欠发达地区的转移、辐射和扩散，进而影响到整个长三角区域的整体性发展。所以政府应该密切关注长三角地区间的差异，采取有效措施进一步降低差异化。例如，加大欠发达地区的基础设施建设，为将来的产业转移和物资流动提供良好的平台；引进与培养人才相结合，进行人才的储备；鼓励到欠发达地区进行投资，并给予优惠政策；根据各地资源禀赋发展特色差异化经济等。总之，应注意打造有利于发挥知识溢出正向效应的环境。关于知识溢出、长三角的知识溢出及其与经济增长关系的实证分析，我们将在后面的几章详细阐述。

第四章 长三角城乡收入差异及演化

在上一章中，我们采用多个指标、从不同层次的区域聚合水平上系统地分析了长三角区域的不平衡和极化及其随时间的演化，阐述了其成因并提出了政策建议。由于我国的城乡二元经济结构，一个市或更高水平的聚合区域都可以看成由城乡两个子区域构成，而城乡收入不均衡是社会发展非均衡的一个重要方面，因此在分析区域不均衡问题时，必须分析城乡收入不均衡。此外，城乡协调发展是区域协调发展的一项重要内容和不可回避的问题，而城乡要协调发展必须要研究城乡收入的差异、演化规律及其成因。故本章从城乡视角来研究长三角的不均衡。

第一节 长三角城乡发展现状

为了对比，同时在我国城乡二元化发展的大环境下分析长三角城乡发展现状，本节将先描述国家层面的城乡发展现状。

1. 中国城乡发展现状分析

我国的社会结构中的二元户籍制度隔膜着城市和农村，形成了城市和农村二元经济与社会结构。此外，在目前的经济转型期，随着社会和经济转型，新旧体制之间、城乡之间、区域之间、产业之间、贫富群体之间，都很可能发生程度不同的摩擦和碰撞，表现出思想多元、文化冲突和利益分化等特质。由于市场经济体制带来的利益分化，形成了社会结构二元性差异和一定程度的对立。

随着改革开放的深入进行，中国经济迅速发展和崛起，人民生活水平不断提高，但在取得巨大进步的同时，城乡差距却也进一步扩大，城乡发展不均衡现象日益凸显。我国城乡发展不均衡主要表现为工业、农业发展失调、城乡居民收入差距日益拉大、城乡居民消费差距不断扩大等方面。城乡经济发展失衡制约着我国国民经济健康发展和社会的稳定和谐。

自从 20 世纪 90 年代以来，尽管城乡差距在某些年份中也有过下降，但总体来说，收入差距在不断扩大。值得注意的是，自从 2002 年城镇居民人均可支配收入与农村居民人均纯收入之比达到 3.11∶1 以来，就一直维持在 3 倍以上。

2003年城镇居民人均可支配收入与农村居民人均纯收入之比达到3.23：1，随后的2004年和2005年城乡居民收入比分别为3.21：1和3.22：1，而2006年城乡居民收入比扩大到3.28：1。大多数专家认为3倍的差距是警戒红线。有的学者认为，城镇居民人均可支配收入与农村居民人均纯收入之比没有考虑城市居民享有的保险、医疗、住房等补助因素，如果考虑这些因素，显示的中国城乡差距还要高，城乡差距问题日益严重。Zhang和Zhao（1998）认为尽管中国在改革开放时期经历了一个快速的工业化过程，但城市化进程仍十分缓慢。其中一个重要的原因在于移民方面的控制政策，限制了乡村居民大规模流向经济较发达地区。20世纪90年代以来，限制有所松动的户口制度产生了大批辗转的农民工去沿海发达地区找工作，但是真正移民数量相对于整体潜在移民数量仍然偏低。

世界银行（1997）证实城乡差异是中国20世纪90年代人均收入不均衡的主要因素。省际间及城乡收入差异的情况占据了人均收入不均衡整体情况的50%以上。区域间不平等及城乡不平等的情况形影相随、互为影响。城乡分离对省际间的差异造成了巨大的影响，因为城市个人收入及消费趋同的情况较乡村尤为明显。这意味着，不论是理论分析还是政策制定都必须区分乡村及城市地区。

Tsui（1993）& Rozelle（1994）认为为了讨论区域差距，研究城乡不均衡是必要的。Ye（1997）采用城乡名义消费数据，发现了乡村和城镇之间的巨大差距。Kanbur & Zhang（1999）给出了分析城乡不平衡的统一框架，并分析了1983～1995年沿海和内地之间的不平衡，并暗示不断增长的不平衡主要是由"户口"（家庭）登记制度造成的。Yang（1999）通过对1986～1994年四川家庭的收入数据的调查分析，认为城乡差距仍在增大。Ya等（2005）研究了我国城乡产出、收入和消费的不平衡。Zhang等（2006）发现20世纪90年代后期，不利于农村的分配变化是造成农村相对贫困的主要原因。采用1995～2002年的家庭调查数据，Terry等（2007）研究了我国城乡收入差距的大小及其影响因素。Wan和Zhang（2008）分析与解释了20世纪90年代后半期沿海和内地之间的农村的贫困差异。Du & Cheng（2008）以1993～2005年的数据为依据，将我国总的收入不均衡分解为城乡收入不均衡、农村之间收入不均衡和城镇之间收入不均衡，并分析了各种不均衡对总的收入差异的影响。结果显示，1999～2005年城乡收入不均衡总的呈现为发散趋势，而1993～1999年间则为收敛。1999～2005年城乡收入不均衡对总的收入不均衡的贡献增长了59.9%。在我国总的收入不均衡中，城乡不均衡几乎一直占据收入不均衡的支配地位。我国农村内部收入不均衡对总的收入不均衡的贡献几乎总是仅次于城乡不均衡的贡献，但城镇之间的收入差距较小且比较稳定。此外，1999～2005年间城镇收入与农村收入均值之间距离的增大也反映了我国城乡差距在进一步扩大。

从目前发展状况来看，城乡差距在我国社会经济发展中比较突出，城乡关系

仍处于不协调的发展状态，严重限制了农业和农村经济的发展，而“三农”问题的积累也严重制约着整个国民经济的发展。缩小城乡差距是全面建设小康社会和构建社会主义和谐社会的重要内容，城乡问题一直备受我国政府高度重视。党的十六大在全面分析国内外形势和我国发展所处阶段的基础上，提出了统筹城乡经济社会发展的重大方针，指出“统筹城乡经济社会发展，建设现代化农业，发展农村经济，增加农民收入，是全面建设小康社会的重大任务”，指明了新的发展阶段解决“三农”问题的内涵和重大意义。党的十七大报告进一步作出了“统筹城乡发展，推进社会主义新农村建设”，“加强农业基础地位，走中国特色农业现代化道路，建立以工促农、以城带乡长效机制，形成城乡经济社会发展一体化新格局”的部署。各省市纷纷响应国家政策，积极开展统筹城乡建设，探讨推进城乡统筹协调的对策。

城乡统筹发展是一个地区经济社会发展的重要目标之一，是落实科学发展观的需要，对于解决“三农”问题和逐步消除城乡二元结构具有非常重大的意义。目前我国的城乡统筹工作取得了一定的成果，近几年来，政府加大了对农业和农村经济的支持与保护力度，并制定了新型农村合作医疗等优惠政策；同时，国家鼓励大学生到农村就业，用先进知识促进农村发展，一系列措施对城乡协调发展有一定的推进作用。但离从根本上解决问题还有很大距离，城乡不均衡问题仍需进一步探索研究并解决。

2. 长三角城乡发展现状分析

经济的高速发展、社会科技文化的进步无一不表明中国的前进，作为中国最具发展潜力地区之一的长江三角洲已成为世界第六大城市群体。长三角地区是中国综合实力最强的地区，其每年创造的 GDP 占将近全国的 1/4，在带动其他区域的发展中起着非常重要的作用。根据 2008 年国家统计局公布的全国百强县（市）社会经济综合发展指数测评结果，发达县越来越集中在东部发达地区，其中最为突出的是江苏、浙江等省。例如，江苏省在前十强中占据 6 个席位，共有 22 个县市入围百强；而浙江省有 27 个县市入围百强，两省的百强县将近占全国的一半。

虽然长三角在县域经济发展中积累了十分丰富的经验，整个地区的经济发展取得了一定成果，但仍存在城乡发展不均衡现象。剔除城乡价格差异，1998～2007 年，长三角地区城镇居民人均可支配收入与农村居民人均纯收入之比由 1.85∶1 提高到 2.45∶1。1998～2005 年江浙沪城镇居民人均可支配收入与农村居民人均纯收入之比分别由 1.59∶1、2.06∶1 和 1.62∶1 提高到 2.34∶1、2.44∶1 和 2.26∶1。2006 年这一比率为 2.43∶1、2.45∶1 和 2.24∶1，2007 年这一比率为 2.52∶1、2.41∶1 和 2.31∶1。这说明近年来，长三角城乡之间收入差距进一步拉大。若把城镇居民的非货币收入考虑在内，把农民纯收入中用于生产投入的一部分除外，城乡居民的收入差距更大。1998～2007年，苏南的镇居民人均可支配收入与农村居民人均纯收入之比由1.43提高到2.14；苏中由1.45提高到2.30；苏北由1.48提高到2.44；浙江的浙东北两者之比由1.85提高到2.14；浙西南由2.27提高到2.59。1998年苏南城镇居民可支配收入是苏北的1.5倍，苏南农民人均纯收入是苏北的1.56倍；2007年苏南城镇居民可支配收入是苏北的1.73倍，苏南农民人均纯收入是苏北的1.65倍。城乡收入差异的增大将会阻碍整个长三角地区经济的发展，成为经济社会发展的“瓶颈”，甚至引发严重的社会问题等。特别是长三角在带动其他区域的发展中起着非常重要的作用，在城乡的均衡发展方面也起着示范带头作用。

对于如何改变城乡差异的状况，长三角地区的各级政府都采取了相应的措施。例如，城际铁路的建设缩短了长三角二元结构的空间距离，可加速打破城乡二元结构；苏州确定城镇规划区、工业生产区、农业发展区、农民居住区和生态保护区，调整优化工业与农业、城镇与农村的空间布局，坚持把城市和农村作为一个整体来规划。在深化农村改革中，推进城乡一体化建设。2009年8月，经过江苏省政府同意，苏州市被列为全省城乡一体化发展综合配套改革试点区。最近，经国务院同意，苏州又成为国家发改委农村综合改革试点联系点。在无锡市，将实现工资社保城乡无差别制度，围绕“开发就业、平等就业、素质就业、稳定就业”的要求，逐步形成具有无锡特色的“城乡一体、内外一致、培就结合、权益保障”统筹城乡就业模式。此外，在政府强力推动下，无锡社会保障体系建设走出了一条“保障制度从无到有、保障范围从城到乡、保障水平从低到高”的发展之路，基本建立起统筹城乡的社会保障体系。

部分研究者也对长三角的城乡差距开展了积极的探索和研究。韩留富（2007）通过对Gini系数的计算，结果展示了长三角的城乡居民收入分配差距持续上升、城乡之间收入差距逐渐拉大、城镇居民之间贫富差距不断扩大和农村居民内部贫富差距越来越大，并认为形成这种经济差距的原因在于统计指标单一、发展战略偏向、分配原则偏向、社保制度偏向和再分配措施偏向。洪银兴（2007）认为哺育和反哺的不对称是扩大长三角城乡差距的原因，并指出工业化水平不同地区的哺育与反哺的不对称程度有明显的差距，距离工业中心近的地区，乡镇企业能就近得到城市工业的辐射。例如，上海周围的长三角地区的乡镇企业发展要素可以就近从城市工业中心取得，因此这里的乡镇企业对农业要素的吸纳不是很严重。而在距工业中心远的地区，得不到市场和要素的辐射，其发展要素就得靠对农业要素吸纳。于是形成一种反差，在离工业中心近的地区，乡镇企业对农业发展的负效应小；而在远离工业中心的地区，乡镇企业发展对农业发展的负效应较大。曾光（2008）从绝对差距、相对差距、倒U型假说检验、收敛性等角度分别对长三角地区16个城市城镇居民人均可支配收入进行详细分析，

得出1978～2007年，长三角城镇居民人均可支配收入绝对差距呈逐年扩大的趋势；相对差距尽管有明显的波动性，但总趋势是缩小的；库兹涅茨倒U型假说未能出现；收入差距在总体存在δ-收敛的情况下，部分年份收敛与发散交替出现；而绝对β-收敛性检验的结果表明，城镇居民可支配收入存在着明显的收敛，收敛速度约为2.68%。现有研究对统筹长三角城乡发展和一体化建设具有积极的作用和意义，但要系统地认识长三角的城乡问题，有待对长三角的城乡差距进行深入细致的分析。

第二节　城乡收入不均衡的分解方法

部分文献采用人均城镇居民可支配收入与农村居民纯收入之比来研究收入不均衡和城乡不均衡，这种方法虽然可以直观地反映出城乡差距和收入不均衡；但对较高聚合层次进行分析时，忽视了其内部或较低聚合层次的城乡、区域之间的差异，而且这种方法不能分解，不利于分析不同层次不均衡的关系。为了系统地分析长三角的收入不均衡和城乡不均衡，本节介绍GEM和Gini系数的收入不均衡的城乡分解。需要指出的是，GEM的分解方法是在参照Herrmann-Pillath等（2002）分解方法的基础上，根据第三章第三节的区域分解，针对城乡情况做了更易于理解的重新表述；Gini系数分解方法把Yao（1999）一般类分解，根据GEM的城乡分解方法，进行了拓展。

一、收入不均衡GEM的城乡分解

1. 农村和城镇两大聚合区域构成视角的分解

这种分解方法把整个研究对象（如长三角）看成由农村和城镇两大聚合区域构成，设农村聚合区域由N个子区域（地级市）的农村部分组成；设城镇聚合区域由N个子区域（地级市）的城镇部分组成。设第i（i=1，2，…，N）个子区域的农村人口和城镇人口分别为P_i^r和P_i^u两部分，P_i为第i个子区域的总人口，则有$P_i^r+P_i^u=P_i$。$P=\sum_{i=1}^{N}P_i$是整个研究对象的总人口，$P^r=\sum_{i=1}^{N}P_i^r$是农村总人口（或农村聚合区域的人口），$P^u=\sum_{i=1}^{N}P_i^u$是城镇总人口（或城镇聚合区域的人口）。$r_i=P_i^r/P$是第i个子区域的农村人口占总人口的份额，$r=\sum_{i=1}^{N}r_i=P^r/P$是农村聚合区域人口占总人口的份额。$u_i=P_i^u/P$是第i个子区域的城镇人口占总人口的份额，$u=\sum_{i=1}^{N}u_i=P^u/P$是城镇聚合区域的人口占总人口的份额，满足$r+u=1$。$a_i=P_i^r/P^r$是第i个子区域的农村人口占农村聚合区域人口（农村总人口）的份额，有 $\sum_{i=1}^{N} a_i = 1$ 。$b_i = P_i^u / P^u$ 是第 i 个子区域的城镇人口占城镇聚合区域人口（城镇总人口）的份额，满足 $\sum_{i=1}^{N} b_i = 1$ 。设 x=（x_1，x_2，…，x_N）和 y=（y_1，y_2，…，y_N）分别为 N 个子区域的农村居民人均纯收入向量和城镇居民人均可支配收入向量，农村聚合区域的居民人均纯收入 $m_r = \sum_{i=1}^{N} a_i x_i$ ，城镇聚合区域的居民人均可支配收入均值为 $m_u = \sum_{i=1}^{N} b_i y_i$ ，整个研究对象（长三角）总的人均收入均值为 $m = rm_r + um_u = \sum_{i=1}^{N} r_i x_i + \sum_{i=1}^{N} u_i y_i$ 。整个人均（长三角）收入可看成由农村和城镇两大聚合区域人均收入的加权平均，也可以看成各个子区域农村人均收入和城镇居民可支配收入的加权平均。则根据 GEM 的计算公式（3－4），总的收入不均衡为：

$$I_{tot} = \sum_{i=1}^{N} r_i \ln \frac{m}{x_i} + \sum_{i=1}^{N} u_i \ln \frac{m}{y_i} \tag{4-1}$$

根据第三章第三节中 GEM 的区域分解，总的收入不均衡可以分解为两个聚合区域之间的不均衡和聚合区域内部的不均衡，B（x）表示农村聚合区域和城镇聚合区域之间的不均衡，代表了整个研究对象（长三角）的城乡两大结构之间的差异，我们把它称为城乡之间的收入不均衡，记为 I_{RU}。W（x）表示农村聚合区域和城镇聚合区域内部的不均衡。根据式（3－13）和式（3－14），有：

$$I_{RU} = B(x) = I(m_r, m_u) = r \ln \frac{m}{m_r} + u \ln \frac{m}{m_u} \tag{4-2}$$

$$\begin{aligned} W(x) &= rI(m_r) + uI(m_u) \\ &= rI(x_1, x_2, \cdots, x_N) + uI(y_1, y_2, \cdots, y_N) \end{aligned} \tag{4-3}$$

其中，第一项表示农村聚合区域内部的 GEM 乘以农村聚合区域的人口占总人口的份额，称为农村与农村之间的收入不均衡，记为 I_{RR}；第二项为城镇聚合区域内部的 GEM 乘以城镇聚合区域的人口占总人口的份额，称为城镇与城镇之间的收入不均衡，记为 I_{UU}。根据式（3－4），有：

$$I_{RR} = r\sum_{i=1}^{N} a_i \ln \frac{m_r}{x_i} = \sum_{i=1}^{N} \frac{P_i^r}{P} \ln \frac{m_r}{x_i} \tag{4-4}$$

$$I_{UU} = u\sum_{i=1}^{N} b_i \ln \frac{m_u}{y_i} = \sum_{i=1}^{N} \frac{P_i^u}{P} \ln \frac{m_r}{x_i} \tag{4-5}$$

则总的收入不均衡可以分解为：

$$I_{tot} = B(x) + W(x) = I_{RU} + I_{RR} + I_{UU} \tag{4-6}$$

上式表明总的收入不均衡可以分解为城乡之间的收入不均衡 I_{RU}、农村之间的收入不均衡 I_{RR} 和城镇之间的收入不均衡 I_{UU}。

通过这样分解，我们可以识别城乡二元经济对长三角收入差距的影响强度。这种情况下的分解示意如图 4－1 所示。

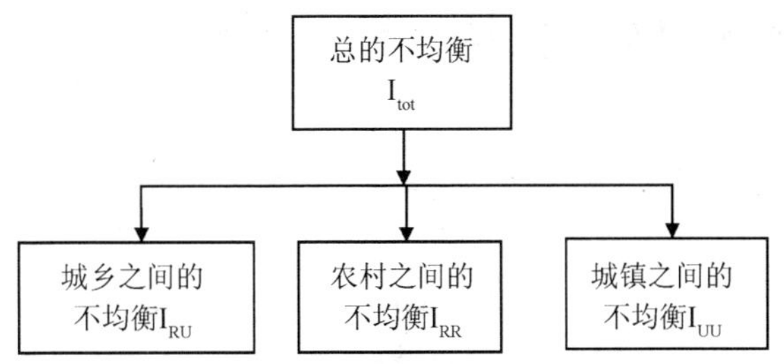

图 4-1 GEM 基于农村和城镇两大聚合区域的分解示意

2. 视为 N 个城乡聚合区域的分解

这种分解方法把子地区（市）看成由农村和城镇两个部分构成的聚合单位，整个研究对象（长三角）由 N 个这样的聚合单位构成。第 i 个聚合单位农村部分的农业人口和人均收入（农村居民人均纯收入）分别为 P_i^r 和 x_i；城镇部分的人口和人均收入（城镇居民人均可支配收入）分别为 P_i^u 和 y_i。聚合单位的人口总数为 P_i，$w_i^r = P_i^r/P_i$ 是第 i 个聚合区域的农村人口占其总人口的份额，$w_i^u = P_i^u/P_i$ 是第 i 个聚合区域的城镇人口占其总人口的份额。$w_i = P^i/P$ 为第 i 个聚合单位的总人口占整个分析对象（如长三角）总人口的份额，第 i 个聚合单位的人均收入均值为 $m_i = (P_i^r/P_i)\ x_i + (P_i^u/P_i)\ y_i = w_i^r x_i + w_i^u y_i$，实际上是第 i 个区域（市）的 TPCI。整个分析对象（长三角）人均收入均值可看成由 N 个聚合区域人均收入均值 m_i 的加权平均，即 $\sum_{i=1}^{N} w_i m_i = m$。根据第三章第三节中 GEM 的区域分解，总的收入不均衡可以分解为 N 个聚合区域之间的收入不均衡 B（x）和聚合区域内部的收入不均衡 W（x），B（x）表示 N 个聚合区域（市）之间的均值收入不均衡，可一定程度反映地理位置差异对总的收入不均衡的影响，记为 I_B。根据式（3-13），有：

$$I_B = B(x) = \sum_{i=1}^{N} w_i \ln \frac{m}{m_i} \tag{4-7}$$

W（x）表示 N 个聚合区域内部的收入不均衡，代表了 N 个聚合区域（市）内部的城乡二元差异的影响，称为整个市内城乡收入不均衡，记为 I_{RU2}。根据式（3-14）和式（3-4），有：

$$\begin{aligned} I_{RU2} &= W(x) = \sum_{i=1}^{N} w_i I(x_i, y_i) = \sum_{i=1}^{N} w_i \left(\frac{P_i^r}{P_i} \ln \frac{m_i}{x_i} + \frac{P_i^u}{P_i} \ln \frac{m_i}{y_i}\right) \\ &= \sum_{i=1}^{N} \frac{P_i}{P} \left(\frac{P_i^r}{P_i} \ln \frac{m_i}{x_i} + \frac{P_i^u}{P_i} \ln \frac{m_i}{y_i}\right) = \sum_{i=1}^{N} \left(r_i \ln \frac{m_i}{x_i} + u_i \ln \frac{m_i}{y_i}\right) \end{aligned} \tag{4-8}$$

则总的收入不均衡可以分解为：

$$I_{tot} = B(x) + W(x) = I_{RU2} + I_B \tag{4-9}$$

这种分解方法可以区分地区（市）内城乡二元经济对总的收入不均衡的影响

和地区的地理位置对总的收入不均衡的影响，这种情况下的分解示意如图4－2所示。

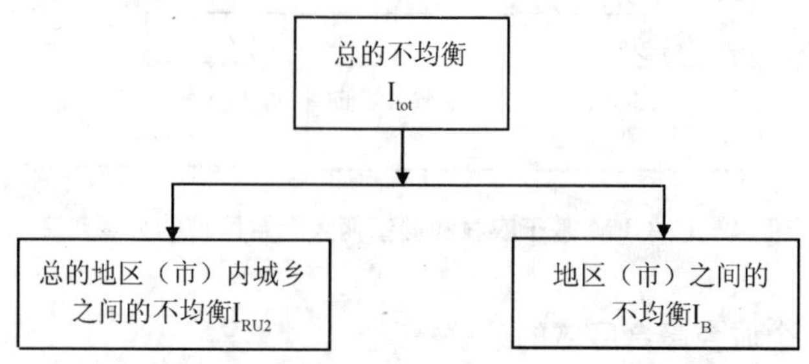

图4－2　把市看成城乡聚合区域的GEM分解示意

二、收入不均衡Gini系数的城乡分解

Gini系数的城乡分解与GEM第一种城乡分解方法思想类似，首先将N个地区（市）农村部分和城镇部分归并为两个聚合区，即N个地区（市）的农村人口及其农村居民人均纯收入归为一组，N个地区（市）的城镇人口和城镇居民可支配收入归为一组，并对其编号，属于同一个聚合区域的编号相同。比如，可用I表示聚合区域，II表示城镇聚合区域，也可以用Rural表示农村聚合区域，Urban表示城镇聚合区域。设（P_1^r，P_2^r，…，P_n^r）为N个子区域的农村人口，$x=$（x_1，x_2，…，x_N）为对应的N个子区域的农村居民人均纯收入向量；（P_1^u，P_2^u，…，P_n^u）为N个子区域的城镇人口，$y=$（y_1，y_2，…，y_N）对应的城镇居民人均可支配收入向量。$P=\sum_{i=1}^{N}(P_i^r+P_i^u)$是整个研究对象的总人口，$P^r=\sum_{i=1}^{N}P_i^r$是农村总人口（或农村聚合区域的人口），$P^u=\sum_{i=1}^{N}P_i^u$是城镇总人口（或城镇聚合区域的人口）。$r_i=P_i^r/P$是第i个地区的农村人口占总人口的份额，$r=\sum_{i=1}^{N}r_i=P^r/P$是农村聚合区域人口占总人口的份额。$u_i=P_i^u/P$是第i个子区域的城镇人口占总人口的份额，$u=\sum_{i=1}^{N}u_i=P^u/P$是城镇聚合区域的人口占总人口的份额，满足$r+u=1$。$a_i=P_i^r/P^r$是第i个子区域的农村人口占农村聚合区域人口（农村总人口）的份额，有$\sum_{i=1}^{N}a_i=1$。$b_i=P_i^u/P^u$是第i个子区域的城镇人口占城镇聚合区域人口（城镇总人口）的份额，满足$\sum_{i=1}^{N}b_i=1$。农村聚合区域的居民人均纯收入$m_r=\sum_{i=1}^{N}a_ix_i$和城镇聚合区域的居民人均可支配收入均值分别为$m_u=\sum_{i=1}^{N}b_iy_i$，整个研究对象（长三角）总的人均收

人均值为 $m = rm_r + um_u = \sum_{i=1}^{N} r_i x_i + \sum_{i=1}^{N} u_i y$ 。整个（长三角）人均收入可看成由农村和城镇两大聚合区域人均收入的加权平均，也可以看成各个子区域农村人均收入和城镇居民可支配收入的加权平均。例如，2007 年长三角 23 个农村子区域和 23 个城镇子区域的区域号、区域名称、人口和人均收入数据如表 4－1 所示，农村聚合区域的人口 $P^r = 70564$，人均收入 $m_r = 4232$；城镇区域人口 $P^u = 63358$，人均收入 $m_u = 10385$。

表 4－1　2007 年长三角各地区的人均收入

区域号	区域名称	人口（万人）	人均收入（元）
I. 农村长三角			
1	上海	1819	5488
2	南京	1431	4548
3	无锡	1504	5685
4	徐州	5100	3138
5	常州	1399	5122
6	苏州	2148	5940
7	南通	3938	3916
8	连云港	2869	2738
9	淮安＋宿迁	6715	2774
10	盐城	4563	3455
11	扬州＋泰州	4911	3699
12	镇江	1086	4348
13	杭州	3486	5331
14	宁波	3704	5611
15	嘉兴	2165	5674
16	湖州	1782	5324
17	绍兴	2999	5432
18	舟山	612	5429
19	温州	6035	4796
20	金华	3559	3892
21	衢州	1965	3389
22	台州	4675	4651
23	丽水	2101	2441
	农村聚合区域	70564	4232

续表

区域号	区域名称	人口（万人）	人均收入（元）
II. 城镇长三角			
24	上海	11969	12682
25	南京	4741	11341
26	无锡	3113	11665
27	徐州	4310	8303
28	常州	2175	10655
29	苏州	4096	11867
30	南通	3723	9183
31	连云港	1953	7398
32	淮安＋宿迁	3941	6097
33	盐城	3535	7735
34	扬州＋泰州	4689	8371
35	镇江	1602	9363
36	杭州	3238	11892
37	宁波	1942	12244
38	嘉兴	1204	11036
39	湖州	796	10781
40	绍兴	1363	12046
41	舟山	355	10887
42	温州	1611	11471
43	金华	1033	10886
44	衢州	512	8985
45	台州	1019	11482
46	丽水	439	8723
	城镇聚合区域	63358	10385
	长三角	133923	7143

注：为了前后一致，表中的收入数据已分别按农村居民消费价格指数和城镇居民消费价格指数调到了1993 年的水平，把淮安与宿迁、扬州与泰州的数据进行了合并。

根据第三章第三节 Gini 系数的区域分解，整个长三角的不均衡可以分解为城乡两大聚合区域之间的不均衡、两大聚合区域内部的不均衡和重叠部分。其中，城乡两大聚合区域之间的不均衡成为城乡不均衡，记为 G_{RU}；城镇聚合区域内部的不均衡反映了城镇与城镇之间的不均衡，记为 G_{UU}；农村聚合区域内部的

不均衡反映了农村与农村之间的不均衡，记为 G_{RR}；重叠部分 G_O 反映了低人均收入均值聚合区域（在我国，一般为农村区域）中最高的人均收入地区的人均收入高于高人均收入均值聚合区域中最低的人均收入地区的人均收入的情况，如果没有，则 $G_O=0$。Gini 系数的这种分解是针对城乡收入差距或城乡二元经济结构进行的，我们把其称为 Gini 系数的城乡分解。Gini 系数的分解既可以根据算法编写程序计算，也可以通过简便的 Excel 表上作业法来完成，这里我们在介绍计算步骤的同时，介绍 Excel 表上作业法。城乡分解步骤如下：

第 1 步：计算长三角人均收入的 Gini 系数。把 2N 个子区域的农村居民收入和城镇收入放在一起，列出对应人口，并按人均收入的升序排列，按式（3—2）计算长三角收入的基尼系数 G_{tot}：

$$G_{tot}=1-\sum_{i=1}^{2N}w_i(2Q_i-s_i) \qquad (4-10)$$

Excel 表上作业法如表 4—2 所示。在 Excel 数据表中可以先把第 1、2、3、5 列数据按人均收入的升序排列，再计算其他列的结果；也可以先计算 p_i、p_im_i 和 s_i 列，再按人均收入的升序排列，随后计算 Q_i 和 p_i（$2Q_i-s_i$）等列。其中，p_i 为各个子区域的人口占总人口的份额；m_i 为个各子区域的人均收入；p_im_i 表示人口份额乘以人均收入，和为长三角的人均收入均值；s_i 为各个子区域的人均收入占长三角人均收入均值的份额，即 $s_i=p_im_i/\sum p_im_i$；Q_i 是累积收入份额，最后一个值肯定是 1；最后一列为式（4—10）右端和式中的每一项，合计为 $1-G_{tot}$，由此可得：

$G_{tot}=1-0.7260=0.2740$

表 4—2 2007 年由城乡人均收入计算的长三角总的 Gini

区域号	城乡	人口	p_i	m_i	p_im_i	s_i	Q_i	$p_i(2Q_i-s_i)$
23	Rural	2101	0.0157	2441	38.29	0.0054	0.0054	0.0001
8	Rural	2869	0.0214	2738	58.66	0.0082	0.0136	0.0004
9	Rural	6715	0.0501	2774	139.08	0.0195	0.0330	0.0023
4	Rural	5100	0.0381	3138	119.51	0.0167	0.0498	0.0032
21	Rural	1965	0.0147	3389	49.73	0.0070	0.0567	0.0016
10	Rural	4563	0.0341	3455	117.71	0.0165	0.0732	0.0044
11	Rural	4911	0.0367	3699	135.65	0.0190	0.0922	0.0061
20	Rural	3559	0.0266	3892	103.42	0.0145	0.1067	0.0053
7	Rural	3938	0.0294	3916	115.14	0.0161	0.1228	0.0067
12	Rural	1086	0.0081	4348	35.25	0.0049	0.1277	0.0020

续表

区域号	城乡	人口	p_i	m_i	$p_i m_i$	s_i	Q_i	$p_i(2Q_i - s_i)$
2	Rural	1431	0.0107	4548	48.58	0.0068	0.1345	0.0028
22	Rural	4675	0.0349	4651	162.36	0.0227	0.1573	0.0102
19	Rural	6035	0.0451	4796	216.13	0.0303	0.1875	0.0155
5	Rural	1399	0.0104	5122	53.51	0.0075	0.1950	0.0040
16	Rural	1782	0.0133	5324	70.83	0.0099	0.2049	0.0053
13	Rural	3486	0.0260	5331	138.76	0.0194	0.2244	0.0112
18	Rural	612	0.0046	5429	24.82	0.0035	0.2278	0.0021
17	Rural	2999	0.0224	5432	121.65	0.0170	0.2449	0.0106
1	Rural	1819	0.0136	5488	74.54	0.0104	0.2553	0.0068
14	Rural	3704	0.0277	5611	155.17	0.0217	0.2770	0.0147
15	Rural	2165	0.0162	5674	91.70	0.0128	0.2899	0.0092
3	Rural	1504	0.0112	5685	63.85	0.0089	0.2988	0.0066
6	Rural	2148	0.0160	5940	95.27	0.0133	0.3121	0.0098
32	Urban	3941	0.0294	6097	179.41	0.0251	0.3373	0.0191
31	Urban	1953	0.0146	7398	107.89	0.0151	0.3524	0.0101
33	Urban	3535	0.0264	7735	204.15	0.0286	0.3810	0.0194
27	Urban	4310	0.0322	8303	267.18	0.0374	0.4184	0.0257
34	Urban	4689	0.0350	8371	293.09	0.0410	0.4594	0.0307
46	Urban	439	0.0033	8723	28.61	0.0040	0.4634	0.0030
44	Urban	512	0.0038	8985	34.38	0.0048	0.4682	0.0036
30	Urban	3723	0.0278	9183	255.30	0.0357	0.5040	0.0270
35	Urban	1602	0.0120	9363	112.02	0.0157	0.5196	0.0122
28	Urban	2175	0.0162	10655	173.02	0.0242	0.5439	0.0173
39	Urban	796	0.0059	10781	64.09	0.0090	0.5528	0.0065
43	Urban	1033	0.0077	10886	83.98	0.0118	0.5646	0.0086
41	Urban	355	0.0026	10887	28.83	0.0040	0.5686	0.0030
38	Urban	1204	0.0090	11036	99.17	0.0139	0.5825	0.0103
25	Urban	4741	0.0354	11341	401.47	0.0562	0.6387	0.0432
42	Urban	1611	0.0120	11471	137.96	0.0193	0.6580	0.0156
45	Urban	1019	0.0076	11482	87.35	0.0122	0.6703	0.0101
26	Urban	3113	0.0232	11665	271.19	0.0380	0.7082	0.0320
29	Urban	4096	0.0306	11867	362.97	0.0508	0.7590	0.0449

续表

区域号	城乡	人口	p_i	m_i	$p_i m_i$	s_i	Q_i	$p_i(2Q_i-s_i)$
36	Urban	3238	0.0242	11892	287.48	0.0402	0.7993	0.0377
40	Urban	1363	0.0102	12046	122.62	0.0172	0.8165	0.0164
37	Urban	1942	0.0145	12244	177.56	0.0249	0.8413	0.0240
24	Urban	11969	0.0894	12682	1133.42	0.1587	1.0000	0.1646
合计		133923	1.0000	337914	7143.00	1.0000	17.0000	0.7260
							$G_{tot}=0.2740$	

第 2 步：计算 Gini 系数表示的城乡不均衡 G_{RU}。根据农村和城镇两大聚合区域的人口和人均收入数据，按式（3—16）可以计算城乡不均衡 G_{RU}，即：

$$G_{RU}=1-\sum_{k=1}^{2}\mu_k(2Q_k^{'}-s_k^{'}) \tag{4—11}$$

其中，$\mu_1=r$，$\mu_2=u$，$m^{'}=m_r$，$m_2^{'}=m_u$，$s_k^{'}=\mu_k m_k^{'}/\sum_{k=1}^{2}\mu_k m_k^{'}$，$Q_k^{'}=\sum_{I=1}^{k}s_I^{'}$ 是聚合区域的指标人均收入均值份额累计到 k 的总和。

为了得到 G_{RU}，式（4—11）中的所有元素必须按聚合区域的指标人均收入均值的升序排列，即 $m_1^{'}\leqslant m_2^{'}$。

Excel 表上作业法如表 4—3 所示。各列数据的含义、计算方法同第 1 步，两大聚合区域的人口数据和人均收入数据来自于表 4—1，由此可得：

$G_{RU}=1-0.7852=0.2148$

表 4—3　2007 年 Gini 表示的整个长三角的城乡不均衡

区域号	城乡	人口	μ_i	$m_i^{'}$	$\mu_i m_i^{'}$	$s_i^{'}$	$Q_i^{'}$	$\mu_i(2Q_i^{'}-s_i^{'})$
Ⅰ	Rural	70564	0.5269	4232	2229.6	0.3121	0.3121	0.1645
Ⅱ	Urban	63358	0.4731	10385	4913.1	0.6879	1.0000	0.6208
合计		133923	1.0000	14617	7143.0	1.0000	1.3121	0.7852
							$G_{RU}=0.2148$	

第 3 步：计算农村聚合区域内部的不均衡，即农村与农村之间的不均衡 G_{RR}，可以由下式计算：

$$G_{RR}=rs_R G_R \tag{4—12}$$

其中，$r=\mu_1$，$s_R=s_1^{'}$，G_R 表示农村聚合区域内部的 Gini 系数，按式（4—10）计算，这里子区域的个数是 N，所以和式的上标为 N。Excel 表上作业法如表

4—4 所示。各列数据的含义、计算方法同第 1 步。

表 4—4　2007 年 Gini 系数分解下长三角农村与农村之间的不均衡

区域号	城乡	人口	p_i	m_i	$p_i m_i$	s_i	Q_i	$p_i(2Q_i-s_i)$
23	Rural	2101	0.0298	2441	72.67	0.0172	0.0172	0.0005
8	Rural	2869	0.0407	2738	111.32	0.0263	0.0435	0.0025
9	Rural	6715	0.0952	2774	263.96	0.0624	0.1059	0.0142
4	Rural	5100	0.0723	3138	226.81	0.0536	0.1595	0.0192
21	Rural	1965	0.0278	3389	94.38	0.0223	0.1818	0.0095
10	Rural	4563	0.0647	3455	223.40	0.0528	0.2346	0.0269
11	Rural	4911	0.0696	3699	257.44	0.0608	0.2954	0.0369
20	Rural	3559	0.0504	3892	196.27	0.0464	0.3418	0.0321
7	Rural	3938	0.0558	3916	218.51	0.0516	0.3934	0.0410
12	Rural	1086	0.0154	4348	66.90	0.0158	0.4092	0.0123
2	Rural	1431	0.0203	4548	92.20	0.0218	0.4310	0.0170
22	Rural	4675	0.0663	4651	308.14	0.0728	0.5038	0.0619
19	Rural	6035	0.0855	4796	410.19	0.0969	0.6008	0.0945
5	Rural	1399	0.0198	5122	101.56	0.0240	0.6248	0.0243
16	Rural	1782	0.0253	5324	134.43	0.0318	0.6565	0.0324
13	Rural	3486	0.0494	5331	263.35	0.0622	0.7188	0.0679
18	Rural	612	0.0087	5429	47.10	0.0111	0.7299	0.0126
17	Rural	2999	0.0425	5432	230.87	0.0546	0.7845	0.0644
1	Rural	1819	0.0258	5488	141.47	0.0334	0.8179	0.0413
14	Rural	3704	0.0525	5611	294.49	0.0696	0.8875	0.0895
15	Rural	2165	0.0307	5674	174.04	0.0411	0.9286	0.0557
3	Rural	1504	0.0213	5685	121.17	0.0286	0.9573	0.0402
6	Rural	2148	0.0304	5940	180.82	0.0427	1.0000	0.0596
合计		70564	1.0000	102820	4232.00	1.0000	12.0000	0.8565
							$G_R=0.1435$	
							r	0.5269
							s_R	0.3121
							$G_{RR}=0.0236$	

第 4 步：类似于第三步计算城镇聚合区域内部的不均衡，即城镇与城镇之间的不均衡 G_{UU}，可以由下式计算：

$$G_{UU} = us_U G_U \tag{4-13}$$

其中，$u=\mu_2$，$s_U=s_2'$，G_U 表示城镇聚合区域内部的 Gini 系数，Excel 表上作业法如表 4－5 所示。各列数据的含义、计算方法同前。

表 4－5　2007 年 Gini 系数分解下长三角城镇与城镇之间的不均衡

区域号	城乡	人口	p_j	m_j	$p_j m_j$	s_j	Q_j	$p_j(2Q_j-s_j)$
32	Urban	3941	0.0622	6097	379.23	0.0365	0.0365	0.0023
31	Urban	1953	0.0308	7398	228.05	0.0220	0.0585	0.0029
33	Urban	3535	0.0558	7735	431.51	0.0416	0.1000	0.0088
27	Urban	4310	0.0680	8303	564.75	0.0544	0.1544	0.0173
34	Urban	4689	0.0740	8371	619.51	0.0597	0.2141	0.0273
46	Urban	439	0.0069	8723	60.48	0.0058	0.2199	0.0030
44	Urban	512	0.0081	8985	72.67	0.0070	0.2269	0.0036
30	Urban	3723	0.0588	9183	539.64	0.0520	0.2788	0.0297
35	Urban	1602	0.0253	9363	236.78	0.0228	0.3016	0.0147
28	Urban	2175	0.0343	10655	365.72	0.0352	0.3369	0.0219
39	Urban	796	0.0126	10781	135.46	0.0130	0.3499	0.0086
43	Urban	1033	0.0163	10886	177.51	0.0171	0.3670	0.0117
41	Urban	355	0.0056	10887	60.95	0.0059	0.3729	0.0041
38	Urban	1204	0.0190	11036	209.63	0.0202	0.3931	0.0145
25	Urban	4741	0.0748	11341	848.60	0.0817	0.4748	0.0649
42	Urban	1611	0.0254	11471	291.60	0.0281	0.5028	0.0249
45	Urban	1019	0.0161	11482	184.63	0.0178	0.5206	0.0165
26	Urban	3113	0.0491	11665	573.22	0.0552	0.5758	0.0539
29	Urban	4096	0.0647	11867	767.22	0.0739	0.6497	0.0792
36	Urban	3238	0.0511	11892	607.65	0.0585	0.7082	0.0694
40	Urban	1363	0.0215	12046	259.19	0.0250	0.7332	0.0310
37	Urban	1942	0.0307	12244	375.32	0.0361	0.7693	0.0461
24	Urban	11969	0.1889	12682	2395.76	0.2307	1.0000	0.3343
合计		63358	1.0000	235093	10385.00	1.0000	9.0000	0.8906
							$G_U=0.1094$	
							u	0.4731
							s_U	0.6879
							$G_{UU}=0.0356$	

第 5 步：根据式（4－14）计算 G_O。

$$G_O = G_{tot} - G_{RU} - G_{RR} - G_{UU} \quad (4-14)$$

2007 年长三角 Gini 系数的城乡分解中的重叠部分为：G_O＝0.274－0.2148－0.0236－0.0356＝0.0000。

验证。计算长三角人均收入的伪 Gini 系数 G'_{tot}。把 2N 个子区域的农村居民收入和城镇收入放在一起，并按照两大聚合区域人均收入均值 m_r、m_u（主关键字）的升序和子区域指标人均收入 m_i（次关键字）的升序排列，按式（4－10）得到伪 Gini 系数 G'_{tot}，验证（$G_{tot} - G'_{tot}$）是否等于（$G_{tot} - G_{RU} - G_{RR} - G_{UU}$）。Excel 表上作业法如表 4－6 所示，各列数据的含义、计算方法同第 1 步。

表 4－6　2007 年长三角伪 Gini 系数的计算

区域号	城乡	m'_i	人口	p_i	m_i	$p_i m_i$	s_i	Q_i	$p_i(2Q_i - s_i)$
23	Rural	4232	2101	0.0157	2441	38.29	0.0054	0.0054	0.0001
8	Rural	4232	2869	0.0214	2738	58.66	0.0082	0.0136	0.0004
9	Rural	4232	6715	0.0501	2774	139.08	0.0195	0.0330	0.0023
4	Rural	4232	5100	0.0381	3138	119.51	0.0167	0.0498	0.0032
21	Rural	4232	1965	0.0147	3389	49.73	0.0070	0.0567	0.0016
10	Rural	4232	4563	0.0341	3455	117.71	0.0165	0.0732	0.0044
11	Rural	4232	4911	0.0367	3699	135.65	0.0190	0.0922	0.0061
20	Rural	4232	3559	0.0266	3892	103.42	0.0145	0.1067	0.0053
7	Rural	4232	3938	0.0294	3916	115.14	0.0161	0.1228	0.0067
12	Rural	4232	1086	0.0081	4348	35.25	0.0049	0.1277	0.0020
2	Rural	4232	1431	0.0107	4548	48.58	0.0068	0.1345	0.0028
22	Rural	4232	4675	0.0349	4651	162.36	0.0227	0.1573	0.0102
19	Rural	4232	6035	0.0451	4796	216.13	0.0303	0.1875	0.0155
5	Rural	4232	1399	0.0104	5122	53.51	0.0075	0.1950	0.0040
16	Rural	4232	1782	0.0133	5324	70.83	0.0099	0.2049	0.0053
13	Rural	4232	3486	0.0260	5331	138.76	0.0194	0.2244	0.0112
18	Rural	4232	612	0.0046	5429	24.82	0.0035	0.2278	0.0021
17	Rural	4232	2999	0.0224	5432	121.65	0.0170	0.2449	0.0106
1	Rural	4232	1819	0.0136	5488	74.54	0.0104	0.2553	0.0068
14	Rural	4232	3704	0.0277	5611	155.17	0.0217	0.2770	0.0147
15	Rural	4232	2165	0.0162	5674	91.70	0.0128	0.2899	0.0092
3	Rural	4232	1504	0.0112	5685	63.85	0.0089	0.2988	0.0066

续表

区域号	城乡	m_i'	人口	p_i	m_i	p_im_i	s_i	Q_i	$p_i(2Q_i-s_i)$
6	Rural	4232	2148	0.0160	5940	95.27	0.0133	0.3121	0.0098
32	Urban	10385	3941	0.0294	6097	179.41	0.0251	0.3373	0.0191
31	Urban	10385	1953	0.0146	7398	107.89	0.0151	0.3524	0.0101
33	Urban	10385	3535	0.0264	7735	204.15	0.0286	0.3810	0.0194
27	Urban	10385	4310	0.0322	8303	267.18	0.0374	0.4184	0.0257
34	Urban	10385	4689	0.0350	8371	293.09	0.0410	0.4594	0.0307
46	Urban	10385	439	0.0033	8723	28.61	0.0040	0.4634	0.0030
44	Urban	10385	512	0.0038	8985	34.38	0.0048	0.4682	0.0036
30	Urban	10385	3723	0.0278	9183	255.30	0.0357	0.5040	0.0270
35	Urban	10385	1602	0.0120	9363	112.02	0.0157	0.5196	0.0122
28	Urban	10385	2175	0.0162	10655	173.02	0.0242	0.5439	0.0173
39	Urban	10385	796	0.0059	10781	64.09	0.0090	0.5528	0.0065
43	Urban	10385	1033	0.0077	10886	83.98	0.0118	0.5646	0.0086
41	Urban	10385	355	0.0026	10887	28.83	0.0040	0.5686	0.0030
38	Urban	10385	1204	0.0090	11036	99.17	0.0139	0.5825	0.0103
25	Urban	10385	4741	0.0354	11341	401.47	0.0562	0.6387	0.0432
42	Urban	10385	1611	0.0120	11471	137.96	0.0193	0.6580	0.0156
45	Urban	10385	1019	0.0076	11482	87.35	0.0122	0.6703	0.0101
26	Urban	10385	3113	0.0232	11665	271.19	0.0380	0.7082	0.0320
29	Urban	10385	4096	0.0306	11867	362.97	0.0508	0.7590	0.0449
36	Urban	10385	3238	0.0242	11892	287.48	0.0402	0.7993	0.0377
40	Urban	10385	1363	0.0102	12046	122.62	0.0172	0.8165	0.0164
37	Urban	10385	1942	0.0145	12244	177.56	0.0249	0.8413	0.0240
24	Urban	10385	11969	0.0894	12682	1133.42	0.1587	1.0000	0.1646
合计			133923	1.0000	337914	7143.00	1.0000	17.0000	0.7260
									$G_{tot}'=0.2740$

$G_O=G_{tot}-G_{tot}'=0.2740-0.2740=0=G_{tot}-G_{RU}-G_{RR}-G_{UU}$，表明上述计算过程正确。在上述计算过程中，第 2 步和第 3、4 步可以交换。Gini 系数城乡分解示意如图 4—3 所示。

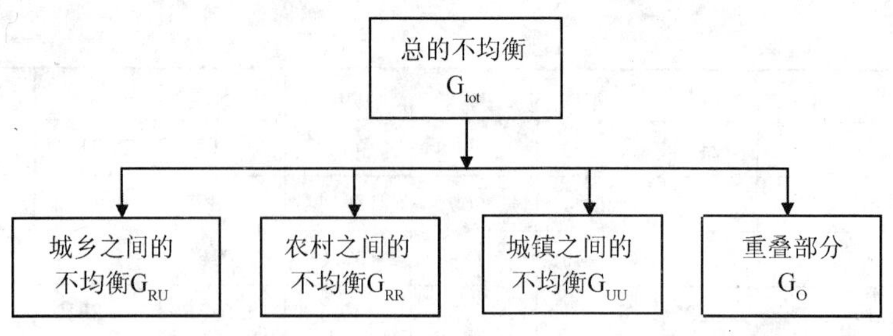

图 4—3　Gini 系数城乡分解示意

第三节　长三角城乡不均衡的实证分析

一、长三角总的收入不均衡和城乡差距的对比分析

1993～2007 年长三角地区的人均收入均值、城乡收入差距和总的不均衡的计算结果如表 4—7 所示，其中 I_{tot} 表示长三角 23 个市（为了前后一致，把淮安与宿迁、扬州与泰州的数据进行了合并）城镇居民人均可支配收入、农村居民人均纯收入（为了使结果具有可比性，收入数据已分别按农村居民消费价格指数和城镇居民消费价格指数调到了 1993 年的水平）每年 46 个数据计算的总的收入不均衡；m 表示长三角的人均收入均值；m_r 为长三角农村居民的人均纯收入均值，m_u 表示长三角的城镇居民人均可支配收入均值，m_u/m_r 是两者之比；p_r、p_u 分别表示长三角农业人口和非农业人口占总人口的比例。

表 4—7　长三角城乡收入差距与总的不均衡

年份	不均衡		均值		人口份额		
	I_{tot}	m	m_r	m_u	m_u/m_r	p_r	p_u
1993	0.139	2015	1530	3393	2.218	0.740	0.260
1997	0.068	2880	2273	4384	1.929	0.712	0.288
1998	0.065	2972	2381	4398	1.847	0.707	0.293
1999	0.072	3263	2497	4981	1.995	0.691	0.309
2000	0.092	3412	2515	5170	2.056	0.662	0.338
2001	0.101	3854	2732	5935	2.173	0.650	0.350
2002	0.092	4119	2922	6304	2.157	0.646	0.354
2003	0.109	4562	3041	7031	2.312	0.619	0.381

续表

年份	不均衡		均值		人口份额		
	I_{tot}	m	m_r	m_u	m_u/m_r	p_r	p_u
2004	0.116	5023	3255	7693	2.363	0.602	0.398
2005	0.122	5667	3571	8601	2.409	0.583	0.417
2006	0.123	6486	3920	9454	2.412	0.536	0.464
2007	0.127	7143	4232	10385	2.454	0.527	0.473
1993～2000相对增长率（%）	−34.1	69.3	64.3	52.3	−7.3	−10.5	29.7
2000～2007相对增长率（%）	38.3	109.4	68.3	100.9	19.4	−20.4	40.0
1993～2007相对增长率（%）	−8.8	254.4	176.5	206.0	10.7	−28.8	81.7

从表4—7中可以看出，长三角的非农业人口比例（可看成反映城市化的一个指标）虽然一直在增长，从1993年的26%递增到2007年的47.3%，但城乡差距却进一步扩大。1993～2000年，长三角农村居民人均纯收入增加64.3%，略高于城镇居民人均可支配收入增加速度52.3%；2000～2007年，长三角城镇居民人均可支配收入增加100.9%，农村居民人均纯收入增加68.3%，前者的增加速度远远高于后者；从1993～2007年整个时期来看，长三角城镇居民人均可支配收入增加206.0%，农村居民人均纯收入增加176.5%，城镇居民人均可支配收入增加高出农村居民人均纯收入增加23.5个百分点。1998～2007年长三角城乡差距逐年扩大，城镇居民人均可支配收入均值与农村居民人均纯收入均值之比从1.847上升到2.454。可以肯定的是，长三角的城乡收入均值差距低于全国的水平，全国1993年、2000年和2007年城乡人均平均收入比值分别约为2.72、2.79和3.34，而长三角这三年的城乡人均平均收入比值分别约为2.22、2.06和2.45。

从GEM计算的长三角人均收入总的不均衡来看，1998～2007年长三角总的收入不均衡几乎一直在递增，与城乡人均收入之比的变化趋势一致。值得注意的是，2007年收入总的不均衡是0.127低于1993年（1993年GEM为0.139），而城乡收入之比2007年为2.454，高于1993年的城乡收入之比2.218，这说明了这两个指数的差异。此外，采用城乡收入之比来刻画城乡差距，在长三角这一层

次时，城乡收入是各个市的城乡收入的人口加权平均，过滤掉了其内部差异，不能全面地反映长三角的城乡收入不均衡状况，这可以从后面的长三角城乡收入的Gini系数进一步得到证实。长三角总的收入不均衡与城乡收入差距随时间的演化如图4—4所示，从该图可以直观看出两者之间的差异。

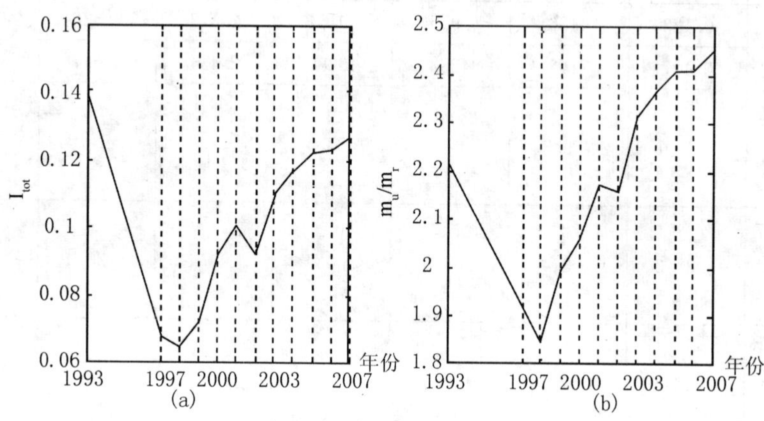

图4—4　长三角总的收入不均衡与城乡差距随时间的演化

二、长三角总的收入不均衡的结构解析

1. 基于GEM城乡分解结果的解析

（1）基于农村和城镇两大聚合区域解析。由第四章第二节中可知，基于农村和城镇两大聚合区域，长三角总的收入不均衡可以分解为城乡不均衡、农村与农村之间的不均衡和城镇与城镇之间的不均衡。这种分解方法可展示长三角城乡收入不均衡、农村之间收入不均衡和城镇之间收入不均衡对总的收入不均衡的贡献。根据长三角各个市各年的农村人口、非农业人口、经过可比性和一致性加工后的农村居民人均纯收入和城镇居民可支配收入数据，按照式（4—1）、式（4—2）、式（4—4）和式（4—5）计算总的收入不均衡 I_{tot}、城乡不均衡 I_{RU}、农村与农村之间的不均衡 I_{RR} 和城镇与城镇之间的不均衡 I_{UU}，结果如表4—8所示。

表4—8　长三角总的收入不均衡基于GEM和城乡两大聚合区域的分解结果

年份	总的GEM	城乡之间		农村之间		城镇之间	
	I_{tot}	I_{RU}	贡献率（%）	I_{RR}	贡献率（%）	I_{UU}	贡献率（%）
1993	0.139	0.068	49.0	0.064	46.1	0.007	5.0
1997	0.068	0.048	70.1	0.017	24.3	0.004	5.6

续表

年份	总的 GEM	城乡之间		农村之间		城镇之间	
	I_{tot}	I_{RU}	贡献率（%）	I_{RR}	贡献率（%）	I_{UU}	贡献率（%）
1998	0.065	0.042	64.9	0.015	23.4	0.008	11.7
1999	0.072	0.055	76.2	0.012	17.1	0.010	13.4
2000	0.092	0.062	67.2	0.014	15.2	0.011	12.5
2001	0.101	0.072	71.8	0.014	13.5	0.008	7.5
2002	0.092	0.071	77.6	0.014	15.1	0.007	7.3
2003	0.109	0.086	78.9	0.015	13.8	0.008	7.3
2004	0.116	0.091	78.4	0.016	13.6	0.009	8.0
2005	0.122	0.096	78.2	0.017	13.9	0.010	7.9
2006	0.123	0.095	77.5	0.017	13.6	0.011	8.9
2007	0.127	0.099	78.0	0.018	13.9	0.010	8.2
1993～2000 相对增长率（%）	−34.1	−9.5	37.3	−78.2	−67.0	65.3	150.8
2000～2007 相对增长率（%）	38.3	60.4	16.0	25.9	−8.9	−9.5	−34.6
1993～2007 相对增长率（%）	−8.8	45.2	59.3	−72.6	−69.9	49.6	64.0

从表4—8中可以看出，长三角总的收入不均衡从1998年开始一直在增加。虽然绝对水平低于全国，但增加速度并不低。比如，1999～2005年全国总的收入不均衡从0.159变化到0.265（Du & Cheng，2008），增加66.7%，而长三角却增加69.4%。此外长三角总的收入不均衡2007年已增加到0.127，但还没有超过1993年0.139的历史最高水平，而全国2005年总的收入不均衡已超过1993年0.186的收入不均衡。

从表4—8中可以看出，在长三角总的收入不均衡中，城乡不均衡几乎一直占据总的收入不均衡的支配地位。城乡收入不均衡从1998年以来几乎一直在增加，其对总的不均衡的贡献率几乎都在70%以上（除2000年67.2%外），特别是2002年以来，城乡不均衡的贡献率都在78%左右，其中2007年城乡不均衡为0.099，高于1993年0.068这一历史水平。因此，如果区域政策是要减少长三角的收入不均衡，那么城乡差异应该是政策的关注点，否则政策的效果会不明显。

从表 4—8 中可以看出，1993～2000 年长三角的城乡收入不均衡总的呈现为收敛趋势，减少 9.5%，但低于总的收入不均衡 34.1%的减少幅度，所以贡献率反而上升 37.3%；而 2000～2007 年则为发散，城乡收入不均衡增加 60.4%，高于总的收入不均衡 38.3%的增加幅度，贡献率增加 16.0%。1999～2005 年，城乡收入不平衡对总的收入不平衡的贡献从 76.2%增长到 78.2%；1993～2007 年总增加 45.2%，对总的收入不均衡的贡献率增加 59.3%。1999～2005 年，全国城乡收入不平衡对总的收入不平衡的贡献率为 40.6%、55.5%、39.3%、66.5%、58.9%和 64.9%（Du & Cheng，2008），低于长三角水平。这也许暗示了成功处理长三角的城乡不均衡对处理全国的城乡不均衡具有借鉴意义。

长三角农村与农村之间的收入不均衡在 1993～2000 年减少 78.2%，对总的收入不均衡的贡献率减少 67.0%，总的呈收敛趋势。2000～2007 年，农村之间的收入不均衡增加 25.9%，但贡献率减少 8.9%。1993～2007 年农村之间的收入不均衡总的减少 72.6%，对总的不均衡的贡献率减少 69.9%，说明农村之间的收入差距在缩小。1998 年、1999 年、2000 年、2002 年、2003 年、2004 年、2005 年全国农村之间收入不均衡对总的收入不平衡的贡献率分别为 41.4%、39.7%、50.9%、36.6%、52.7%、27.5%、34.1%和 27.4%（Du & Cheng，2008），高于长三角同一时期的贡献率。这说明长三角农村发展政策对我国其他区域的农村发展问题很可能具有借鉴意义。

从表 4—8 中也可以看出，城镇之间的收入不均衡对总的收入不均衡的影响最小，其绝对值和对总的收入不均衡的贡献率都分别小于农村之间的不均衡和贡献率。城镇之间的收入不均衡在 1993～2000 年累积增加了 65.3%，增加幅度较大，贡献率增加 150.8%，说明这一时期，城镇之间的收入差距拉大；2000～2007 年城镇之间的收入不均衡有所缩小，减少 9.5%。21 世纪以来，城镇之间的收入不均衡对总的收入不均衡的贡献趋于稳定，都在 9%以下。

城乡收入不均衡、农村之间的收入不均衡、城镇之间的收入不均衡随时间的演化，以及各种成分对总的收入不均衡的贡献也可以通过面积图来直观表现，如图 4—5 所示。可以看出，从 1998 年以来，城乡收入不均衡增长迅速，在总的收入不均衡中占了绝对份额；而同一时期农村之间收入不均衡和城镇之间的收入不均衡有所增长，但幅度不大。1993～2007 年长三角总的收入不均衡、城乡之间收入不均衡随时间的演化呈现 U 型形状，并不具有 Kuznets（1955）提出的倒 U 型曲线趋势。而全国水平的变化则呈现一种波浪形的曲线，全国的情况参见 Du & Cheng（2008）。

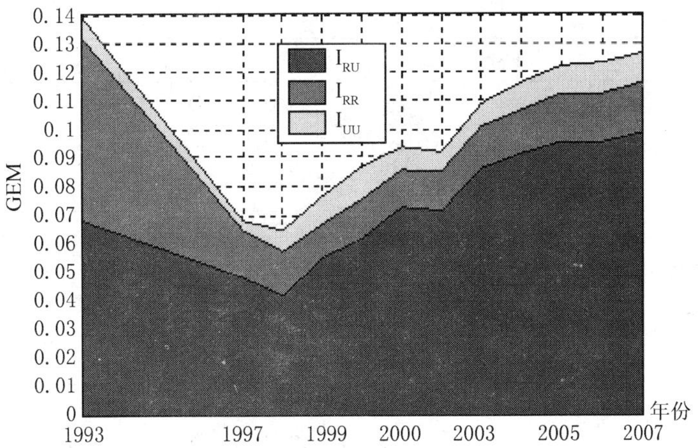

图 4—5 长三角总的收入不均衡分解为城乡之间不均衡、农村之间不均衡和城镇之间不均衡

（2）基于城乡聚合单位市的解析。GEM 的第二种分解方法把每个地区看成一个城乡聚合单位，把总的收入不均衡分解为地区内城乡之间的收入不均衡和地区之间的均值收入不均衡。长三角的这种分解结果可展示整个收入不均衡怎样由市之间均值收入不均衡 I_B 和市内部的城乡收入不均衡 I_{RU2} 决定。根据式（4—7）和式（4—8），计算结果如表 4—9 所示。

表 4—9 长三角总的收入不均衡基于 GEM 和市聚合区域的分解结果

年份	总的 GEM	市内城乡之间		市之间	
	I_{tot}	I_{RU2}	贡献率（%）	I_B	贡献率（%）
1993	0.139	0.049	35.3	0.090	64.7
1997	0.068	0.033	48.2	0.035	51.8
1998	0.065	0.027	41.4	0.038	58.6
1999	0.072	0.034	47.6	0.042	59.1
2000	0.092	0.042	46.1	0.045	48.8
2001	0.101	0.054	53.4	0.040	39.4
2002	0.092	0.053	57.8	0.039	42.2
2003	0.109	0.066	60.6	0.043	39.4
2004	0.116	0.070	59.9	0.047	40.1
2005	0.122	0.072	58.7	0.051	41.3
2006	0.123	0.073	59.2	0.050	40.8
2007	0.127	0.075	59.5	0.051	40.5

续表

年份	总的GEM	市内城乡之间		市之间	
	I_{tot}	I_{RU2}	贡献率（%）	I_B	贡献率（%）
1993～2000相对增长率（%）	−34.1	−13.9	30.6	−50.2	−24.5
2000～2007相对增长率（%）	38.3	78.2	28.8	14.9	−16.9
1993～2007相对增长率（%）	−8.8	53.4	68.3	−42.8	−37.3

从表4—9中可以看出，1998年以来，长三角的市内城乡收入不均衡逐年增加，对总的收入不均衡的贡献率从41.4%上升到2007年的60%左右。21世纪以来，市内的城乡不均衡超过了市之间的不均衡，在长三角总的收入不均衡中，城乡收入不均衡占据了支配地位。1993～2000年市内城乡不均衡减少13.9%，大于第一种分解法下的减少速度，对总的收入不均衡的贡献率增加30.6%，略小于第一种分解法下城乡不均衡的贡献率的增长；2000～2007年市内城乡不均衡增加78.2%，大于第一种分解法下的增加速度，对总的收入不均衡的贡献率增加28.8%，大于第一种分解法下城乡不均衡的贡献率的增长。第二种分解法下市内的城乡不均衡之所以小于第一种分解法下的城乡不均衡，在于第二种分解法没有考虑不同市城镇与农村之间的收入差异。

1993～2000年市之间的均值收入不均衡减少50.2%，对总的收入不均衡的贡献率减少24.5%；2000～2007年，市之间的均值收入不均衡增加14.9%，因增加速度远远低于市内城乡收入的增加速度，对总的收入不均衡的贡献率反而减少16.9%。21世纪以来，虽然市之间的均值收入不均衡有所下降，但仍保持在40%左右。尽管长三角大多数地区（市）由明显不同的城乡两部分构成，城乡差距占据主导地位；但不同市之间的区位差异（如苏南与苏北、浙东北与浙西南等）引起的均值收入差异在整个收入不均衡中仍占较大比例。

长三角城乡不均衡、地区之间不均衡的演化与全国情况不同，全国1993～2005年，市内城乡之间的收入不均衡对总的收入不均衡的贡献几乎都在50%以下，而市之间的均值收入不均衡对总的收入不均衡的贡献几乎都在50%以上。尽管我国的大多数地区（市）由明显不同的城乡两部分构成，但工业市和农业市之间的明显差异，使它们的内部差异小于外部差异。正因为这样，造成全国市之间的均值收入差异在整个不均衡中占很大比例（Du & Cheng，2008）。

类似的，市内城乡收入不均衡、市之间的均值收入不均衡随时间的演化和两

种成分对总的收入不均衡也可以通过面积图来直观表现，如图 4－6 所示。可以看出，从 1998 年以来，市内城乡收入不均衡、市之间的收入均值不均衡几乎每年都在增长，但市内城乡收入的不均衡增加速度更快，在总的收入不均衡中占了较大份额。1993～2007 年长三角总的收入不均衡、市内城乡之间收入不均衡随时间的演化呈现 U 型形状，也不具有 Kuznets（1955）提出的倒 U 型曲线趋势。结合第三章长三角总的不均衡和区域分解的实证分析，我们可以发现，某一时期收入不均衡随时间演化的 U 型曲线似乎为长三角的一个规律，全国其他地区是否有类似结论有待进一步研究。

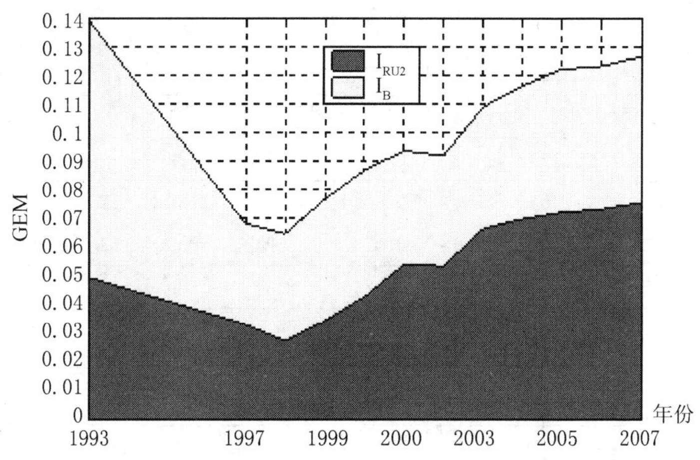

图 4－6　长三角总的收入不均衡分解为市内城乡之间不均衡和市之间不均衡

2. 基于 Gini 系数城乡分解结果的解析

由第四章第二节可知，基于农村和城镇两大聚合区域，Gini 系数表示的长三角总的收入不均衡 G_{tot} 可以分解为城乡不均衡 G_{RU}、农村之间的不均衡 G_{RR}、城镇之间的不均衡 G_{UU} 和重叠部分 G_O。这种分解方法可展示各组分对总的收入不均衡的贡献。依据长三角各个市各年的农村人口、非农业人口、经过可比性和一致性加工后的农村居民人均纯收入和城镇居民可支配收入数据，按照 Gini 系数城乡分解的五个步骤，根据式（4－10）、式（4－11）、式（4－12）、式（4－13）和式（4－14）计算总的收入不均衡 G_{tot}、城乡不均衡 G_{RU}、农村与农村之间的不均衡 G_{RR}、城镇与城镇之间的不均衡 G_{UU} 和重叠部分 G_O，或者根据第四章第二节展示的计算 2007 年的总的收入不均衡 G_{tot}、城乡不均衡 G_{RU}、农村与农村之间的不均衡 G_{RR}、城镇与城镇之间的不均衡 G_{UU} 和重叠部分 G_O 的 Excel 电子数据表表上作业法计算其他各年的数据，结果如表 4－10 所示。

表 4—10　长三角总的收入不均衡基于 Gini 系数和城乡两大聚合区域的分解结果

年份	总的 Gini	城乡之间		农村之间		城镇之间		重叠	
	G_{tot}	G_{RU}	贡献率（%）	G_{RR}	贡献率（%）	G_{UU}	贡献率（%）	G_O	贡献率（%）
1993	0.291	0.178	61.1	0.097	33.2	0.014	4.9	0.002475	0.8
1997	0.211	0.150	71.2	0.049	23.3	0.011	5.4	0.000202	0.1
1998	0.204	0.141	68.8	0.047	23.0	0.015	7.3	0.001838	0.9
1999	0.222	0.162	73.2	0.039	17.6	0.020	8.9	0.000713	0.3
2000	0.236	0.174	73.7	0.037	15.6	0.025	10.5	0.000609	0.3
2001	0.246	0.189	77.0	0.035	14.1	0.022	9.0	0.000000	0.0
2002	0.243	0.188	77.2	0.035	14.2	0.021	8.6	0.000000	0.0
2003	0.263	0.206	78.3	0.032	12.1	0.025	9.6	0.000000	0.0
2004	0.271	0.212	78.2	0.030	11.2	0.029	10.6	0.000000	0.0
2005	0.275	0.216	78.4	0.029	10.6	0.030	11.0	0.000000	0.0
2006	0.272	0.212	78.0	0.024	8.9	0.036	13.1	0.000006	0.0
2007	0.274	0.215	78.4	0.024	8.6	0.036	13.0	0.000000	0.0
1993～2000 相对增长率（%）	−18.9	−2.2	20.6	−62.0	−53.1	75.3	116.2	−75.4	−69.7
2000～2007 相对增长率（%）	15.9	23.3	6.4	−35.8	−44.6	43.3	23.7	−100.0	−100.0
1993～2007 相对增长率（%）	−6.0	20.6	28.3	−75.6	−74.0	151.3	167.3	−100.0	−100.0

由表 4—10 可知，在 1993～2000 年、2000～2007 年和 1993～2007 年三个时期我国居民总的收入不均衡呈现先收敛后发散趋势，相对增长率分别为 −18.9%、15.9%和−6.0%，其 Gini 系数分别为 0.291、0.236、0.274，虽低于 0.4 的警戒位，但需要说明的是市数据不能反映市内个体之间的差异，采用市数据计算的 Gini 系数比抽样调查计算的 Gini 系数要小。从 1998 年开始，总的收入不均衡的 Gini 系数几乎逐年增加。1993 年、2000 年和 2007 年城乡之间的不均衡是构成总的收入不均衡的主要组成部分，它对总的收入不均衡的贡献率分别为 61.1%、73.7%和 78.4%，且呈扩大趋势。城乡之间不均衡在 1993～2000 年处于收敛阶段，下降了 2.2%，但因下降速度慢于总的收入不均衡的下降速度，

所以对总的收入不均衡的贡献率反而上升 20.6%；2000～2007 年，城乡收入不均衡呈现较快的发散，扩大了 23.3%。从 1998 年开始，城乡不均衡也几乎一直在增加，和总的收入不均衡变化趋势完全吻合，对总的收入不均衡的贡献率从 68.8%增加到 78.4%。实际上 21 世纪以来，城乡不均衡占总的收入不均衡的比重一直超过3/4。

Gini 系数分解的农村与农村之间的不均衡逐年递减，1993～2000 年、2000～2007 年和 1993～2007 年三个时期，不均衡分别递减 53.1%、44.6%和 74.0%，对总的不均衡的贡献率分别为 33.2%、15.6%和 8.6%，分别递减 53.1%和 44.6%。1993～2007 年农村与农村之间不均衡总的递减 75.6%，贡献率递减 74.0%。城镇与城镇之间的不均衡在波动中增加，1993～2000 年、2000～2007 年和 1993～2007 年三个时期，不均衡分别增加 75.3%、43.3%和 151.3%，贡献率分别为 4.9%、10.5%和 13.0%。1993～2004 年，农村与农村之间的不均衡大于城镇与城镇之间的不均衡，是构成城乡内部差异的主要组成部分。

重叠部分反映农村聚合区域内部的农村居民人均纯收入的最大值大于城镇聚合区域内部的城镇居民可支配收入最小值的情况，除 1993～2000 年对总的收入不均衡有微弱贡献外，其他年份几乎为 0，反映了长三角城乡两大板块的异质程度较高，某种程度上也可说明长三角的城乡差异性和二元结构特性。

Gini 系数反映的长三角总的收入不均衡城乡分解后各种组分随时间的演化也可以通过面积图来直观表现，如图 4—7 所示。可以看出，1993～1997 年城乡收入不均衡下降；1998～2007 年，城乡收入不均衡增长迅速，在总的收入不均衡中占绝对份额。而 1993～2007 年，农村之间收入不均衡始终在减少，城镇之间的收入不均衡几乎一直在增长，但幅度不大。1993～2007 年 Gini 系数反映的长三角总的收入不均衡、城乡之间收入不均衡随时间的演化呈现 U 型形状，与 GEM 的结果一致。与图 4—5 对比可知，GEM 的分解结果与 Gini 系数的分解结果至少存在如下差异：

（1）GEM 分解中，1993 年城乡收入不均衡并不占据主导地位，而 Gini 系数分解中，城乡收入不均衡一直占据主导地位，而且在 1993～2000 年比 GEM 反映的不均衡更为凸显。

（2）Gini 系数分解中，2000～2007 年城乡不均衡的增加速度小于 GEM 分解中城乡不均衡的增加速度。

（3）Gini 系数的分解图形中，2005 年存在一个下凹（即 2005 年城乡不均衡和总的收入不均衡出现微弱下降），而 GEM 反映的城乡不均衡和总的收入不均衡一直上升。

（4）Gini 系数的分解中存在一个重叠部分。

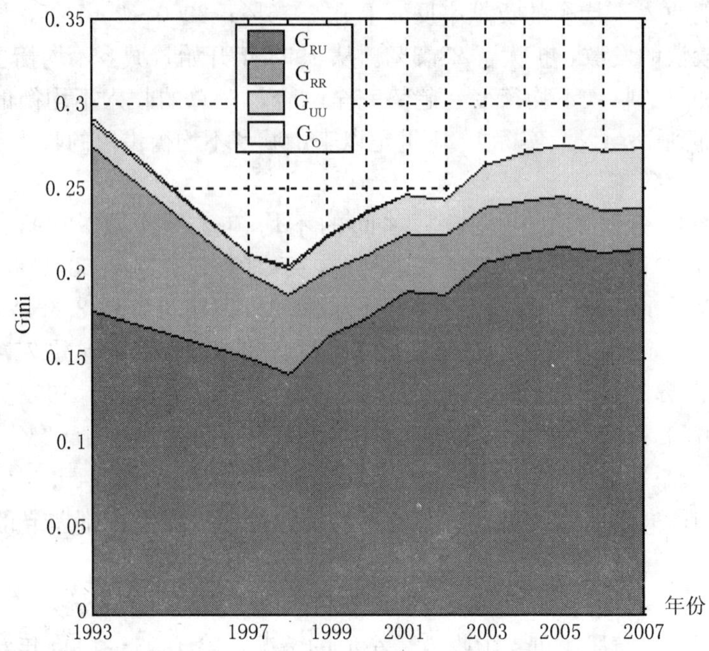

图 4—7　长三角总的收入不均衡基于 Gini 城乡分解后各种组分随时间的演化

以上四点，反映了 Gini 系数和 GEM 两个不均衡指数之间的差异，但两个指数总的演化趋势、城乡不均衡与总的收入不均衡随时间演化的曲线的形状大体是一致的。

此外，农村与农村之间的不均衡、城镇与城镇之间的不均衡的构成部分分别为长三角内部 RPCI 和 UPCI 的不均衡［比如，Gini 系数分解中，式（4—12）中的 G_R 表示长三角内部 RPCI 的不均衡、式（4—13）中的 G_U 表示长三角内部 UPCI 的不均衡］，可以按照省级聚合水平或六大区域聚合水平进一步分解为区域之间和区域内部的不均衡，详细结果见第三章的分析。

三、长三角收入不均衡的变化与经济增长的比较分析

1. GEM 第一种城乡分解下收入不均衡增长与经济增长的比较

长三角总的收入不均衡、城乡收入不均衡、农村与农村之间的收入不均衡、城镇与城镇之间的收入不均衡与经济增长的对比如图 4—8 所示。农村之间收入不均衡的年增长率在这期间除了 2000 年外都小于人均 GDP 均值的年增长率。除了 2000 年和 2003 年，总的收入不均衡的年增长率小于人均 GDP 均值的年增长率。1998～2002 年，城镇之间的收入不均衡年增长率大于人均 GDP 均值的年增长率，说明城镇之间的收入不均衡的年增长率常常高于人均 GDP 均值的年增长

率。1999 年、2000 年、2001 年和 2003 年，城乡之间的收入不均衡年增长率大于人均 GDP 均值的年增长率。总的说来，1997～2001 年经济增长和收入不均衡的变化间存在较大差异，而 2001～2007 年，两者的变化趋于一致。这可能意味着，扭曲的政策干预和空间发散的制度变化导致了收入不均衡变化的波动与异常，而 2001 年后，与经济增长速度相对而言，收入不均衡的变化更为合理。

图 4—8　GEM 第一种分解方法下收入不均衡变化与经济增长的比较

2. GEM 第二种城乡分解下收入不均衡增长与经济增长的比较

长三角总的收入不均衡分解为总的市内城乡之间收入不均衡和市之间收入均值的不均衡后，两者的年增长率与经济年增长的对比如图 4—9 所示。市与市之间的收入均值不均衡除了 1999 年外都小于人均 GDP 均值的年增长率。1999 年、2000 年、2001 年和 2003 年，城乡之间的收入不均衡年增长率大于人均 GDP 均值的年增长率，即 1/3 年份的城镇之间的收入不均衡的年增长率高于人均 GDP 均值的年增长率。总的说来，1997～2003 年经济增长和收入不均衡的变化间存在较大差异，而 2004～2007 年，两者的变化趋于一致。这可能意味着 2004 年后，与经济增长速度相对而言，收入不均衡的变化更为合理，政策干预减少，区域间的制度趋于收敛。

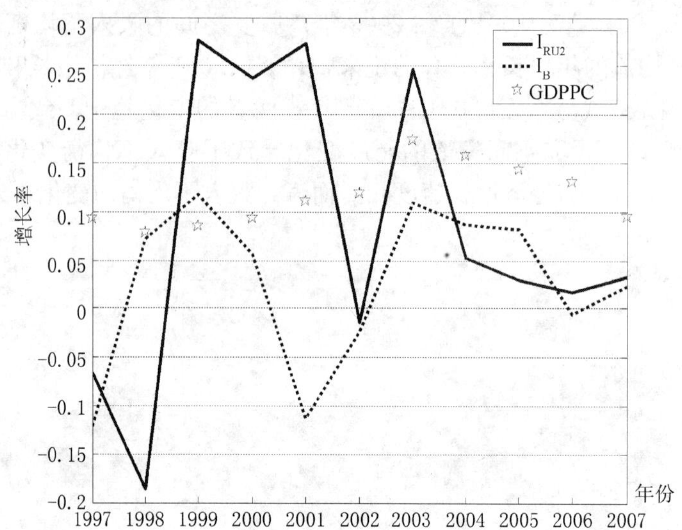

图 4－9　GEM 第二种分解方法下收入不均衡变化与经济增长的比较

3. Gini 城乡分解下收入不均衡增长与经济增长的比较

Gini 系数分解下，长三角总的收入不均衡、城乡收入不均衡、农村与农村之间的收入不均衡、城镇与城镇之间的收入不均衡与经济增长的对比如图 4－10 所示，因为重叠部分不均衡很微小，我们没有考虑。

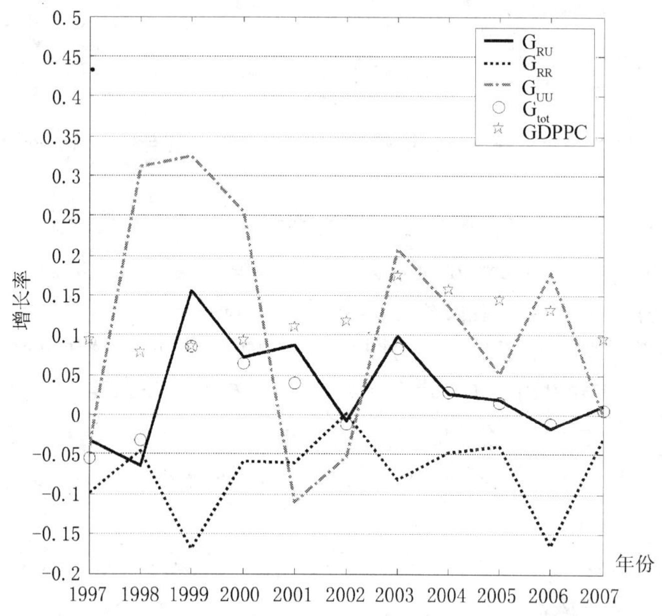

图 4－10　Gini 城乡分解下收入不均衡变化与经济增长的比较

农村之间收入不均衡的年增长率所有年份都小于人均GDP均值的年增长率，与GEM的分解结果基本一致。除了1999年总的收入不均衡的年增长率略高于人均GDP均值的年增长率，其他年份都低于人均GDP均值的年增长率。1998年、1999年、2000年、2003年和2006年，城镇之间的收入不均衡年增长率大于人均GDP均值的年增长率，说明城镇之间的收入不均衡的年增长率常常高于人均GDP均值的年增长率，扭曲的政策干预和空间发散的制度变化对城镇不均衡变化的影响。除1999年外，城乡之间的收入不均衡年增长率均小于人均GDP均值的年增长率，不同于GEM情形下的结果，从新的角度说明了两个不均衡指数之间的区别。总的说来，1997～2001年经济增长和收入不均衡的变化间存在较大差异，而2001～2007年，收入不均衡的年增长率低于经济年增长率，与经济增长速度相对而言，收入不均衡的变化更为合理。

第四节 小 结

本章在概述长三角城乡经济发展现状的基础上，根据城乡二元经济结构，对总的收入不均衡采用了GEM和Gini系数两种城乡分解方法。GEM的分解方法是在参照Herrmann-Pillath等（2002）分解方法的基础上，根据上一章不均衡区域分解的内容，针对城乡情况做了更易于理解的重新表述；Gini系数分解方法把Yao（1999）一般类分解，根据城乡和区域情况，进行了拓展。通过不同视角的分解，分析了长三角收入不均衡、城乡不均衡及其演化，并把GEM与全国水平进行比较、把GEM的结果与Gini系数的结果进行比较、把收入不均衡的年增长率与经济增长进行比较。分析结果显示：1998～2007年，长三角的农村之间的收入不均衡比较稳定；城乡收入不均衡呈现先收敛后发散趋势；近年来，GEM和Gini系数反映的城乡收入不均衡占总的收入不均衡的比重都在75%以上。1998年以后陆续开始实行的行政单位公务员制度和企事业单位岗位津贴制度进一步加剧了城乡收入差距。城镇职工灵活多样的工资和激励制度极大地提高了职工的生产积极性和主动性，城镇居民收入有了较大幅度的提高。现有的户籍管理、教育、医疗和住房等福利方面的制度缺陷在很大程度上限制了农村人口的流动，进一步扩大了城乡居民收入差距。此外，农村收入和城镇收入的不同决定因素也是导致城乡差异扩大的原因。1998～2007年城乡收入不均衡急剧增加说明，如果政策的目标是要减少城乡不均衡，这值得关注。长三角整个收入不均衡和城乡收入不均衡的变化不同于全国水平，两者随时间的演化呈现为U型曲线。1997～2001年收入不均衡的变化和经济增长间存在较大差距，但2001～2007年总的收入不均衡及其组分的变化低于经济增长率，反映了不均衡的变化趋向合理。

GEM 的两种分解方法和 Gini 系数的分解都反映了 1998～2007 年长三角城乡差距在进一步扩大，为了保持社会的稳定和经济的可持续发展，为了推动长三角一体化进程，缩小城乡不均衡应该作为长三角各级政府的政策目标。政府应考虑如何调整城乡收入的差距，关键之一是切实提高农民的收入。可考虑采取如下措施：深化对户籍制度的改革，实现就业、工资、社保城乡协调发展；对城镇居民的收入再分配，重点做好个人所得税转移支付；加大对农村基本设施的投资，如水渠、道路、教育等；放宽对农村的信贷业务，做好土地改革等措施来提高长三角农村居民的收入；进一步推进城市化改革；加快建设长三角大都市圈和城乡一体化进程；建立以工促农、以城带乡的长效机制，打造有利于这一机制形成的环境和制度平台等。

第五章　知识溢出基本机制与效应分析

自从 Arrow 和 Romer 引入知识溢出变量解释经济增长后，知识溢出便引起经济学界普遍关注。许多学者对知识溢出如何推动经济增长进行了探讨，并就知识溢出的宏观经济效应达成了一致。然而就知识溢出是如何产生微观机制的研究尚未统一，而且对知识溢出的影响因素、溢出途径等基本问题观点较多，还未形成较系统的知识溢出理论体系。为了更好地把握知识溢出的本质，以及有效地用其来解决现实问题，有必要对知识溢出机制进行分析和讨论。

第一节　知识溢出的机制框架

知识溢出不仅仅是对溢出结果的分析，更重要的是对溢出过程的分析，只有充分理解知识溢出的内涵，通过对知识溢出过程的分解和分析，才能对知识溢出有更深入的了解。首先，知识生产是知识存量的前提，而知识存量又是知识溢出的源泉；其次，知识溢出是发生在一定社会环境中的，溢出的知识处在两种经济环境中，一种是产业经济环境（市场结构），另一种是政策环境，知识溢出过程要受这两种环境的影响；再次，知识溢出的发生要以知识存量为基础，在溢出路径、空间距离、吸收能力和知识差距等众多因素的共同影响下，进行知识的传递，在知识的传递过程中会形成知识的溢出效应；最后，知识的溢出效应促进了区域经济的增长。基于上述认识的知识溢出机制框架如图 5－1 所示，下面围绕这一框架进行详细分析。

一、知识生产

知识溢出与知识生产密切相关，知识生产是知识溢出的前提及基础，只有通过知识生产与积累才能形成知识溢出的源泉。

早在 18 世纪，亚当·斯密在强调资本积累对经济增长的作用时，就提出经济增长取决于有用劳动量和有用劳动的生产力改进，即技术进步。马克思很早就对知识生产进行了论述，他在《1844 年经济学哲学手稿》中说，“……法律、道德、科学、艺术等，都不过是生产的一些特殊的方式，并且受到生产的普遍规律

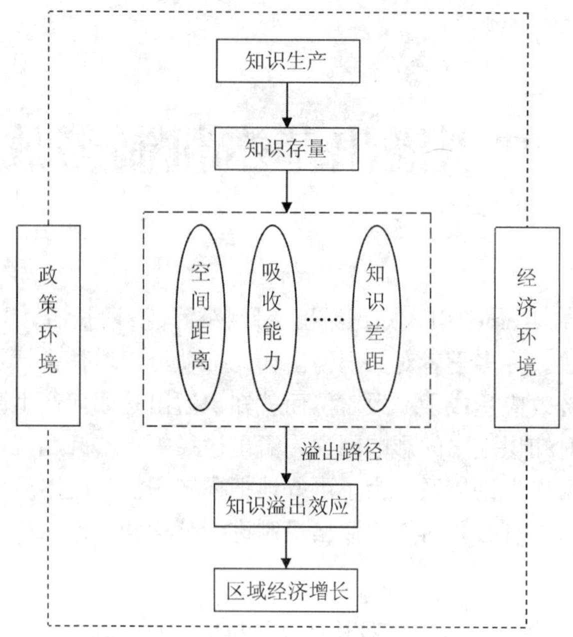

图 5—1 知识溢出机制

的支配”。熊彼特在 1912 年指出，知识生产即创新是指人类从事研发活动或生产活动中所创造的新产品、新工艺、新市场、新资源和新的管理模式。刘诗白（2005）把科学研发和文学、艺术等精神活动的各种成果，通称为知识产品，把科学知识和文学、艺术等文化产品的生产，称为知识生产。知识生产的主体主要是高等院校、科研机构（公立或私营）以及企业。

20 世纪 80 年代以来，以美国为首的发达国家出现了持续性经济增长，传统的经济理论不能解释经济增长原因，新经济增长理论便应运而生。以 Romer 和 Feldman 为代表的著名学者开始从知识、科技创新以及人力资本角度解释经济增长。随着新增长理论的完善，新知识产品（知识生产）概念逐渐引入，其作用不仅能导致新技术的产生，而且还能促进新知识的积累和扩散。

熊彼特认为创新（知识生产）就是将生产要素和生产条件重新组合引入生产体系，即建立一种新的生产函数。创新之所以导致经济增长，是因为创新者不仅为自己赢得了经济利益，而且还为其他企业起了示范作用，为他们的成长开辟了新的道路。创新是一个渐进的过程，从创新开始，到模仿、推广，直至消退。创新一旦出现，其他企业往往会模仿。普遍的模仿会引发更大的创新浪潮，当同一创新被较多的企业模仿后，创新浪潮便会消逝，经济出现停滞。要想再度促进经济增长，必须进行新一轮的创新。企业之间对利润追逐引发的创新竞争导致了技术进步和生产可能性曲线的扩张。

为了清晰了解知识生产的具体产生过程及其特点，需要一个反映知识生产的函数。知识生产函数（Knowledge Production Function，KPF）是分析区域知识生产效率与知识溢出的一个强有力的工具模型。古典的知识生产函数是一个两因素的 Cobb-Douglas 函数（简称 C-D 函数），用于测度国家、区域和产业内的知识生产。其经过不断发展后成为分析区域知识溢出和检验知识生产对区域创新影响的强有力的经验模型工具。Griliehes（1979，1986）在度量知识溢出对生产率增长影响时首先将知识生产函数定义为分析高等院校研究对区域创新能力地理溢出的概念性框架；后有许多学者如 Jaffe（1989）、Anselin 等（1997，2000）、Fiseher & Varga（2003）、Greunz（2003）对其进行了修补和完善。

从知识生产函数的演进及发展，可以看出知识生产函数有如下五个类别（李强等，2006；任治安和王立平，2006）：

1. 格瑞理齐（Griliches）知识生产函数

格瑞理齐知识生产函数的基本假设是，将创新产出作为研发投入的函数。其基本形式是：

$$Y = F(X,K,u) \tag{5—1}$$

其中，Y 表示知识产出，X 表示人力或资本投入，K 表示技术水平，由现在和过去的研发投入决定，u 是其他因素造成的随机误差。

用 Cobb-Douglas 函数形式可对知识生产函数表述如下：

$$Y = DC^{\alpha}L^{\beta}K^{\gamma}e^{\lambda t+u} \tag{5—2}$$

式中，D 是常数项，t 是时间，α，β，γ 和 λ 是待估参数。

2. 杰费（Jaffe）知识生产函数

杰费（1989）认为新经济知识是最重要的产出，企业为了追求新经济知识会投入研发经费和科技人力资源，基本形式为：

$$Q_i = AK_i^{\alpha}L_i^{\beta}\varepsilon \tag{5—3}$$

其中，Q_i 表示研发强度，K 和 L 分别表示研发经费和科技人员投入，α、β 为这两种投入的产出弹性系数，ε 为误差项。

后来，杰费知识生产函数扩展为由改进的两个投入要素构成的 C D 函数：

$$\ln P_{ikt} = \beta_{1k}\ln I_{ikt} + \beta_{2k}\ln U_{ikt} + \beta_{3k}\ln U_{ikt}\ln C_{ikt} + \varepsilon_{ikt} \tag{5—4}$$

其中，下标 i 表示观察单位（如省市），k 表示技术，t 为时间，P 为申请的专利数，I 是企业的 R&D 费用，U 是高等院校研究投入，C 为高校与企业研发的相融指数，ε_{ikt}是随机误差项。

3. 安舍宁（Anselin）知识生产函数

安舍宁提出了空间经济学的空间滞后模型（Spatial Lag Model），也称混合回归（Mixed Regressive Model）或空间自回归模型（Spatial Autoregressive Model），并利用该模型扩充了知识生产函数。在函数中引入了一个空间自相关系数λ来表示一个区域内变量的变化对相邻区域的影响（溢出）程度，融入了区域内和区域间溢出成分。

4. 费歇尔（Fischer）知识生产函数

费歇尔提出的精练知识生产函数将区域内与区域间的溢出效应完全分离，并且考虑到了知识生产的时滞。

$$K_{i,t}=f(U_{i,t-q},S^{U}_{i,t-q},R_{i,t-q},S^{R}_{i,t-q},Z_{i,t-q}) \tag{5-5}$$

其中，i 和 t 分别表示区域与时间，q 表示研究投入与产出的滞后期。为了分离区域内与区域间知识溢出的影响，费歇尔做了如下的设置：

$$U'_{t-q}=(U_{1,t-q},\cdots,U_{N,t-q}) \tag{5-6}$$

$$R'_{t-q}=(R_{1,t-q},\cdots,R_{N,t-q}) \tag{5-7}$$

$$D_i=(d^{-\gamma}_{1,t-q},\cdots,d^{-\gamma}_{i,i-1},d^{-\gamma}_{ij},d^{-\gamma}_{i,i+1},\cdots,d^{-\gamma}_{i,N}) \tag{5-8}$$

d_{ij}表示溢出区域的平均地理距离，$\gamma>0$ 是距离衰减参数。分离后，重新定义非区域内空间滞后的高校溢出源与非区域内空间滞后的企业溢出源为：

$$S^{U}_{i,t-q}=D_iU_{t-q} \tag{5-9}$$

$$S^{R}_{i,t-q}=D_iR_{t-q} \tag{5-10}$$

式（5—5）采用 Cobb-Douglas 函数形式可表述为：

$$\ln K_{i,t}=\alpha_0+\alpha_1\ln U_{i,t-q}+\alpha_2\ln S^{U}_{i,t-q}+\alpha_3\ln R_{i,t-q}+\alpha_4\ln S^{R}_{i,t-q}+\alpha_5\ln Z_{i,t-q}+\varepsilon_i \tag{5-11}$$

5. 格罗恩日（Greunz）知识生产函数

格罗恩日将区域的地理媒介与技术媒介溢出相结合，提出了混合知识生产函数模型。他指出区位选择应遵循两个标准：一是与技术领先的区域相邻；二是与技术层次（Technological Profile）相近的区域相邻。他借鉴了杰费提出的技术相邻（Technological Neighbourhood）指数，通过设置技术相邻指数与地理相邻指数进行加权，指出创新不仅受研发投入影响，还受邻区域的研发投入溢出的影响。他提出的混合知识生产函数模型为：

$$\begin{aligned}\ln p_i=&\ c+\alpha\ln R_i+\beta\sum_{\substack{gn1=1\\gn1\neq i}}^{GN1}\omega_{i,gn1}\ln R_{gn1}+\cdots+\delta\sum_{\substack{gnj=1\\gnj\neq i}}^{GNj}\omega_{i,gnj}\ln R_{gnj}+\cdots\\&+\lambda\sum_{\substack{gnJ=1\\gnJ\neq i}}^{GNj}\omega_{i,gnJ}\ln R_{gnJ}+\beta_1\sum_{\substack{tn1=1\\tn1\neq i}}^{GN1}p_{i,tn1}\omega_{i,tn1}\ln R_{tn1}+\cdots+\delta_1\sum_{\substack{gnj=1\\gnj\neq i}}^{GNj}p_{i,tnj}\omega_{i,tnj}\ln R_{tnj}\\&+\cdots+\lambda_1\sum_{\substack{gnJ=1\\gnJ\neq i}}^{GNj}p_{i,tnJ}\omega_{i,tnJ}\ln R_{tnJ}+\gamma\ln S_i+r\ln Q_i+\varepsilon_i\end{aligned} \tag{5-12}$$

α，β是待估参数；p_i 是区域内每千名居民拥有的专利数；gnj 是地理相邻区域；tnj 是技术相邻区域；S_i 与 Q_i 是两个结构变量，其中 S_i 表示农业劳动力所占的比例，Q_i 是技术人员所占的比例；$\omega_{i,j}$是标准化的逆距离平方权重矩阵；$p_{i,j}$

是技术相邻指数；ω_i 是随机误差项。

知识生产函数在经验研究方面得到了广泛运用，不仅作为一种测度知识生产和分析区域知识溢出以及检验知识生产作用的有效工具，而且在许多新的领域也得到了拓展性运用，是进行知识研究的一种有效手段。

Griliches（1979）明确指出，如果有合适的数据，知识生产函数方法能告诉我们过去 R&D 投资的平均回报率是否随着时间的变化而变化。他在 1986 年对美国企业微观资料进行经验研究时发现，R&D 对生产率的增长确实有贡献并且有很高的回报率，基础研究对生产率的贡献相对于其他类型 R&D 来说显得更重要，私有企业研发活动比政府资助的研发活动更有效。

翟立新等（2005）基于知识生产函数构建了将实际产出值与以知识生产函数计算得到的理论平均产出值进行比较的公共科研机构绩效评价量化模型。该模型将经济学思想引入评价体系中，解决了过于关注产出或简单将投入与产出加权综合而造成的评价结果片面问题，拓宽了知识生产函数的应用范围。实证结果表明，该模型不仅能较好地实现同类科研机构间横向与纵向的比较，而且还能反映不同科研机构之间投入与产出间的弹性差异，从而为公共科研机构的绩效管理提供了一种更科学的评价依据。

傅强和靳娜（2009）基于随机前沿生产函数，利用 1998～2007 年中国 29 个省市共 290 个观测数据，通过引入人力资本和 R&D 投资两个参数，分析人力资本和 R&D 投资对生产力的直接影响和通过提高技术吸收能力对技术效率的间接影响。结果表明，人力资本在诠释地区间效率差异中扮演着极其重要的角色，它不仅直接影响生产力的提高，而且还通过提高技术吸收能力间接影响技术效率；R&D 投资对技术效率有重要影响，而对生产力的直接影响却并不强。

二、知识存量

知识生产的结果是知识生产者拥有的知识的量的增加，而知识作为一种资源，具有价值和使用价值的特性，为了经济利益人们可以将其占有并应用于经济领域，所以在一定经济系统中知识是可以保存的物质。对于某个专门的技术领域或个人而言，不同的知识主体所拥有的知识的质和量不同，而且是可以改变的。为了表现拥有知识的多少，我们引入知识存量（Knowledge Stocks）的概念。

1. 知识存量的定义

知识存量是指特定时点某个组织或经济系统对知识资源的占有总量，即表示一个组织或系统所具有的知识总量。一方面，知识存量是依附于组织或经济系统内部人员、设备和组织结构中的所有知识的总和，是人们在生产和生活实践中的知识积累，是“学习”的结果；另一方面，知识存量反映了组织系统生产知识的能力和潜力，体现了组织系统的竞争能力（李长玲，2004）。知识溢出之所以能够发生，是因为组织或经济系统具有一定的知识积累，也就是说知识溢出是以知识存量为基础的。溢出者的知识存量决定了知识能够溢出的总量，而知识接受者的知识存量决定了能够吸收知识的多少，反映主体对知识吸收的能力。

2. 知识存量的性质

（1）多种多样的形态。知识既包括公式、定理等以文字形式记录下来的显性知识，又包括技术等不易传播的隐性知识。知识存量作为知识积累的结果，又因知识依附的载体不同而表现出不同的形态，具体体现在四方面：以人为载体的知识，如人脑中的经验；以物为载体的知识，如各种技术知识；以组织结构为载体的知识；与市场有关的知识，即市场知识。

（2）结构性。知识的形态和特征的差异构成了知识存量的结构性。由于知识内容的异质性，使得知识具有非加和性，正如人们很难将一个高级知识分子的知识和某篇或某几篇论文等同起来或累加起来一样。知识存量的结构为测量知识载体的知识存量提供了重要的参考指标，主要包括以下四类（李顺才等，2001）：

（a）知识人力资源。人是知识的生产者、储存者和使用者，知识人力资源指现在从事或有潜力从事知识的生产、传播、应用和管理等活动的人力资源。人力资源作为知识尤其是隐性知识的载体，其储备是衡量知识存量的一个重要指标。

（b）专利。专利是存在于大部分技术领域的，用来保护企业、机构和个人所作出的发明的一种有效手段。专利不仅可以阻止他人模仿，而且有助于转让谈判以及获取许可费，补偿发明者所付出的成本。虽然并不是所有的技术创新都申请专利，但大部分会申请，所以专利是反映 R&D 活动产出和发明创新的最重要的指标，也是测度知识存量的一个重要依据。

（c）科技文献。科技文献是记载和传播知识的工具，是科学研究成果尤其是基础性研究成果的主要反映形式。因知识具有很强的公共物品性质，某位科学工作者有新的科学发现或科学成果时，不能避免其他研究者也有类似的成果，所以一般会及早发表论文成果以取得优先权。所以，科技文献是反映科学知识存量的一项重要计量指标。

（d）知识产业。马克卢普最早将知识产业定义为，为自身或他人消费生产知识或从事信息服务和生产信息产品的组织或机构，主要由教育、研究与发展、通信媒介、信息设备和信息服务五个分支构成，具体可细分为 30 个产业。知识产业是知识密集的产业，反映知识在社会活动中的经济意义，是知识生产的社会组织活动，可作为知识存量测度的参考指标。

3. 知识存量的特征

知识存量是一个包含众多内容的复杂概念，具有本身独有的特征：

（1）静态性和动态性。知识存量是人们在过去生产和生活实践中通过“学习”而逐渐积累的知识的总量，是一种结果，因此知识存量具有静态性。然而在

一个特定的系统中，由于时间、载体等的不断变化，知识存量又是不断变化的。知识本身的增长、知识从外界流入或流出都可能导致知识存量的变动，因此知识存量又具有动态性。

(2) 时间性和空间性。知识是人类在社会实践活动中认识世界的结晶，这种实践活动发生在诸如社会系统、国家系统、区域系统、集团系统等特定的社会组织中，不同的历史时期和不同的组织内知识总量不同，所以知识存量具有一定的时空界限。尽管现代信息和通信技术的发展降低了空间变量对整个组织知识存量的影响，但对知识作用的发挥仍有重要影响。

(3) 非负性。人们在生产和生活中积累的经验与技术等知识资源以人或物为载体保存下来，所以每个组织都有其特定的组织结构知识。从这个意义上说，任何组织系统的知识存量都不可能为负值。知识存量用公式可以表示为：

$$K = f(s,t) \qquad (5-13)$$

其中，K 表示知识存量，s 表示空间变量，t 表示时间变量。

(4) 知识存量是时间的增函数。人们在探究世界本原的过程中不断涌现出新知识，而知识本身不会因为使用而减少或消失。所以知识存量在没有外界干扰下会朝着增长的方向发展，是一个与时间有关的增函数。已有研究表明人类知识总量呈指数规律增长。

(5) 增长的波动性。人类知识总量的增长是一个有快有慢、有起有伏的波动过程。而且对特定系统而言，在一定条件下知识存量还有可能出现递减趋势，因为一方面系统的知识增长速度小于整个社会的知识折旧速度；另一方面系统受到外部强制干扰，如战争对基础知识的毁坏、政治斗争对人才的流失等。

4. 知识差距

由于知识的无形性和价值的不确定性，使得知识存量难以直接表达，而是通过间接的描述来加以解释，加之知识量化方法又容易增加测量误差，这就加大了知识测量的难度。知识存量的载体主要归结为组织、人和商品三大类，知识依附于这些社会媒介，通过接触交流、互换合作后，会产生内含知识的额外溢出，从而产生增值效应，最终体现在增加一定时期的财富积累上。根据主体拥有知识存量多少的不同，知识存量之间存在一定差距，由此引出知识差距的概念。因为知识存量是一个地区、组织或主体的知识存量结果，是个静态变量，怎样使知识流动起来和朝哪个方向流动，使知识溢出成为可能，必须两知识主体之间存在高地位势差，即知识差距。这种知识势差的存在是知识溢出产生的前提，也是知识存量产生的内在机理，处于低位势的主体通过学习、消化、吸收高位势的更先进和更专业的知识可以促进自身知识存量的增长。所以通过提升主体找寻新知识的能力、激发获取知识的动力、提高学习和整合知识的能力可以促进知识存量的增长。

三、空间距离

在知识传递过程中，随着传递路径的增长，信息失真和扭曲的程度会越来越强，这就使得获得的知识和原知识之间存在一定误差。知识和技术在某种程度上说具有地域性，其溢出和扩散受空间限制。尽管随着互联网的迅猛发展，全球经济相互依赖性的加强使知识传送量与运输距离和成本的相关性减小，但空间距离对知识传递的影响还是存在的。

Malecki & Varaiya（1986）将集聚经济变量（城市集中或集聚对产出影响）引入C-D生产函数，发现技术主要在地理上集中的企业和个人之间传播，经济活动在空间上的集中有利于区域内的技术交流，从而对生产率会产生正效应。从这种思路出发，技术知识的溢出具有明显的本地集中性特征。

Jaffe & Henderson（1993）运用专利引用数据替代知识流，并用一种匹配方法研究知识溢出的地理效应后发现，知识溢出具有较强的局域性特征，溢出效应随距离的增大而衰减，但速度缓慢。Jaffe（1998）通过比较专利引用的区位研究地理距离对知识溢出的影响，发现美国专利更多是被美国本土引用而不是被外国引用，与美国在地理位置上接近的地区获得知识溢出速度更快、程度更大，这一研究也证实了知识溢出的局域地理性。

Coe & Helpman（1995）将国际贸易看作技术的输出管道，依此估计了国内研发溢出和国外研发溢出对生产率的影响。研究结果发现前者的影响强于后者，这与知识扩散的区域性观点一致。Eaton & Kortum（1996）利用专利统计数据估计了国家水平上的技术扩散和生产率增长的关系。计算结果表明，一个国家内部的技术扩散多于国际间的扩散，再次说明技术扩散具有区域性。

Wallsten（2001）利用地理信息系统（Geographic Information System，GIS）和企业层面的数据，通过分离距离法探讨了地理区位上的集聚和知识溢出的关系，计算了距离相邻的每对企业之间的距离，分析了在一定区域内企业之间在距离位置上如何分布以及怎样影响知识溢出。研究结果表明，创新型企业大多集中在一个半径非常小的区域范围内，而且这些企业之间在地理位置上呈不均匀分布。与研发企业距离较远的公司相比，相邻的小公司更易融入创新氛围内，而且距离小于0.1公里范围内的企业更容易获得研发资金。

Peri（2003）探讨了知识流动、溢出与创新之间的关系。其研究认为知识流动与溢出具有空间局限性，随着距离的增加，知识溢出迅速衰减。Mansfield（1996）在研究校企合作问题时，曾深入研究了校企之间地理距离与合作创新频率之间的关系，结果表明企业偏好与其地理位置相近的大学开展合作。Cooke（2001）的研究也认为地缘相近有利于合作行为的发生，可以减少校企之间用于合作谈判和信息沟通的交易费用。

Brett 等（2008）研究了产业集群内企业位置、知识溢出与企业绩效之间的关系，结果表明，位于地理集聚范围内的合资企业可以从所处环境中吸收更多的知识，因此具有更快的经济增长和更好的创新表现。

王铮等（2003）通过研究发现，知识溢出的区域过程是新经济增长理论提出的一个重要过程，具有充分的空间表现。实证分析发现：①知识溢出不仅与知识缺口有关，而且与由地理特征决定的区域需求有关；②类似许多经济地理现象，溢出强度的空间衰减是指数的。

向希尧和蔡虹（2008）基于专利引用研究视角讨论了地理距离与社会距离对知识溢出的影响，研究认为，地理上的接近会影响知识传播的难易程度，地理接近性对知识溢出的作用能通过集聚来缩短知识传递的距离，促进人际交流；多样化的信息获取路径在一定程度上可以抵消知识被扭曲的程度，但只要存在社会交流就能通过现代通信手段缓解地理距离的阻碍作用，所以单独使用地理距离这个变量来解释知识溢出机理是不够的，还需考虑社会距离。

综上所述，作为研究知识溢出的关键变量，空间距离是知识溢出效应强弱的重要因素。按照对知识的分类，隐性知识对空间距离非常敏感，随着距离的增加隐性知识的溢出效应明显减少，而显性知识因为其稳定性和传播媒介的多样性，受距离影响稍微弱些。尽管随着日新月异的科学技术的发展，空间距离对知识溢出的影响正在逐渐减弱，但仍然是决定知识溢出的重要因素。现有研究表明，企业在地理位置上的积聚可以节约运输、知识传递、信息交流以及研发的成本，因此企业为了更好地学习技术和接受溢出，应该向新技术发源地集中，从而减少空间距离对其知识获取的影响。

四、知识溢出的影响因素

知识溢出发生在一定社会大环境下，知识的传播与价值观、习俗等制度环境有关。因此知识溢出除了受社会网络、政府和市场约束等宏观因素的影响外，还受溢出方、接受方、溢出途径、溢出所发生的环境等方面的影响，主要包括溢出方的控制意愿与能力、接受方的吸收能力、知识差距和两主体间的距离（认知距离与地理距离）等因素。

1. 知识溢出的前提条件——知识（技术）差距

知识差距概念的提出是从技术差距研究开始的。20 世纪 60 年代，Posner & Hufbauer 最早提出了技术差距理论。他们在研究中发现，当一国率先完成技术创新后，就会凭借这一优势展开该项创新产品的国际贸易而形成国别差距，随着贸易的扩展，技术在增长中的溢出和示范效应也在不断进行，最终使其他国家掌握这一技术，从而使技术差距缩小。

以 Findlay（1978）为代表的早期实证检验表明，技术差距越大，本地企业可以学习和模仿的空间越大，使得溢出效应也越大。因为技术差距越大，内资企业越具有追赶和学习的空间，从FDI技术溢出中获益就越多。Fagerberg（1994）的研究发现，在领先者与滞后者之间，知识模仿的潜力与技术差距积极相关。技术水平较高的国家或地区在技术领先上占有一定的优势，使得落后者模仿其先进者的技术，两者之间的差距随着模仿学习而逐渐减小。在这种以技术差距为基础的贸易产生与结束过程中，落后者一旦模仿成功，就得到了扩散的或溢出的知识。从这种观点看，技术落后者有机会从知识溢出中获益，主体间技术与知识的差距越大，潜在的溢出就越大。

而Kokko（1994）对墨西哥的研究发现，当内外资技术差距较大时，相应的连乘变量与被解释变量之间呈负相关，表明技术差距过大会阻碍溢出效应的发生。如果经济主体之间的技术差距过大，则技术共享的机会变少，原因是落后者学习的基础较差，学习能力有限，即使有知识溢出，也没有能力学习先进技术。相反，技术差距越小，技术共享的机会就会越大，因为技术水平上的接近，容易使落后者更快地吸收外部知识。但技术差距太小情况下潜在的溢出不会很大。如果不存在技术差距，学习的范围就相当狭小，所以知识溢出最可能发生在主体间适度的技术差距上。

Sjoholm（1999）提出，技术差距与溢出效应之间可能存在非线性关系。溢出效应的发生要求有某种技术差距。在初级阶段，溢出水平随着技术差距的增加而增加，而当差距增大到某一水平以至于当地企业无法在现有的经验、教育水平及技术知识基础上对国外先进技术进行吸收时，溢出效应将与技术差距负相关。即开始时技术差距增大，溢出水平会增加，当差距增大到吸收者的学习极限时，溢出效应反而会随技术差距增大而下降。

总之，技术差距是知识溢出发生的必要条件，在不考虑知识结构的情况下，如果两个经济主体之间的知识水平不同，则就会产生溢出，且知识一般从知识水平高的区域或企业向知识水平低的区域或企业溢出。

2. 知识溢出的基础因素——认知距离

技术差距从量的角度和客体方面说明了知识溢出的可能性，而认知距离则从知识结构和主体对知识的理解水平的差异方面来分析知识溢出效应的大小。

认知（Cognitive）是指个体或群体对他人或自我的心理行为的感知与判断；认知距离是指企业主体知识库之间重叠的程度和可以理解的差距。

Nooteboom（1999）研究了知识溢出与认知距离的关系，认为主体理解能力和新知识是影响知识溢出的两个重要变量。主体认知距离越小，理解能力越强，但由此获得的新知识却较少；相反，认知距离越大，理解能力越有限，但能得到较多有效的新知识。Cantwell & Santangelo（2002）研究了信息和通信技术企业技术创新的区域分布情况，探索了认知距离在企业地理集群中的重要作用。研究

认为，一方面，在核心领域内重叠的知识是集群成长的关键因素，在相同的生产经营范围内，产业竞争几乎不能使彼此的知识得到互补；另一方面，如果两个企业的知识库没有完全重叠，这就为企业间的学习创造了条件，通过企业间学习，互补性被重视，因此与企业知识库相关的技能和知识从外部环境被吸收到该企业的知识路径中。孙兆刚（2005）认为完全相异和完全雷同的企业之间无法进行知识互补，这是因为，完全相异会使企业没有知识的重叠，缺乏吸收创新的潜力；完全雷同使企业之间只有竞争，不具备互相学习的可能。

可见，知识主体之间存在认知距离并且认知距离在一定范围之内是溢出能够发生的必要条件。如果认知完全一样，则主体间没有创新的潜力，不会形成知识溢出；如果认知没有一点重叠或相似，主体交流上就会产生困难，也不会有新知识形成。只有主体的认知相似时，他们对新知识的理解才会相似，从而能了解彼此的行为和扩散的知识。所以适宜的认知距离易于主体交流，并促进学习的效率，为知识溢出的发生打下基础。

3. 知识溢出的关键保障——吸收能力

技术差距和认知距离为知识溢出提供了条件与可能性，而主体能否将溢出的知识变为己用归根到底取决于落后者或接受者的吸收能力。Cohen & Levintha（1989）在分析企业研发作用时提出了“吸收能力”（Absorptive Capability）的概念，认为外部资源对企业获取新知识至关重要，企业只有充分的开放并不断吸收外部知识，才能占有这种资源。知识的生产具有很强的自我累积性和路径依赖性。知识存量越丰富，企业研发新知识的能力就越强，当企业加强研发投入时，企业对外来知识的吸收、学习和模仿的能力也会随之增强，这样企业就会拥有更强的技术能力去吸收外部溢出的知识。

Frans 等（2003）认为吸收能力的主要影响因素是企业先验知识（包括基本技能和学习经验）和组织管理因素（如企业内部的知识交流与共享机制）。Schmidt（2005）认为企业吸收能力的影响因素包括企业 R&D 活动、先验知识与个人技能、组织内部的知识共享机制。

由上述文献可以看出，吸收能力主要指识别、消化与利用外部知识的能力，其产生源于主体长期的投资和积累过程。吸收能力决定主体知识吸收的效率，吸收能力强的主体能更好地理解应用新知识，推进自身创新活动，而吸收能力缺乏的主体则不能有效学习或转移外部知识。一般说来，吸收能力的高低主要取决于以下四个方面：

（1）人力资本。人力资本包括知识的多样性、重叠性、员工教育背景、基本技能、学习或工作经验等，是吸收能力的主要来源，只有当主体的人力资本存量足够丰裕，具备对先进技术进行模仿的能力时，才能充分吸收外部溢出的知识。

（2）前期相关知识。前期相关知识即先验知识，主要包括企业所拥有的技术、专利等知识。前期积累的相关知识是吸收能力的基础，其广度决定了主体识别外部知识范围的能力，其深度影响自身吸收能力的速度。

(3) 研发活动。研发活动是吸收能力的保障。通过研发投入，主体可获得许多相关产品与技术的知识，推进人力资本的积累和知识存量的增加，为吸收能力的后续累积与不断提高提供支持。

(4) 学习机制。组织学习一般可以分为内部学习与外部学习。内部学习是组织内部的知识扩散与知识创新活动；外部学习则是技术模仿、转移与引进。吸收能力除吸收新知识外，还包括新知识的扩散、利用与创新，这些都需要不断的学习，所以良好的学习机制对于吸收能力的提高相当重要。

此外，吸收能力还受外部因素的影响，外部技术的可接近性和实施新技术的潜力或障碍与上述各种因素共同影响主体吸收能力。

4. 知识溢出的空间约束——地理距离

地理距离是指主体之间的空间距离或自然距离，具有相对与绝对两层意义。大量文献表明，空间上集中的主体能从知识溢出中获益，距离缩短会使主体间面对面的信息交流和隐性知识转移更加容易和充分；距离越远，知识溢出效应就越弱，隐性知识的转移就变得更加困难。即使是显性知识，由于对其的解释和吸收需要隐性知识与空间邻近，因此其使用和传播也受到距离的影响。

新古典经济学认为空间对知识溢出不起任何作用，因为溢出过程是瞬间发生的。随着现代通信、运输以及信息技术的发展，人们更加相信知识溢出不受距离的限制。实际上，现代技术的发展使得显性知识的传播速度加快，传递和交流的成本降低，而这些效应对难编码的隐性知识的影响却很小（宁军明，2008）。

知识溢出具有地理局限性，邻近创新源的经济主体比位于其他地方的主体具有更好的创新绩效。这是因为：首先，地理位置上的接近使得创新人员之间面对面接触的机会增多，沟通交流更加方便，容易建立共同的规则、文化、习惯等，提高交流的质量和深度；其次，创新活动中大部分知识具有缄默性，其特点是边际成本会随距离增加而增加，而且有些知识必须面对面交流才能传递。可见，地理距离对具有缄默性特点的隐性知识的传递至关重要，缄默性越强，地理邻近越重要。

5. 知识溢出的主观约束——溢出方的控制意愿与能力

知识的非竞争性与部分排他性决定了知识溢出不可避免，然而溢出过程中会出现“搭便车”现象，知识溢出的接受者对所获得的知识只付部分或完全不付知识成本给溢出者，这样知识生产者获得的收益小于其社会收益，影响其在市场中的竞争地位和利润获取，从而会打击创新者的创新积极性。当溢出方感受到知识溢出效应对自身所造成的负面影响（如市场份额下降等）后，通常会有意识地采取一些措施保护其创新的知识，以降低知识溢出的效应。所以溢出方的意愿是决

定知识溢出的一个重要方面。

能否阻止知识溢出以及其阻止程度，取决于主体的控制能力。知识产权保护是最常见的措施，但知识的非竞争性常常使得该方法的作用受到影响。同时，一些企业采用技术锁定的办法控制核心技术，使别人难以模仿。此外，利用优厚待遇留住技术人员尤其是重要的技术人员，防止人才流动造成的知识溢出发生，也是控制知识溢出的一个方面。

不同的主体对知识溢出的控制意愿与能力不同。通常大学、研究机构与政府资助的组织控制知识溢出的意愿较弱，而企业控制知识溢出的意愿较强。但企业的产品一旦进入市场，竞争对手总是可以通过一定的方法，解析产品中所包含的新技术和新知识。因而，企业想完全控制知识溢出是不可能的。

此外，知识溢出还受社会网络、政府和市场约束等宏观环境的影响。发达的商业链与网络的形成，有利于企业进行各种各样的合作；大部分合作企业通过获得新顾客和新市场或知识溢出效应增加了竞争能力（Powell，1996），增强了创新活动强度，降低了交易成本，形成了有利于技术扩散的大环境；政府对知识溢出的鼓励和支持，积极的指导方针和产业政策等都会提高知识溢出的发生频率和效率；根据技术经济学理论，有效的市场竞争是技术创新的原动力，接受者所在区域市场竞争的压力，会迫使其进行更加有效的创新，不断追赶技术强者；竞争主体的实力相当以及相同的竞争环境和规则保证了竞争的公平和有效，所以竞争环境也是影响知识溢出的重要因素。

通过对上述几个影响因素与知识溢出关系的研究发现，技术差距和认知距离与知识溢出效应呈倒U型关系，吸收能力则与知识溢出效应呈正向关系，而地理距离与知识溢出效应呈反向关系，溢出方的控制意愿和能力也与知识溢出效应呈反向关系。因此，知识主体要有效获得外部溢出的知识，首先，应选择地理位置上邻近的领先者作为学习模仿对象，距离优势不仅有利于主体之间尽快理解前沿信息，而且有利于知识溢出形成、减少创新成本；其次，知识主体要判断与溢出方之间的技术差距和认知距离，两者的差距都不能太大，否则会因缺乏共同的基础而不能成功获取溢出的知识；最后，知识主体中，落后者要努力提高自身的吸收能力，不断提高知识水平，这是知识溢出成功的关键因素。

第二节 知识溢出的主要途径

Romer（1986，1990）认为知识积累和知识溢出是内生经济增长的基础，Lucas（1988，1993）& Helpman（1991）等也证实了这一观点。但要使知识溢出效应有效发挥，必须有畅通的溢出路径。如果没有畅通的渠道，知识溢出就很难发生。从目前文献来看，对知识溢出途径的研究仍属于起步阶段。

Keller（2001）认为知识体现在商品中，通过商品的流动而发生溢出，知识溢出能改变资源的配置，在知识的国际扩散中扮演中介角色。通过国际贸易的知识溢出还表现为传染效应、学习效应、示范效应和竞争效应。此外，无论个体或组织的显性知识还是隐性知识，不论其知识存量高低，都时刻不停地由知识源向外扩散，知识的科技含量越大，知识的扩散能力越强，扩散得越远，主体吸收知识的愿望越强。在这一扩散过程中，知识吸收者没有使用知识媒介，通过观察和学习领悟需要的知识，知识所产生的经济效益与知识源所产生的经济效益密切相关，但知识源主体获得了较少的收益甚至没有获得收益，这种扩散的方式我们形象地称为知识溢出的辐射路径。辐射路径最主要的方式是联合研发和“干中学”。

孙兆刚（2005）根据知识载体的差异将知识溢出的路径分为三类并依此研究了知识溢出具体可以通过哪些路径推进知识存量的增长。他认为，通过机器设备、投资办厂等特定知识载体获取的溢出称为知识溢出的传导路径；通过商品贸易以不特定载体获取的知识溢出称为对流路径；不需要载体，通过研发和干中学的方式获取的知识称为辐射路径。

王立平（2008）从产业区内知识溢出（Local Knowledge Spillovers，LKS）和产业区之间知识溢出两个空间范围讨论了知识溢出的主要途径。产业区内知识溢出（LKS）的主要途径包括贸易（商品流通）、交流、合作、人力资本流动、创业等；产业区之间的知识溢出包括国际商品贸易（包括进口和出口）、FDI、劳务输出、国际专利、人口迁移以及信息交流等。

一般而言，知识可分为可编码的显性知识和非编码的隐性知识。由于知识的类型不同，传播的介质就不同，因而知识传播的路径也就不同。知识的可编码程度越高，传播的途径越广泛；知识的可编码程度越低，其传播的介质就越少（缪小明和李刚，2006）。Baptista（2000）认为新的技术知识在特定的地理边界内扩散良好，是因为这些知识有默识性和非编码性的本质。

根据宁军明（2008）和王立平（2008）的论述，本书从知识传播的不同介质角度，将知识溢出的主要途径总结如下：

1. 基于人力资本的溢出

基于人力资本产生的知识溢出途径主要有劳动力流动和劳动力之间的交流两种形式。

地区或同一行业企业之间一定比例的劳动力移动有利于知识溢出，然而若劳动力长期配置在同一部门则会阻碍信息和技术的扩散与再组合。受过专业培训或积累了一定经验的劳动力流动到其他地区或企业时，便会发生知识溢出。劳动力在企业或地区间的流动可以促进知识在成员企业或地区间的扩散，而且外部劳动力流入可以使外部知识与企业或地区原有知识重新组织整合，这有助于提高流入

企业或地区的创新与经济绩效，从而对企业的发展和区域经济的增长产生一定的影响。

对有些没有编码的隐性知识，如某项技术或管理经验，除知识拥有者本人外，其他人很难模仿掌握，这就需要通过一定的劳动力之间的交流才能实现。同一地区或产业的人力资源互动，使成员社会关系网络化。在这种网络中，通过人际间的正式或非正式交流便会产生知识溢出，如在正式的会议或非正式的闲谈中，有可能在不知不觉中学到别人的知识与技能。

总之，通过人才的流动可以为地区或企业带来新思想、新知识、新技能，从而促进原有知识的更新和增强，使企业尽快适应不确定的外部环境，在促进企业发展的同时带动地区发展。此外，从集群的角度考虑，人才在集群内的流动可以提升集群的整体创新能力。

2. 基于产品产生的溢出

生产出来的产品都内含有知识，基于产品产生的知识溢出有技术模仿和逆向工程两种形式。

集群成员社会关系的沟通互动，为组织或企业之间的技术创新协作创造了条件。一般的，供应商为推销新产品，会将部分知识无偿地与顾客分享，主要是通过广告的形式传授产品使用方法等知识，这样部分知识或信息也会传授给其他企业或制造商。同时，来自科研院校的公共技术等科研成果一经公开，也会溢出并被其他组织学习和模仿。技术模仿一般指仿照其他企业的生产技术、产品特征、功能、包装外形等，在自己的产品基础上进行改进创新，从而提高自身技术水平。虽然溢出的知识是一定的，但由于接收方的个体差异，所获得的知识会有很大差异。知识的接受程度通常与产品特性和接受方的学习能力有关。可以用改进程度和传播范围来衡量一个产品在知识溢出方面的特性。改进程度是指一项新的产品在原有旧产品上的改进程度，产品的改进程度越高，其创新的知识就越多，知识溢出量越大；同样，传播范围越大，知识溢出量越大。知识的接受方自身的学习能力和对信息的敏感程度影响着产品知识溢出的程度。如果新产品与自己的产品或掌握的知识差异很大，接受者就很难对新产品的知识及模仿成本、风险和收益有准确的判断，这样学习模仿和知识扩散的速度就较缓慢。

逆向工程也称反求工程，是根据已经存在的产品模型，反向推出产品的设计数据的过程。它不是传统意义上的“仿制”，而是综合应用有关专业知识，对已有的产品进行剖析、理解和改进，是对已有设计的再设计。由于企业直接到市场购买，就可获得竞争对手的产品，因此，逆向工程是获取产品技术信息的重要而便捷的手段。

3. 基于贸易与投资的知识溢出

新贸易理论认为，国际贸易是促进技术进步的一个重要因素。首先，国际贸易会向技术落后国提供模仿前沿技术的机会。在进行贸易的过程中，各国可以对彼此的产品设计、生产方法和市场等信息进行深入的了解，取长补短，从而提高劳动生产率。其次，出口国对新产品的演示和推销会带来技术外溢，进口国可以通过模仿学习提高自身技术水平，同时，源于进口国的竞争会使出口国不断进行技术创新。最后，国际贸易通过影响进出口国的要素市场而间接影响技术创新的成本和技术进步，但这种效应可能会产生促进或阻碍技术进步两种效果。此外，本土企业之间的贸易也会加速先进科学技术、知识和人力资源的传递交流，提升企业自身水平和竞争力。

外来企业到当地投资，往往会雇佣当地劳动力进行生产，也会与当地的供应商与客户发生联系，劳动力流动和企业之间的联系都会产生知识溢出，这种溢出效应主要有竞争效应和示范效应。外来企业进入后会改变当地原来的市场结构与竞争格局，加剧当地的市场竞争，巨大的竞争压力会使员工更加积极工作，同时提高当地企业从事研发与采用新技术的速度，迫使企业提高劳动生产率。外来企业的技术水平一般高于当地企业，所以外来企业较先进的技术或较高的利润率都可以为当地企业的技术创新提供示范效应，这种示范包括企业的组织管理方式和技术水平等各个方面，当地企业通过学习可以提高自己的市场竞争力。

4. 基于主体间联系产生的溢出

主体之间的联系包括企业与企业之间的联系，也包括企业与大学、科研机构之间的联系，同时还包括上下级之间的纵向联系和同级之间的横向合作，种种联系都有可能产生知识溢出效应。

纵向联系中的主体双方可能在对方的产品、技术或市场知识中通过“搭便车”获取知识。在后向联系中，企业通过购买并使用供应商高质量的产品，促进自身工艺和质量的提高，经由售后服务和培训又产生技术扩散。在前向联系中，下游客户通过对企业所提供产品的规格、式样、质量等提出高要求，迫使企业对产品进行改造，以此推动技术进步。

企业与大学和科研机构的横向合作可以使多方获益。大学和科研机构是创新的重要来源，是技术研发的重要力量，企业通过与大学和科研机构合作，可以获取先进的科研知识。大学和科研机构在证明自身科研能力的同时，可以通过与企业合作聚集研发资金，彼此之间的合作是知识溢出的重要途径。企业与大学和科研机构的联系越密切，距离越近，企业获得的知识溢出越多。企业之间通过研发合作，也可以降低研发成本和风险，提高成功的机会，增强企业间的技术互补性。

5. 无介质的知识溢出

无介质的知识溢出是指知识扩散的过程中从溢出源到接受者之间没有产品等要素的流动，但可能伴随价值的流动，如技术专利等的有偿转让、企业间的相互

培训与交流合作、公共机构对企业人员的培训和技术知识的输出等。企业间除存在竞争外，为达到共赢的目的，还可能会有意识地开展一些高频度的互动，掌握先进技术和生产知识的企业有意识地向与其有关联企业转让一些技术，从而形成知识扩散。此外，还可能伴随无成本的流动，最主要的方式是集群企业间人员之间的非正式沟通。

第三节　知识溢出的测度方法

Kuznets（1962）指出理解技术创新及溢出对经济增长作用的最大障碍在于如何测度它。Krugman（1991）因为知识的流动是无形的，而认为知识溢出的经验测度是不可能的。但是 Arrow（1962）& Jaffe（1986）的研究表明了知识的流动性及可测量性。Arrow（1962）认为知识外部性源于知识的非垄断性和非竞争性，虽然知识溢出的范围备受争议，但是知识外部性很重要也很强大，所以知识的溢出不会因为城市、地区和国家的边界而停止。Jaffe（1986）发现在技术上相似的企业会受益于各自的研究与开发工作，一家企业获得的知识及由此带来的生产率的提高，很大部分与其他企业有关。既然知识溢出能在企业之间流动，那么度量知识溢出就有可能。从检索的文献看，测度知识溢出的方法除了利用知识生产函数进行测度外，主要还有以下四种方法：

1. 文献跟踪法

文献跟踪法本质上是利用专利数据与专利引用来测度企业间知识溢出。该方法能够通过引用专利者与被引用专利者的引用程度，追踪该地区内的知识流动，是一种直接的测度知识溢出的方法。

Jaffe（1986）最先运用专利引用数据来研究创新和测度知识溢出。他认为专利是授予给基于新颖性和潜在效用的设计或流程的发明人的产权。当专利 Y 引用专利 X 时意味着专利 Y 是在专利 X 的知识基础上产生的。但这种以专利申请或创新活动来作为知识增加或产出的代理变量的研究方法在学术界引起了广泛争议（宁军明，2008）。“专利本身是一个有瑕疵的变量（作为创新产出），因为并不是所有的创新都申请专利，因此专利的经济影响差别很大”。（Griliehes，1979）Acs 等（1993）采用美国中小企业局提供的 1982 年的创新纪录数据，分析了大学与私营企业对创新活动的影响。这一研究中的创新纪录数指的是应用到市场中的创新发明数，包含那些没有申请专利但却应用到市场的创新发明，并且舍弃了那些虽然申请但没有应用到市场的专利。这一做法对于区域产业活动与知识溢出的研究是比较适合的。

在意识到用专利测度知识溢出的缺陷后，Jaffe（1993）用专利引用研究知识溢出，探讨知识溢出发生的时间跨度和空间范围。他使用初始专利和引用专利的关系来检验知识溢出的地方化程度。结果表明，尽管知识溢出模糊，但的确以专利引用形式留下了踪迹。Jaffe 等（2000）对 380 个引用与被引用的专利持有人调查进行了研究，结果表明，专利引用的估计值反映了知识溢出的经济价值的下限，专利引用可以作为衡量知识溢出的一个有效指标。

但用专利引用研究知识溢出存在很多局限，专利引用只能反映专利化的创新之间的知识流动，忽视了如技术转让其他形式的知识流动，低估了知识溢出的实际范围。此外，溢出与专利引用具有不确定性关系，分析有效性时必须进行检验。

2. TFP 法

20 世纪 50 年代的诺贝尔经济学奖获得者罗伯特·M. 索洛提出了具有规模报酬不变特性的总量生产函数和增长方程，形成了现在通常所说的全要素生产率（Total Factor Productivity，TFP）的含义。TFP 指的是“生产活动在一定时间内的效率”，是衡量单位总投入的总产量的生产率指标。TFP 的增长率常常被视为科技进步的指标，主要指产出增长率超出要素投入增长率的部分，其来源包括技术进步、组织创新、专业化和生产创新等。TFP 一般的含义为资源（包括人力、物力、财力）开发利用的效率。从经济增长的角度来说，生产率与资本、劳动等要素投入都对经济增长有影响。从效率角度考察，生产率等同于一定时间内国民经济中产出与各种资源要素总投入的比值。从本质上讲，它反映的是各国家（地区）为了摆脱贫困、落后和发展经济在一定时期内表现出来的能力和努力程度，是技术进步对经济发展作用的综合反映。

用 TFP 法测度知识溢出的本质是利用 TFP 进行回归分析。舒元（1993）曾利用生产函数法估算我国 1952～1990 年 TFP 增长率，得到的结论是，TFP 增长率为 0.102%，对产出增长的贡献率为 0.13%。Lichtenberg & Pottelsberghe（1996）采用 Coe & Helpman 的 TFP 分析模型，使用进口份额占进口国 GDP 的比重来构造国外 R&D 存量，对 22 个 OECD 国家 1971～1995 年国家层面的数据重新进行了分析，实证结果表明国外 R&D 存量对国内 TFP 的影响也是显著的。王立平（2008）用 TFP 法以西方七国 1980～2003 年的数据为例，计算分析进口贸易与 FDI 双重渠道的 R&D 溢出对我国 TFP 增长的影响，研究结果表明：①通过 FDI 渠道的 R&D 溢出对我国 TFP 增长的作用是显著的；②以 L-P 权重方案测算的进口贸易 R&D 溢出对我国 TFP 增长的作用是显著的，但是以 C-H 权重方案测算的进口贸易 R&D 溢出对我国 TFP 增长的作用不显著；③日美进口贸易与 FDI 的 R&D 溢出对我国 TFP 增长的平均弹性系数最大。

3. 成本函数法

成本函数法是基于这样的假设：研发投资不同于其他投资的最大特点是它具

有外部性，从事研发的企业不能排除其他企业“搭便车”并从中获益，所以研发企业不能获得全部研发收益。成本函数法由产出和可变投入、准固定投入要素的相对价格构成，认为节省成本是知识溢出最普遍和最重要的收益，溢出会影响生产率增长和生产要素的需求模式。

Bernstein（1988）最早提出成本函数方法，他假设企业的成本函数是 c=C（y，w，S），其中，c是生产成本，y是产出数量的向量，w是要素价格的向量，S是溢出变量的向量。他通过评估加拿大七个产业溢出的成本节省效应与要素偏好效应，发现溢出的两种效应都降低了单位生产成本，产业内溢出引起的成本节省大于产业间溢出。同时，溢出的存在意味着研发投资的社会收益率与私人收益率是不同的，社会收益率与私人收益率之间的差异以及不同产业间社会收益率的差异主要取决于产业内溢出的程度。

成本函数法不仅注意到了产业间溢出模式的潜在差异，而且克服了有的研究中把溢出作为单一变量讨论的缺陷，使用形式比较灵活。但也存在一些不足：首先，成本函数要求有良好的投入品价格数据，而不同企业在不同时期投入品价格不同，而且一些产业层次不存在这些数据，所以很难得到完整数据；其次，方程右边使用的是事后产出而非预期产出，不一定能保证规模经济的出现，而且有可能使企业与外部研发资本系数均偏高；最后，模型不能体现知识溢出发生的渠道，而渠道不同，溢出不同，从而产生的效应不同。

4. 知识流动法

知识流动法强调知识从创新生产部门到使用部门的纵向溢出，是一种以经济交易为基础的方法，主要使用投入—产出联系或知识流动矩阵来衡量产业之间的溢出，其结论是产业间存在大量知识溢出。

Terleckyj（1974）最先使用技术流动矩阵估计产业间的溢出规模。他引入“借用的研发”分析从事研发的产业与其接受产业之间潜在的知识溢出，发现在制造业的收益率中，借用的研发占45%，自身研发占28%。Scherer（1982）构建了基于产业研发支出模式和专利数据的知识流动矩阵，发现“进口”的研发是生产率增长的决定因素，占收益率的70%～100%，而自己从事研发的收益率相当小。

宁军明（2008）认为这种方法的局限性如下：混淆了租金溢出和纯知识溢出；忽视了部门间技术联系相关的溢出，只衡量了与经济交易有关的知识溢出；不能估计买主——供应商联系的产业之外的知识流动的相互影响，所以知识流动法无法分析横向知识溢出。此外，这种方法有可能过于高估部门间的技术溢出关系而忽略研发的代际联系。

有的学者提出了用极值边界分析法（Extreme Bounds Analysis，EBA）来测度知识溢出。这种方法是基于下面的问题提出的：在实证研究中，人们通过各种方法定义的知识溢出变量与经济增长（或 TFP）进行单变量回归时，计量检验显著，但在进行单变量回归分析时，往往忽视其他因素的影响，研究结果令人难以置信，而且随着其他解释变量的引入会发现，单变量部分回归的"显著"关系往往变得不显著。EBA 是在探索抗干扰的"稳健"的强显著（robust）关系的基础上发展起来的，可用于分析知识溢出途径（如进口贸易、FDI 传导的国际 R&D 溢出等）对我国经济增长的敏感性。关于 EBA 的详细描述可参见 Leamer（1985）、Levine & Renelt（1992）、Sala-I-Martin（1997a，1997b）、Granger & Uhlig（1990）、王立平（2008）等。

现有的各种测度知识溢出的方法都有其优缺点，许多学者也在此基础上积极进行改进，如何克服缺点将各种方法综合运用将是未来的一个研究方向，准确测度知识溢出将对经济增长产生重要影响。

第四节　知识溢出效应

知识溢出效应是指知识溢出的接受者消化与吸收溢出的知识，并结合原有知识进行创新，并由此所带动的经济增长效应。知识溢出效应源于知识的外部性，是一种经济外部效应。溢出效应是因某个产品的生产或消费的私人边际效益（或成本）与社会边际效益（或成本）不一致而产生的。知识之所以能产生溢出效应，主要有三个方面的原因：一是知识的稀缺性。知识具有无限性，但人却是有限理性的，这样使得一个人不可能拥有全部知识，所以任何人所拥有的知识都是稀缺的，而需求是无限的。二是知识的效益。知识一旦产生很快会扩散到其他地方，被其他组织或个人模仿、创新，从而创造更多的效益。三是国与国之间经济、文化、人才等方面的交流机会增多，从而极大地增加了知识溢出的渠道。

知识溢出是知识的非自愿性扩散，其过程涉及三个方面——知识溢出方、知识接受方和溢出渠道。知识溢出效应作为知识溢出的表现形式，必然要考虑知识溢出对知识溢出方和接受方带来的影响，从这个角度可以得知知识溢出包括两种溢出效应：正（或积极 Positive）的溢出效应和负（或消极 Negative）的溢出效应。当私人的边际收益小于社会的边际收益时，就会产生正溢出效应。当知识生产者的收益小于知识生产的成本时，就会产生知识溢出的负效应。正效应可以减少知识接受方的学习和创新成本，提高个人能力和技术水平；而负效应则会使知识溢出一方的个人或企业丧失生产新知识和技术创新的积极性，这就需要考虑知识创新的激励问题。

分析知识溢出效应主要有三个角度，分别是：①新知识本身的溢出效应；②新知识创造的新市场的溢出效应；③新知识创造的新利益的溢出效应。知识溢

出在宏观层面上可以促进城市集聚，加快产业发展，扩大城市规模，提高城市生产力；微观层面上有利于企业或个人之间知识交流和知识转移。知识溢出效应主要表现为以下七个方面（孙兆刚，2005）：

1. 链锁效应

链锁效应在供应商和客户之间的前后向联系中表现出来。相对于落后企业，先进企业在技术研发、产品加工、产品销售、管理水平等方面具有较多优势，企业内部知识更加丰富。与这些先进企业有生产合作或销售关系的企业会在双方相互交往中获取利益而没有支付相关费用时，便产生了溢出效应。链锁效应主要有向后链锁效应和向前链锁效应。其中，向后链锁指先进企业与上游企业如供应商之间的联系，先进企业为供应商提供技术援助、信息咨询和管理培训等服务，有利于供应商生产能力和生产效率的提高，可以使上游企业资源得以有效配置；向前链锁是先进企业与下游企业如客户之间的联系，为了发掘新客户，先进企业会通过调查等方式了解客户需求，在此基础上提出原产品进行创新和改造的策略及具体实施方法。为了建立生产设施，对存在的和潜在的供应商提供信息、技术和管理支持，先进的管理水平和高效的营销方案等都成为产生溢出效应的可能来源。这种链锁关系可以保证投资商的生产和运作，提高后发地区的产业竞争力。

总的说来，通过链锁效应，滞后企业和科研院所就可能逐步融入先进的技术创新网络中，通过模仿学习提升其自主技术创新能力，可以从先进企业的产品创新、先进工艺技术和市场知识中“免费搭车”，获取知识。

2. 模仿效应

在有效的市场机制下，为了获取更多利益，技术、管理水平相对较低的企业或地区会通过模仿来有效地利用知识和技术，以此提升自己的竞争力。技术领先企业具有较大的知识流动势能，进入市场后会打破原有市场的均衡，其创新行为会对追随者产生溢出效应和示范效应。追随企业为了与创新企业竞争，会通过研究创新产品、雇用在先进企业工作过以及接受过培训的员工等方式间接的学习和模仿创新的技术与工艺，以期提高自己的生产技术水平，增强企业吸收知识溢出的能力。熊彼特指出，创新会带来正的溢出效应和外部性，为相关行业的其他企业（包括竞争对手）树立模仿的样本。他们会模仿创新者，先是个体模仿，最终技术模仿和扩散的范围会越来越大（董芹芹和邹宇，2009）。

Mansfield（1981）通过对美国化工、制药等 48 个行业产品的调查发现，其中有 34 个新产品在研发期间被模仿了。其研究还表明，由于新技术的认可和最终商品化之间的时间急剧缩短，越来越少的企业有能力担负起多年的基础研究，所以转向了模仿创新，这就说明模仿的低成本使越来越多的落后者通过模仿而非研发制造新产品。Barro & Sala-I-Martin（1995）考察了一个开放经济中的经济发展现象，研究发现经济发展落后的国家可以通过模仿经济发达先进的国家的产品来促进经济增长。Grossman & Helpman（1991）、Mukoyama（2003）等的研究都说明模仿可以带动技术进步和经济增长。

目前，中国台湾和韩国等许多国家或地区的厂商在加利福尼亚的硅谷和波士顿的“128 公路”设立了技术监听站，目的就在于尽快获取最新消息，并加以模仿。Kim & Whiteside（1997）对韩国工厂和企业的研究发现，计算机制造、自动化车床、钢铁等很多企业都是通过对新产品反求工程（逆向工程）的研究和开发途径获得发展的，这些实证经验有力的证明了模仿效应可以提高企业发展水平，有利于溢出效应的发挥。近年来，在中国汽车市场的竞争中，以民营企业为主体的奇瑞、吉利、长城、比亚特、力帆等自主开发企业，在竞争中积极学习外资企业的先进技术和管理，并进行模仿，在此基础上研发创新，已成为一支不可抵挡的新生力量。截至 2007 年底，自主品牌轿车累计销量达到 124.22 万辆，占轿车销售总量的 26%，并成为中国汽车出口的主要厂家（赵增耀，2009）。这些数据说明了知识溢出的模仿效应。

3. 交流效应

交流效应是指企业之间人员的交流互动而产生的溢出效应。生产同种产品的不同企业及其相关组织机构的生产工人、产品营销人员和企业管理人员，由于工种相同、地域相近或工作要求等原因可能会形成多种正式或非正式的交流，而交流的背后带来的是源源不断的“技术流”、“信息流”、“经验流”、“知识流”，有力地促进了知识的溢出与扩散。此外，在本地投资的外来公司，在人力资本的引进上一般都是采取人才当地化的原则，而由于当地企业滞后于外来企业或地区人力资本的水平较低，起初往往不能满足要求。这些先进企业便会对当地雇员进行培训，包括生产性操作、技术和管理等各个方面。当这些雇员流向当地企业或自创企业时，其在先进企业工作时所学的专业技术和经营管理技术也随之外流，从而产生溢出效应。通常情况下，人力培训状况越好、向滞后企业流动越多，则溢出效果越好。上海浦东自 1992 年起不断地有国际著名的跨国公司进入，2000 年已有 151 家著名跨国公司在浦东投资了 317 家企业。这些企业的中高级管理人员绝大部分实现本地化。浦东从全国各地引进各类人才近 2 万名、留学生 500 多名，不但为吸引跨国公司提供了人才资源保障，同时也培养和造就了一大批适应国际企业需求的人才队伍。为实现人才当地化，跨国公司还建立了大规模的培训体制，培养了大批新一代的企业管理人员、技术人员和工人。IBM 为拓展中国市场，实现本土化，1994 年曾提供 275 万美元的计算机及应用软件开发工具，为清华等 5 所高校建立了案例教学中心；1995 年又捐献价值 210 万美元的一套主机系统支持中国教育和科研主干网的建设，并于同年向一批重点大学捐赠 3220 万美元左右的计算机设备及相应的技术支持；2001 年又向北大、复旦、华中理工大学和华南理工大学提供了计算机设备、软件、培训和支持服务。所有这

些工作都促进了先进的技术外溢，不仅为开发中国市场奠定了基础，而且提升了本地企业的技术水平和研发能力。

4. 竞争效应

随着越来越多的跨国公司在一国投资办厂，东道国国内企业和外商投资企业便在同一个市场中展开竞争。因为双方都从国内劳动力市场获得劳动力，而劳动力的供给在短期内是有限的，拥有先进技术的投资企业获得的利润大，所以给劳动者较高报酬，使其边际收入增加，劳动力价格上升。东道国迫于竞争的压力和追求利润最大化的本能促使其国内企业加大对研发部门人力资源的投入，从而提升自身的生产技术水平；而随着东道国企业的技术水平提升，竞争力上升，又会刺激外资企业引入更先进的技术。这一良性循环会促使双方企业技术水平提升，使东道国企业能够通过竞争效应获得技术进步，整体国民收入也会相应增加。

这种市场竞争打破了原有的市场均衡，一旦有先进的产品、工艺等展示，或某一企业产品盈利性突出，其他企业便会增强危机感和竞争的意识，想方设法了解其先进技术和管理水平，并迅速进入竞争状态，不遗余力地进行技术创新，以新设计、新原料、新工艺、新产品等来拓展市场。此外，跨国公司为了维持和提高自身的竞争实力，会为协作企业提供的零部件制定严格而苛刻的技术检验标准，并利用同类小企业的相互竞争来降低价格，为了生存，相互竞争的小企业就需要不断进行技术创新。

5. 带动效应

外商直接投资和先进技术的引进所产生的知识溢出直接或间接地影响着产业结构的调整和变动，对产业发展和产业升级有积极的推动作用，促进了东道国技术进步，从而促使其经济增长。外商投资引起的产业带动主要是通过要素转移和渗透来改变一国需求和供给结构，外资企业的技术水平、战略和业绩直接影响资源配置，间接地通过产业联系和竞争刺激影响其他厂商的行为，很大程度上改变着资源的使用方式和效率，产业带动效应的最终结果是导致东道国产业结构的优化（李国鑫，2000）。优化的产业结构在技术水平和资源利用效率上均有提升，其本质便是技术的集约化。采用先进技术的部门在数量上和比例上的增加会直接或间接影响其他部门经济增长，从而进一步影响整个产业的技术程度，推动产业结构向高级化方向演进。同一产业集群内，一旦有先进技术进入，同类企业便很可能对其进行模仿、创新，在借鉴的基础上推出功能更强、性能更好的相近产品。这样一项先进技术被产业内多家企业竞相模仿甚至创新的结果，会促使出现更为先进的技术，从而提升整个产业的新技术含量。

6. 激励效应

激励是管理人员调动职工积极性和创造性的有力手段。知识溢出是知识或技术从高到低的一种传递或扩散。溢出方因个人边际收益小于社会边际收益会降低创新的积极性，而接受方要学习或创造更先进的技术需要付出更多的努力，要使溢出方和接受方提高工作效率都要涉及激励问题。先进企业知识的溢出效应体现在使其参与更广阔的市场，增加职员的福利待遇，培养他们的挑战性和创新性，导入新型管理模式和企业精神；对于滞后企业或地区，建设企业文化产生激励作用，学习先进企业的管理制度，间接接受新技术和信息的传播。这些都属于知识溢出的激励效应。很多外资企业通过与国内企业合资的方式激励国企管理技术人员深入外资企业内部学习，这种方式对滞后企业或地区具有极好的激励效应。

知识溢出可以看作一种过程，是一定社会环境中，一个区域的企业或组织的一种行为结果，而溢出效应则表现为影响、作用或结果。知识溢出必然伴随溢出效应的产生，而溢出效应会为滞后的企业或组织提供模仿学习的机会，减少他们的创新成本，增加知识接受者的能力和技术水平，提高工作效率和绩效，推动区域或企业组织的整体经济增长。

虽然知识溢出可以减少学习成本和创新成本，提高个人和组织的能力，但对于知识溢出的供给者来说，其创新成本得不到充分补偿，创新者的积极性就会降低，长期如此国家的知识存量会减少，知识溢出的负效应会产生，所以知识溢出中社会激励问题也尤为重要。

7. 经济效应

知识溢出的经济效应是指知识的接受者在一定知识积累的基础上吸收溢出的知识，并融入已有的知识中，从而导致知识创新或带动经济增长等一系列影响。

新增长理论和新贸易理论均强调贸易交流的重要性，认为国与国之间发展对外贸易不仅可以增加世界贸易总量，而且还可以加速先进科学技术、知识和人力资本在世界范围内的传递，使贸易参与国的知识、技术和人力资本水平得到提高，产生溢出效应（孙兆刚，2005）。所以通过知识溢出产生的溢出效应来促进经济增长和提升国力将会成为一种有效手段。充分理解并把握溢出效应与经济增长的内在联系，对滞后企业或地区实现经济追赶、缩小经济差距将产生积极的作用。

王立平（2008）认为罗默是最早引入知识溢出效应来解释经济增长的学者。Romer（1990）指出研发具有直接和间接两种效用：首先是直接效用，研发勾画出新产品、新设计的蓝图，创新企业直接占有垄断或半垄断租金；其次是间接溢出效应，新的创意以新材料、新配方和新运算方法的形式进入而增加了知识的存量，由于知识具有非竞争性和非垄断性等外部性特征，这种知识存量有可能在没有支付给研发者任何补偿的情况下被其他的企业所利用——知识溢出。同时他认为新投资的厂商可以通过积累生产经验提高生产率，其他厂商则可以通过学习新厂商的先进知识提高生产率，即新投资具有溢出效应。

知识溢出效应是指知识溢出对社会经济所产生的效用价值，广义上包括正的

溢出效应和负的溢出效应。溢出效应产生的根源是由于知识生产的私人收益（或成本）与社会收益（成本）之间的差异，当私人的边际收益小于社会边际收益时，就会产生正的溢出效应；当私人的边际收益大于社会边际收益时，就会产生负的溢出效应。

知识溢出效应的存在，促进了人力资本在企业间的流动，这种流动不仅发生在企业的竞争者与合作者之间，还发生在企业与用户之间。企业之间员工通过有意或无意的交流，可以了解到其他企业的相关信息，从而可能学习或利用其先进之处，促进自身发展。溢出促进了企业间的合作互动，提高了企业学习新技术的机会，企业可以共享集群成员的管理信息，提升企业预测未来发展趋势的能力，知识的流动和技术要素的互动可以减少风险投资。此外，人力资本和知识的流动通过企业的本地化衍生而加速新企业的诞生。获得溢出效应的企业可以减少创新成本，提高技术开发能力，从而加快知识的扩散，使企业为市场提供更多物美价廉的产品，增加社会财富（惠宁，2007）。

知识溢出对于个人来说，可以减少学习成本，缩短学习时间，提高学习效率，提升个人能力；对于企业来说，获得知识溢出可以减少创新成本，提高自身的技术水平，对利益的追逐又会引发大规模的竞争，企业为争夺市场会争先创造新的技术，生产出更多价廉物美的创新产品，从而促使整个社会技术水平的提高和社会福利的增加。

第五节 知识溢出与区域经济发展的关系

国内外许多学者对知识溢出和经济增长之间的关系进行了理论探讨和实证研究。早在 1957 年缪尔达尔便提出，区域经济非均衡发展过程中存在“回流效应”（Backwash Effect，也称“逆流效应”）和“扩散效应”（Spread Effect）两种影响作用机制。一方面，欠发达地区的要素和经济活动会不断趋向发达地区，这种回流效应会促进发达地区的发展，扩大区域差距；另一方面，发达地区对欠发达地区的扩散效应又会促进区域协调发展，缩小区域差距，这两种效应作用的综合结果便是溢出效应（彭连清，2008）。Romer（1986）、Lucas（1988，1993）等证实知识溢出是区域经济增长的发动机。Grossman & Helpman（1991）提出，知识溢出对区域的经济共同增长具有重要意义，该研究使人们认识到了区域间知识溢出是区域相互作用的重要形式。

许多实证研究表明，区域间存在知识溢出，并且可以通过研发合作、技术转让、投资、人力资本流动等多种方式产生。知识溢出可以是有意识或无意识的，也可以是商业性或非商业性的。区域之间可以通过信息交流、模仿、学习而获取知识成果，并在此基础上将溢出的知识和本身知识相融合进行创新，不同的区域主体间通过相互“沾光”共同促进经济增长。对于发展中国家来说，研究区域间知识溢出是缩短与发达地区差距的一种重要途径。

值得注意的是，正如王立平（2008）所说，现有研究中得出区域间的知识溢出有利于缩小地区之间差距这一结论的，其研究对象主要针对的是许多发达国家。Van Stel & Nieuwenhuijsen（2002）应用面板数据分析方法研究荷兰1987～1995 年工业部门知识溢出、区域竞争与经济增长的关系，结果表明区域竞争与产业之间知识溢出对产业部门经济增长影响显著，而产业专业化水平对产业部门的经济增长影响不显著。

Michael & Grit（2004）以德国的三个地区为研究对象，探讨了知识溢出和研发合作对创新活动的影响。研究表明，研发活动的生产效率对区域差异具有重要影响，而研发能力差异受同一区域内其他研发群体知识溢出的影响，企业间研发合作对知识溢出和研发效率提升有微小影响，知识溢出是缩小区域差异的一种途径。

Cainelli & Zoboli（2004）运用改进的“追赶”模型，研究欧洲 89 个区域 1980～1992 年产业区内、国内产业区之间和国家之间（国际知识溢出）三个层面的知识溢出对各区域制造业劳动生产率的影响，研究结果表明，虽然三者的影响程度各异，但是三者对劳动生产率增长的作用显著。

Kesidou & Romijn（2008）指出，在经济发达国家，当地知识溢出通常被认为是区域创新和经济增长的源动力，然而发展中国家往往强调国际知识溢出的重要性，而忽略了本地知识溢出的影响。他们以乌拉圭首都蒙得维亚的软件产业为研究对象，结果显示，在发展中国家当地知识溢出对于产业集群中的企业创新同样意义重大，不仅有利于劳动力流动和成员之间的信息交流，而且有利于孵化新企业的产生、提高企业的创新能力、增加区域内企业竞争力，进而缩小区域差距。

张玉明等（2009）运用空间计量经济学模型，以高技术产业为例探讨了知识溢出对区域创新产出影响，探讨了 MAR 溢出、Jacobs 溢出和 Porter 溢出三种形式对中国省际区域创新产出的影响。其结果显示，高技术产业的专业化、多样化和省际区域的人力资本对区域创新产出具有正向促进作用；区域创新活动具有空间依赖性，不仅受本身知识溢出的影响，还受邻近区域知识溢出影响；区域在制定区域经济政策时要充分考虑知识溢出的地理特性，加强区域合作，充分利用溢出效应促进区域经济发展。

从理论和实践上看，知识溢出既是全球性的，也是区域性的。随着知识溢出对经济发展带动作用的凸显，世界各地纷纷建立了高技术产业园区。它们都根植于当地特殊的经济、技术和社会文化环境中，从中汲取营养，不断增强企业和区

域的国际竞争力。比较成功的有美国的硅谷、英国的剑桥、印度的班加罗尔、法国的索亚以及我国的苏州工业园区等高技术产业集群，这些都是知识溢出的必然结果，带有区位特性。

美国的硅谷地区目前被称为世界上最具创新能力的高技术产业区，在生物技术和医药、计算机硬件和储存、国防和航空、信息服务、集成电路、多媒体、网络、半导体及制造设备、软件、电信以及检测食品等领域均居世界领先地位。硅谷从发展初期至今始终保持着持续不断的自主创新能力，并在全球的竞争中获得优势。硅谷的成功源于以下的知识溢出效应：

（1）大学（研究机构）和高技术人才密集。区域内有著名的斯坦福大学、加州伯克利分校、圣克克拉大学等世界一流大学（研究机构），为企业发展提供了众多的研究成果和智力人才。

（2）劳动力在企业间频繁的流动。从高级工程师到一般技术人员在一家企业都待不过三年，频繁的流动造就了独特的思维，增强了知识共享能力，提升了创新力。

（3）企业间的密切合作。地理位置上的集中，使企业之间面对面地合作、互动更加方便。这种互动交往，如相互打电话、吃饭、聊天等，可以获得许多世界同行的最新信息，确保了知识迅速扩散。

（4）企业的衍生。产业区内大学、科研人员、风险投资家等的集聚使其成为创业的摇篮。硅谷不仅是惠普、雅虎、英特尔等成功公司的诞生地，而且衍生了成千上万个成功的小公司，它们相互影响、相互合作，推动着硅谷的不断创新。

（5）风险投资。硅谷是世界上最大的风险投资资金中心，良好的金融环境，创新能力与经济的快速发展，促使大量技术企业快速集聚，极大地扩展了硅谷的技术构造和技术基础。

1969 年，剑桥大学筹备建立了剑桥工业园区，自成立以来经历了高速发展、衰退、再次增长的过程。该地区集中了大量的高新技术公司，以研发为主，主要是计算机软件和硬件、科学仪器和电子工业，还有日渐增多的生物技术、医药化学、空间技术等方面，同时集中了一大批大型跨国公司的研究基地和研究所，如诺基亚、日立、甲骨文、施乐公司、斯坦福研究所、微软等。该工业园区是模仿美国硅谷模式建立起来的，其成功经验有：

（1）依托大学和科研机构。剑桥大学在物理学、计算机科学和生物科学等领域具有明显的科学优势，对工业园区的发展具有决定性作用。

（2）重视中小企业的发展。园区内有一大批富有活力的小型科技企业活跃在前沿科技领域，它们都踞于擅长的领域，有效利用资源，规模化生产受市场欢迎的特定产品。

（3）积极进行成果转化。成果的转化一般是通过申请专利、创办衍生的产业公司和兴办科技园来实现的，而英国剑桥工业园区为剑桥大学的研究成果提供了实践的平台。

(4) 宽松的政策和灵活的制度。宽松的政策和灵活的人事制度，刺激着创新型的中小企业不断涌现，产生了一大批建康发展的“小科技企业”，甚至某些规模不大的中型企业内部也出现了大公司才有的母子公司的结构。

从众多研究和知识溢出效应的成功案例中我们可以看出，人力资本的流动、企业之间的互动、企业衍生及其科研力量等促成的知识溢出可以增加知识创新的数量，使得高水平技术产业集聚，促进区域内企业共同发展。所以，知识溢出对于区域经济发展具有重要作用。

此外，近年来，许多统筹城乡协调发展的研究中也渗透了知识溢出的思想，如中心—外围理论、增长极理论就是通过知识的溢出、接收、吸收和利用发挥作用的。Jaffe (1993) & Henderson、Keller (2001) 指出地理位置上的接近有利于知识溢出的发生。Antonella Nocco (2005) 认为技术差距不是很大、交易成本充分低时，区域间才可能发生溢出效应，并认为溢出与区域不均衡有一定关系。侯风云 (2004) 等将知识溢出中的人力资本的溢出效应作为城乡发展差距的一个解释变量。王军、朱倩 (2006) 通过实证方法认为知识溢出是城市的一种重要功能，产业在城市的规模集中产生了溢出，而溢出提升了创新能力。可见知识溢出也是统筹城乡协调发展的一种途径。

总的说来，知识溢出能够通过先进地区的溢出效应带动落后地区发展，从而实现共同发展，因此知识溢出是协调区域发展的一种有效途径，区际经济联系形成的区域间知识溢出效应是一个值得深入研究的课题。

第六节 小 结

本章提出了知识溢出机制的系统框架，从知识溢出的前提、基础、关键保障和约束因素等层面分析了该框架中影响知识溢出的因素，认为知识溢出发生在一定社会环境中的，技术差距是溢出的前提，知识存量是溢出的基础，吸收能力是溢出的知识能否被接收的关键保障，空间距离是知识溢出的约束因素；在此基础上分析了知识溢出的七大效应——链锁效应、模仿效应、交流效应、竞争效应、带动效应、激励效应和经济效应，而经济效应是其他效应的集中体现；最后本章揭示了知识溢出与区域经济发展之间存在着密切关系——知识溢出有利于缩小区域差距，促进经济增长。此外在阐述上述内容的过程中，本章解释了知识溢出各系统要素之间的关系，对知识溢出的主要途径进行了探讨，总结了度量知识溢出的五种方法，为研究知识溢出提供了一个有形的平台，并为下一章长三角区域知识溢出的实证研究打下了基础。

第六章 知识溢出与长三角区域发展关系实证分析

第一节 背景介绍

长江三角洲地区（以下简称“长三角”）紧邻东海，位于长江入海口，是长江和钱塘江在入海处冲积成的三角洲，也因此而得名。长三角有着良好的历史渊源，曾创造了高度发达的历史文明，是华夏文明的重要组成部分。

在我国历史上，苏州、绍兴曾是区域发展的中心城市，南京、杭州等地也曾扮演过增长极的角色。这些中心城市和增长极对周围地区的发展产生了极大的带动作用，也为这些城市现在的繁荣奠定了坚实的基础。自 1843 年开埠后，上海凭借优越的区位优势、发达的交通网络和广阔的经济腹地，逐步发展成为我国对外贸易、国内转口贸易和埠际贸易的首要枢纽港与航运中心、金融与工业发达的大都会。改革开放后，长三角创造了全国闻名的农村发展模式——“苏南模式”和“温州模式”，成为全国经济发展的样板。上海经济中心地位的确立，有力地拉动了长三角社会经济的深入发展，并与世界经济成功接轨，使得产品销售从国内市场转向国外市场，形成了外向型经济。当代，开发浦东的发展战略和吸引外商投资的一系列优惠政策，使得长三角地区经济和现代工业得到快速发展，成为全国经济发展的领先地区。

长三角城市群是为推动和加强长三角地区经济联合与协作而建立的，最初包括上海、无锡、宁波、舟山、苏州、扬州、杭州、绍兴、南京、南通、常州、湖州、嘉兴、镇江 14 个市，后来，泰州从扬州分离出来，2003 年台州又加入其中，至此，长三角发展为 16 个城市。2008 年根据国家宏观政策调整，长三角范围扩大到包括江、浙、沪“两省一市”的 25 个地级市，陆地面积约占全国的 2%，人口数量约占全国的 10%。目前，长三角地区区位优势明显，自然资源丰富，产业基础雄厚，交通便利，科技发达，市场经济发展历史悠久，是我国人才最密集的地区之一。近年来，长三角以其良好的基础设施、发达的科技教育和日趋完善的投资环境而成为国内外投资者关注的“热土”，这主要体现在以下四个方面：

1. 区位与交通方面

长三角以上海为中心，江苏、浙江作为南北两翼，位临长江、东海，本身拥有得天独厚的区位优势。长三角拥有京沪、宁启、沪杭等铁路干线，沪宁、宁杭、沪杭等高速公路，浦东国际机场、虹桥国际机场、萧山国际机场和禄口国际机场等大型机场以及南京港、上海港、苏州港等众多港口，加之南京长江大桥、杭州湾跨海大桥等的建设使长三角形成了公路、水运、铁路、航空、管道等多种运输方式共同发展的综合运输体系。便利的交通加速了长三角与外界的合作联系，促进了长三角本身及周边地区的发展，推动了长江三角洲更广泛地融入全球经济活动。

2. 教育科研方面

长三角有着悠久的教育发展传统，科技和文化事业发达；经济的全面领先也使长三角地区的教育科研发展迅速。在我国所有重点高校中，仅长三角就占了1/5，其中复旦大学、南京大学、浙江大学等是学科比较齐全的研究型大学，吸引了众多学子来此深造，培养了大批研究型人才。这些大学承担了许多基础研究任务，是科技创新的主力军，不仅要解决长三角经济发展过程中遇到的实际难题，为长三角经济服务；而且还要面向全国、面向世界，争做世界高水平大学，并为我国乃至世界经济发展做贡献。此外，长三角地区的社区学院、职业技术学院等也是我国职业人才的重要培养基地。该地区文化昌盛、人才荟萃，会聚了全国科研院所 1/7 的科技人才、全国 1/6 的科学家和工程师、1/5 的高中级科技人员，并建立了多个高新技术开发区，是我国高级人才选择深造发展的重要地区。

3. 政策方面

长三角享有优越的国家优惠政策，经济基础良好。各个城市都开辟了特定的地区，作为招商引资的基地和园区，各级政府部门针对外商投资企业和高新技术产业等制定了相应的税收和产业优惠政策，以鼓励和吸引高附加值的产业进驻，带动本地经济加快发展。2008 年，国务院又颁布了《关于进一步推进长江三角洲地区改革开放和经济社会发展的指导意见》，把长三角的发展放在了一个更高的发展层面，针对各种发展问题提供了指导策略，足见国家对长三角地区发展的重视。

4. 经济发展方面

长三角具有优越的自然条件，本身资源丰富，工业化起步较早，产业基础比较雄厚，拥有发达的产业集群和完整的产业链，以上海为龙头的苏中南、浙东北工业经济带，是我国目前经济发展速度最快、经济总量规模最大、最具有发展潜力的经济板块。由《2009 长三角城市发展报告》可知，长三角的扩容使其在全国经济中所占分量更重。2008 年长江三角洲地区 25 个城市的地区生产总值

(GDP) 达到 65185.07 亿元，占全国 GDP 的比重为 21.68%，比 2007 年提高了 2.76 个百分点。这与苏北融入长三角使其由 16 个城市扩大到 25 个城市有关。其中，新加入的宿迁、淮安和盐城三个苏北城市的财政收入增速最快，排在长三角前 3 名，增幅分别为 41.3%、38.8%和 38%；有 6 个城市的财政收入超过 300 亿元，前 5 位城市分别是上海（2382.34 亿元）、苏州（668.91 亿元）、杭州（455.35 亿元）、宁波（390.39 亿元）、南京（386.56 亿元）。居民收入方面，在富民工程导引下，长三角城乡居民收入持续上升，生活水平也在日益提升。25 个城市中，居民人均年可支配收入有 14 个城市超过 20000 元，年平均收入达到 23342 元，平均增幅达到 11.2%。其中，上海（26675 元）、宁波（25304 元）、台州（24181 元）、杭州（24104 元）、苏州（23867 元）分列前 5 位。浙江 11 市城镇居民人均可支配收入连续八年列全国各省区第一位，江苏省城镇居民人均可支配收入明显低于上海和浙江，但是收入增长速度最快。强劲的经济发展已使长三角经成为拉动全国经济增长的重要贡献地区。在县域经济发展方面，2009 年全国百强县排名中，江苏省 27 个，浙江省 26 个，仅长三角地区就占了全国的一半还多。其中前 10 个百强县江苏就有 6 个，江阴市排名第一位，浙江有两个。江苏县域经济规模大，百强县大而强，具有“集体经济＋规模经营＋资本市场”的特点，区域统筹条件比较突出；浙江县域经济人口规模小，百强县相对富裕程度高、差别小，特点是“民营经济＋产业集群＋专业市场”，城乡统筹条件比较突出。成功的县域发展为长三角地区总体城乡统筹及区域协调发展提供了前提和保证。

可见，长三角地区的发展取得了较大的进展和成就，但由于受到种种因素的影响，区域发展存在诸如不均衡等许多问题。尤其是长三角经济对外依赖程度比较高，外部市场变化对长三角造成的冲击可能大于其他地区。2008 年由美国次贷危机引发的全球金融海啸对长三角冲击较大，直接影响长三角的外贸出口，城市居民人均可支配收入、到位注册外资等多项重要指标均出现下滑现象。在所有长三角城市中，除上海和南京的第三产业占经济比重超过了第二产业，其他各城市的产业结构还存在不同程度的不合理性，有的城市甚至极不合理，而金融危机的大背景使得长三角产业结构调整面临许多新问题和挑战。因此，长三角如何转变经济增长方式，营造一种怎样的区域发展环境等，是亟须讨论解决的问题。

综上所述，在长三角发展的过程中，既有丰硕的发展成果，也存在一些问题。有哪些好的发展模式或者经验可以借鉴以及哪些地方尚须改进，还需要进行规划和细化实施。本章以长三角区域经济为研究背景，按照知识溢出机制的模式，通过对知识存量、知识差距、空间距离、吸收能力、知识溢出效应进行建模，从而分析并寻找长三角区域经济增长的动力和源泉。

第二节　模型设置

一、知识溢出空间模型

Verspagen（1991）、Caniels（2000）提出了知识溢出空间模型，该模型用中心—外围理论来讨论区域知识溢出，并把空间因素和区域的吸收能力引进了经典的知识溢出理论中，指出区域知识溢出具有扩散性质。本章借鉴该模型来分析长三角区域间的知识溢出效应。首先考虑两个区域间的知识溢出，假定区域 i 为技术先进区域，区域 j 为技术落后区域，两区域间知识溢出的发生取决于区域间知识存量差距 G_{ij}，则得到模型如下：

$$S_j = \frac{\delta_j}{\gamma_{ij}} e^{-(\frac{1}{\delta_j}G_{ij}-\mu_j)^2}，其中 i \neq j, \quad (6-1)$$

$$G_{ij} = \ln\frac{K_i}{K_j} \quad (6-2)$$

其中：S_j 表示区域 j 吸收区域 i 溢出的知识量或者说区域 i 向区域 j 的知识溢出量；δ_j 表示 j 区域的学习能力；μ_j 表示地区 j 的知识修正值，即两地区实现技术追赶后的知识存量差距；γ_{ij} 表示区域 i 和区域 j 之间的地理距离；G_{ij} 表示区域 i 和区域 j 之间的知识存量差距；K_i 表示区域 i 的知识存量。

两个区域间的知识溢出函数曲线如图 6－1 所示，其中两区域间所有变量相同，横轴表示技术差距，G_{ij} 为正值时，表示区域 j 为落后区域。

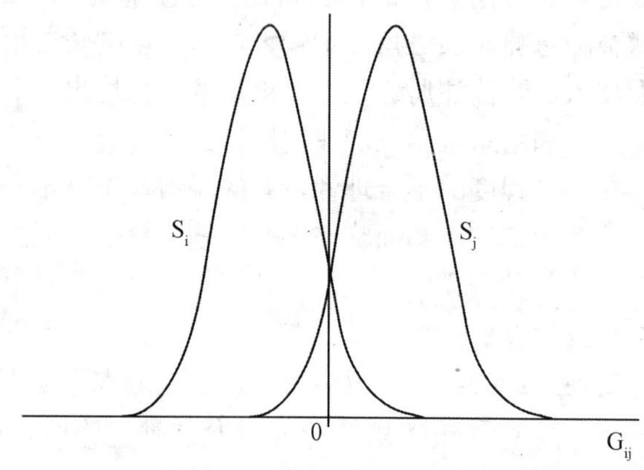

图 6—1　两区域知识溢出函数模型

从图 6－1 可以看出，此模型允许溢出是双向的，即知识可以从先进区域溢出到落后区域，也可以从落后区域溢出到先进区域，因为落后区域可能拥有先进区域没有的互补知识，从而产生溢出，但是从先进区域溢出到落后区域的知识要大于后者，即只有少量溢出从落后区域溢出到先进区域。从图 6－1 中还可以看出，当两区域知识差距为零时，净溢出为零，这并非没有产生溢出，而是两个方向的溢出量相等，从而相互抵消。G_{ij}也并不是越大越好，太大的知识缺口，可能会使得知识溢出接近为零，这主要有两个方面的影响因素：一方面是空间距离太远造成交流困难；另一方面可能是落后主体的知识存量相对较低，技术水平或人员素质达不到应有的条件，虽然知识差距存在，却因差距太大而没有能力吸收溢出的知识，也就产生不了知识溢出效应，同时落后地区学习能力 δ_j 的变化会显著影响知识差距 G_{ij}。随着主体吸收能力的增强，吸收的知识会增加，即抛物线的波峰会向右移动。

对于多区域间的知识溢出，当区域数目增至 k 时，对于每个区域来说，衡量该区域接受的知识溢出需要用 k－1 个区域的技术差距来度量。也就是说，每个区域的知识吸收是接受 k－1 个其他区域的知识溢出量的总和，模型表示为：

$$S_j = \sum_{i=1}^{K-1} \frac{\delta_j}{\gamma_{ij}} e^{-(\frac{1}{\delta_j}G_{ij}-\mu_j)^2}, i \neq j \qquad (6-3)$$

二、指标选择与数据收集

1. 指标选择

从式（6－3）中可知，知识溢出受知识存量、空间距离和吸收能力等因素的影响，而吸收能力又是建立在知识存量的基础上，与其息息相关，同时又受知识交流渠道的影响。知识存量指标的选择依据知识的分类、显性知识和隐性知识的内涵以及知识存量的性质。如前所述，显性知识是以书面文字、图表和数学公式加以表达的知识；隐性知识则是没有被表达的知识，现实中主要表现为技术、专长、经验、组织文化等（郭瑜桥等，2007）。显性知识具有共享的特性，用字母 X 表示；而隐性知识则是人们在长期的实践中积累的知识，难编码，具有知识保护和垄断的特性，必须通过交流沟通等方式才能转化为共享的知识，用字母 Y 表示。显性知识（X）主要通过公共图书馆藏书量（A）、互联网用户（B）和万人拥有在校学生数（C）表示；隐性知识（Y）由专利数（D）、年末从业人员数（E）和万人拥有专业技术人员数（F）来表示。以知识为载体的溢出主要分为三类形式——人员流动溢出、商品贸易溢出和组织合作溢出，分别用公路客运量（G）、公路货运量（H）、FDI（I）三个指标来表示。对于反映经济增长水平的指标，本书采用国际公认的 GDPPC 表示。知识溢出各指标如表 6－1 所示。现将部分指标含义和算法作进一步说明。

表 6—1 知识溢出各大指标

知识的分类与载体	指 标
显性知识（X）	公共图书馆藏书量（A）
	互联网用户（B）
	万人拥有在校学生数（C）
隐性知识（Y）	专利数（D）
	年末从业人员数（E）
	万人拥有专业技术人员数（F）
人员流动溢出	公路客运量（G）
商品贸易溢出	公路货运量（H）
组织合作溢出	FDI（I）
区域经济发展综合性指标	GDPPC

（1）公共图书馆藏书量。公共图书馆藏书为大众学习知识提供了自由的平台，书籍中含有的知识是已经公开的公共产品，可以相当广泛地传播，为大家所共享。因此，用公共图书馆藏书量代表显性知识的一个重要方面具有合理性。

（2）互联网用户。网络的普及使得一些知识产品只要开发一次就能供所有人使用，而且这些知识可以在不增加费用的情况下通过网络百万倍地扩散出去。用互联网用户来代表显性知识的一个方面具有一定程度的合理性。

（3）万人拥有在校学生数。在校学生作为知识储备后备人员，是未来知识存量的主要决定变量。万人拥有在校学生数可以体现一个地区的教育水平和后备力量，很大程度上可反映显性知识的传承。计算方法为：

$$\text{万人拥有在校学生数}=\frac{\text{在校生总数}}{\text{常住人口}}$$

（4）专利数。专利体现区域的科技创新水平，各种专利和发明可以为现有的技术进一步改进提供许多新鲜思路。专利具有知识保护和垄断的特性，所以本书把专利数作为衡量隐性知识的一个指标。

（5）年末从业人员数。年末从业人员数量体现区域的人力资本情况，体现了包含在人体内的隐性知识。

（6）万人拥有专业技术人员数。专业技术人员是指从事专业技术工作和专业技术管理工作的人员，包括工程技术、农业技术、科学研究、卫生技术以及教育人员等 17 个专业技术职位的人员。万人拥有专业技术人员数则能反映某一时期区域内的专业知识水平，单位为人/万人，是隐性知识的重要反映。

（7）公路客运量。公路客运量是指在一定时期内，公路运输工具实际运送的旅客数量，反映公路为国民经济和人民生活服务的数量，是人员流动溢出的形式

之一。因为其他运输工具数据无法完整获取，本书选用公路交通统计数据。

（8）公路货运量。公路货运量是指在一定时期内，公路运输工具实际运送货物的数量，反映公路为国民经济和人民生活服务的数量，是商品贸易溢出的形式之一。

（9）外商直接投资（FDI）。FDI 指外国企业、经济组织或个人（包括华侨、港澳台胞以及我国在境外注册的企业）按我国相关规定在我国境内开办外商独资企业、与我国境内的企业或经济组织共同举办中外合资经营企业、合作经营企业或合作开发资源的投资（包括外商投资收益的再投资），是组织合作的主要反映形式。FDI 溢出是组织合作溢出的主要形式之一，也是近几年我国学者做得比较多的一项研究。

（10）GDPPC。GDPPC，即人均 GDP，指每人所创造的地区生产总值，是反映经济发展水平和综合实力的基础指标之一。

2. 数据收集

上述各指标数据主要来源于长三角“两省一市”25 个城市 1997～2008 年各年度的统计年鉴，部分专利数据来自于各省市的知识产权局。此外，模型中的地理距离用实际地理距离计算，数据利用 Google Earth 测度，并根据实际铁路、公路距离比较进行修正而得。

第三节　实证分析

一、结构方程模型简介

为了分析指标之间的可信度，我们采用结构方程模型（Structural Equation Modeling，SEM）方法来进行研究。结构方程模型，也称结构方程建模，是基于协方差矩阵分析变量间关系的一种统计方法，所以也称为协方差结构分析（侯杰泰，2004）。SEM 自 20 世纪 80 年代以来得到迅速发展，主要用来建立、估计和检验因果关系。它建立在许多传统统计方法的基础上，是对验证性因素分析、路径分析、多元回归及方差分析等统计方法的综合运用和改进提高，其本身是一种实证分析方法。它通过寻找变量间内在的结构关系验证某种结构关系或模型的假设是否合理、模型是否正确，并且如果模型存在问题，可以指出如何加以修改（何晓群，2004）。结构方程模型中涉及的变量按照变量是否能直接测量，分为显变量和隐变量，前者是可测变量，而后者是无法直接观测并测量的变量。按照变量之间的关系，又分为外生变量和内生变量，内生变量由隐变量决定，外生变量由显变量决定。

结构方程模型在形式上反映显变量和隐变量之间的关系，包括测量模型、结构模型和模型假设。测量模型反映隐变量与显变量之间的关系，其形式如下：

$$X = \Lambda_x \xi + \delta \tag{6-4}$$

$$Y = \Lambda_y \eta + \varepsilon \tag{6-5}$$

其中：X是外生隐变量ξ的观测变量或指标；Y是内生隐变量η的观测变量或指标；δ是X的测量误差；ε是Y的测量误差；Λ_x由X在ξ上的载荷矩阵构成，反映外生显变量X与外生隐变量ξ之间的关系；Λ_y由Y在η上的载荷矩阵构成，反映外生显变量Y与外生隐变量η之间的关系。

结构模型反映隐变量之间的因果关系，通常是研究的重点问题，模型形式如下：

$$\eta = B\eta + \Gamma\xi + \zeta \tag{6-6}$$

其中：η表示内生隐变量；ξ表示外生隐变量；ζ表示随机干扰项，反映η未被解释的部分；B是内生隐变量系数阵，描述内生隐变量η之间的彼此影响；Γ是外生隐变量系数阵，描述外生隐变量ξ对内生隐变量η的影响。

模型假设为（易丹辉，2008）：

测量方程误差项ε、δ的均值为0；

结构方程残差项ζ的均值为0；

误差项ε、δ与因子η、ξ之间不相关，ε与δ不相关；

残差项ζ与ξ、ε、δ之间不相关。

SEM是从微观个体出发探讨宏观规律的一种统计方法，同传统统计方法相比具有许多优点：可以同时处理多个因变量之间的因果关系，解决不能直接观测的潜变量问题；可以估计因子结构和因子关系；容许自变量和因变量之间存在测量误差，清晰分析单项指标对总体的作用和单项指标间的相互关系。此外，SEM容许一个指标从属于不同的因子，测量模型弹性更大。上述诸多优点使SEM方法应用相当广泛，包括社会科学、教育、心理、医学、经济、管理等多个领域。不同学科在应用SEM分析问题时，有着非常类似的基本分析步骤，如图6－2所示。

二、知识存量及知识溢出形式分析

人们在生产和生活实践中逐渐积累知识，知识便以存量的形式保存下来。知识存量反映了一个组织或经济系统某阶段内对知识资源的占有总量。而知识的溢出又必须借助一定媒介才能实现。现将知识存量按知识分为显性知识和隐性知识两类进行分类拟合，在此基础上对知识溢出的形式进行拟合。

1. 知识存量的分类拟合

根据表6－1中各大指标的表示方法及相互关系，通过AMOS建立因子分析模型，该模型如下：假设潜在变量（X）与观测变量图书馆藏书量（A）、潜在变量隐性知识（Y）与观测变量专利数（D）解释度为同质，即因子系数为1；同

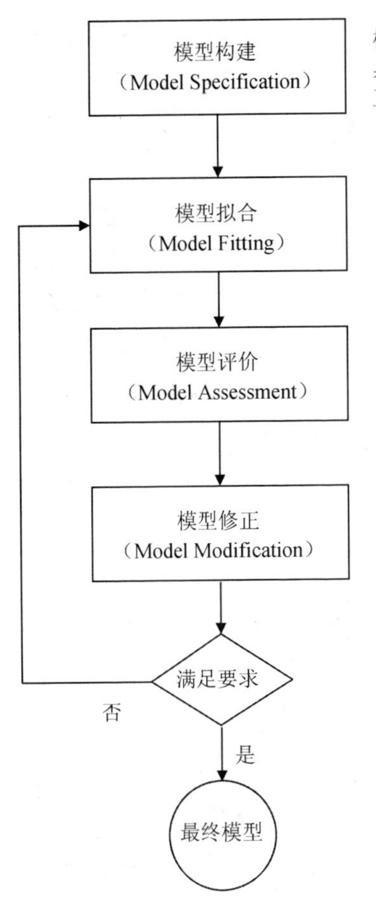

图 6—2　结构方程模型分析步骤

时每个观测变量的误差自相关，分别用 e_1、e_2、e_3、e_4、e_5、e_6 表示，检验方式主要用卡方检验，有关知识存量的 SEM 结构如图 6—3 所示。

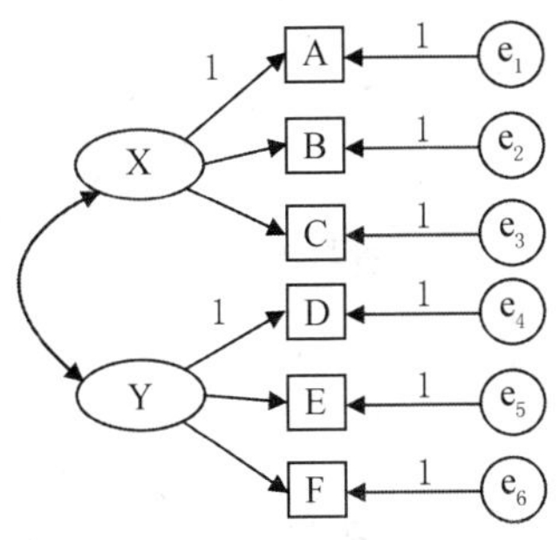

图 6—3　知识存量 SEM 结构图

通过 AMOS 的计算，表示知识存量的各变量的载荷系数估计结果如表 6—2 所示。潜变量的协方差估计值如表 6—3 所示。

表 6—2 因素回归权重

	Estimate	S. E.	C. R.	P	Label
A←X	1.00				
B←X	0.91	0.25	3.68	* * *	通过
C←X	1.23	0.32	3.82	* * *	通过
D←Y	1.00				
E←Y	1.49	0.28	5.25	* * *	通过
F←Y	1.00	0.18	5.45	* * *	通过

表 6—3 潜变量估计

	Estimate	S. E.	C. R.	P	Label
X↔Y	0.73	0.26	2.82	0.00	通过

除设定的显性知识（X）与图书馆藏书量（A）、隐性知识（Y）与专利数（D）的因子载荷为 1 外，其他因素系数估计值的检验均为 * * * 号，表示在 0.05 的显著性水平下，两系数回归显著，临界比估计的绝对值 C. R. 大于 1.96 也表明显著，故各变量回归检验通过。此外，X 与 Y 回归时的 p 值小于 0.05，临界比估计的绝对值也大于 1.96，检验通过。

为便于比较，现将载荷系数标准化处理，结果如图 6—4 所示。

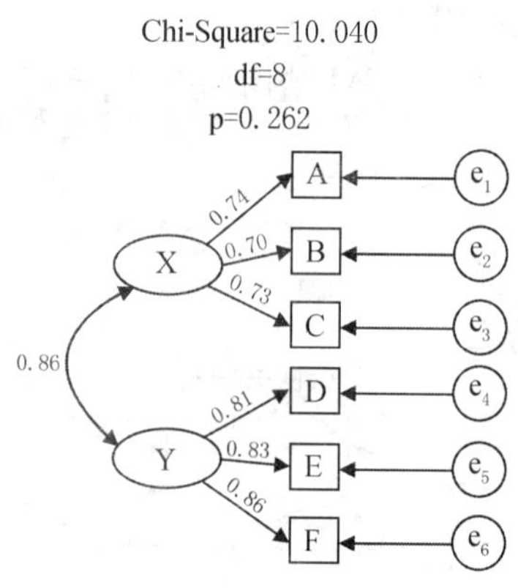

图 6—4 因素分析结果图

结果显示，用卡方进行的拟合度检验是：Chi-square＝10.040（专家建议越小越好），df＝8，p＝0.262，拟合度通过。根据以上因子分析的结论，显性知识和隐性知识存量可以用预先假定的观测变量指标表示，其线性组合为：

$$X = 0.74A + 0.7B + 0.73C \quad (6-7)$$

$$Y = 0.81D + 0.83E + 0.86F \quad (6-8)$$

从上面可以看出，显性知识与图书馆藏书量、互联网用户以及万人在校学生的数量关联性较大，显性知识的传播媒介都是有形的传播媒介，因此，知识的传播相对容易。比如，书籍中含有的知识是已经公开的公共产品，可以相当广泛的传播，为大家所共享；而网络的普及使得一些知识产品只要开发一次就能供所有人使用，因为这些知识可以在不增加费用的情况下通过网络百万倍的扩散出去。而隐性知识与专利数、年末从业人员和各类专业技术人员的相关性更加显著，主要因为隐性知识是人们在长期的实践中积累的知识，具有主观性。隐性知识产生于特殊的环境，不易通过语言和文字等方式学习，其扩散必须依赖于人们在社会实践过程中面对面的正式或非正式的交流实现。

2. 知识溢出的形式拟合

根据表 6—1，以知识为载体的溢出形式主要有人员流动溢出、商品贸易溢出和组织合作溢出三种，分别用公路客运量（G）、公路货运量（H）和 FDI（I）指标来表示。同时知识溢出的多少又受显性知识和隐性知识的影响，在上述对知识存量 SEM 分析的基础上，构建如图 6—5 所示的知识溢出形式拟合模型，以期通过 SEM 模型对知识溢出的种类以及显性知识、隐性知识对知识溢出中知识存量的贡献度进行分析。

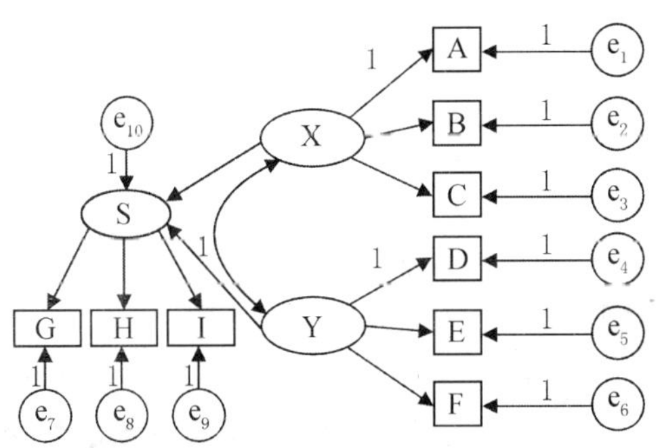

图 6—5　知识溢出 SEM 图

经 AMOS 计算，得到卡方拟合度检验结果为：Chi-square＝26.96（df＝12），p＝0.31，检验通过，RMSEA＝0.06＜0.1，表示拟合较好。显性知识（X）、隐性知识（Y）与各相关指标的回归权重同表 6—2，这里不再赘述。知识溢出（S）与显性知识（X）、隐性知识（Y），以及S与三种溢出形式G、H、I的回归权重如表6—4所示。

表6—4 因素回归权重

	Estimate	S. E.	C. R.	p	Label
S←X	0.93	0.87	2.07	* * *	通过
S←Y	1.79	1.55	4.05	* * *	通过
I←S	1.00				
G←S	0.70	0.15	4.85	* * *	通过
H←S	0.61	0.21	2.86	0.00	通过

从表6—4可知，除设定的S与FDI（I）溢出形式的因子载荷为1，其他因素系数估计值的统计检验相伴概率p值均小于0.05，其中三个为* * *号，表示各变量的路径系数在95%的置信度下回归显著，其中临界比估计的绝对值C. R. 均大于1.96，也表明回归是显著的，故各变量回归检验通过。标准化后各系数回归权重如表6—5所示。

表6—5 标准回归权重

	Estimate
S←X	0.36
S←Y	0.77
I←S	0.84
G←S	0.83
H←S	0.50

从相关系数中可以看出，显性知识（X）和隐性知识（Y）对于知识溢出（S）的作用效果有所不同，隐性知识对知识溢出的影响更为显著，其相关系数为0.77，说明在长三角大背景下，隐性知识在知识溢出的过程中起主导作用。而在知识溢出过程中，溢出的三大途径的强度从高到低分别为FDI（I）、公路客运量（G）和公路货运量（H），其中前两者相关系数均较高。可见，长三角环境下知识溢出主要依靠外商直接投资和人员流动溢出，这与Feldman（1994）提出的“知识溢出主要依靠人员的非正式交流”的观点略有差别，可能与长三角经济的特殊性有关，因为长三角优越的条件、发达的经济使得大量人才不断涌入；而且长三角是我国对外贸易的主要地区，从而使得外商直接投资和人员流动溢出

相当显著。

由上述知识溢出分析模型，知识存量可用显性知识和隐性知识表示为：

$$K = 0.36X + 0.77Y \tag{6-9}$$

知识溢出的途径强度为：

$$I > G > H \tag{6-10}$$

三、知识溢出路径分析

1. 上海为知识溢出源的知识溢出路径分析

上海作为国际化的大都市，属于技术先进区域，其政府角色、产业基础以及人员素质等在长三角都是排在前列。现就上海经济总量、交通运输和科研与教育等方面分别介绍。

总体经济方面，上海作为长三角经济的龙头，仅占全国土地面积的0.06%，人口占全国的1%，而2008年财政收入占全国的1/8，口岸进出口总额占全国的1/4，各项指标都在长三角前列。在金融危机严峻复杂的环境下，2008年上海经济保持平稳较快发展，全市实现生产总值13698.15亿元，按可比价格计算，比2007年增长9.7%；按常住人口和当年汇率计算的人均生产总值，上海2008年达到10529美元，相当于世界中等发达国家收入水平。

交通运输方面，上海市的公交交通，其线路、车辆、载客量均居全国第一位。目前上海已形成由铁路、水路、公路、航空、管道五种运输方式组成的，具有相当规模的综合交通运输网络。上海港是中国大陆最大的枢纽港，共有近50个客运站，长途班线1600余条，可抵达全国10多个省市的600多个地方。全市已形成了由地面道路、高架道路、越江隧道和大桥以及地铁、高架式轨道交通组成的立体型市内交通网络。

科研和教育方面，上海拥有100多所科研机构、10万余名科研人员及100多所专业技术培训机构，长期以来都比较重视人才培养和科技研发。2008年上海用于R&D的经费支出350亿元，高于全国平均水平1.03个百分点。同时，上海市有普通高校61所，至2008年末，在校生达到50.29万人；研究生培养机构就有53家，为国家培养了大批高素质人才。

基于长三角经济发展和城市格局的特性考虑，这里主要选取上海作为知识溢出的溢出源，进而探索长三角区域内各城市的知识溢出情况。首先，采用指标数据中2008年的面板数据，利用式（6—7）、式（6—8）和式（6—9）计算长三角25个城市的知识存量，然后通过知识差距方程式（6—2）计算得出25个城市之间的知识差距矩阵 G_{ij}；在此基础上，利用两区域间知识溢出模型（6—1）可以得到上海对其他城市的知识溢出值，其中将参数 δ_j 和 μ_j 分别设为常数，且 $\delta_j=1$，$\mu_j=0$（这是较理想的一种状态，学习能力为1，各地区实现技术追赶后的知识差距为0)。据此,整理得到以上海为溢出源的知识差距如图6—6所示。

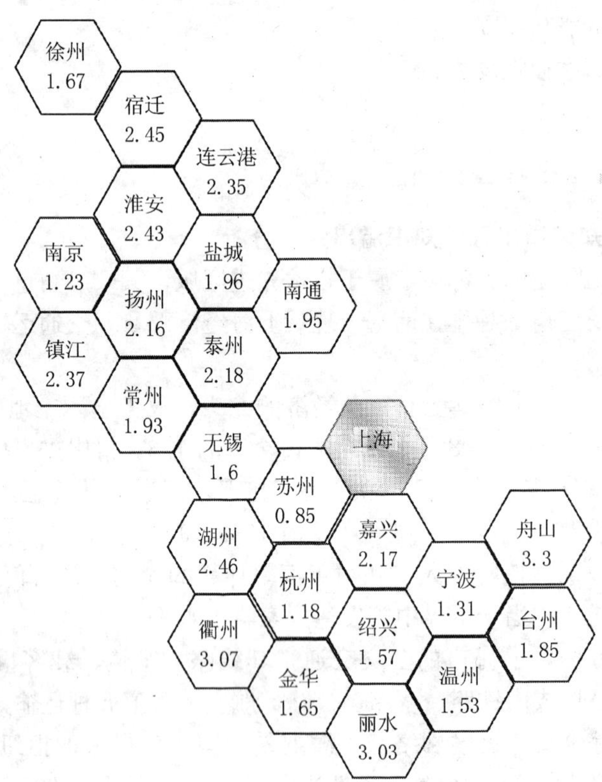

图6—6 以上海为中心的知识差距蜂窝图

从图6—6中可以看出,除较发达地区(如南京、温州等)外,靠近上海的城市比远离上海的城市知识差距要小,如上海的临边城市苏州、无锡、南通、杭州、宁波;而与上海相隔较远而又相对落后的地区如宿迁、淮安、连云港、衢州、丽水、舟山等,知识差距较大。从总体来讲,江苏城市的平均知识差距为1.93,而浙江的平均差距为2.1,说明江苏的城市与上海的知识差距比浙江的要小。

知识差距是知识溢出发生的必要条件,知识差距为零时,区域间知识水平相当,不会有溢出发生;而过大的知识差距又会使落后地区没有相应的能力来吸收先进区域溢出的知识。根据单个时间节点上的知识存量值,可以推导出长三角城市在过去的历史发展过程中的知识溢出情况。下面探讨以上海为溢出中心的各城市知识溢出量情况。

从前期的讨论可以知道,知识溢出的受到政府、市场约束、溢出方控制知识

溢出的意愿、接受方的认知距离、吸收能力以及区域间地理距离等诸多因素的影响。为了便于讨论和探讨以上海为溢出中心的各城市知识溢出量的情况，这里假设其他因素稳定，主要考察知识差距和地理距离对知识溢出的影响，并通过对数据整理和分析得到以上海为溢出源的知识溢出蜂窝图，如图 6—7 所示。

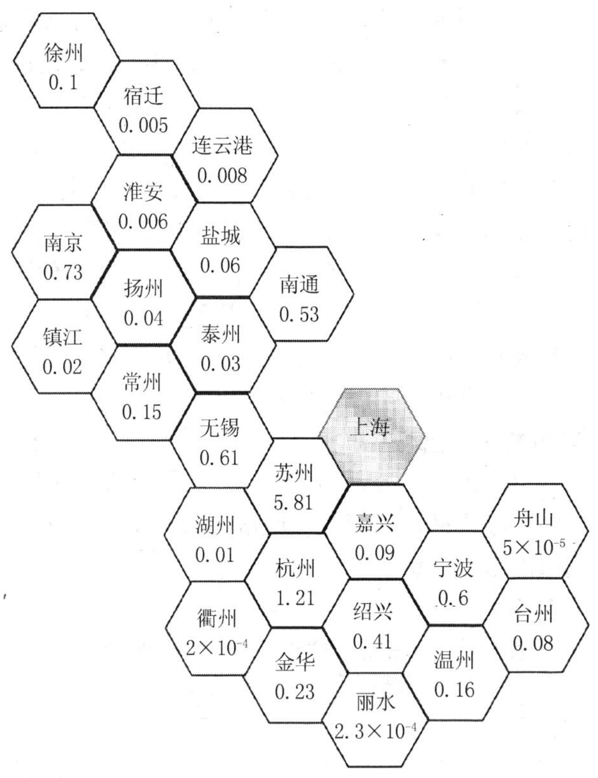

图 6—7　以上海为中心的知识溢出蜂窝图

从以上海为中心的知识溢出蜂窝图 6—7 中可以看出，苏州吸收来自上海的溢出最为明显，从图 6—6 的知识差距可知苏州与上海的知识差距最小，仅为 0.85。苏州与上海距离较近为其吸收上海先进的知识提供了有利的条件。而在其他城市中，杭州、南京、无锡、宁波、南通吸收的溢出知识相对多些，而这些城市与上海的知识差距相对较小，其中南京距离上海虽然较远，但作为省会城市，科技水平、贸易流通、人才交流在长三角中也处于领先地位，所以较低的知识差距也使其有机会学习利用上海先进的知识，为自身发展寻求更多有利的条件。此外，绍兴、金华、温州、徐州、常州吸收的知识量处于中间水平，这些城市在长三角中属于较发达城市，与上海的知识差距也相对小些，除徐州外，这些城市中其他城市与上海之间的距离也是相对较近的。由图 6－7 可知，与上海知识差距较大、距离较远的宿迁、连云港、淮安、湖州等城市，知识溢出值比较小，衢州、丽水、舟山受上海辐射的影响几乎为 0。这足以说明距离因素的存在和知识差距对知识溢出产生的影响是明显的。

从整体来看，浙江受上海的辐射要优于江苏。从图 6－7 中可以看出，上海对浙江的辐射大体呈同心圆辐射状，近似符合中心—外围的知识溢出途径。而江苏近年对铁路、公路等基础建设的注重也为溢出提供了良好条件。从图 6－7 中又可以看出，在沪宁线上的苏州、常州、无锡、南京这几个城市受上海的辐射相对较明显。然而同样在沪宁线上的镇江市，一方面其主导产业主要为机械、化工、造纸，优势产业为醋业、造船业、眼镜业等，这些产业都是比较传统的产业，与沪宁线其他城市的产业存在一定的异质性，从业的高级技术人员也较少，与其他城市企业的合作沟通也较少，使得知识不利于扩散吸收，从而对上海溢出的知识吸收较少；另一方面由图 6－6 中还可以看出，镇江市与上海市的知识差距较大，也不利于其吸收上海市溢出的先进知识。从图 6－7 中还可以看出，江苏省的其他城市受到上海知识溢出辐射的影响较小。

2. 长三角各城市知识溢出与吸收分析

利用空间知识溢出方程（6－1）、方程（6－3），计算单个城市向其他城市的总的知识溢出量、知识吸收量，从而得各城市的知识净溢出值，如表 6－6 所示。其中，正数表示知识溢出方，负数表示知识接受方。

表 6－6　长三角各城市知识溢出量与吸收量

城市	溢出值	吸收值	净溢出
上海	10.89	0	10.89
南京	41.66	8.35	33.31
无锡	64.91	31.33	33.58
徐州	28.84	13.45	15.39
常州	51.64	48.33	3.31
苏州	49.45	5.81	43.64
南通	33.64	26.98	16.66
连云港	23.67	27.79	－4.12
淮安	6.13	41.82	－35.69
盐城	38.54	33.28	5.26
扬州	38.4	38.42	－0.02
镇江	15.71	56.43	－40.72

续表

城市	溢出值	吸收值	净溢出
泰州	22.73	52.21	−29.48
宿迁	5.81	43.82	−38.01
杭州	60.53	6.94	53.59
宁波	39.95	13.28	26.67
嘉兴	29.51	49.18	−19.67
湖州	6.09	59.51	−53.42
绍兴	45.15	32.08	13.07
舟山	0	14.39	−14.39
温州	29.73	8.87	20.86
金华	32.75	35.8	−3.05
衢州	2.5	18.89	−16.39
台州	18.73	32.37	−13.64
丽水	7.05	14.69	−7.64

单独从溢出值来看，无锡溢出最多。这主要是因为无锡在长三角地理位置中基本处于中间位置，相邻城市较多，知识存量具有一定优势，同其他城市形成的知识差距又不是很大。其中，首先无锡对常州的知识溢出辐射最大，达到17.06；其次对南通、泰州、扬州、镇江溢出也较多，达到5左右。同上述这些城市比较，无锡较为发达，是现代民族工业的发祥地，纺织是传统的优势产业，钢铁具有资源优势，机电等制造业更是在江苏乃至全国具有影响的强势产业，特别是近年来新材料、新能源等高新技术产业更是发展迅速，而且无锡在显性知识和隐性知识上都占一定优势，交通网络发达，同相邻城市间交流方便，这些有利条件为溢出提供了条件。无锡本身除接收苏州的知识溢出最多，还有来源于南京、杭州、绍兴、上海等发达城市溢出的知识。

常州的溢出量在江苏省排第二。该市在服装、建材、休闲用品等衣食住行类产品加工出口方面具有明显的优势，先进的制造业吸引了众多企业来此投资，曾荣获“全国综合实力50强”等称号，对临近城市如镇江、泰州、扬州、湖州、嘉兴等的溢出也较多。常州吸收的知识主要来源于南京、无锡、南通、苏州、杭州等城市。

苏州的知识溢出值也是较多的，其老牌产业纺织和手工艺品是相当出名的，随着工业园区和高新区的崛起，电子、生物科技等也成为支柱产业。目前苏州是中国发展最快和经济最发达的城市之一，是仅次于上海的全国第二大工业城市，公路、铁路、航运等交通网络发达，成为许多城市学习模仿的榜样。苏州对无锡知识溢出辐射影响最大，南京、常州、南通、杭州、宁波等均受其影响，而本身吸收的先进知识主要来源于上海。

从上可以看出，江苏省知识溢出的极点是苏、锡、常，南京作为省会城市，显性知识优势较明显。

杭州作为浙江的增长极，是知识溢出的极点。杭州旅游产业发达，为吸引外资提供了有利条件；丝绸和纺织品等轻工业和信息产业等也比较发达，拥有多个高新技术产业开发区和创业园区，其知识溢出辐射范围涉及宁波、绍兴、金华、温州、无锡、常州等多个城市，主要吸收借鉴上海、苏州的先进知识。此外，绍兴、宁波、金华等城市溢出知识相对较多。

知识溢出较少的城市主要是位于长三角边缘位置、知识存量较低、知识差距较大的欠发达城市，包括江苏省苏北的宿迁、淮安，浙江省的舟山、衢州和丽水。其中，舟山知识溢出值为 0，因为在长三角的 25 个城市中，其知识存量值最低，属于知识落后地区，所以主要吸收先进地区的知识。

从知识吸收量来看，江苏的镇江、泰州、宿迁、淮安和常州吸收溢出的知识较多。其中，镇江主要吸收扬州、常州和南京等地区的知识；泰州以机电、化工、纺织、食品、轻工、医药和建材等为主体支柱行业，受常州、盐城、无锡和南通溢出辐射影响较多；宿迁地处苏北，属于欠发达地区，但近几年来经济发展迅速，已形成食品、酿酒、纺织、建材、电子、化工、机械等具有地方特色的工业体系，这与周围先进地区的辐射影响是分不开的，其吸收的知识主要来源于连云港、盐城、扬州、镇江和徐州等城市；淮安是新兴的工业城市，初步形成了以特钢、电子信息和化工新材料为主体的工业体系，主要受连云港、泰州、盐城和扬州等溢出辐射影响；常州作为知识溢出值较多的城市，知识吸收值也较多，作为长三角主要的加工出口城市，与国内外厂商联系较多，拥有较大的机电、电子、化工、塑料加工、新型建材和柴油机等生产基地，在吸引国内外企业来此投资洽商的同时，必然会利用各种机会学习先进的技术知识。浙江的湖州、嘉兴、金华和台州接收溢出较多。其中，湖州有较好的区位条件，距杭州 75 公里，与苏州、上海、无锡和南京等发达城市间的交通便利，产业以丝绸和建材业为主，近年又形成了新型纺织、新型建材、医药化工和特色机电四大特色优势产业，受宁波、绍兴、常州、泰州和杭州等知识辐射较多；嘉兴以化工、皮革、纸业和光电等产业为主，其周边的杭州、宁波、上海和苏州都是发达城市，受其辐射影响作用较大，其中来自杭州、宁波和无锡的溢出最多；金华的汽配、制药和旅游文化资源丰富，接收杭州、宁波、绍兴和温州的辐射较多；台州是浙江制造业的重要基地，拥有汽摩及配件、医药化工、模具塑料、家电和服装机械等多个制造业，企业众多，受杭州、宁波、温州、金华和绍兴辐射作用较大。

3. 长三角各城市知识净溢出情况分析

知识净溢出值是各城市对外溢出的知识与本身吸收的外部知识相抵消的结果，现将各市的净溢出值从小到大排名，得出长三角区域内总体知识净溢出状况排名，如表6—7所示。

表6—7　2008年长三角总体知识净溢出状况排名

排名	净溢出	城市	排名	净溢出	城市
1	53.59	杭州	14	—3.05	金华
2	43.64	苏州	15	—4.12	连云港
3	33.57	无锡	16	—7.64	丽水
4	33.31	南京	17	—13.64	台州
5	26.67	宁波	18	—14.39	舟山
6	20.86	温州	19	—16.39	衢州
7	16.66	南通	20	—19.67	嘉兴
8	15.39	徐州	21	—29.48	泰州
9	13.07	绍兴	22	—35.69	淮安
10	10.89	上海	23	—38	宿迁
11	5.26	盐城	24	—40.72	镇江
12	3.31	常州	25	—53.42	湖州
13	—0.02	扬州			

从表6—7可以看出，长三角25个城市中，知识净溢出方有12个，知识净接收方有13个。其中比较奇异的是上海，其净溢出值比预期的要低，可能是由于长三角内许多城市与上海知识差距缺口过大，导致受上海知识溢出辐射影响程度较低造成的。此外，上海作为国际化大都市，与海外联系较多，使得部分的知识外流，总体结果是上海带给长三角区域的知识贡献还有待于提高。

扬州的净溢出为—0.02，相当于净接收0.02的知识，说明其吸收的知识稍小于其溢出的知识，是溢出和吸收近似平衡的城市。扬州以发展石油化工、机电装备、交通运输装备三大主导产业为主，近几年又发展了太阳能光伏等新兴产业，汽车和船舶制造有良好的发展基础，承接上海、南京工业园区，交通便捷，进出口增速快，在江苏省处于前几位，受南京、无锡、常州、南通等城市知识辐射作用较大，本身对淮安、镇江、宿迁、嘉兴、湖州溢出较多。

从整体上看，江苏省净溢出城市为7个，净接收城市为6个；而浙江省净溢出城市为4个，净接收城市为7个。可见，浙江在长三角经济圈中受知识辐射作用比重较大，江苏作为溢出方产生的辐射作用较大，但是净接收方中的泰州、淮安、宿迁、镇江吸收外部的知识也是较多的。杭州是浙江知识溢出的极点城市，也是长三角净溢出最多的城市。苏州、无锡、南京是江苏省净溢出最多的城市，而作为知识溢出极点的常州，由于其吸收长三角内其他城市的知识也是较多的，所以使得净溢出值不是很大。

2008 年长三角总体知识净溢出结果显示，位于长三角城市群第二层次的城市（南京、杭州、苏州、无锡、宁波）知识净溢出最多，这些城市在经济发展、科技水平、知识存量等方面虽占有一定优势，但又不会和稍落后的其他城市形成太大的知识差距，所以在长三角区域内知识辐射圈中起主导作用；同时这些城市又会接收来自同层次上技术先进区域和长三角核心城市上海的辐射影响，不断提高自身发展水平。上海作为长三角的龙头城市，对周围地区的辐射还有待加强。其他城市也应积极学习利用先进知识，不断改进创新，通过各种途径吸引高技术人才，提升科技水平，增加知识积累，减少与上海的差距，只有这样才能更多的接收上海的辐射知识。

四、知识溢出与区域经济增长关系分析

上文主要分析了 2008 年长三角的知识溢出情况，这里我们接着分析长三角知识溢出、区域经济增长随时间演化的状态，并采用回归分析方法来验证长三角知识溢出和区域经济增长之间的关系。

1. 长三角各城市知识溢出的演化分析

通过对 1997～2008 年“两省一市”的指标原始数据的加工处理，结合第六章第二节中提到的知识溢出模型，采用第六章第三节的方法计算出每个城市每年的知识净溢出量。采用 MATLAB 软件画出的各个城市的知识溢出演化图，如图 6－8 所示。其中横坐标为时间，纵坐标为知识溢出量。

从图 6－8 中可以看出，1997～2008 年，上海、南京、无锡、徐州、苏州、南通、杭州、宁波、温州等城市始终为知识净溢出方；连云港、淮安、泰州、宿迁、嘉兴、湖州、舟山、衢州等城市则一直为知识净接收方；常州、扬州、绍兴、金华、台州等则在净溢出和净接收之间变动。总体来看，各城市的知识溢出水平还算比较平稳，如上海、南京、苏州、杭州等比较发达的城市始终对落后地区有辐射作用，长三角板块的经济增长也主要靠这些城市来带动；宁波、绍兴等中等发达城市也在通过吸收先进知识不断实现追赶，同时这些城市本身对落后地区的溢出也在逐渐增大；泰州、宿迁、湖州等欠发达城市吸收的知识溢出逐渐增多，吸收能力是逐渐增强的。可见，长三角区域内知识溢出模式在这 11 年虽然有些变动，但总体上是相对稳定的。

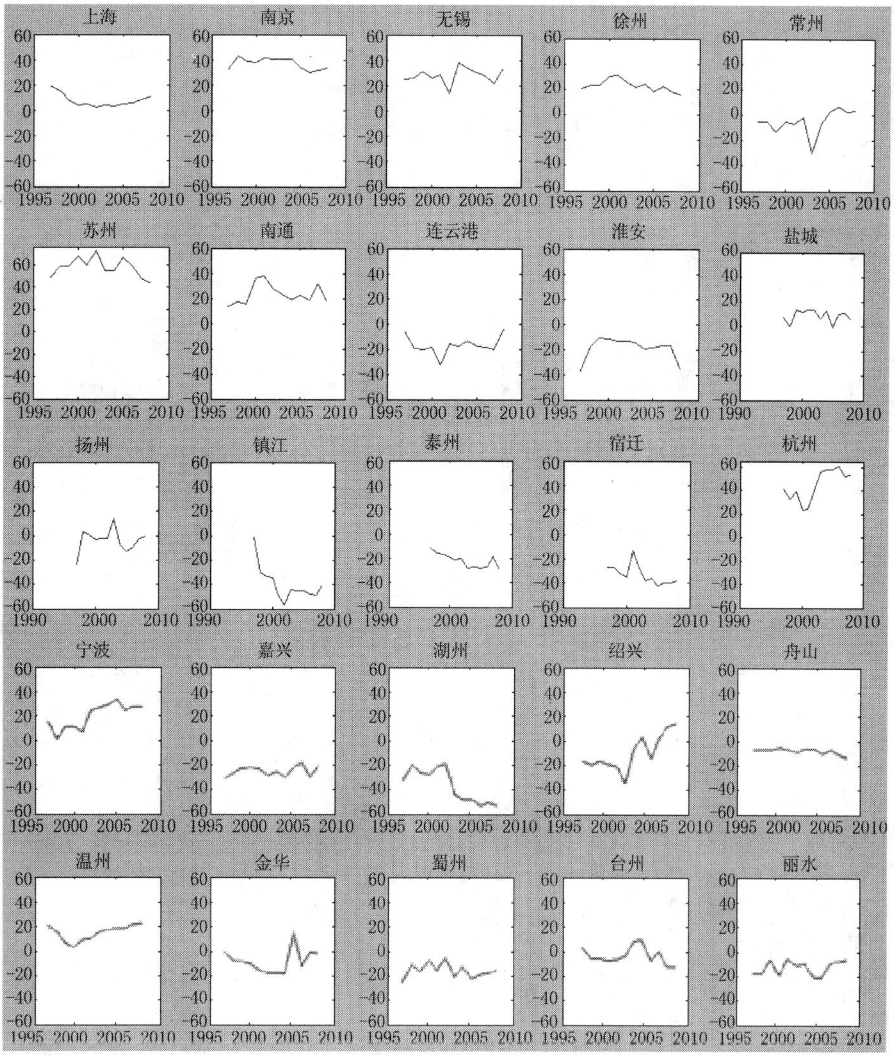

图 6－8　长三角各城市知识溢出演化情况

2. 长三角各城市区域经济增长的演化分析

区域经济研究的目的是促进区域经济增长，而 GDPPC 是反映区域经济增长的重要指标。为了直观地了解长三角区域经济增长演化情况，将各市的 GDPPC 按价格指数统一处理后，计算各年的 GDPPC 增长率；然后利用 MATLAB 作出长三角 1997～2008 年 GDPPC 增长的演化图，如图 6－9 所示。其中，横坐标表示时间，纵坐标为 GDPPC 增长率。

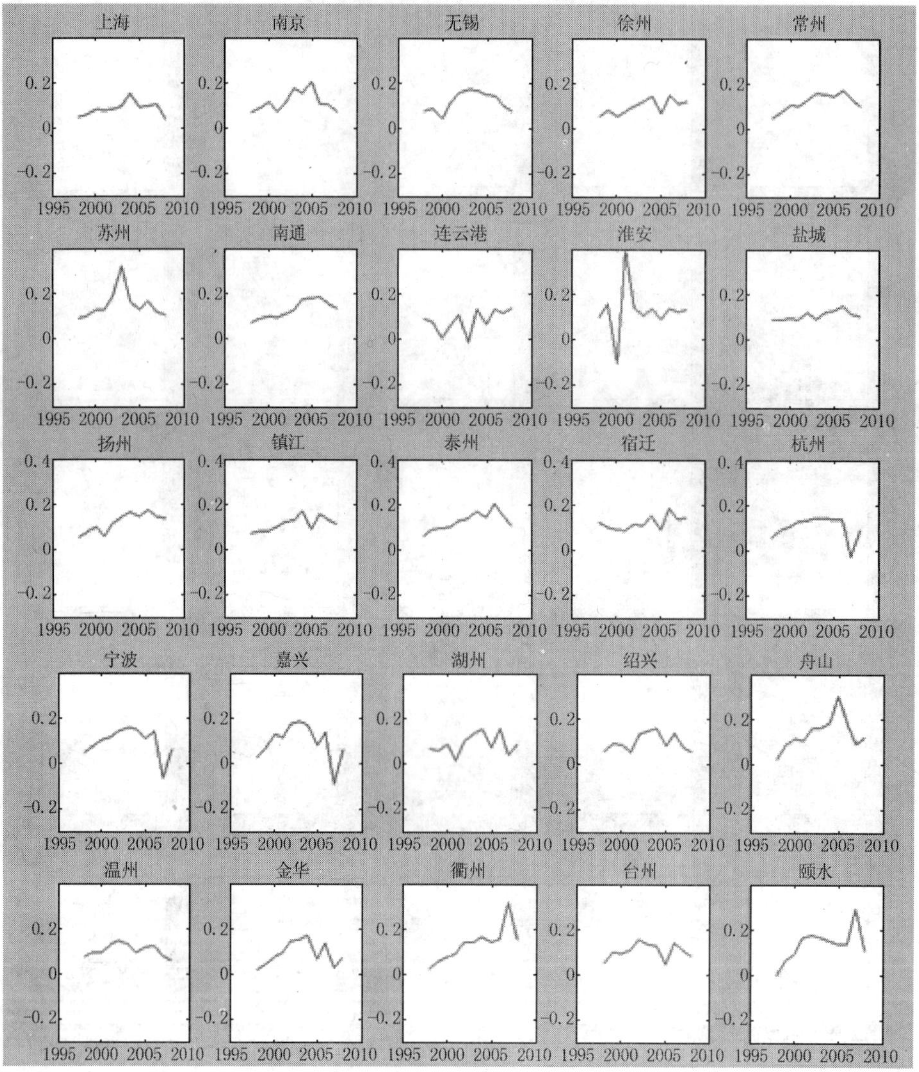

图 6—9　长三角各城市经济增长演化情况

从图 6—9 可以看出，大多数城市的 GDPPC 增长率呈微小波动变化，基本上保持良好的发展势头。

不管从企业、行业层面，还是从区域、国家层面来研究知识溢出，其目的都是通过揭示知识溢出的规律来更好地利用知识溢出。我们研究长三角的知识溢出是为了分析怎样通过知识溢出的形式来增强区域经济发展的动力。第六章第三节把知识溢出的途径按照溢出载体分为 FDI、人员交流和商品贸易三种类型。由该部分的分析内容可知，这三种知识溢出的形式是推动长三角区域经济的“三驾马

车”，其依托的载体分别为组织、人和商品，其中 FDI 和人员流动溢出尤其显著。区域经济的增长本质上是知识溢出的外部效应的反映，知识在扩散过程中会产生边际效益递增的效果，所以长三角区域经济要保持稳定、快速和健康发展，需从影响知识溢出的关键要素入手，即从知识溢出的角度来通盘规划如何更好地发挥知识溢出的积极效应。根据国外的区域经济发展规律，知识溢出前期是依靠商品的交易来带动地区经济的发展，接着是通过企业间的合作投资进而产生企业集群，加快企业间的知识溢出响应。知识溢出的高级阶段是通过科研人员的交流和流动来加快创新知识的更新与应用。通过前面的计算和分析，发现长三角区域经济增长主要依靠 FDI 和人员流动，且正在向更高阶段迈进。虽然目前 FDI 溢出仍然排在人员流动溢出前面，但人员流动溢出已有超过 FDI 之势，只要继续从人才入手，长三角的知识溢出必然快速迈入高级阶段。

3. 长三角城市知识溢出与区域增长关系分析

通过对长三角知识溢出和经济增长演化的比较分析，可以发现长三角各城市间的知识溢出量和区域经济增长在 1997～2008 年的 11 年总体上比较稳定，然而，知识溢出与区域经济增长之间是否相关以及存在相关时的相关程度不易从各自的演化中看出。为此，下面运用回归分析方法，并利用最小二乘法进行系数估值，以此来确定两者之间的关联性。

最小二乘法对回归系数进行估值的系数计算公式如下：

$$y_{it} = a_i + bx_{it} \tag{6-11}$$

$$a_i = \bar{y}_i - b\bar{x}_i \tag{6-12}$$

$$b_i = [\sum_{t=1}^{11}(x_{it} - \bar{x}_i)(x_{it} - \bar{x}_i)]^{-1}\sum_{t=1}^{11}[(x_{it} - \bar{x}_i)(y_{it} - \bar{y}_i)] \tag{6-13}$$

$$W_i = \sum_{t=1}^{11}(x_{it} - \bar{x}_i)(x_{it} - x_i)' \tag{6-14}$$

$$b_i = W_i^{-1}\sum_{t=1}^{11}(x_{it} - \bar{x}_i)(y_{it} - \bar{y}_i) \tag{6-15}$$

$$b = (\sum_{i=1}^{25}W_i)^{-1}\sum_{i=1}^{25}W_i b_i \tag{6-16}$$

利用 MATLAB 编程，将相关知识溢出面板数据和 GDPPC 增长量数据进行回归分析，方程为：

$$\Delta GDPPC_{it} = a_i + bSPILLOVER_{it} \tag{6-17}$$

经过计算可得，b=129.1，b 为正值，因此知识溢出与区域经济增长之间存在正相关。各城市的估计值 a_i 如表 6－8 所示。

表 6—8 a_i 各城市估计值

城市	上海	南京	无锡	徐州	常州	苏州	南通
系数值	625.33	－1204.1	－74.88	2644.28	1758.98	－3885.46	3623.38
城市	连云港	淮安	盐城	扬州	镇江	泰州	宿迁
系数值	4298.03	2931.87	－229.84	1418.28	7747.71	5982.07	6097.31
城市	杭州	宁波	嘉兴	湖州	绍兴	舟山	温州
系数值	－5336.41	448.39	6081.56	7345.74	2917.26	3655.75	1307.11
城市	金华	衢州	台州	丽水			
系数值	2864.56	3721.07	2238.91	3505.28			

由以上分析可知，知识溢出对区域经济增长具有促进作用，区域经济的增长本质上是知识溢出效应的显现。打造有利于知识溢出的环境是促进区域发展的一种有效途径，各政府部门应从知识溢出的角度通盘规划，加大长三角与国际国内的贸易交流，加强企业合作，营造有利于科研人员交流和流动的创新环境，扩大知识溢出的渠道，更好地发挥知识溢出的积极效应。

第四节　小　结

长三角具有悠久的发展历史，本身自然资源丰富，区位优势良好，在基础设施建设、教育科研、城市发展、县域经济等方面在全国都处于领先水平，但繁荣的背后也隐藏着许多问题，如区域和城乡发展不协调、产业结构亟须调整、外贸出口政策调节问题等。如何营造有利于长三角区域发展的环境，从经济发展根源着手促进区域发展是长三角研究应该解决的问题。

本章主要借鉴 Verspagen（1991）、Caniels（2000）提出的空间知识溢出模型，利用结构方程模型（SEM）方法，从知识指标、知识溢出路径以及知识溢出与区域发展关系几个方面对长三角区域进行了实证分析，同时通过 MATLAB 编程对长三角 1997～2008 年各城市的数据进行分析，结果表明：

（1）知识可以通过图书馆藏书量等显性知识以及专业技术人才等隐性知识反映，隐性知识对知识溢出的影响更为显著，在这些方面占优势的城市其知识存量较高。

（2）在以上海为知识溢出源的条件下，发展水平相当的处于同一层次的城市，离上海越近，知识差距越小，吸收的来自上海溢出的知识也较多；而距离上海较远的欠发达城市，因为知识差距缺口大、距离又远而不容易吸收上海的先进

知识。同时研究也发现，上海对江苏的知识溢出大体呈带状分布，而对浙江省的知识溢出大体呈同心圆辐射分布。总的来说，上海因与许多城市知识差距大而没能更好地发挥带动作用，其知识溢出对长三角区域内部作用还有待于加强；同时相对落后地区也应积极提高自身的学习能力，努力减少与发达城市的知识差距，从而更好地利用知识溢出平台实现经济增长和社会进步。

（3）长三角区域内知识溢出的主要形式为组织合作和人员流动溢出。FDI 对长三角区域经济发挥了重要作用，是拉动长三角发展的主要动力之一，然而过于依靠外资也容易产生一些问题，且容易受外部市场变化的冲击，所以长三角在有效利用外资的同时，应注重学习其先进的生产经验和知识以弥补不足，从而提高本身的创新能力。通过对长三角相关数据的整理和分析发现，科研人员和高级管理人员的流动有利于技术交流和知识溢出的产生，是一种内在的经济驱动模式；而且文献也表明，许多国际高技术产业区的成功都源于这种自由的专业人才流动模式，所以长三角应该通过建立有利于专业技术人才流动和合作的平台，注重人才流动和交流，从而使他们的专业知识更好地发挥出知识溢出的效应。

（4）通过知识溢出和区域经济发展关系的探讨可发现，知识溢出与长三角区域经济增长之间具有明显的正相关性。知识溢出有利于长三角区域经济发展，而且南京、苏州、杭州等几个发达城市的知识溢出对长三角整个区域的经济发展具有明显的带动作用。

第七章　其他发展因素造成的区域不均衡

前面几章，我们从演化分析的角度讨论了长三角总的不均衡与极化、不同聚合水平下的区域不均衡与极化以及总的收入不均衡和城乡收入不均衡，并从知识溢出的角度探讨了促进区域经济增长、缩小区域差距的方法。然而，运用模型方法解决问题虽然能抓住一些主要因素，但存在一定局限性，忽略了其他因素。不同时期影响区域发展不均衡的因素是多方面的，包括历史、地理、政治、社会、经济等各个方面。本章在前面讨论的基础上，分析造成区域不均衡的其他几个重要因素。

第一节　区域特性差异

一个区域所处的地理位置和区域本身特点是影响其经济发展的重要因素。“珠三角”曾先于“长三角”首先成为中国经济增长的发动机，其中很大的原因与它的地理位置有关。它临海并与香港毗邻，可以最大限度地利用外资，接受香港经济的辐射。在与香港的对接中，具有降低制造成本和交易成本的优势，竞争力强，吸引了众多外资。对外开放后，长三角也凭借沿海趋势，加上“龙头城市”上海的极速发展及国际国内地位提升，后来者居上，超过了珠三角。其实，相对珠三角，长三角具有许多优势，如上海、杭州、南京等城市名校众多，各类专业人才聚集，具有深厚的文化氛围，人口众多，内贸市场大，市场辐射面广，这些都是珠三角不可比的。区域特点带来的区位优势，促使长三角更加繁荣的发展。同样，长三角区域内各城市之间不同的区域特点，也造成了各省之间和各市之间的经济发展差异，这里将选取几个典型城市来加以讨论。

1. 南京

南京是中国著名的四大古都及历史文化名城之一，现今又是江苏省的省会，具有雄厚的经济基础。它地处辽阔的长江中下游平原，位于江苏和安徽交界处，铁路、公路、航空、水运、管道五种运输方式齐全，交通便利，是联系我国东西部的中心城市，是华东地区重要的交通枢纽。南京是全国四大科研教育中心城市

之一，拥有众多高教、科研基地，这为专业人才培养和科学技术研发奠定了良好的基础。此外，南京是我国重要的综合性工业生产基地，企业规模大，技术含量高，如电子、化工生产能力在国内城市中居第二位，机械制造业的技术、规模居国内领先地位，家用电器业、车辆制造等都具规模，而且企业大都效益良好。南京的经济以民族经济为主，外资经济起辅助作用，外资利用少，使得总体 GDP 小于苏州、无锡，在江苏省居第三位。

2. 苏州

苏州物华天宝、人杰地灵，因其从古至今繁荣发达、长盛不衰的文化和经济，被誉为“人间天堂”，是一个勇于改革和创新的城市。自古以来，苏州一直是江南地区的经济文化中心、长江三角洲经济圈重要的经济中心、苏南地区的工业中心以及环太湖都市圈和苏锡常都市圈的核心都市。苏州地理位置极其优越，东邻上海，濒临东海；西抱太湖，背靠无锡，隔湖遥望常州；南临浙江，与嘉兴接壤，是江苏省的东南门户、上海的咽喉、苏中和苏北通往浙江的必经之地。苏州拥有中国乃至世界最大的内河航运港口，铁路、公路交通网四通八达，与全国各大城市相连。苏州经济受上海辐射作用较大，2008 年 GDP 总量达到 6698.26 亿元，位居全国第五，在长三角中仅次于上海，位居第二；人均 GDP 已超过上海，在全国位居第三，达到了中等发达国家和地区的收入水平。改革开放后，苏州不断调整产业结构、优化升级，改变以往传统农业为主的格局，大力发展工业和第三产业，如今工业总量已跃升到全国第二，产业升级极大提高了其城市综合实力。近年来开发区等新兴工业园区建设成为苏州的亮点，更成为苏州经济社会发展的重要支撑和增长极，这些园区聚集了 80%以上的外资，创造了 2/3 的地区生产总值。雄厚的实力、源源不断的外资使得苏州不断发展壮大。

3. 杭州

杭州位于中国东南沿海，是浙江省省会、中国东南重要交通枢纽、中国最大的经济圈——长江三角洲地区重要的第二大中心城市，也是南翼经济、金融、物流、文化中心，本身经济发达，有“钱塘自古繁华”之称。同时其具有深厚的文化及历史底蕴，旅游资源丰富，工业发达。2008 年杭州综合实力位列全国第六。全市地形以丘陵山地为主，湖泊密布，物产丰富，有“鱼米之乡”、“丝绸之府”的美誉。电子信息、医药化工、机械制造、纺织服装、食品饮料五大支柱产业基础雄厚，有较强的市场竞争力。高等学校及职业技术学校众多，培养了许多专业技术人才，科技成果丰硕，科技队伍壮大，而且该市比较重视科研投入，拥有众多科技创新企业。杭州的开放、积极吸收先进以及自强不息的品质不断吸引着众多知识分子，为杭州的科技创新和经济发展打下了坚实的基础。

4. 宁波

宁波是一个以港口物流为主导产业的沿海开放城市，是一座历史文化名城，唐朝时曾是中国三大对外贸易港口之一，现在已发展成浙江省经济最发达的城市，人均收入居全国第四位，消费水平居全国第二位。宁波港是上海国际航运枢纽港的重要组成部分，已与世界上100多个国家和地区的600多个港口开通了航线，陆、海、空、水立体交通发展迅速，是浙东的交通枢纽。港口的优势使宁波不仅拥有丰富的海域资源，而且交通便利，使得内外贸易增多，成为长江三角洲南翼重要的经济中心城市和重化工业基地。改革开放以来，宁波经济持续快速发展，显示出巨大的活力和潜力。

5. 宿迁

宿迁是位于江苏北部的一个欠发达地区，1996年建市，是江苏新兴的中心城市，因其拥有四大淡水湖之一的洪泽湖而素有“鱼米之乡”之称，水产品丰富，一些产品的产量和销量均在前列。此外，该市矿产资源丰富，非金属矿藏储量较大，而且是优质农副产品产区，这些都是其具有的天然优势。宿迁交通十分便利，水陆干线四通八达，但由于位于江苏省北部边缘，距离南京、上海等城市较远，本身所具有的知识存量有限，所以受长三角前两个层次发达城市的辐射较少，受同层次上相邻城市的经济辐射较多。宿迁由于起步晚，又地处苏北这样一个经济欠发达地区，面临许多挑战：产业以工业为主，主导产业刚刚形成，竞争力不强；一些个人和部门思想认识还不到位、不够解放，接受新事物的能力有待加强；服务业发展滞后，对经济社会发展的制约明显；实际利用外资比例小，引入效果不明显。尽管如此，宿迁凭借自身敢试敢闯、独立自强的精神正在积极调整战略政策，改善投资环境，以充分发挥自身优势和潜力。

6. 南通

南通市位于江苏省东部，东临黄海、南依长江，与上海市隔江相望，是全国首批对外开放的沿海港口城市之一，农副产品、近海渔业、淡水水产等自然资源十分丰富。造船业和建筑业是该市的两个优势产业，南通建工集团是国内最大的海外劳务承包商。此外，南通有世界第三大家纺城，家纺是其特色行业，电力工具制造业是另一特色产业。南通是一个人口大市，人口密度居全国地级市之首。2008年专业技术人员总数居全省第四，在校学生数居全省第六。高素质人才，低成本劳动力，是南通市吸引外资的一个重要因素。南通近几年后发优势强劲，已在长三角城市群第三层次中居于领先地位。

7. 温州

温州是改革开放以来发展比较成功的一个市，其形成的“温州模式”被许多地区效仿，而这和温州人的精神风貌是分不开的。他们有很强的致富欲望和创业精神，善于发现新事物，抢占先机，同时这又与温州的地理环境、历史传统有很大的关系。温州地处沿海，早在1876年便开辟为对外通商口岸，有着久远的经商传统、开放传统和手工业制造技能。温州人不安于现状、不墨守成规，善于学

习，敢于冒险，勇于进取，这些特征是温州成功发展的重要因素。但成功的背后也存在一些问题，从整个长三角区域结构来看，温州仍属于其南部边缘，与珠三角更是遥不可及，接收发达地区的经济辐射有限。其发展中存在产业层次偏低、组织化程度不高、产业布局散和技术支撑力弱等缺点，且区域内人力资本结构存在偏差，企业家人力资本充足，但专业技术人力资本缺乏，教育、科技水平低于全省平均水平，区域经济增长中的科技创新落后，不能提供足够的人才和技术。温州在敢闯敢干的基础上，应注重调整人力资本结构，增加专业技术人员，促进产业结构升级，抓住各种机遇来更好更快的发展。

通过以上七个城市的分析会发现，自然条件、交通运输条件、发展历史和经济结构等区域特点造成了区域经济发展差距，现详细分析如下：

1. 自然条件

自然条件是一切经济活动赖以进行的物质基础，地区本身拥有的丰富的自然资源会带来更多的优势，创造更多的发展机会，但这种本身具有的特点是不能改变的，而且这种优势能否有效利用取决于该地区是否有足够的能力将资源转化为经济。优越的地理位置能为地区带来更多的发展机遇，通过影响市场、技术等方面，进而直接或间接的影响区域发展的空间。

2. 交通运输条件

水运的低成本会使沿海地区易于形成制造业出口的基地，发达且便利的交通会促使地区间贸易交流，增加收入来源。一个地区的交通条件是可以改变的，资源欠缺地区可以通过改善交通环境，增加与发达地区的联系，引进先进的资源和技术，来增加竞争力。

3. 发展历史

历史因素是影响地区发展差异的重要因素之一，历史的积累是现代经济发展的基础，根据区域发展的路径依赖性和初始条件敏感依赖性，可知历史发展基础的优劣是构成现实经济优劣的重要因素，决定现在发展的水平。例如，南京、苏州都有雄厚的经济沉淀，为这些城市在现代社会中繁荣发展奠定了基石。地区不同的文化及精神风貌会使其形成不同的发展特色，地区内企业间形成的无形的文化潜在地影响区域发展。长三角作为沿海地区较早地接受了西方市场经济的影响，存在着较强的商品经济意识、市场意识和开放意识，但不同的地区这些意识的强度是不同的，这种意识作用于区域文化影响区域经济发展。

4. 经济结构

经济结构与地区发展密切相关，直接影响资源利用的效率，所有制结构和产业结构是最为重要的两个方面。国有经济受到计划经济体制的束缚比较严重，不如市场经济灵活，而有利必有弊，经济体制不同会造成区域差异，但如果能调节好两种结构，形成自己的特色，也能使地区良好发展。例如，南京国有经济的味道较重，而温州以市场经济为主，两市发展特色不同，但经济发展都是比较成功的。从产业结构看，一个地区的产业结构层次高，产业规模与产业联系配合得当，将提高资源的有效利用率，加快经济增长的速度，如苏州注重发展工业和第三产业，明显提升了城市的综合实力。

此外，一个地区的教育水平和对科研的重视程度影响其科技水平及专业技术人员数量和质量，进而影响其创新能力、接受新事物能力和对先进地区知识溢出的吸收量。

第二节　受限制的流动因素

现代经济的发展，不论是一个国家还是一个地区，都是一个开放的系统，各种要素不仅在系统内部相互影响，而且在系统之间也会相互流动、相互作用。众多研究表明流动因素对区域经济发展具有重要作用：各种流动的要素整合在一个系统中，使社会经济秩序化，并且可以完善区域内部分工，提高生产效率；要素流动引起的竞争又可以使地区和企业不断创新，从而使资源更加合理配置。区域间可流动的要素包括劳动力、资金、技术的流动等方面，技术的流动在第五章、第六章已进行了分析，下面主要从劳动力流动和资本流动两个方面进行讨论。

一、劳动力流动与区域不均衡

随着我国市场化和城市化进程的加快，劳动力流动的规模越来越大，频率越来越高。这种流动不仅包括农村劳动力向城市转移，也包括各种专业技术人员等层次较高的人才在产业间、区域内部以及区域之间的流动。国内外众多研究表明，劳动力流动有利于区域经济发展。刘易斯曾提出了二元经济结构下的人口流动模型，Ranis & Jorgenson 等进一步发展和完善了刘易斯模型。根据他们的模型，劳动力从低生产率的农业部门转移到高生产率的城市工业部门，可以提高整个经济的总生产率，促进资本积累和经济增长（孔有利，2004）。汪建新（2009）在研究劳动力流动与地区工资差异时，总结了一些学者的观点，其中一些学者以比较优势理论为基础，认为劳动力流动有利于消除工资收入水平的地区差距。根据这种观点，给定投资等其他条件不变，通过劳动者的自由迁徙，劳动力肯定从低工资的地方流向高工资的地方，而劳动力的边际生产率又是递减的。在劳动力需求不变的情况下，高工资地区的劳动力供给增加倾向于降低其工资增长率，低工资地区的劳动力供给下降倾向于提高其工资增长率，这样两个地区的相对工资水平最终会收敛。按照这种理论，如果能便利劳动力自由迁移，取消中国的户籍制度等对人口流动的严格管制，降低没有户口或居住证明带给劳动者的生活成

本，如找工作、养老保障、医疗服务、失业救济和子女入学等诸多问题，那么在中国劳动力将会从劳动报酬边际收益递减的中西部迁往劳动报酬边际收益递增的东部地区的过程中，获取相对高的工资收入等收益，最终实现劳动力要素价格在各地区间（劳动力流入地、流出地和全国）的均等化。蔡昉（2003）等在对我国区域增长的研究过程中提出，消除劳动力市场流动的障碍将会很大程度上缩小地区间收入差距。林毅夫等（2004）通过估计迁移者对收入差距的反应弹性，认为迁移确实是缩小差距的一种有效机制，但同时由于户籍制度的存在和沿海地区过快的发展速度，目前的迁移规模仍然不足以缩小现存的收入差距。

劳动力人口的流动确实对经济发展产生了重大影响，它不仅可以满足地区经济发展对人力资源的需求，而且对促进城乡协调发展、区域内和区域间技术和文化的交流与传播具有重要的作用。但是，劳动力并不是在区域间均衡流动的，由于经济发展程度、各地的户籍制度限制以及区域政策众多因素的影响，劳动力在地区间的流动存在严重的差距。许多研究指出，劳动力流动受限制是加速地区发展不均衡的重要原因之一。

改革开放以前，劳动力流动严重受到户口限制，有城市户口的人可以居住在城市或乡村，在国企工作并享有食物补贴，而农村户口却没有这些权利。户口制度的严格执行使得大量劳动力无法向城市转移，阻碍了我国城市化进程，这一时期农村人口能占到全国的70%，成为城乡不均衡发展的重要原因。改革开放后，这种限制逐渐得到缓解，大规模流动人口涌入城市，出现这种现象具有深刻的历史原因：一方面农村积累了大量剩余劳动力；另一方面政府长期实行的城市偏向政策造成了城乡之间的差距，增强了农村劳动力向城镇流动的欲望和动力。对沿海开发的政策使得许多欠发达地区农村劳动力向经济发达的东部沿海地区和城市转移，工业、建筑业和服务业等非农产业是已外出农村劳动力主要的就业部门。长三角作为主要的沿海开放地区聚集了众多外来人口，但由于地区间发展水平和产业结构不同，长三角各个城市的劳动力流动又存在很大差别。

丁宪浩（2003）对江苏省第五次人口普查人口流动状况进行了解读，并分析了长三角地区内的人口流动情况，发现长三角地区内存在人口输入和输出型两种相反的流动模式。江苏省内南京、苏州等九个市流动人口入多出少，南通、泰州等四个城市出多入少，这四个市分别位于苏中和苏北。吸引流动人口输入的基本诱因是较高的人均收入水平，比如，苏州的人均收入水平明显高于南通，这对流动人口具有强烈的吸引力，因而是江苏省流入人口最多的城市；较高的二、三产业发展程度是接纳、消化外来人口的产业基础，因为外来人口以农村剩余劳动力居多，二、三产业是他们主要从事的领域；较高的区域经济发展水平也能形成吸引外来人口的社会环境。

朱宝树（2005）利用中国第五次人口普查等有关数据，分析了长三角城市圈的就业迁移基本态势和人力资本差别效应，结果表明，长三角内的迁移与来自长三角外的迁移反映于各城市的人力资本效应具有很大的差别。在长三角就业人口迁入、净迁入总量中，各城市所占比重以上海高居首位，各达 28.04%、33.21%；第二层次为苏州、杭州、宁波，占迁入总量比重分别为 9.96%、9.04%、8.95%，占净迁入总量比重分别为 11.02%、9.64%、10.10%；第三层次为无锡、南京，占迁入总量比重分别为 6.31%、6.69%，占净迁入总量比重分别为 6.31%、7.61%。而其他十市迁入、净迁入总量合计仅各占 31.01%、22.11%。从长三角城市间就业人口迁移看，上海、南京、无锡、苏州、杭州、宁波、嘉兴七市表现为净迁入，其他为净迁出。每个城市的迁入就业人口都以来自长三角以外地区的人口占绝对优势，迁移强度与经济发展水平显著相关，城市 GDP 总量越大，人口净迁入量也越大。

2005 年全国 1%人口抽样调查报告显示，上海外来常住人口占全市总常住人口的 24.62%，其中城镇人口占总人口的 89.09%，农村人口占 10.91%，与第五次人口普查相比，城镇人口比重上升了 0.79 个百分点。人口受教育程度均普遍提升，大学及以上程度人口的比重提高了 3.34 个百分点。江苏外来常住人口增加了 164 万人，增长 2.25%，其中城镇人口 3742 万人，占常住人口的 50.11%，比重上升了 8.62 个百分点。浙江外来常住人口增加了 217.02 万人，增长了 4.64%，其中城镇人口占总人口的 56.02%，比重上升了 7.35 个百分点。由此可以看出，各省的城镇化水平明显得到了提升，这与农村劳动力普遍向城市转移以及经济快速发展有很大关系。城市化是现代经济增长产生的影响效应之一。其中，上海的城市化水平远远高于其他两省。

虽然人口流入能有效促进流入地区的经济发展并促进其产业结构的调整，但过于集中发展及不均衡的人口分布会导致部分大城市膨胀，会给城市的基础设施、公共服务、环境保护等诸多方面带来压力，增加城市管理的难度。目前，长三角区域内部分城市的人口和经济社会发展就存在诸如此类的矛盾，主要表现为：人口流动加速，人口总量扩大，人口管理难度加大，区域承载能力面临挑战；人口老龄化加快，社会保障压力加剧；人口就业结构与长三角产业结构升级不相适应；人口分布极不均匀，地区间的人口整体素质差别较大，不利于区域整体经济发展，不利于提升创新能力和竞争力等。

针对人口流动和地区发展不均衡的现象，长三角内各地区必须充分了解外来流动人口对本地经济发展的优劣态势，以此制定并优化流动人口管理政策，促进流动人口有序流动，保障流动人口的基本权利，激发流动人口对地区经济发展做出更多贡献。发达地区应继续保持优势，结合流动人口特点积极调整产业结构，增加就业；并加强同落后地区的发展合作，以便带动人口向这些地区转移，减小自身承载的压力的同时促进区域协调发展。

二、资本流动与区域不均衡

资本因素是决定一个国家或地区经济发展水平的重要因素，是区域经济发展的主要动力之一。资本的配置格局会决定区域经济发展的格局，“物和人”将随着资金的流动而流动，所以资金的合理流动是促进其他生产要素在区域间合理流动的重要前提，可以使生产要素在空间上合理配置并及时调整，保证资金及其他生产要素高效利用。

1. 长三角各地财政收入的比较与分析

区域经济发展主要靠区域投资，投资所需的资金主要来源于财政和金融。长三角各省及各地区主要年份财政收入在长三角中所占比重分布情况如表7—1所示。

表7—1　长三角六大地区财政收入分布情况　　单位：%

地区	上海	江苏	浙江	苏北	苏中	苏南	浙东北	浙西南
1997年	57.43	25.83	16.74	5.17	10.74	9.92	11.59	5.15
2000年	56.12	24.88	19	4.17	3.82	16.89	13	6
2004年	41.08	32.2	26.72	4.58	4.58	23.04	18.42	8.3
2008年	43.34	37.23	19.43	5.92	5.26	26.05	14.09	5.34

从表7—1可以看出，1997～2000年上海财政收入占了长三角的一半以上，说明这一时期上海的建设及发展极其被重视，随后上海财政比重有下降趋势，但相比其他两省所占比重还是居于领先水平。江苏省财政收入高于浙江省，2008年时两省相差17.8个百分点，远高于1997年时的9.09个百分点，差距有扩大趋势；而且江苏省财政收入在2000～2008年呈递增趋势，浙江省2004～2008年则出现了下滑。从苏中、苏北和苏南三大地区来看，起初它们间差距并不是很大，而且苏中稍稍领先。但稍后苏南的财政收入远远领先于苏中和苏北，呈逐年递增趋势，苏中和苏北从2000年起逐年递增，但增长幅度较小，与苏南之间的差距拉大。浙江省内浙东北的财政收入明显高于浙西南，两地区间基本呈相似的变化，1997～2004年均呈逐年递增趋势，后均呈递减趋势。由此来看，各地区间差距是处于不断变化中的，但总体差距形式并没有改变，财政收入在长三角各省间及各省内部均存在不均衡现象。

2. 长三角各地金融资产的比较与分析

随着我国金融体制改革的不断深化，金融融资渠道对区域经济发展的作用越来越重要，区域经济的健康、协调发展越来越离不开金融业的有力支持。一般而言，一个区域的金融业越发达越有利于区域经济发展。金融资产的主要来源有本区域的自我积累、外地资金的流入、外资的利用情况等，下面将分别分析长三角各区域在这几方面的资金利用情况和资金流向情况。

(1) 居民储蓄。储蓄是资本形成的前提，投资会将储蓄转化为资本，金融是两者间有效转化的中介，金融业的发展在很大程度上影响储蓄水平。一般区域经济越发达，储蓄水平越高，货币资本越多。城乡储蓄存款是金融机构资金来源的重要方面，这里选取 1997～2008 年的几个时点比较长三角各区域的居民储蓄存款变化情况以及在各区域间的分布情况，存款值以当年价格计算，如表 7－2 所示；长三角各区域居民储蓄存款在长三角区域内所占比重如表 7－3 所示。

表 7－2　长三角各市居民储蓄存款　　单位：亿元

市	1997 年	2000 年	2004 年	2008 年
上海	2109.20	2627.10	6960.99	12083.70
南京	439.74	596.70	1287.23	2505.33
无锡	379.96	553.93	1160.16	2255.89
徐州	216.34	305.80	556.31	974.51
常州	224.66	355.57	724.36	1431.21
苏州	533.78	803.70	1712.27	3337.32
南通	381.23	544.55	989.98	1875.19
连云港	88.43	114.37	212.35	395.57
淮安	80.28	106.30	209.19	400.72
盐城	203.48	265.41	514.83	863.64
扬州	184.07	276.05	522.80	899.09
镇江	136.58	203.97	388.46	686.71
泰州	181.63	264.07	461.46	824.87
宿迁	44.66	61.09	129.18	271.17
杭州	558.33	788.56	1835.20	3420.65
宁波	364.48	586.06	1209.00	2365.15
嘉兴	217.46	326.89	632.11	1155.38
湖州	109.85	160.28	288.65	539.05
绍兴	270.95	398.93	759.06	1406.04
舟山	57.78	85.39	152.30	295.92
温州	255.70	464.15	1004.00	2085.02
金华	190.48	301.92	642.86	1353.22
衢州	67.70	97.49	172.27	308.12
台州	136.07	289.62	601.08	1204.44
丽水	64.41	94.78	189.54	358.23

从表 7—2 可以看出，储蓄资金在长三角各城市呈现出与经济发展相一致的趋势，各市存款金额在 1997～2008 年逐年呈递增趋势，一方面说明长三角经济发展水平综合实力的提升，另一方面说明居民生活水平越来越高。同时，经济越发达的市，储蓄存款越高，如上海各年的存款值明显高于其他市，南京、无锡、苏州、杭州、宁波、温州又高于长三角第三层次城市的水平。

此外，1997 年储蓄存款最高的上海占长三角比重为 28.13%，而最低的宿迁所占的比重为 0.63%，相差 27.5 个百分点。从表 7—3 各省和各地区在长三角区域内所占比重来看，江苏省储蓄存款超过了浙江省，上海作为单独的市同江浙两省相比，储蓄存款值最高。江苏省内苏北的储蓄水平明显低于苏中、苏南，其经济发展水平与两者相比明显存在差距；苏中的储蓄水平所占比重呈下降趋势，相反苏南则大体呈递增趋势，说明近年来苏南经济发展较快，而苏中同苏南相比则是缓慢的。浙江省内浙东北的储蓄水平明显高于浙西南，但浙东北的储蓄水平低于苏南。总体看来，长三角各省之间、各省内部的储蓄存款都存在着差距。

表 7—3　储蓄存款在长三角六大地区上的分布　　单位：%

地区	上海	江苏	浙江	苏北	苏中	苏南	浙东北	浙西南
1997 年	28.13	41.28	30.59	8.45	17.65	15.18	21.06	9.53
2000 年	24.63	41.7	33.67	7.99	10.16	23.55	21.98	11.69
2004 年	28.08	35.76	36.16	6.54	7.96	21.26	19.67	16.49
2008 年	27.91	38.62	33.47	6.71	8.31	23.60	21.21	12.26

（2）金融机构存储。

表 7—4　长三角各市金融机构存款余额　　单位：亿元

市	1997 年	2000 年	2004 年	2008 年
上海	5560.65	9349.83	19994.05	35589.07
南京	1009.85	1963.44	4234.01	8392.89
无锡	694.15	1078.34	2585.16	5319.87
徐州	348.41	461.47	841.46	1719.14
常州	403.16	629.36	1362.22	2819.46
苏州	911.56	1477.01	3814.53	8340.78
南通	534.56	773.42	1523.40	2966.11
连云港	141.18	192.89	357.92	796.84
淮安	127.75	179.60	355.36	694.54

续表

市	1997年	2000年	2004年	2008年
盐城	284.71	375.02	735.04	1302.10
扬州	291.07	444.47	839.74	1551.90
镇江	221.11	337.22	676.51	1262.68
泰州	268.90	388.82	701.15	1401.81
宿迁	63.34	91.75	192.58	447.45
杭州	1225.18	2088.47	5707.20	11146.24
宁波	717.22	1172.94	3091.80	6210.47
嘉兴	336.10	545.83	1166.04	2186.24
湖州	174.42	268.87	527.39	1001.80
绍兴	399.90	655.66	1523.50	3232.22
舟山	90.90	150.77	309.82	730.84
温州	502.50	927.72	1935.09	4121.79
金华	308.71	545.56	1337.16	2552.09
衢州	106.44	167.45	325.79	574.53
台州	249.62	528.46	1164.07	2353.38
丽水	98.26	154.64	332.58	632.36

在市场经济条件下，货币资本流动方向能够反映其他要素的流动方向。一般说来，资本会首先向利润率高的地区流动，但资本的边际利润率是一个动态变量，因此资本流动方向是不断变化的。为了了解长三角内的储蓄资金流向情况，表7—4给出了长三角各市金融机构存款余额情况，金融机构存款余额在长三角各地区间的分布情况如表7—5所示。

表7—5　金融机构存款余额在长三角六大地区间的分布　　单位：%

地区	上海	江苏	浙江	苏北	苏中	苏南	浙东北	浙西南
1997年	36.9	35.17	27.93	6.41	15.43	13.33	19.53	8.4
2000年	37.03	34.42	28.55	5.15	6.36	22.91	19.34	9.21
2004年	35.94	32.75	31.32	4.46	5.51	22.78	22.16	9.16
2008年	33.15	34.48	32.36	4.62	5.51	24.35	22.83	9.53

从表7—4来看，各市储蓄存款总量呈逐年扩大趋势，上海、杭州、南京、苏州、宁波基本保持前五位的存款总量，宿迁、衢州、丽水、淮安、舟山等市存

款量偏低。2008 年最高的上海在长三角所占比重为 33.15%，而最低的宿迁为 0.42%，相差 32.73 个百分点，差距较大。从各省在长三角所占比重来看，上海所占比重有所下降，浙江所占比重逐步上升，江苏所占比重相对比较平稳。由此可知，存款余额所占比重有向浙江省转移的趋势，两省一直辖市间存款资金趋于均衡。江苏省内苏南所占比重明显高于苏北和苏中，而且差距略有增大趋势，苏北和苏中所占比重有下降趋势，省内三大地区间差距较大。浙江省内浙东北所占比重明显高于浙西南，两大地区在长三角所占比重均有上升趋势。

（3）金融机构贷款。银行信贷是我国金融融资的重要渠道，其流向对产业结构及区域经济的发展方向和格局都有重大影响。表 7－6 所示是长三角各市金融机构贷款余额情况，表 7－7 所示为金融机构贷款余额在长三角各地区间的分布。

表 7－6　长三角各市金融机构贷款余额　　单位：亿元

市	1997 年	2000 年	2004 年	2008 年
上海	3722.3	7254.26	14972.01	24166.12
南京	719.42	1706.44	4062.10	7171.69
无锡	532.14	712.39	1802.45	3723.10
徐州	300.54	324.99	475.13	796.56
常州	304.83	389.26	956.38	1851.68
苏州	610.94	970.60	2915.74	6301.79
南通	344.05	394.34	853.23	1728.24
连云港	149.18	151.7	235.63	490.48
淮安	148.91	150.23	251.88	451.74
盐城	276.85	301.83	439.50	717.05
扬州	236.87	276.05	470.69	889.41
镇江	200.52	252.13	489.26	920.96
泰州	211.23	236.26	397.73	792.87
宿迁	62.60	73.78	131.80	323.08
杭州	938.85	1686.64	4800.04	9784.31
宁波	574.75	883.12	2483.61	5670.44
嘉兴	268.68	378.69	877.36	1603.84
湖州	160.90	192.52	400.68	775.84
绍兴	316.13	458.51	1176.76	2461.30
舟山	68.50	98.25	235.20	635.43
温州	291.34	595.30	1534.24	3305.08

续表

市	1997年	2000年	2004年	2008年
金华	251.94	374.04	1071.33	1894.91
衢州	91.98	113.45	292.41	473.70
台州	171.11	330.43	932.89	1893.08
丽水	65.77	92.96	258.15	470.53

表7—7　金融机构贷款余额在长三角六大地区间的分布　　单位:%

上海	江苏	浙江	苏北	苏中	苏南	浙东北	浙西南
33.78	37.19	29.03	8.51	15.54	13.14	21.12	7.91
39.43	32.29	28.29	5.45	4.93	21.91	20.10	8.19
36.48	32.86	30.66	3.74	4.20	24.92	24.30	6.36
30.48	32.99	36.54	3.50	4.30	25.19	26.40	10.14

从表7—6可以看出，各地区间贷款分布情况与存款呈一样的趋势。从各地区间的分布情况看，1997年，江苏省贷款在长三角所占比重最大，后呈下降趋势，2000～2008年略有增长，基本处于均衡状态；上海1997～2000年比重呈上升趋势，2004～2008年呈递减趋势；浙江贷款比重呈逐年递增趋势，到2008年，信贷比重在长三角内最大。可见，20世纪末信贷资本向上海流动较多，后逐渐流向浙江。江苏省内苏南所占比重较大，苏北和苏中所占比重呈下降趋势，目前两者加总的比重都明显小于苏南，差距较大。浙江省内浙东北所占比重明显高于浙西南，两者所占的比重均呈递增趋势。

(4) 外商直接投资。外商直接投资（FDI）通常被认为是资本、先进的知识、技术和管理经验的统一体。众多研究结果表明，FDI对经济发展起到了强劲的推动作用，但同时，其分布区域的不均衡也是造成区域经济发展差距的重要原因之一。长三角各市直接利用外资情况如表7—8所示。从此表可知，各市间外资利用情况差别较大：仅2008年，上海利用外资占长三角总值的1/5还多，上海和苏州两市利用外资占了长三角的2/5，杭州、无锡、南通、宁波、南京利用外资较多，衢州、丽水、宿迁、舟山等欠发达市所占比重非常小；1997～2008年大部分城市利用外资呈递增趋势且在2000～2004年增长幅度较大，而该时间段恰恰是各市逐渐加大外资利用力度的时期。

表 7—8　长三角各市直接利用外资情况　　单位：亿元

市	1997 年	2000 年	2004 年	2008 年
上海	63.45	53.91	65.41	100.84
南京	7.42	8.13	15.12	22.61
无锡	10.02	10.82	19.48	31.67
徐州	1.90	2.08	3.04	5.83
常州	4.10	5.60	5.36	20.40
苏州	24.47	28.83	46.48	81.33
南通	0.61	1.43	10.20	29.37
连云港	1.23	0.48	2.28	9.35
淮安	0.81	0.28	0.92	3.60
盐城	1.21	1.83	1.42	9.44
扬州	2.14	0.67	7.52	15.10
镇江	4.66	2.89	5.60	12.02
泰州	1.08	1.02	3.83	10.50
宿迁	0.17	0.08	0.14	0.95
杭州	4.12	4.31	14.10	33.12
宁波	5.54	6.22	21.03	25.38
嘉兴	1.48	1.53	10.22	13.60
湖州	0.55	0.82	6.11	8.02
绍兴	1.15	1.16	8.23	8.40
舟山	0.12	0.11	0.23	1.59
温州	0.60	0.72	2.09	2.62
金华	0.37	0.3	4.30	5.13
衢州	0.15	0.12	0.21	0.58
台州	0.37	0.51	3.03	2.39
丽水	0.11	0.04	0.21	0.81

从各省分布情况来看（表 7—9），浙江省直接利用外资落后于上海和江苏，但 1997～2008 年浙江直接利用外资所占比重呈上升趋势；江苏省直接利用外资比重基本稳定，2008 年所占比重为 34.48%，在长三角外资利用方面处于领先水平；上海直接利用外资在长三角中比重基本呈逐年递减趋势，可能外商考虑到投资成本、人力资源等问题，有向长三角其他城市投资转移趋向。从各市分布情况来看，江苏省内三大地区间、浙江省内两大地区间利用外资差距较大，其中苏南

远远高于苏中和苏北，苏北2004～2008年利用外资有加大趋势，但同苏中相比还有差距；苏中1997～2004年直接利用外资下滑较快，但随后利用外资的比重保持稳定。浙江省内浙东北利用外资远远高于浙西南，2004年两者相差13个百分点，到2008年相差13.5个百分点，差距略有扩大，而且两地区1997～2008年直接利用外资占长三角的比重基本呈上升趋势。长三角五大地区（不含上海）中苏南的外资利用水平最高。纵向来看，长三角各区域间实际利用外资水平也存在较大差距。

表7—9　长三角各地区直接利用外资情况分布　　单位：%

地区	上海	江苏	浙江	苏北	苏中	苏南	浙东北	浙西南
1997年	36.9	35.17	27.93	6.41	15.43	13.33	19.53	8.40
2000年	37.03	34.42	28.55	5.15	6.36	22.91	19.34	9.21
2004年	35.94	32.75	31.31	4.46	5.51	22.78	22.16	9.16
2008年	33.15	34.48	32.37	4.62	5.51	24.35	22.83	9.53

通过以上分析，不论是居民储蓄存款、金融机构存贷款余额，还是各区域对外资直接投资的利用情况，长三角内资本要素的流动都存在不均衡现象，这种不均衡既存在于各省之间，也存在于各省内部各城市之间。资本流动差距呈现出与经济发展不均衡类似的分布趋势，资本差距较大的地区或城市之间，经济发展不均衡现象也较明显，可见资本要素流动的不均衡确是造成长三角经济发展差距的主要原因之一。虽然长三角各政府部门历来也非常重视区域经济发展的不均衡问题，不断调整金融等资本政策，但目前这种差距现象还没有彻底改善，还需各省市区政府以及各经济部门继续努力。

第三节　财政制度因素

财政政策是指国家根据一定时期政治、经济、社会发展的任务而规定的财政工作的指导原则。财政政策通过财政支出与税收政策来调节总需求，其功能归结为资源配置、收入分配、协调区域间经济和社会发展三个方面，以期通过这三个方面的调节和配置来促进经济持续稳定增长。我国曾实行过多种财政制度，不同财政制度对各区域财政能力的影响不同，从而使区域经济的发展出现一定差距。这里主要从中央对省级地方政府的财政体制、区域税收政策和中央对地方的特殊性转移支付来讨论。

1. 中央对省级地方政府的财政体制

从1980年开始，为提高地方政府的财政管理能力，调动地方积极性，中央政府对省级地方财政实行了多种形式的财政包干体制。这种政策扩大了地方财权，强有力地刺激了地方经济发展，提升了地方财政在国家中的地位，地方财政收入占全国财政收入的比重由1981年的42.4%，上升为1993年的78%。考虑到地区间财力问题，针对地区间经济发展不均衡现象，中央要求东部收入较多的省市向中央财政多上交一部分收入，中西部收入较少的省、自治区少上交一部分或由中央财政适当补助一部分（王可俐，2007）。这种体制虽然看似照顾了中西部和东部之间的差距，但体制本身存在一定局限性：包干体制的核心是基数，是按地方某一年或前几年的收支来确定的，对于原本因历史地理差异等造成东、中、西部差距的现象进一步得到了固定，强化了东部地区的财力优势；基数越高，地方可得财力越多，这有利于经济潜力大的东部地区。此外，中央财政收入比重下降，平衡地区间财力水平的能力也随之减弱。财政包干体制对我国整体的影响是东部和中西部经济差距现象没有得到缓解，而对于长三角区域内部的地区而言，因为经济基础不同，这种体制使得各地区间差距效应累积。

2. 区域税收政策

改革开放前，我国实行的是单一的公有制制度，税收对经济发展产生的作用不明显。改革开放后，税收政策在调整经济结构、引进外资等方面的作用逐渐显现。十一届三中全会后，中央对地方开始实行针对地区和企业的有差别的税收制度，一方面对西方少数民族实行税收优惠，鼓励外商投资企业；另一方面为增加对外开放，又设立了一些沿海地区经济特殊区域并对其实行了一系列优惠政策，这些地区大部分都在东部，而其他地区相对得到的优惠政策要少得多。即使在同样的优惠条件下，东部地区在投资环境、技术水平等方面具有明显的优势，所以这种政策对中西部地区来说起到的作用很有限。

1994年我国出台了分税制，这是按税种划分中央和地方收入来源的一种财政管理体制，要求按照税种实现“三分”，即分权、分税、分管。分税制是基于各地经济发展不均衡性的考虑，旨在缩小东、中、西部经济发展的差异，但这种制度本身还存在一些不完善之处。首先，我国在税种划分上存在很多问题，有的税种按区域划分（土地税、房产税、车船税、契税），有的税种按行业划分（营业税、企业所得税、城建税），有的则按企业的隶属关系划分（资源税）。这种不合理的税种划分导致了地方市场割据，保护主义严重，也阻碍了资源在全社会的合理流动，引发重复建设，结构趋同，而且共享比例偏大，地方政府没有自己的主体税种（吕建锁，2006）。其次，这种制度保留了包干体制原有的基数，使既定的利益格局继续保持。最后，中央与地方事权划分不清，在没有改变原有的财力分布格局的情况下，收入划分却采用相同的方法，导致一些落后地区从享有中央补助到向中央上缴财力，无形中又加剧了地区不平衡。

3. 财政转移支付制度

财政转移支付制度是分税制后我国逐渐从西方引进的一种财政制度，主要针对上下级和同级预算主体间的收支规模不对称现象进行调节，以便使其均衡。1995年后我国开始实施过渡期转移支付办法，主要包括国际间和国内的转移支付，但这种制度还并不规范，存在许多弊端。其中一种特殊性转移支付，是中央对地方的专项补助和结算补助，1994年前这种补助主要按项目分配，只有少数民族补助等极少数具有均衡区域发展作用。分税制后，地区财政政策得到了调整，但一些经济特殊区域，如沿海特区的大部分税收优惠政策仍得以保留，规范性转移支付制度没有建立，中央用于落后地区的特殊性转移支付规模很小，调节区域差距的作用不明显。

长三角区域发展不均衡也与财政制度有着类似的关系，吕建锁（2006）将影响长三角一体化的财政制度因素归结为：①中央与地方税收划分的不合理带来了区域经济发展中的种种矛盾。除了税收划分问题外，税收立法权限高度集中，多数税种、税率都由中央政府制定，全国采用基本相同的税制，税收没能充分起到调节经济发展的作用。而地方政府在自身利益的驱动下，更热衷于税收减免来吸引投资，在区域经济一体化进程中带来了诸多矛盾。②各级政府的职责范围不清约束了区域合作。事权划分的不确定性和财源划分的不规范，使得各级政府在发展地方经济和调控地方经济方面不能充分发挥作用。③税收支出存在的问题，使税收在推进区域经济合作中难以发挥有效的作用。国家对于税收优惠的权限基本集中在中央。因此地方政府在解决特殊问题时，为了促进本地区的经济发展，或越权减免，或暗箱操作，往往自己依情况运用税收支出政策。④过渡性的转移支付制度难以协调地区之间的利益，不利于区域合作。我国长期以来一直采取的是单一的自上而下的纵向转移支付，而地方政府之间的横向转移支付几乎没有，使得地方政府之间的利益机制难以很好地协调，地区之间的经济交流和合作举步维艰。

因此，财政制度也是导致地区发展不均衡的重要原因之一，积极的财政政策对区域经济协调发展具有巨大的促进作用，财政制度应随经济发展变化而适应性调整。

第四节 小 结

本章讨论了造成区域发展不均衡的其他几方面的影响因素，包括区域特性差异、劳动力流动的不均衡、资本流动的不均衡和财政制度因素，这对全面认识、

分析和探讨区域经济协调发展具有重要意义。这些要素对区域发展不均衡的影响可总结如下：

(1) 地区特点差异与历史积累、区位优势、地区文化等有关，原始的积累是造成差距的主因，而这是无法改变的历史事实。为缩小这种差距，落后地区必须不断学习创新，增加自身实力，以此实现追赶。

(2) 人力资本是经济社会发展的首要构成因素，但劳动力在区域之间的流动要受多种政策制度的约束；同时劳动力又受各地区不同因素的吸引，这使得劳动力流动在各地区间存在一定的不均衡。

(3) 资本因素是经济发展的主要动力之一。本章主要从财政收入和金融融资角度探讨了长三角区域的资本分布及流向情况。结果显示，长三角区域内两省一市之间、两省一市内部地区之间在财政收入、居民储蓄存款、金融机构存款余额、金融机构贷款余额方面均存在严重的不均衡现象。首先，上海相对江苏和浙江在上述几个方面都有一定的优势。其次，江苏省内苏南、苏北和苏中三大地区间，苏南具有一定优势；浙江内的浙东北和浙西南间，浙东北具有一定优势。最后，省内发达城市和相对落后地区间资本流动差距较大。

(4) 财政制度可以影响资源配置、收入分配、地区间经济和社会协调发展，所以不当的财政制度会影响地区发展的不均衡，从而使区域经济的发展形成一些差距。本章主要从中央对省级地方政府的财政体制、区域税收政策和中央对地方的特殊性转移支付角度讨论了财政制度对地区发展不均衡的影响。

总之，只有全面了解影响区域发展的各方面因素，针对问题积极调整，才能保证区域之间均衡发展。

第八章　长三角区域经济协调发展对策研究

第一节　构建长三角区域协调发展绩效评价指标体系

深入理解区域协调发展的内涵是建立长三角区域协调发展绩效评价指标体系的基础。区域经济协调发展是20世纪90年代学术界和政府有关部门针对我国区域经济差异扩大的现象提出来的一种发展战略，旨在解决区域经济发展不平衡问题。然而因理解角度和研究重点不同，到目前为止，其内涵仍没有统一的界定。综观各种研究成果，目前对区域协调发展的理解主要集中于以下三方面：

一是从经济角度出发，将区域协调发展定义为区域经济的协调发展，指各区域在经济发展过程中，区域之间在经济交往上日趋密切，相互依赖日益加深，在发展速度、发展内容上关联互动，从而达到各区域的经济持续发展的过程，其实质是实现共同发展（张敦富和覃成林，2001）。

二是从系统的角度出发，将其定义为社会、经济、环境、资源等诸多因素的协调发展，认为区域经济协调发展是指区域经济发展这一大系统中，经济子系统与人口子系统、社会子系统、资源环境子系统和科技教育子系统之间的协调程度（全海娟，2007）。

三是从区域之间开放、平衡发展的角度出发，认为区域经济协调发展指的是区域之间相互开放、经济交往日益密切、区域分工趋于合理，既保持区域经济整体高效增长，又把区域之间的经济发展差距控制在合理、适度的范围内并逐渐收敛，达到区域之间经济发展的正向促进、良性互动的状态和过程（彭荣胜，2009）。

第三种理解从静态和动态相结合的角度很好地诠释了区域经济协调发展的内涵，认为协调发展的最终并不是实现区域间的完全平衡，因为在一个社会内，平衡发展只是相对的。陈栋生（2005）认为区域协调发展应从地区发展水平、收入水平、公共产品享用水平和区际分工协作的发育水平等方面进行监测。

综上所述，区域协调发展涉及人口、经济、社会、环境等诸多方面，要评价

一个区域的协调发展程度，必须充分考虑各方面的综合性因素，建立一个科学、合理和可行的区域协调发展绩效评价指标体系，这是区域系统评价准确可靠的基础和保证，也是正确引导区域发展方向的重要手段。

一、长三角区域协调发展绩效评价体系的构建原则

由于区域发展涉及面广、内容多，所以要建立一个科学、合理和可行的区域协调发展绩效指标体系，必须要有一个清晰、明确的构建原则。因此，根据长三角区域经济协调发展的目标和特性，我们在构建其绩效评价指标体系时主要遵循以下原则：

1. 系统性原则

系统性要求指标体系应具有整体性、联系性、层次性，使相关内容在指标体系中充分体现。

2. 独立性原则

独立性要求指标间互不重叠，减少信息的冗余度。

3. 可行性原则

指标应能通过实际观测或间接测量进行定量化描述，同时指标应易于理解和掌握，数据应易于收集。

4. 目标一致性原则

指标体系要与促进区域协调发展的总体目标保持一致，确定的评价指标体系要能够对区域协调发展起到积极的指导和督促作用。

5. 静态与动态相结合的原则

区域协调发展是一个目标，同时又是一个动态的积累过程，因此在选择评价指标时，既要有测度区域协调发展结果的静态指标，又要有反映区域协调发展过程的动态指标。

6. 简约性原则

评价体系并不是包含的指标越多就越好，应科学地筛选和压缩评价指标及其数量，力求指标体系精简，便于实际应用和操作。

二、长三角区域经济协调发展绩效评价指标体系

遵循上述构建原则，在咨询北京、南京、镇江几所高校有关专家的基础上，本书主要从经济发展、社会和谐程度和创新能力等方面构建长三角区域协调发展绩效评价指标体系，如表 8－1 所示。本书作者期望以此评价体系来测评长三角内各区域的协调程度并分析其演化趋势，为促进城乡和区域的协调发展提供决策参考。

表 8—1 长三角区域协调发展绩效评价指标体系

目标层	准则层	指标层（评价指标）	单位
长三角区域协调发展水平	经济发展（x_1）	人均 GDP	万元
		GDP 三年平均增长率	%
		全社会固定资产投资增长率	%
		从业人员比重	%
		城市化水平	%
		农村恩格尔系数	%
		第三产业比重	%
		境内公路密度	公里/平方公里
		人均储蓄	万元
		单位 GDP 能耗	吨标准煤/万元
		人均社会消费品零售总额	万元
	社会和谐程度（x_2）	人口平均预期寿命	岁
		城乡收入比	无
		享受最低生活保障线下的人口比重	%
		社会事业财政支出比重	%
		万人拥有医疗床位数	张/万人
		“三保”入保平均比率	%
		万人拥有医生护士数	人/万人
		万人专任教师数	人/万人
		人均耕地面积	公顷/人
		人均水资源量	立方米/人
		城镇登记失业率	%
		工业废水排放达标率	%
		工业固体废物综合利用率	%
	创新能力（x_3）	科技人员数	万人
		科技人员专利申请授权量	项/万人
		万人专业技术人员数	人/万人
		第三产业就业人口比重	%
		高技术产业增加值占工业增加值比重	%
		三年新增规模以上工业企业数	个
		教育经费支出占财政总支出比重	%
		高中以上在校人口比例	%
		进出口额占 GDP 比重	%
		实际利用外资	亿美元

1. 经济发展指标

经济发展不仅意味着国民经济规模的扩大，而且意味着经济和社会生活素质的提高，所以经济发展除了指经济增长外，还包括经济结构的改善、经济效益的提高、经济发展速度加快、发展效率提升等多方面内容。从上述几个角度出发，这里选取了反映经济发展水平的 11 个重要指标，包括人均 GDP（x_1）、GDP 三年平均增长率（x_2）、全社会固定资产投资增长率（x_3）、从业人员比重（x_4）、城市化水平（x_5）、农村恩格尔系数（x_6）、第三产业比重（x_7）、境内公路密度（x_8）、人均储蓄（x_9）、单位 GDP 能耗（x_{10}）、人均社会消费品零售总额（x_{11}），这些指标都是经济协调发展的重要标志。

2. 社会和谐程度指标

所谓“和谐社会”就是指社会系统中的各个部分、各种要素处于一种相互协调的状态（李勇和孙福金，2008）。“和谐社会”既包括人与人之间的和谐，也包括人与自然之间的和谐，涉及合理的分配制度、城乡收入差距、就业结构、资源利用率、环境保护等方面内容。社会和谐程度是判断一个区域内社会发展和谐程度的重要变量，是区域协调和可持续发展的基础和保证，是全面建设小康社会的重要目标。这里从社会和谐的众多方面考虑，选取了反映社会和谐程度的 13 个重要指标：人口平均预期寿命（x_{12}）、城乡收入比（x_{13}）、享受最低生活保障线下的人口比重（x_{14}）、社会事业财政支出比重（x_{15}）、万人拥有医疗床位数（x_{16}）、“三保”入保平均比率（x_{17}）、万人拥有医生护士数（x_{18}）、万人专任教师数（x_{19}）、人均耕地面积（x_{20}）、人均水资源量（x_{21}）、城镇登记失业率（x_{22}）、工业废水排放达标率（x_{23}）、工业固体废物综合利用率（x_{24}）。

3. 创新能力指标

在当前信息化和知识化时代背景下，创新能力成为带动区域经济发展的“火车头”，是获得国际经济竞争优势的决定性因素。创新是一个国家兴旺发达的不竭动力，反映创新的指标有技术创新的能力、创新的国际国内环境、创新投入和创新效率。考虑到这些方面和数据的可得性，长三角区域协调发展绩效评价指标体系中创新能力指标主要包括以下 10 个指标：科技人员数（x_{25}）、科技人员专利申请授权量（x_{26}）、万人专业技术人员数（x_{27}）、第三产业就业人口比重（x_{28}）、高技术产业增加值占工业增加值比重（x_{29}）、三年新增规模以上工业企业数（x_{30}）、教育经费支出占财政总支出比重（x_{31}）、高中以上在校人口比例（x_{32}）、进出口额占 GDP 比重（x_{33}）、实际利用外资（x_{34}）。因大专学历及以上人口比例、R&D 人员人均经费、人均技术市场成交金额、新产品产值占 GDP 比重、大中型企业为获取技术支出费用等明显的创新指标数据收集不全，这里在构建指标体系时没有考虑。

在上述指标体系中，大部分指标的值可通过查阅长三角各省市的统计年鉴、统计公报、科技发展监测报告和专利局、科技局的相关报告直接获得或经简单运算获得。为便于理解，现将部分指标解释如下：

(1) 恩格尔系数是食品支出额占总消费支出额的比例。这个指标用来衡量一个国家和地区人民生活水平的状况，恩格尔系数越大，发展水平越低。

(2) 境内公路密度指一个市的公路里程与该市面积的比值，反映公路交通发展水平。

(3) 单位 GDP 能耗指产生万元国内生产总值所消耗的能量，反映能源消费水平和节能降耗状况。这个指标值越小，说明一个地区在经济活动中对能源的利用率越高。

(4) 享受最低生活保障线下人口比重指生活水平低于该市的最低生活保障线，得到政府救济的人口占该市总人口的比重。

(5) 社会事业财政支出比重指教育、医疗、就业保障等社会性事业的支出占该市总支出的比重。

(6)“三保”入保平均比率指一个市内分别参加基本养老保险、基本医疗保险、失业保险的人数占总人口比重的平均值。

(7) 进出口额占 GDP 比重即外贸进出口依存度，反映对外贸易在国民经济中所处的地位，用来说明创新所处的国际环境。

第二节　长三角区域协调发展评价

现有的区域评价方法有很多，常被采用的有层次分析法、模糊综合评价法、灰色关联度分析法、多元回归分析法、主成分分析法等，其中每种方法都有一定的优缺点。国内外众多学者在采用这些方法解决实际问题时也在积极地进行改进，以尽量使评价结果不受评价方法自身缺点的影响。

一、评价方法

我们对长三角区域经济协调发展进行评价时，采用主成分分析法。该方法是霍特林（Hotelling）于 1933 年首先提出来的，具有理论简洁和赋权客观的特点，可以避免主观因素影响。主成分分析方法的基本思路是降维和去相关性，即通过各主成分对整体评价累计贡献率的大小，略去不重要的成分，通过线性组合，将原来众多具有一定相关性的指标，重新组合成一组新的互相无关的综合指标来代替原来的指标。这样既可以减少冗余的信息，又能保证数据损失最小。

二、数据收集与预处理

本评价体系通过长三角各省市的统计年鉴和公布的一些公告中收集了该区域25个城市2007年和2008年两年的数据。

由于主成分分析方法是利用协方差矩阵求主成分，因此易受指标的量纲和数量级的影响。鉴于此，在进行评价分析之前先要对数据进行预处理。

首先，统计指标包括正向指标、逆向指标和适度指标三种。正向指标是值越大越好的指标。逆向指标与其相反，值越小越好，如指标体系中的农村恩格尔系数、单位GDP能耗、城镇登记失业率。逆向指标的特征和对应的特征向量的分量可能出现负值，而主成分分析法要通过线性组合将指标综合，性质不同的指标直接相加将导致结果不符合实际从而影响分析，所以要将逆向指标转化为正向指标计算，这里取逆向指标的倒数计算。适度指标则是在指标变动区间内有一个适度点，指标数据不宜过大或过小，本章所建指标体系中不包含适度指标，这里不作讨论。

其次，为了消除量纲，要对数据进行标准化处理。主成分分析法中最传统的标准化方法是将各指标的方差设为1，标准化后求协方差矩阵的特征值和特征向量，而这种方法得到的协方差矩阵对角元素均为1，但消除了各指标在变异程度上的差异，不能使原始数据包含全部信息。本章采用均值化的方法进行无量纲化处理，用各指标的均值除以它们相应的原始数据，即 $x_{ij}\sqrt{x_j}$。均值化后，协方差矩阵的对角元素为 $(s_j\sqrt{x_j})^2$，不会改变指标在变异程度上的差异，同时指标间相关系数不会改变，相关矩阵的全部信息都能在相应的协方差矩阵中得到反映(万星火和檀亦丽，2005)。

通过对收集到的数据进行逆向指标处理和无量纲化预处理后，得到用于评价的基本数据。

三、评价过程与结果

因为长三角区域协调发展评价指标体系包含三个子系统共34个指标，直接用主成分法分析会对样本产生较高要求。同时，为清晰了解各市在各个子系统的发展差异，首先在各准则层内用主成分法分析，得到各市的经济发展协调水平、社会和谐发展水平和创新能力协调情况，然后将三方面综合，得到区域协调发展评价函数：

$$C = F(f_e, f_h, f_i) \tag{8-1}$$

其中，C为区域协调评价值，f_e，f_h，f_i 分别为经济发展、社会和谐和创新能力协调函数。假设 f_e，f_h，f_i 的权重分别为 α_1，α_2，α_3，则区域协调发展综合评价函数可表示为：

$$C = \alpha_1 f_e + \alpha_2 f_h + \alpha_3 f_i \tag{8-2}$$

应用 SPSS 软件中的主成分分析法，可得各子系统内评价指标的主成分特征值、特征向量和方差贡献率，根据累计贡献率达到 85%以上的原则，即所选取的主成分可以代表原数据 85%以上的信息，提取各准则层的主成分，并根据各主成分的重要性程度计算其权重，得结果如表 8－2 和表 8－3 所示。

表 8－2．各准则层内指标主成分提取

准则层	主成分	主成分特征值	贡献率（%）	累积贡献率（%）	主成分权重
经济发展	1	5.650	51.365	51.365	0.571
	2	1.665	15.135	66.500	0.168
	3	1.074	9.763	76.263	0.109
	4	0.902	8.200	84.464	0.091
	5	0.607	5.522	89.986	0.061
社会和谐	1	4.365	33.578	33.578	0.388
	2	2.719	20.918	54.493	0.242
	3	1.745	13.425	67.918	0.155
	4	1.101	8.466	76.383	0.099
	5	0.706	5.428	81.811	0.063
	6	0.617	4.746	86.557	0.055
创新能力	1	5.505	55.051	55.051	0.622
	2	1.443	14.429	69.480	0.163
	3	1.268	12.682	82.162	0.143
	4	0.632	6.317	88.479	0.071

表 8－3　各准则层内指标主成分特征向量

	指标	第 1 主成分	第 2 主成分	第 3 主成分	第 4 主成分	第 5 主成分	第 6 主成分
经济发展	x_1	0.882	0.199	0.148	－0.260	0.135	
	x_2	－0.410	0.670	0.172	－0.353	0.298	
	x_3	－0.655	0.539	0.338	0.149	0.111	
	x_4	0.677	－0.320	0.398	－0.218	0.226	
	x_5	0.917	0.280	－0.091	0.130	0.074	
	x_6	0.674	－0.021	－0.054	－0.464	－0.430	
	x_7	0.686	0.022	－0.331	0.490	0.210	
	x_8	0.399	0.608	0.362	0.336	－0.432	

续表

	指标	第1主成分	第2主成分	第3主成分	第4主成分	第5主成分	第6主成分
经济发展	x_9	0.972	0.062	0.052	0.003	0.077	
	x_{10}	0.025	−0.561	0.703	0.230	0.006	
	x_{11}	0.972	0.124	0.026	0.046	0.101	
社会和谐	x_{12}	0.778	−0.034	0.368	0.060	−0.162	0.164
	x_{13}	0.129	0.687	−0.044	−0.608	0.188	0.138
	x_{14}	−0.262	0.048	0.753	0.020	0.396	−0.054
	x_{15}	0.025	−0.558	0.643	−0.123	−0.189	0.351
	x_{16}	0.901	0.205	0.25	−0.026	−0.087	−0.161
	x_{17}	0.907	0.289	0.119	0.007	0.038	−0.057
	x_{18}	0.944	0.101	−0.159	0.042	0.063	−0.017
	x_{19}	0.653	0.094	−0.384	0.332	0.331	0.061
	x_{20}	−0.730	0.442	0.056	−0.103	0.180	−0.131
	x_{21}	−0.085	−0.798	−0.098	0.340	0.158	−0.156
	x_{22}	−0.353	0.538	−0.308	0.358	−0.174	0.470
	x_{23}	−0.215	0.652	0.272	0.295	−0.420	−0.360
	x_{24}	−0.110	0.491	0.442	0.507	0.254	0.142
创新能力	x_{25}	0.918	0.160	−0.244	0.106		
	x_{26}	0.807	−0.355	0.290	−0.019		
	x_{27}	0.570	0.125	0.695	−0.107		
	x_{28}	0.535	0.683	−0.283	0.070		
	x_{29}	0.631	−0.309	0.184	0.665		
	x_{30}	0.757	−0.484	−0.222	−0.108		
	x_{31}	0.839	0.170	−0.447	0.042		
	x_{32}	0.359	0.656	0.463	0.063		
	x_{33}	0.856	−0.146	0.190	−0.331		
	x_{34}	0.929	0.013	−0.168	−0.184		

由主成分公式，$Z_j=\sum_{i=1}^{p}a_{ji}x_i$，（p为指标个数，$a_{ji}$为第j个主成分的第i个指标对应的特征向量），可得各主成分的函数式，如经济发展第一主成分的函数式为：

$$f_{e1}=0.882x_1-0.41x_2-0.655x_3+0.677x_4+0.917x_5+0.674x_6+0.686x_7+0.399x_8+0.972x_9+0.025x_{10}+0.972x_{11} \quad (8-3)$$

其他主成分的函数式与此类似。由主成分总的评价公式 $Z=\sum_{j=1}^{n}\beta_j Z_j$，j=1，2，…，n（n为主成分个数；$\beta_j=\lambda_j/\sum_{j=1}^{n}\lambda_j$ 为方差贡献率，即所得的主成分权重，λ_j 为第j个主成分对应的特征值），可得到长三角区域经济协调发展各子系统评价表达式：

$$f_e=0.571f_{e_1}+0.168f_{e_2}+0.109f_{e_3}+0.091f_{e_4}+0.061f_{e_5} \tag{8-4}$$

$$f_h=0.388f_{h_1}+0.242f_{h_2}+0.155f_{h_3}+0.099f_{h_4}+0.063f_{h_5}+0.055f_{h_6} \tag{8-5}$$

$$f_i=0.622f_{i_1}+0.163f_{i_2}+0.143f_{i_3}+0.071f_{i_4} \tag{8-6}$$

对于区域协调发展综合评价函数中权重的确定采用突出局部差异的均方差法，其公式为：

$$\omega_j=\frac{s_j}{\sum_{k=1}^{m}s_k} \tag{8-7}$$

其中，s_j 为第j个指标对应的标准差。

通过计算，可得三个准则层的权重分别为0.245、0.277、0.478，区域协调发展综合评价函数为：

$$C=0.245f_e+0.277f_h+0.478f_i \tag{8-8}$$

将长三角各省市2008年的数据代入，经计算可得三个准则层协调发展情况以及总的区域协调发展状况。根据评价值大小，将长三角25个城市进行排序，对各市协调发展水平进行全面系统的评价，结果如表8—4所示。

表8—4 长三角各市协调发展水平得分及排序

城市	经济发展评价		社会和谐评价		创新能力评价		区域协调综合评价	
	得分	排序	得分	排序	得分	排序	得分	排序
上海	6.76	1	3.38	1	11.69	1	8.182	1
南京	5.09	4	2.89	5	4.57	8	4.231	6
无锡	5.87	2	3.05	2	5.04	6	4.691	5
徐州	2.31	21	1.70	18	1.69	20	1.847	19
常州	4.66	6	2.33	9	4.94	7	4.147	7
苏州	5.85	3	2.98	3	11.08	2	7.557	2
南通	3.34	16	1.80	14	4.04	9	3.248	11
连云港	2.07	22	1.49	20	1.76	19	1.759	20
淮安	1.96	24	1.41	22	0.87	24	1.288	24

续表

城市	经济发展评价		社会和谐评价		创新能力评价		区域协调综合评价	
	得分	排序	得分	排序	得分	排序	得分	排序
盐城	1.97	23	1.38	23	1.31	22	1.490	22
扬州	2.95	17	1.80	13	3.07	14	2.689	15
镇江	3.79	10	2.08	10	3.44	12	3.150	12
泰州	2.6	18	1.76	15	2.19	18	2.169	18
宿迁	1.64	25	1.43	21	0.62	25	1.095	25
杭州	5.02	5	2.93	4	6.58	4	5.186	4
宁波	4.61	7	2.76	6	6.94	3	5.212	3
嘉兴	4.17	8	2.35	7	4.01	10	3.588	9
湖州	3.41	14	1.92	12	2.64	16	2.631	17
绍兴	3.90	9	1.93	11	5.18	5	3.967	8
舟山	3.75	11	2.34	8	2.42	17	2.722	14
温州	3.44	13	1.74	16	2.83	15	2.677	16
金华	3.61	12	1.70	19	3.99	11	3.261	10
衢州	2.38	20	1.18	24	1.38	21	1.567	21
台州	3.37	15	1.71	17	3.27	13	2.864	13
丽水	2.51	19	0.64	25	1.10	23	1.320	23

四、评价结果的讨论和验证

1. 评价结果讨论

单从经济发展水平来看，上海领先于其他城市，其中比较奇异的是无锡的评价得分略高于苏州。从原始数据来看，在固定资产投资、城市化水平、第三产业比重、境内公里密度、单位 GDP 能耗、人均社会消费品零售总额方面，无锡均好于苏州。虽然在总量方面苏州占优势，但其人口远远多于无锡，而且苏州经济主要是利用外资较多。由于考虑到利用外资可以学习许多先进的技术知识，故将其作为创新的国际环境列入创新能力评价准则层中，而没有把它列在经济发展评价中，因此分析结果出现了无锡的评价高于苏州的情况。在江苏省内，无锡、苏州、南京、常州经济发展水平位于前列；在浙江省内，杭州、宁波、嘉兴、绍兴位居前四，舟山紧随其后。虽然舟山由群岛组成，但从近几年来看，其在发展速度方面是增长较突出的一个城市，其 GDP 三年平均增长率及固定资产投资增长率在浙江省都是最快的，因此，其经济发展水平在排名中处于前列。

单从社会和谐水平来看，上海、无锡、苏州、杭州、南京、宁波、嘉兴位居前列，这些城市不仅在经济发展方面领先，在人口素质、生活质量、公益事业、社会保护、社会结构等方面也属于较先进的城市，虽然个别指标落后。例如，上海、南京、杭州的城乡收入差距相对而言都是较大的，但它们在社会保障、就业率、生活质量等方面都在前列，所以社会和谐整体评价结果也处在前列。从某项单指标来看，各省之间和各省内部也都有所差别，其中，江苏省的人均水资源量远远低于浙江省的水平，所以通过单个系统的得分可以更全面地了解长江三角洲地区的区域协调发展情况。

单从创新能力来看，上海和苏州的创新水平得分远远高于其他城市。上海作为长三角地区的龙头城市，聚集了大量创新人才，拥有众多创新资金来源，具有丰富的人才优势；苏州作为长三角第二大发展城市，交通便利，资源丰富，紧邻上海，区位优势明显，外企投资较多，受上海辐射影响较大，创新的支撑能力、创新投入均具有一定优势，因此这两个城市的创新能力是毋庸置疑的。宁波、杭州、绍兴、无锡、常州、南京、南通、嘉兴城市的创新水平依次名列第三到第十，盐城、丽水、淮安、宿迁等欠发达城市创新能力较弱。

从区域协调综合评价结果来看，因为创新能力在整个评价体系中所占比重较大，所以创新能力强的地区其区域协调发展水平也较好。因为创新不仅对经济发展有巨大的推动作用，创新能力也成为一个国家或地区竞争力的核心，是保证区域长期可持续发展的重要因素；而且创新可以创造新的社会生活秩序，对社会和谐也有重要的作用。上海、苏州、宁波的区域协调程度位列前三，杭州、无锡、南京、常州等较发达城市紧随其后，衢州、淮安、盐城、丽水、宿迁等欠发达城市区域协调能力较差。

2. 评价结果验证

为了验证评价结果的准确性，下面通过聚类方法对其检验。根据评价的特点，采用系统聚类分析（Hierarchical Cluster）的重心法对评价结果进行聚类，结果如表8－5所示。

表8—5　评价结果聚类分析

城市	上海	南京	无锡	徐州	常州	苏州	南通	连云港	淮安	盐城	扬州	镇江	泰州
类型	1	2	2	3	2	1	4	3	3	3	4	4	3
城市	宿迁	杭州	宁波	嘉兴	湖州	绍兴	舟山	温州	金华	衢州	台州	丽水	
类型	3	2	2	4	4	2	4	4	4	3	4	3	

由表8－5所知，上海和苏州成一类，南京、无锡、常州、杭州、宁波、绍兴成一类，这些都属于江苏省和浙江省内发展水平较发达的城市；徐州、连云

港、淮安、盐城、泰州、宿迁、衢州、丽水成一类，而这些均属于欠发达城市；剩余的成一类，属于发展水平中间型城市。比较表 8—4 和表 8—5 的结果，各市的种类划分大体相同，结合实际来看，这种评价结果具有一定的准确性和客观性。

五、长三角区域协调发展水平的分类与比较

1. 长三角区域协调发展水平分类

结合以上分析结果，按照综合评价值的大小，可将长三角 25 个城市的区域协调发展水平大致分为三个级别，如表 8—6 所示。

表 8—6　长三角区域协调发展水平分类

分类	协调发展综合评价值	城　市
Ⅰ类：区域协调发展水平较高的城市	≥4	上海、苏州、宁波、杭州、无锡、南京、常州
Ⅱ类：区域协调发展水平中等的城市	2.5～4	绍兴、嘉兴、金华、南通、镇江、台州、舟山、扬州、温州、湖州
Ⅲ类：区域协调发展水平较低的城市	≤2.5	泰州、徐州、连云港、衢州、盐城、丽水、淮安、宿迁

Ⅰ类城市的区域协调发展水平较高，其中，上海、南京、杭州分别作为直辖市和江浙两省的省会城市，是政治、经济、文化的中心和人才聚集的地方，区域协调具有制度、资源、经济等方面的众多优势；苏州、宁波、无锡、常州均属于江浙两省内综合实力较强的城市，基础设施完善，资源投入较多，具有丰富的人才储备，科技人才汇集，区域协调能力高于其他城市。

Ⅱ类城市的区域协调发展水平处于中等级别，这些城市都属于长三角地区发展中间型的城市，处于平均发展水平。其中，绍兴、嘉兴、金华、镇江协调发展水平略高于长三角平均水平，其他六市略低于平均水平。

Ⅲ类城市的区域协调发展水平是较低的，在长三角属于欠发达城市。其中徐州、连云港、盐城、淮安、宿迁均为苏北城市，其中宿迁综合评价值最低，区域协调发展最差，这几个城市的综合评价得分相差不大，区域协调能力都较低。分类结果与它们在省内以及长三角区域内的发展地位相符。

2. 长三角区域协调发展水平比较

为了更好地了解和把握长三角区域协调发展演化趋势，现将 2007 年的评价结果和 2008 年做一比较，结果如表 8—7 所示。

表 8−7　2007 年和 2008 年长三角各市协调发展水平比较

城市	经济发展评价		社会和谐评价		创新能力评价		区域协调综合评价	
	2007 年排序	2008 年排序	2007 年排序	2008 年排序	2007 年排序	2008 年排序	2007 年排序	2008 年排序
上海	1	1	1	1	1	1	1	1
南京	4	4	5	5	7	8	6	6
无锡	2	2	3	2	5	6	5	5
徐州	21	21	16	18	20	20	19	19
常州	7	6	6	9	6	7	7	7
苏州	3	3	4	3	2	2	2	2
南通	15	16	14	14	8	9	8	11
连云港	22	22	22	20	19	19	20	20
淮安	23	24	21	22	23	24	23	24
盐城	24	23	24	23	21	22	22	22
扬州	17	17	13	13	15	14	16	15
镇江	10	10	10	10	12	12	11	12
泰州	19	18	15	15	18	18	18	18
宿迁	25	25	20	21	25	25	25	25
杭州	5	5	2	4	4	4	4	4
宁波	6	7	7	6	3	3	3	3
嘉兴	8	8	9	7	9	10	9	9
湖州	14	14	12	12	16	16	17	17
绍兴	9	9	11	11	11	5	10	8
舟山	11	11	8	8	17	17	15	14
温州	12	13	18	16	13	15	13	16
金华	13	12	17	19	10	11	12	10
衢州	20	20	23	24	22	21	21	21
台州	16	15	19	17	14	13	14	13
丽水	18	19	25	25	24	23	24	23

对比 2007 年与 2008 年长三角各城市区域发展协调水平，可以发现：

（1）经济发展水平方面各市变化不大。常州、盐城、泰州、金华、台州排序均上升了一位；南通、淮安、宁波、温州、丽水均下降了一个名次，其他保持不变。

（2）社会和谐方面，连云港、嘉兴、温州、台州前移两个名次；无锡、苏

州、盐城、宁波前移一个名次；淮安、宿迁、衢州下降一位，徐州、杭州、金华下降两位；常州下降三位，是变化最大的城市。

（3）创新能力方面，绍兴前进六位，属于变化最大的城市。从原始数据来看，2007～2008年，绍兴在高技术产业增加值占工业增加值比重、新增规模以上企业个数、万人专业技术人员、教育经费支出占财政总支出比重等方面均有很大的提升，所以创新能力增强较明显。扬州、衢州、台州、丽水提升一位；南京、无锡、常州、南通、淮安、盐城、嘉兴、金华下降一位；温州下降两位。

（4）综合评价结果中，扬州、舟山、台州、丽水前移一位；绍兴、金华前移两位；淮安、镇江退后一位；南通、温州下降三位，变化最大。

总的来看，2007～2008年，除个别城市外，长三角各市在经济发展、社会和谐、创新能力以及总的区域协调方面变化不大，具有一定的稳定性，一定程度上反映了系统演化的路径依赖性。各市可通过相应的演化过程，分析其未来的变化趋势，从而制定相应的政策促进区域协调发展。

第三节　长三角区域经济协调发展对策研究

从我国总体来看，长三角区域经济发展水平已处于较高层次，但通过分析可知，长三角区域内各省之间以及各省内部、城乡之间均存在一定程度不均衡现象，这种差距是由多方面原因造成的，包括地理位置、历史因素、制度、流动要素、文化等各个方面。为使长三角的资源得到有效配置，提高区域经济协调能力和综合实力，政府、企业、各管理部门等组织需要共同发挥作用。本书结合前面的实证分析，就长三角区域如何协调发展问题提出以下九点对策：

1. 注重知识能力建设，提高区域综合实力

由第五章的理论分析和第六章的实证分析可知，长三角的区域知识溢出与区域发展之间存在密切关系。区域间的人口移动、商品贸易、信息交流等都具有溢出效应，其效应的强弱决定了“拉动效应”发挥作用的大小和“追赶”能否奏效。长三角区域经济发展不均衡和区域差距扩大的深层次原因在于知识溢出不畅，而知识存量和吸收能力是决定区域接受知识溢出大小的主要因素。较大的知识差距会阻碍欠发达地区的追赶，这就要求各地区加强区域知识能力建设。因此，长三角欠发达地区：应加大R&D投入，改善研发经费不足导致的知识溢出效应不足对区域经济增长的消极影响；优化区域人力资源结构，加大对高级管理人员、专业技术人员、复合型人才等人力资源的培养和引进力度；加大创新储备，增加教育和培训的投入，提高科研能力和管理水平；加强公共图书馆、数据库及信息化服务建设，为区域学习提供最新标准信息和及时了解国内外发展动态。总之，长三角欠发达地区尤其应该努力提高自身知识存量和学习能力，积极利用知识溢出平台加速实现追赶。

2. 加强区域间合作，打造长三角联动发展新格局

政府部门在促进区域经济协调发展过程中起着举足轻重的作用，长三角城市群共包括苏、浙、沪25个城市，作为独立的行政单元，为了追求自身利益最大化，政府在制定制度政策时，都有地方保护主义思想，这样使得长三角地区内部一直存在着竞争关系，地区间争相抢夺市场资源，近年来造成了区域差距有增无减的趋势。要想促进长三角区域协调发展，政府部门必须解放思想、转变观念，树立整体意识，从整体利益出发开展工作，应以系统的观点考虑和处理问题。具体来说，应做到以下三个方面：一是要树立长三角区域整体意识，倡导区域合作理念，统一构建和完善有利于区域知识溢出的区域协调发展测评体系，通过选择合适的区域单位，进行测评和诊断，督促相关部门有针对性地出台一些政策和措施，打造有利于区域知识溢出和技术创新的环境。二是要统筹规划，加快和推进先进地区与相对落后地区之间的大交通网络、信息网络建设，拓展和完善“长三角都市经济圈”整体软硬件的建设，通过一系列切实可行的措施，搭建和完善区域合作平台。三是要引导区域组织树立经济协作意识，通过开展“学习型企业”、“学习型社区”和“学习型园区”等活动，推动企业间、社区间、园区间相互学习，使其充分主动地利用知识溢出效应，增强创新能力，营造区域共赢发展新格局。

3. 打造有利于城乡知识溢出的环境，促进城乡共同发展

长三角城乡发展中面临的收入差距、经济发展差距和二元经济结构问题，也可归结为城乡知识溢出不畅、城乡资源没有得到整合、没有利益共享机制，以致城乡无法形成产业联动。因此，要深入研究长三角城乡间知识溢出的形式和渠道，构建和完善城乡知识溢出机制，打造有利于城乡知识溢出的环境，提高乡村对知识溢出吸收的能力，实现工业反哺农业，增强城市的扩散功能和对乡村的带动作用，促进长三角区域城乡共同发展。当前，应着力做好以下几件事：一是因地制宜，规划城乡统筹政策，整合城乡资源，推进城乡劳动力市场一体化，形成城乡人才的双向流动。二是加大对农民的职业培训力度，拓展农民就业渠道，吸纳更多农民就业，同时建立健全农民创业相关政策，引导和鼓励农民创业。三是加大对农业基础设施的投入，建立城乡一体化的公路交通网、供水网、供电网、供气网和信息网，便利城乡互动发展。四是优化城乡间教育、文化、医疗卫生等的公共服务的资源配置，逐步使城乡教育、医疗卫生、劳动就业、文化娱乐、基本社会保障一体化，改善农民生活环境，提高农民生活质量，真正缩小城乡差距，实现城乡共同发展。

4. 重视产业合理布局，优化产业结构调整

长三角各地区应加快产业结构整合，避免产业结构趋同现象，打破自我完善的封闭型产业结构，构建和完善相互依存的开放型产业结构。具体建议如下：

（1）可考虑成立由中央牵头组建，具有相应的行政调控权的、能够协调区域内各地经济利益的、跨行政区的管理机构，负责长三角区域内重点基础设施建设、重大战略资源开发等项目，从区域经济总体出发强化产业整合，优化产业结构，协调各地因行政区域造成的利益矛盾。

（2）突出专业化和个性化的结构特点，形成各个地区自身的产业特色，使长三角整体产业结构呈现“地方特色，错位发展”的格局，保持工业发展优势的同时促进第三产业的发展。苏南、浙东北工业要重点提升国际竞争力，围绕增强自主创新能力，加速实现产业结构优化升级和经济增长方式转变，建设先进制造业基地和现代服务业高地。苏南加快沿沪宁线高新技术产业带（特别是以新能源为首的新兴产业带）的建设，占领产业链的高端。浙东北各地区要围绕滨海产业带、沪杭甬沿线和杭宁沿线制造业产业带、西部和南部生态农业和休闲旅游产业带等各具特色的发展轴，完善产业链建设。苏中工业要抓住沿江开发和江海联动开发的机遇，大力发展与港口相关的化工、钢铁、汽车、装备制造等重工业和现代物流业等基础产业，加快与苏南经济一体化的进程，扩散沿江开发效应，在南北产业转移中发挥纽带作用。苏北、浙西南工业要充分发挥后发优势，积极承接国内外产业转移，发展本地特色产业，加快东陇海产业带建设和浙西南绿色渔业优势产业带建设，努力实现跨越式发展。

（3）以产业转移为切入点，推进沿江、沿海的资本、技术与人才的转移与苏北、苏中、浙西南市场的合作，提高苏北、苏中和浙西南产品的技术含量和市场占有率。搭建浙东北与浙西南、苏南与苏北产业转移平台。通过南北挂钩及共建苏北、浙西南开发区等方式，大力推进南北产业转移，提升产业发展水平，优化生产力布局，淘汰落后生产能力，实现江浙沪、浙东北与浙西南、苏南与苏北产业互动发展。

（4）各地区要共同制定适合本地区的产业政策，同时要加强与其他区域的产业协调，促进区域间产业运作联系。通过跨区域的产业整合实现优势互补，使各种生产要素得到最优化配置，使要素的空间分布有利于促进长三角整体的区域协调发展。以企业改制和重组为切入点，加快体制上和企业组织上的创新，克服沿江和沿海与苏北、苏中和浙西南在组织经济发展、开展区域之间经济交流与合作上的制度障碍，实现体制调整带动苏北、苏中和浙西南经济发展的目标。同时，要善于依靠长三角得天独厚的区位优势，增加对外商投资的吸引力，利用外资的溢出效应引进先进的生产设备和管理技术，促进产业优化升级和本土企业成长。

5. 发挥区域集聚优势，增强区域知识溢出效应

区域内产业集聚既可以促进人才流动，加强企业间互动合作；又有利于衍生新兴企业，增强区域创新能力，提升竞争力。这是因为产业集聚可以扩大区域知识溢出的范围和增强区域知识溢出的效应。为充分发挥和利用产业集聚产生的知识溢出效应，政府有关部门要健全长三角区域内的知识溢出合作机制，增强先进区域的辐射作用，提高落后地区对知识溢出的吸收能力。这主要可从以下三方面着手：一是培育长三角溢出源经济，加强人才流动。技术人才聚集是创新能力和经济溢出效应提升的关键，硅谷等地区的成功得益于对海外先进科技人才的吸引以及面向全球的人才流动机制。长三角应分析学习成功地区的先进经验，实行积极的人才引进和培育的相关政策，加大对在企业创新中急需的高科技人才以及海外回归人才的引进和使用。特别是要采取切实有力的措施，建立和完善人才互动交流的机制，增强长三角相对落后地区的人才集聚；同时逐渐消除户口制度、教育、医疗、住房、社保等对人才流动的限制，构建这些地区良好的创新环境，增加知识溢出和吸收的机会。二是充分利用长三角区域产业集聚带来的成本降低、生产率提高以及创造专业化制度等优势，创建良好的创新环境，改善创新的条件，增加知识溢出和吸收的机会，增加新企业产生和新产品开发的可能性，以先进地区产生的增长极扩散效应带动周围区域的发展。三是构建创新网络体系，提高区域创新能力。为了促进知识溢出、增加创新机会，长三角区域应形成多元的社会创新文化，加强高新区企业内部人员之间、企业与企业之间、企业与区域内公共机构（大学、研究机构、商会等）之间的密切合作和交流，建立有利于知识溢出的产学研机制，形成有利于发挥长三角区域知识溢出效应的合作网络体系，增强区域的自主创新能力，并协调区域间的创新差距，提升长三角区域的整体竞争力。

6. 完善区域市场体系，实现市场网络化发展

长三角已经形成的市场体系受区域管理机构等级化、复杂化影响，主要以促进和保护本地区经济发展为前提，区域间部分市场要素受一定的壁垒限制而不能自由流动，各种各样的市场主要在自己的行政范围内运行，分散且杂乱，没有整体发展意识。这是造成长三角区域差距扩大的原因之一，也制约着长三角区域的协调发展。长三角各政府部门应积极进行职能转换，实现政府职能由直接参与经济活动向为技术企业服务的间接参与经济活动转变。通过共同协商完善价格体制、外贸体制以及一体化市场运作机制，规范市场秩序和法律服务体系，尽快消除各种地方壁垒限制，建立统一有序的区域共同市场，包括商品物流共同市场、产权交易市场、人力资源共同市场、科技成果及知识产权保护共同市场、信息共享共同市场以及文化旅游共同市场等。利用现代化信息技术推进市场体系网络化，规范长三角区域内的人才市场、技术市场、资本市场等市场体制，改革知识

产权保护、技术转让等机制，实现商品、资金、劳动力、技术和信息的交流、自由流动和生产要素的优化配置，形成开放、规范、协调、有序的市场网络。

7. 注重环境保护，建立区域可持续性发展网络

长三角属于人口密集、土地短缺的区域，过多的人口聚集使得长三角部分地区出现过度开发建设现象，人地之间的矛盾逐渐凸显，许多耕地和绿化用地被强占，土地资源的约束严重阻碍了区域经济的可持续发展。而在长三角苏北、浙西南等部分地区又存在资源闲置情况，造成了浪费。为使双方优势都能有效发挥，长三角区域间可建立可持续的区域发展网络体系，在经济发展过程中注重城市和区域的生态环境保护，合理利用地区内的水土资源，产业发展要以不破坏居民生活环境为前提，以可持续发展理论规划地区建设。通过合理的制度安排，如加大对破坏环境行为的处罚力度、鼓励环境投入等措施，引导企业、居民群体中消极的环境行为向积极的环境行为转变，实现整个区域内人口、资源、环境、经济和社会的协调，促进长三角区域共同可持续发展。

8. 均衡基础设施建设，缩小区域差距

合理的基础设施布局、发达的基础设施网络是引导区域协调发展的有效前提，是促进区域内经济交流和合理区域分工的有效手段。当前的长三角基础设施建设却存在很多问题，如缺乏协调的重复性建设造成资源低效利用，各地区交通网络性和系统性差，发达地区和欠发达地区、农村和城市的基础设施建设差距较大。要改变这种现象，长三角地区各省市之间需加强统一规划，强化基础设施连接，加速形成完善的交通运输、信息交流和物流网络，促进长三角整个地区的资源共享，以此带动落后地区的经济发展，使各种优势得到充分发挥。要做好区域公路网规划，合理布局，加快欠发达地区高速公路、干线公路和市域公路的建设，并做好城市道路与高速公路、干线公路相互衔接与过渡；加大经济发展相对落后地区的铁路交通建设，协调好区域铁路、城际铁路线位与城市总体布局的关系；抓紧协调长三角都市圈的民用机场布局规划建设；做好沿海、沿江、沿河港口总体布局规划。还要加强欠发达地区的环境治理、生态保护、教育医疗卫生等基础设施建设。长三角地区要把握各种发展机遇，充分利用国家的有力政策，发挥各种潜力，加强与世界的交流合作，吸收先进的技术知识，利用本身优越的交通和得天独厚的地理位置，提升企业及区域竞争力，为打造顶级的都市经济圈而努力。

9. 合理安排区域制度，克服非均衡发展中的路径依赖与不良锁定

演化理论认为，“路径依赖”（Path-dependency）指一个具有正反馈机制的体系，一旦在外部性偶然实践的影响下被系统所采纳，便会沿着一定的路径发展演进，而很难被其他潜在的甚至更优的体系所取代。技术演变过程具有自我增强机制，新技术的采用往往具有收益递增的机制。由于某种原因先发展起来的技术通常可以凭借先占的优势，实现自我增强的良性循环，从而在竞争中胜过自己的对手。相反，一种较之其他技术更具优良品质的技术却可能因为“惯例”或“路径依赖”而不被采纳，陷于困境，形成“不良锁定”。机会和递增报酬这样的演化机制涉及新经济活动的空间形成时，决策者有好几个相互抵触的选择。但决策者起着相当大的作用，可有余地行动和建立一个良好的空间环境。一般说来，“路径依赖”和报酬递增容易造成两种负面效应：

一是使得“劣技术”或“相对劣技术”得以生存，且容易形成地方保护，不利于长三角的整体优化，影响协调发展。打破“不良锁定”最有效的方式通过制度安排，改变不同技术的收益，减小“劣技术”的生存空间或让其消失，使系统向优良状态演化。为此，长三角各级政府必须协调行动，注意制度安排的协同效应。

二是报酬递增使得知识溢出的逆流效应得到强化，造成区域差距和城乡差距进一步扩大。近年来，长三角的区域差距和城乡差距进一步扩大说明了这一点。要促进长三角的协调发展，在制度安排时（如建立长三角都市化经济这一制度安排）要促进知识溢出扩散效应，并把逆流效应限制在合理的范围内，让报酬递增逐渐向相对落后或欠发达地区转移。

制度演化理论告诉我们，制度给人们带来的规模收益决定了制度变迁的方向，当收益递增普遍发生时，制度变迁得到强化并形成良性循环；当收益递增不能普遍发生时，制度变迁就朝着非绩效方向发展，最终可能“闭锁”在某种无效率状态。

由于区域发展道路的不确定性驱使组织或政府实施惯例性行为，这限制了可用的选择，不利于创新。长三角各级政府在进行区域发展决策时，要努力克服区域差距扩大这一路径依赖的发展策略，依据区域发展差距和收入差距的演化特点，抓住主要矛盾，根据不同聚合区域均衡的变化特征，把区域发展政策建立在合适的聚合单位上，并根据影响区域协调发展的要素，把区域发展政策进一步细化。要解放思想，突破“不良锁定”，不断开拓创新，沿着绩优路径前行，如此循环往复，从而使收益不断递增，推动经济不断向前发展。

制度演化理论说明，当政策目标强烈地嵌入周围的环境中时，政策的潜在影响是非常大的，区域政策更可能成功。当地方战略相当多地偏离地方背景时，决策很可能失败。政策制定者在一个演化世界中起着相当大的作用，在演化世界中的政策制定者不得不考虑他们在其中操作的独特的技术、经济和制度背景。地方环境在很大程度上决定区域政策可能的选择及结果。所以必须根据长三角总的不均衡和极化、不同聚合层次上的不均衡和极化的演化结果，结合长三角各地区知识溢出情况，制定因地制宜的区域发展制度；同时打造有利于发达地区向欠发达地区知识溢出的环境，使政策的目标能很好地嵌入各地区的环境。

第四节　小　结

本章在分析区域协调发展内涵的基础上，首先，讨论了长三角区域协调发展绩效评价体系的构建原则；其次，遵循这些原则和协调发展的内容，从经济发展、社会和谐和创新能力三个方面构建了区域协调发展绩效评价指标体系；再次，采用主成分分析法，在对统计数据的量纲和逆向指标的数据进行预处理后，对 2007 年和 2008 年长三角各城市的经济发展、社会和谐和创新能力的绩效进行测评，并对评价结果进行了分析比较，结合系统聚类分析，把长三角的城市分为三类；最后，从知识能力建设、区域合作、产业结构、城乡知识溢出环境、区域集聚、区域市场网络、环境保护、基础设施和区域制度安排等方面系统地给出了区域协调发展对策建议，并着重从演化视角分析了区域政策的含义，讨论了如何通过区域制度安排克服区域非均衡发展中的路径依赖和“不良锁定”。

结论与研究展望

近年来，我国经济在保持高速增长的同时，城乡差距、区域差距进一步扩大，引起政府、研究者和民众的广泛关注。长三角地区是我国最大的经济核心区之一，其每年创造的GDP占全国的近1/4，成为拉动全国经济增长的重要地区。尽管长三角区域经济发展迅速，然而由于受到种种因素的影响，区域发展不均衡问题却日渐凸显。在其经济发展过程中，既存在两省一直辖市之间的不平衡，也存在苏南、苏中、苏北三大区域的不均衡，浙东北和浙西南的不均衡以及江浙沪之间的不均衡。不断加大的区域差距引发了我们对如下问题的深层次思考：一体化和协调发展的政策和战略应该建立在哪一层面上才较为合理？制定政策和战略时应该考虑哪些要素才能更好地发挥效用？如何科学地衡量区域的一体化和协调发展？“拉动效应”的产生和“赶上”现象出现需要哪些条件（或者说什么样的环境）……对这些问题的探究具有十分重要的理论意义和应用价值。本书在全面搜集、整理、吸收国内外区域研究现状，特别是长三角区域发展研究现状的基础上，对新古典理论、发展经济学、经济地理学、技术差距理论和区域经济发展的演化理论等区域发展理论进行梳理，并分析了区域经济发展理论在我国的变迁。针对长三角（本书中指江浙沪）内区域发展的现状，以科学发展观为指导，综合运用区域发展理论和演化的思想，采用统计分析的基本方法，以计算机为工具，从多角度、多水平系统地反映长三角城乡、区域发展不均衡及其演化；把空间因素和区域的吸收能力引进经典的知识溢出理论中，利用知识溢出模型揭示知识溢出的内在机理，同时运用空间计量模型、面板数据分析技术对长三角区域知识溢出进行实证分析；从经济发展、社会和谐程度和创新能力等方面构建长三角城乡与区域协调发展绩效评价指标体系，采用主成分分析法测评长三角内各区域协调程度并进行诊断分析；从地区特点、要素流动、财政制度等方面分析长三角区域发展不均衡的成因。本书的主要结论如下：

（1）长三角、省、地区三种水平下以UPCI计算的长三角不均衡相差最小，即不同聚合水平对UPCI各种不均衡指数的大小影响最小，反映了人均收入在不同层次上分布的均匀性，即各个省、地区内部城镇居民人均可支配收入之间差异不大，但相对增长率并不具有这样一种关系。以GDPPC反映的长三角不均衡的变化都较为和缓，起伏不大；而RPCI反映的长三角不均衡的变化、起伏最为明

显；UPCI 反映的长三角不均衡虽然升降不大，但也有起伏；两者加权平均 TPCI 反映的长三角不均衡虽升降比 GDPPC 明显，但幅度也不如 RPCI 反映的结果那么明显。这些说明，以 TPCI 来计算长三角收入的不均衡不具有科学性，因为在对 UPCI 和 RPCI 加权平均时，丢失了许多信息，两者的升降或起伏因这样处理而"削平"了。所以在研究收入不均衡时不应把城乡两部分数据加权合并。GDPPC、TPCI、RPCI 和 UPCI 的不均衡与极化的演化存在差异，说明影响四个指标不均衡的影响因素不同，如果政策的目标是要降低不均衡，应该具体分析、具体对待。

以各不均衡指数计算的 2000～2007 年长三角的不均衡，除省级聚合水平呈现收敛趋势外，"六大地区"和市级水平计算的总的不均衡均呈现发散趋势。这一结果表明，在研究区域发展不均衡特别是长三角区域发展不均衡时，不能以省级水平或更高聚合单位的数据来进行。

（2）在各种不均衡指数的对比中，我们可发现：不管三种聚合水平下的哪一种聚合水平，在五个指数的增长幅度中，GEM 的变化幅度都是最大的，这也许用实证数据说明了 GEM 不均衡指数对贫穷的敏感性。

尽管 GEM 具有完全分解特性和 Gini 系数具有不完全分解特性，但二者在"六大地区"聚合层次的分解结果是一致的，即区域间的不均衡占绝对份额（80%以上），占绝对份额不均衡的曲线形状与总的不均衡一致。结合二者在"省"聚合层次的分解结果不一致性，这从另一角度暗示了采用什么层次的数据来分析区域不均衡是合适的。由于省内 GDPPC、RPCI 和 UPCI 的不均衡是构成整个长三角范围不均衡的主要组成部分，其贡献率一般都超过了 50%，有的甚至高达 70%以上。这是因为两省内部存在区位、投资、技术积累等方面的差异，导致省内差异较大，而由于省内经济的积聚效应以及知识和技术溢出的速度缓慢，造成省内极大的不均衡，靠近发达地区的农村居民收入较高，而远离中心城市的居民收入较低。同时，产业结构调整较快，投资量大的地区的城镇居民收入较高，而一些区位优势不明显，人才和资金流失比较严重的地区居民收入较低。因此，政府在协调长三角的收入不均衡时，更需要关注省内部的不均衡。

（3）分析发现：长三角总的不均衡、省内不均衡和地区间不均衡随时间的演化呈现 U 型形状。长三角总的收入不均衡、城乡收入不均衡随时间的演化呈 U 型趋势，并不符合 Kuznets（1955）提出的倒 U 型曲线趋势（指一个国家或地区经济发展过程中，一开始不均衡值逐渐增加，经过一定时期上升到最高点后开始逐渐下降），反映了长三角不均衡演化的特殊性。

在两省一市中，江苏省构成了区域内不均衡的主要组成部分，并和区域间的不均衡、长三角总的不均衡的变化曲线相似；在六大区域分析中，同一指标、不同指标各区域的不均衡和极化随时间的演化形态复杂。省份内、地区内部不均衡的变化和差异说明省内的结构是隐蔽的，差异分析以及相应的政策制定应建立在较小的集聚单位上，否则政策过滤到下层时，其作用可能被扭曲，其原始意图可能被淡化。并且在较高集聚层次制定区域发展政策往往无法集中到具体特定对象，反而由于目标过大而削弱政策工具的影响力。省份内和区域内不均衡对上层差异贡献的大小及其变化为区域政策制定指明了方向。

(4) ER 极化指数的变化趋势与不均衡指数形状的变化更为接近，特别是与 Gini 系数相似都很高，留有 ER 极化指数“脱胎”于 Gini 系数的痕迹。而 TW 指数是在 Wolfson 指数基础上发展起来的“第三代”指数，“变异”程度更大。极化图形和不均衡图形总体上的相似和细微处的差异反映了二者之间的区别与联系。

(5) 可以从区域分解导出城乡分解，可以依据 GEM 分解对 Gini 系数的一般类分解进行城乡分解拓展，分解结果显示，1998 年以来，长三角的城乡收入不均衡进一步扩大，近年来占总的收入不平衡比重在 75%以上（第二种分解方法占 60%左右），而农村之间的收入不均衡基本上保持不变。这些分析结果为各级政府的区域政策重点指明了方向。我们对 Gini 系数的分解采用了简单易懂的 Excel 表上作业法和 MATLAB 程序计算方法（两种计算方法的结果完全一致），为有志于这一领域的工作者提供了可供借鉴和选择的案例。

(6) 要从根本上缩小区域差距，实现协调发展，需要从影响创新和经济发展的关键要素入手。区域间人口的移动、商品贸易、信息交流等都具有溢出效应，这种溢出效应正是“拉动效应”发生作用和“赶上”现象出现的根源，因此创设有利于这种溢出效应产生并吸收创新的环境，正是推进区域协调发展的动力和解决区域差距拉大问题的切入点，从知识溢出的角度研究区域协调发展问题，既把知识溢出的视角从企业转向区域，是从新的视角研究协调发展问题。

通过构建长三角知识溢出指标体系，使用 SEM（结构方程模型）方法并利用 AMOS 软件对指标进行科学效用分析，所选指标通过了检验。通过知识溢出的形式拟合，我们发现：说明在长三角大背景下，隐性知识在知识溢出的过程中起主导作用。而知识溢出过程中，溢出的三大途径的强度从高到低分别为 FDI、公路客运量和公路货运量，其中前两者相关系数高于 0.8。可见，长三角环境下知识溢出主要依靠外商直接投资和人员流动溢出，这与 Feldman（1994）提出的知识溢出主要依靠人员的非正式交流观点略有差别，可能与长三角经济的特殊性有关。因为长三角优越的条件、发达的经济使得大量人才不断涌入，而且长三角是我国对外贸易的主要地区，从而使得外商直接投资和人员流动溢出相当显著。

上海是未来的国际经济中心、金融中心和贸易中心，本书以上海作为长三角主要的知识溢出源，通过计算各个市的知识溢出情况，得出了知识溢出蜂窝图，实现了对知识溢出的路径分析，解释了长三角区域间的学习过程。分析发现，距离因素的存在和知识差距对知识溢出有明显影响。发展水平相当、处于同一层次的城市，离上海越近，知识差距越小，吸收的来自上海溢出的知识也较多，而距离上海较远的欠发达城市，因为知识差距缺口大、距离又远而不容易吸收上海的先进知识。上海对江苏省的知识溢出大体呈带状分布，而对浙江省的知识溢出大体呈同心圆辐射分布。

通过长三角知识溢出和区域经济发展关系的探讨发现，知识溢出有利于长三角区域经济发展，南京、苏州、杭州等几个发达城市的知识溢出对长三角整个区域的经济发展有带动作用。这一实证结果说明了：区域经济的增长本质上是知识溢出的外部效应的反映，知识在扩散过程中会产生边际效益递增的效果。

（7）知识溢出对区域经济发展的积极作用为解决区域发展问题提供了一种良好的途径，长三角区域经济要保持稳定、快速和健康发展，需从影响知识溢出的关键要素入手，即从知识溢出的角度来通盘规划，怎样更好地发挥知识溢出的积极效应。根据国外的区域经济发展规律，知识溢出前期是依靠商品的交易来带动地区经济的发展，接着是通过企业间的合作投资进而产生企业集群，加快企业间的知识溢出响应，知识溢出的高级阶段是通过科研人员的交流和流动来加快创新知识的更新和应用。通过计算和分析发现长三角区域经济增长主要依靠 FDI 和人员流动，正在向更高阶段迈进。虽然 FDI 溢出仍然排在人员流动溢出前面，但人员流动溢出已有超过 FDI 之势，只要在有效利用外资的同时，注重学习其先进的生产经验来弥补不足之处，通过学习先进的知识来提高本身的创新能力，同时加强科研人员和高级管理人员的合理流动，长三角的知识溢出必然快速迈入高级阶段。这种人员的流动是一种内在的经济驱动模式，许多国际高技术产业区的成功都源于这种自由的专业人才流动模式，长三角应建立和完善有利于专业技术人才流动和合作的机制和平台，使他们的专业知识能更好地发挥出知识溢出的效应。

（8）选择长三角区域协调发展评价指标时应考虑系统性与独立性原则、科学性原则、可行性原则、一致性原则。从经济增长、经济结构、效益和效率等多方面构建经济发展指标；本书从合理的分配制度、城乡收入差距、就业结构、资源利用率、环境保护等方面选取反映社会和谐程度的指标；从技术创新的能力、创新的国际国内环境、创新投入和创新效率等方面选择创新能力指标。采用主成分分析法对长三角 25 城市的经济发展水平、社会和谐程度、创新能力进行了测评，对区域协调发展进行了综合评价。由评价结果的聚类分析，结合综合测评得分可以把长三角区域划分为三类。2007 年和 2008 年长三角各市在经济发展、社会和谐、创新能力以及总的区域协调方面测评结果的稳定性，一定程度上反映了系统演化的路径依赖性，各市可通过相应的演化过程，分析其未来的变化趋势，从而制定相应的政策促进区域协调发展。

(9) 要克服区域发展中“路径依赖”和报酬递增可能带来的负面效应：锁定于“劣技术”；区域差距和城乡差距持续扩大。在制度安排时要促进知识溢出扩散效应，把“逆流效应”限制在合理的范围内，让报酬递增逐渐向相对落后或欠发达地区转移。应从知识能力建设、区域合作、城乡知识溢出环境、产业结构、市场网络、环境保护、基础设施和区域制度安排等方面系统地制定区域协调发展策略。

要从根本上缩小区域差距，实现协调发展，需要对区域发展不均衡进行多水平、多角度的刻画，把握不均衡演化的规律，抓住主要矛盾，有针对性地、因地制宜地开展工作；需要从影响创新和经济发展的关键要素入手，建立相应的指标体系，并以此制定有针对性的政策措施。许多区域拥有改善其地方环境的“机会”，演化理论说明，当政策目标强烈地嵌入周围的环境中时，区域政策更可能成功。当地方战略相当多地偏离地方背景时，决策很可能失败。政策制定者必须考虑他们在其中操作的独特的技术、经济和制度背景。地方环境在很大程度上决定区域政策可能的选择和可能的结果。所以必须根据长三角总的不均衡和极化、不同聚合层次上的不均衡和极化的演化结果，结合长三角各地区知识溢出情况，制定因地制宜的区域发展策略，同时打造有利于发达地区向欠发达地区知识溢出的环境，使政策的目标能很好地嵌入各地区的环境。

区域经济不均衡发展成因及对策研究在国内还是一个发展中的研究领域，知识溢出对区域经济增长的作用研究也还处于一个探索阶段，本书在相关理论与方法论方面做了尝试性分析，以下几个方面的工作有待进一步深入探究：

(1) 知识溢出测度研究。本书总结了前人对于知识溢出测度方法的研究成果，在此基础上，借鉴 Caniels 知识溢出空间模型，对知识存量和知识溢出进行了分类和形式拟合，并对知识溢出路径进行了分析，并运用结构方程模型进行可信度检验。但所选模型受地理距离和知识存量影响较大，而影响知识存量的因素又没有统一界定，包括指标较多且许多指标可测性差，指标和数据的选择将对结果产生重要影响，所以知识存量、知识溢出的测度模型和测度方法都还需进一步深入研究。

针对地理因素对知识溢出的影响，应注重空间计量经济学在区域经济研究中的应用，这是一种边缘学科，在我国的应用还处于初级阶段，对空间样本设置、权数矩阵等的深入研究可以将地理因素更加合理地融入知识溢出测度中。

(2) 知识溢出机制研究。本书构建的知识溢出机制还需进一步完善，因为知识溢出受环境、制度、文化、相对学习能力等众多因素影响，而且大部分都是动态的影响因素，很难把握，知识溢出机制尤其是微观机制还需进一步研究。

(3) 知识溢出对经济增长作用可进行拓展性分析。本书研究的是知识溢出对长三角区域经济整体的影响作用，无法识别省域之间或各省内部某个地区知识溢出影响作用的具体来源，所以可以将知识溢出进一步分解，进行更细微的空间层

次研究，甚至可以细化到高技术产业区或工业园区等经济功能区，通过拓展性分析可以更清晰、全面地揭示知识溢出对经济发展的影响作用。

(4) 评价指标权重的确定。指标的权重确定有主观赋权和客观赋权两种方法，主观方法易受人为影响而缺乏客观准确性，而客观赋权又不能有效处理不相关指标问题，而且不能反映决策者的主观愿望，所以在确定评价指标权重时，可采用主客观赋权相结合的方法，克服传统评价方法的弊端。两者结合方式有多种，哪种方法用于评价更行之有效，还需根据评价目标特点进一步深入研究。

附录　MATLAB 计算程序①

附录 A　计算函数

A1 变异系数（CV）cvv. m

```
function c=cvv(X)
%***用于计算变异系数(CV)***
%输入:X 第 1 列为各个区域的人口;第 2 列为指标向量(如人均 GDP 等)。
%输出:基尼系数(Gini)。

[m,n]=size(X);  %m 为矩阵 X 的行数;n 为其列数。
X(:,1)=X(:,1)/sum(X(:,1));  %把第 1 列标准化为人口权重向量 w。
M=X(:,1)'*X(:,2);  %计算基于人口权重的平均值。
cc=0;
for i=1:m
   cc=cc+X(i,1)*(X(i,2)-M)^2;
end
```

%计算表达式 $\sum_{i=1}^{N} w_i (x_i - m)^2$

```
c=sqrt(cc)/M;  %计算变异系数。
```

A2 基尼系数(Gini)gini_deco. m

```
function gin=gini_deco(X)
%***用于计算基尼系数(Gini)***
%输入:X 第 1 列为各个区域的人口;第 2 列为(经济)指标向量。
%输出:基尼系数(Gini)。

[m,n]=size(X);  %m 为矩阵 X 的行数;n 为其列数。
X(:,1)=X(:,1)/sum(X(:,1));  %把第 1 列标准化为人口权重向量 w。
```

① 为方便读者使用，本部分可登录经济管理出版社网站（www. E-mp. com. cn）下载电子版。

```
gin=0;
X=sortrows(X,2);  %对矩阵 X 的每一行按第 2 列的升序排列。
Y=X(:,1).*X(:,2);  %人口份额乘以人均指标。
Y=Y/sum(Y);  %求各个区域人均指标在总的人均指标中所占的份额。
Z=cumsum(Y);  %cumsum 函数返回矩阵 Y 的每一列元素的累积(追加)和。
gin=1-X(:,1)'*(2*Z-Y);  %计算基尼系数。
```

A3 胡佛指数(Hoover)hovver.m

```
function h=hovver(X)
%***用于计算胡佛指数(Hoover)***
%输入:X 第 1 列为各个区域的人口;第 2 列为(经济)指标向量。
%输出:胡佛指数(Hoover)。

[m,n]=size(X);  %m 为矩阵 X 的行数;n 为其列数。
wh=X(:,1)/sum(X(:,1));  %把第 1 列标准化为人口权重向量 w。
zh=X(:,2).*X(:,1)/sum(X(:,2).*X(:,1));  %计算各个区域的总值占总和的比例。
h=sum(abs(wh-zh))/2;  %计算胡佛指数。
```

A4 一般测度熵(GEM)gem.m

```
function g=gem(X)
%***用于计算一般测度熵函数 C=0 的情形****
%输入:第 1 列为人口向量,第 2 列为指标向量。
%输出:GEM 不均衡。

[m,n]=size(X);  %m 为矩阵 X 的行数;n 为其列数。
X(:,1)=X(:,1)/sum(X(:,1));  %把第 1 列标准化为人口权重向量 w。
M=X(:,1)'*X(:,2);  %计算基于人口权重的平均值。
g=0;
for i=1:m
  g=g+X(i,1)*(log(M)-log(X(i,2)));
end
```

A5 Max/Min 系数(1)max_min.m

```
function max_mi=max_min(X)
%***区域数比较少(一般小于 10)Max/Min 系数计算公式****
%输入:第 1 列为人口向量,第 2 列为指标向量。
%输出:最富的子区域和最穷的子区域指标值之比。
```

```
[m,n]=size(X);  %m为矩阵X的行数;n为其列数。
if m>1
  max_mi=max(X(:,2))/min(X(:,2));
else
  max_mi=NaN;
end
```

A6 Max/Min 系数(2)max_min_prefecture. m

```
function max_min=max_min_prefecture(X)
%***区域数比较多(一般大于10)Max/Min系数计算公式****
%输入:第1列为人口向量,第2列为指标向量。
%输出:最富的前5个子区域和最穷的5个子区域以人口为权重的均值之比。

[m,n]=size(X);  %m为矩阵X的行数;n为其列数。
if m>=10
  X=sortrows(X,2);  %对矩阵X的每一行按第2列的升序排列。
  X(1:5,1)=X(1:5,1)/sum(X(1:5,1));  %最富的前5个子区域的人口标准化。
  X(m-5+1:m,1)=X(m-5+1:m,1)/sum(X(m-5+1:m,1));
  %最穷的5个子区域的人口标准化。
  max_min=X(m-5+1:m,1)'*X(m-5+1:m,2)/(X(1:5,1)'*X(1:5,2));
else
  max_min=NaN;
end
```

A7 极化指数(ER)ER. m

```
function g=ER(X,alpha)
%***ER极化的计算公式***
%输入:X的第1、2列分别为人口和指标向量;alpha为极化敏感度系数。
%输出:ER极化指数。

[m,n]=size(X);  %m为矩阵X的行数;n为其列数。
X(:,1)=X(:,1)/sum(X(:,1));  %把第1列标准化区域权重。
M=X(:,1)'*X(:,2);  %获得指标的均值。
A=100/M;  % A为标准化系数。
g=0;
for i=1:m
  for j=1:m
    g=g+A*X(i,1)^(1+alpha)*X(j,1)*abs(X(i,2)-X(j,2));
```

```
  end
end
```

A8 极化指数(TW)TW.m

```
function g=TW(X,seta,r)
%＊＊＊TW 为极化的计算公式＊＊＊
%输入:X 的第 1 列为人口向量,第 2 列为指标向量;seta 和 r 为常数。
%输出:TW 极化指数。

[m,n]=size(X);   %m 为矩阵 X 的行数;n 为其列数。
X(:,1)=X(:,1)/sum(X(:,1));   %把第 1 列标准化为人口权重向量 w。
M=median(X(:,2));   %获得向量的中位数。
g=0;
for i=1:m
  g=g+seta*X(i,1)*(abs((X(i,2)-M)/M))^r;
end
```

A9 人口份额为权重的均值计算函数 Mean_M.m

```
function M= Mean_M(X)
%＊＊＊用于计算人口份额为权重的均值＊＊＊＊
%输入:第 1 列为人口向量,第 2 列为指标向量。
%输出:人口份额为权重的均值。

[m,n]=size(X);   %m 为矩阵 X 的行数;n 为其列数。
X(:,1)=X(:,1)/sum(X(:,1));   %计算人口权重。
M=X(:,1)'*X(:,2);   %计算均值。
```

A10 总的聚合区域内不均衡(GEM)within_inequalities.m

```
function W=within_inequalities(X,Y)
%＊＊＊用于计算各指标反映的总的聚合区域内不均衡＊＊＊
%输入:X 的各列为 4 个指标(GDPPC、TPCI、RPCI、UPCI)对应的人口。
%Y 各列为各指标反映的 GEM。
%输出:总的区域内部不均衡。

[m,n]=size(X);   %m 为矩阵 X 的行数;n 为其列数。
for i=1:n
  X(:,i)=X(:,i)/sum(X(:,i));   %X 的各列标准化为人口权重。
end
```

```
W=zeros(1,n);
for i=1:n
  W(1,i)=X(:,i)'*Y(:,i);
end
```

A11 总的聚合区域内部 Gini 系数 within_gini.m

```
function gin=within_gini(X)
%***用于计算总的区域内部 Gini****
%输入:X 第 1 列为人口向量,第 2 列为人均指标向量,第 3 列为各个区域内部 Gini。
%输出:总的区域内部 Gini 不均衡。

[m,n]=size(X);  %m 为矩阵 X 的行数;n 为其列数。
gin=0;
X(:,1)=X(:,1)/sum(X(:,1));  %计算人口权重。
W=X(:,1).*X(:,2);  %人口份额乘以人均指标。
W=W/sum(W);  %求各个区域在总的人均指标中所占的份额。
gin=X(:,1)'*(W.*X(:,3))。
```

A12 聚合区域内部 Gini 系数中的一般项 piwi_gini.m

```
function gin=piwi_gini(X)
%***用于计算聚合区域内部 Gini 系数中的一般项***
%输入:X 第 1 列为人口向量,第 2 列为人均指标向量,第 3 列为各个区域内
%部 Gini。
%输出:总的区域内部 Gini 的一般项,即人口份额乘以人口权重均值份额再乘以区域 Gini。

[m,n]=size(X);  %m 为矩阵 X 的行数;n 为其列数。
gin=zeros(m,1);
X(:,1)=X(:,1)/sum(X(:,1));  %计算人口权重。
W=X(:,1).*X(:,2);  %人口份额乘以人均指标。
W=W/sum(W);  %求各个区域在总的人均指标中所占的份额。
gin=X(:,1).*W.*X(:,3)。
```

A13 GEM 的城乡分解(1)gem_rr_uu_ru.m

```
function g=gem_rr_uu_ru(Z)
%***把总的收入不均衡分解为城乡之间的不均衡、城镇之间不均衡、农村之间
%不均衡****
%输入:Z 的第 1 列为总人口,第 2 列为农村人口,第 3 列为城镇人口,第 4
%列为 TPCI,第 5 列为 RPCI,第 6 列为 UPCI。
```

```
%输出：总的收入不均衡 I_tot，城乡之间的不均衡 I_uu，农村与农村之间的不
%均衡 I_rr、城镇与城镇之间的不均衡 I_uu，总的人均收入均值 m，农村聚合
%区域的居民人均纯收入 m_r，城镇聚合区域的居民人均可支配收入均值 m_u，
%农村总人口占总人口的比重 r 和城镇总人口占总人口的比重 u。

[s,t]=size(Z);   %s 为矩阵 Z 的行数；t 为其列数。
r=sum(Z(:,2))/sum(Z(:,1));   %农村总人口占总人口的比重。
u=sum(Z(:,3))/sum(Z(:,1));   %城镇总人口占总人口的比重。
I_tot=0;
I_rr=0;
I_uu=0;
m=sum(Z(:,4).*Z(:,1))/sum(Z(:,1));   %计算总的人均收入均值。
m_r=sum(Z(:,5).*Z(:,2))/sum(Z(:,2));   %计算农村聚合区域的居民人均纯收入。
m_u=sum(Z(:,6).*Z(:,3))/sum(Z(:,3));   %计算城镇聚合区域的居民人均纯收入。
for i=1:s
  I_tot=I_tot+Z(i,2)/sum(Z(:,1))*log(m/Z(i,5))+Z(i,3)/sum(Z(:,1))*log(m/Z(i,6));
  I_rr=I_rr+Z(i,2)/sum(Z(:,1))*log(m_r/Z(i,5));
  I_uu=I_uu+Z(i,3)/sum(Z(:,1))*log(m_u/Z(i,6));
end
I_ru=r*log(m/m_r)+u*log(m/m_u);   %计算城乡之间的不均衡。
g=[I_tot I_ru I_rr I_uu m m_r m_u r u];
```

A14 GEM 的城乡分解(2)gem_r_u_w_b.m

```
function g=gem_r_u_w_b(Z)
%***把总的收入不均衡分解为区域之间的不均衡、区域城乡内的不均衡****
%输入：Z 的第 1 列为总人口，第 2 列为农村人口，第 3 列为城镇人口，第 4
%列为 TPCI，%第 5 列为 RPCI，第 6 列为 UPCI。
%返回：总的区域内城乡不均衡 I_ru(2)和区域之间的不均衡 I_B。

[m,n]=size(Z);
M=(Z(:,1)/sum(Z(:,1)))'*Z(:,4);   %计算总的人均收入值。
g_ru_w=0;
g_ru_b=0;
for i=1:m
  g_ru_w=g_ru_w+Z(i,1)/sum(Z(:,1))*(Z(i,2)/Z(i,1)*log(Z(i,4)/Z(i,5))+ ...
         Z(i,3)/Z(i,1) * log(Z(i,4)/Z(i,6)));
  g_ru_b=g_ru_b+Z(i,1)/sum(Z(:,1))*log(M/Z(i,4));
end
```

```
g=[g_ru_w g_ru_b]。
```

A15 Gini 的城乡分解 gini_rr_uu_ru. m

```
function g=gini_rr_uu_ru(Z)
%＊＊＊ Gini 的城乡分解＊＊＊
%输入:Z 的第 1 列为总人口,第 2 列为农村人口,第 3 列为城镇人口,第 4
%列为 TPCI,第 5 列为 RPCI,第 6 列为 UPCI。
%返回:总的收入不均衡 G_tot,农村与农村之间的不均衡 G_rr、城镇与城镇
%之间的不均衡 G_uu、城乡之间的不均衡 G_uu 和重叠项 G_O、伪 Gini 系数、
%伪 Gini 系数计算的重叠项。

[s,t]=size(Z);  %s 为矩阵 Z 的行数;t 为其列数。
r=sum(Z(:,2))/sum(Z(:,1));  %农村总人口占总人口的比重。
u=sum(Z(:,3))/sum(Z(:,1));  %城镇总人口占总人口的比重。
m=sum(Z(:,4). * Z(:,1))/sum(Z(:,1));  %计算总的人均收入均值。
m_r=sum(Z(:,5). * Z(:,2))/sum(Z(:,2));  %计算农村聚合区域的居民人均纯收入。
m_u=sum(Z(:,6). * Z(:,3))/sum(Z(:,3));  %计算城镇聚合区域的居民人均纯收入。
A=[Z(:,2) Z(:,5)];  %把农村人口和农村人均收入取出赋值给矩阵 A。
B=[Z(:,3) Z(:,6)];  %把城镇人口和城镇人均收入取出赋值给矩阵 B。
D=[A;B];  %2 s 个子区域的农村和城镇收入、对应的人口放在一起。
G_tot=gini_deco(D);  %调用 Gini 计算函数计算总的基尼系数。
P_r=sum(Z(:,2));  %计算农村总人口。
P_u=sum(Z(:,3));  %计算城镇总人口。
E= [P_r m_r; P_u m_u];  %把农村、城镇总人口和对应人口放在一起。
G_ru=gini_deco(E);  %调用 Gini 计算函数计算基尼系数城乡不均衡。
G_rr=r * (r * m_r)/(r * m_r+u * m_u) * gini_deco(A);  %计算基尼系数农村不均衡。
G_uu=r * (u * m_u)/(r * m_r+u * m_u) * gini_deco(B);  %计算基尼系数城镇不均衡。
G_O=G_tot-G_ru-G_rr-G_uu;  %计算重叠项。

%＊＊＊以下程序计算伪 Gini 系数＊＊＊
F=[Z(:,2) m_r * ones(s,1) Z(:,5);Z(:,3) m_u * ones(s,1), Z(:,6)];
%2 s 个子区域的农村和城镇人口、对应的收入以及对应的均值放在一起。
X=sortrows(F, [2 3]);  %对矩阵 X 的每一行按第 2 列的主关键字的升序和第 3
%列次关键字的升序排列。
Y=X(:,1). * X(:,3);  %人口份额乘以人均指标。
Y=Y/sum(Y);  %求各个区域人均指标在总的人均指标中所占的份额。
Z=cumsum(Y);  %cumsum 函数返回矩阵 Y 的每一列元素的累积(追加)和。
G_tot_F=1-X(:,1)' * (2 * Z-Y);  %计算伪基尼系数 G_tot_F。
```

```
G_O_F=G_tot-G_tot_F； %通过伪Gini系数计算重叠项。
g=[G_tot G_ru G_rr G_uu G_O G_tot_F G_O_F]。
```

注：每个函数应以一个m文件(后缀为 .m)的形式存储，文件名与函数名相同，最好把函数文件和后面调用它的命令文件(即独立的m文件)放在同一个文件夹，并通过MATLAB的文件菜单中的Set Path子菜单把该文件夹设置为MATLAB的搜索路径。

附录B Yangtze_River_pro_reg_ind_gem_decom.m

```
%用于计算不同聚合水平各种不均衡指数反映的长三角总的不平衡；
%把GEM反映的长三角总的不均衡分解为省之间和总的省内不均衡；
%把GEM反映的长三角总的不均衡分解为地区之间和总的地区内不均衡。
%***计算结果如下：
%Gini_pref每行依次为年份和GDPPC、TPCI、RPCI、UPCI对应的Gini系数；
%CV_pref每行依次为年份和市上述4指标对应的CV系数；
%GEM_pref每行依次为年份和市上述4指标对应的GEM；
%Max_min _pref每行依次为年份和市上述4指标对应的Max/min；
%Hovver _pref每行依次为年份和市上述4指标对应的Hoover；
%Gini_prov、CV_prov、GEM_prov、Max_min_prov、Hovver_prov每行依次为
%年份和省4指标对应的Gini、CV、GEM、Max_min、Hoover等不均衡指数；
%Gini_reg、CV_reg、GEM_reg、Max_min_reg、Hovver_reg每行依次为年份和
%地区4指标对应的Gini、CV、GEM、Max_min、Hoover等不均衡指数；
% GEM_within_prov每行依次为年份和上述4指标对应的省内总的GEM；
% GEM_within_ reg每行依次为年份和上述4指标对应的地区内总的GEM。

%please input excel database: data_Yantze_Region_decom
%data_Yantze_Region_decom的第1列为年号，第2列为省的代码，第3列为
%市各个对应的总人口，第4列为人均GDP，第5列为对应的农村人口，第6
%列为人均农业收入，第7列为对应的城镇人口，第8列为人均城镇收入，第9
%列为人均总收入，第10列为六大区域号，即11-上海、12-苏南、13-苏中、
%14-苏北、15-浙东北、16-浙西南号。
A=data_Yantze_Region_decom；
RI=A(:,5).*A(:,6)； %农村总收入。
UI=A(:,7).*A(:,8)； %城镇总收入。
TI=UI+RI； %各个市总收入。
GDP=A(:,3).*A(:,4)； %各个市对应的GDP。
data1=[A(:,1:9) GDP UI RI TI]；
```

```
%A增加4列得到data1。
data1(:,4)=[];  %去掉data1的第4列,即人均GDP。
data1(:,5)=[];  %再去掉data1的第5列,即人均农村收入。
data1(:,6:7)=[];  %再去掉data1的第6、7列,即人均城镇收入和人均总收入。
data1=[data1 A(:,10)];  %增加六大区域号。
%data1的第1列为年号,第2列为省的代码,第3列为各个省市对应的人口,
%第4列为各个省市对应的农村人口,第5列为各个省市对应的城镇人口,第
%6列为GDP,第7列为农业收入,第8列为城镇收入,第9列为总收入,第10
%列为地区号。
N1=2007;  %N1为终止年份。
N0=1993;  %N0为终止年份。
M=1;  %M为年的跨度。
index_quan=4;  %要计算的指标数。
n=(N1-N0)/M-(1997-N0)+2;  %需计算指数的年份。

%***下面对市指标进行计算****
data_pref=[A(:,1) A(:,3) A(:,5) A(:,7) A(:,4) A(:,9) A(:,6) A(:,8)];
%data_pref第1列为年号、第2列为各个市对应的人口、第3列为各个市对应
%的农村人口 、第4列为各个省市对应的城镇人口、第5列为人均GDP、第6
%列为人均总收入、第7列为人均农业收入、第8列为人均城镇收入。
Gini_pref=zeros(n,5);  %用于存储市水平长三角的Gini系数。
CV_pref=zeros(n,5);  %用于存储市水平长三角的CV系数。
GEM_pref=zeros(n,5);  %用于存储市水平长三角的GEM系数。
Max_min_pref=zeros(n,5);  %用于存储市水平长三角的Max/min系数。
Hovver_pref=zeros(n,5);  %用于存储市水平长三角的Hoover系数。
k=1;
for i=N0:M:N1
data_pref_A=data_pref(find(data_pref(:,1)==i),:);
%把矩阵中各年的数据赋给矩阵data_pref_A。
  if isempty(data_pref_A)
    continue;
  else
    GDPPC_pref=[data_pref_A(:,2) data_pref_A(:,5)];
    %i年份各个市对应的人口和GDPCC。
    TPCI_pref=[data_pref_A(:,2) data_pref_A(:,6)];
    %i年份各个市对应的人口和TPCI。
    RPCI_pref=[data_pref_A(:,3) data_pref_A(:,7)];
    %i年份各个市对应的农村人口和RPCI。
```

```
    UPCI_pref=[data_pref_A(:,4) data_pref_A(:,8)];
    %i 年份各个市对应的城镇人口和 UPCI。
    Gini_pref(k,:)=[i gini_deco(GDPPC_pref) gini_deco(TPCI_pref) …
                    gini_deco(RPCI_pref) gini_deco(UPCI_pref)];
    CV_pref(k,:)=[i cvv(GDPPC_pref) cvv(TPCI_pref) …
                  cvv(RPCI_pref) cvv(UPCI_pref)];
    GEM_pref(k,:)=[i gem(GDPPC_pref) gem(TPCI_pref) …
                   gem(RPCI_pref) gem(UPCI_pref)];
    Max_min_pref(k,:)=[i max_min(GDPPC_pref) max_min(TPCI_pref) …
                       max_min(RPCI_pref) max_min(UPCI_pref)];
    Hovver_pref(k,:)=[i hovver(GDPPC_pref) hovver(TPCI_pref) …
                      hovver(RPCI_pref) hovver(UPCI_pref)];
    k=k+1;
  end
end

%* * *计算省间不均衡,即省水平下的各不均衡指数* * *
k=1;
pro_quan=3;  %pro_quan 为省的数量。
data_prov=zeros(n* pro_quan,9);
%data_prov 用于存储各年各省的人口、农村人口、城镇人口、GDP、城镇总
%收入、农村总收入、总收入。
for i=N0:M:N1
 C=data1(find(data1(:,1)==i),:);  %把矩阵中各年的数据赋给矩阵 C。
 %data1 的第 1 列为年号,第 2 列为省的代码,第 3 列为各个省市对应的人
 %口,第 4 列为各个省市对应的农村人口,第 5 列为各个省市对应的城镇
 %人口,第 6 列为%GDP,第 7 列为农业总收入,第 8 列为城镇总收入,第 9
 %列为总收入,第 10 列为区域号。
 if isempty(C)
   continue;
   else
     for j=1: pro_quan
       D=C(find(C(:,2)==j),:);  %把矩阵中各省的数据赋给 D。
       [m,n]=size(D);  %矩阵 D 的行数和列数。
       ss=zeros(1,7);
       for u=1:m
         ss=ss+D(u,3:9);
       end  %将省所包含的市的数据相加。
```

```
            DD=[i j ss];  %DD为年号、省的代码、对应的人口、农村人
                          %口、城镇人口、GDP、UCI、RCI、TCI。
            data_prov(k,:)=DD;  %把各地区的DD数据赋值给data_prov。
            k=k+1;
        end
    end
end
%最后得到的data_prov为各个省的数据:1年份、2省号、3总人口、4农村人
%口、5城镇人口、6GDP、7UCI、8 RCI、9TCI。
gdppc_D=data_prov(:,6)./data_prov(:,3);  %计算各省人均GDP。
tpci_D=data_prov(:,9)./data_prov(:,3);  %计算各省人均收入。
rpci_D=data_prov(:,8)./data_prov(:,4);  %计算各省农村居民人均纯收入。
upci_D=data_prov(:,7)./data_prov(:,5);  %计算各省城镇居民人均可支配收入。
data_prov(:,6:9)=[];
data_prov_mean=[data_prov gdppc_D tpci_D rpci_D upci_D];
%data_prov_mean为各省的数据:1年份、2省的号、3总人口、4农村人口、5
%城镇人口、6GDPPC、7 TPCI、8 RPCI、9UPCI。
%把矩阵data_prov_mean中各年的数据赋给矩阵data_prov_A,并计算各指标。
Gini_prov=zeros(n,5);  %用于存储省水平长三角的Gini系数。
CV_prov=zeros(n,5);  %用于存储省水平长三角的CV系数。
GEM_prov=zeros(n,5);  %用于存储省水平长三角的GEM系数。
Max_min_prov=zeros(n,5);  %用于存储省水平长三角的Max/min系数。
Hovver_prov=zeros(n,5);  %用于存储省水平长三角的Hoover系数。
k=1;
for i= N0:M:N1
  data_prov_A=data_prov_mean(find(data_prov_mean(:,1)==i),:);
  %把矩阵中各年的数据赋给矩阵C。
  if isempty(data_prov_A)
    continue;
  else
    GDPPC_prov=[data_prov_A(:,3) data_prov_A(:,6)];
    %i年份各个省对应的人口和GDPCC。
    TPCI_prov=[data_prov_A(:,3) data_prov_A(:,7)];
    %i年份各个省对应的人口和TPCI。
    RPCI_prov=[data_prov_A(:,4) data_prov_A(:,8)];
    %i年份各个省对应的农村人口和RPCI。
    UPCI_prov=[data_prov_A(:,5) data_prov_A(:,9)];
    %i年份各个省对应的城镇人口和UPCI。
```

```
        Gini_prov(k,:)=[i gini_deco(GDPPC_prov) gini_deco(TPCI_prov) …
                        gini_deco(RPCI_prov) gini_deco(UPCI_prov)];
        CV_prov(k,:)=[i cvv(GDPPC_prov) cvv(TPCI_prov) …
                      cvv(RPCI_prov) cvv(UPCI_prov)];
        GEM_prov(k,:)=[i gem(GDPPC_prov) gem(TPCI_prov) …
                       gem(RPCI_prov) gem(UPCI_prov)];
        Max_min_prov(k,:)=[i max_min(GDPPC_prov) max_min(TPCI_prov) …
                           max_min(RPCI_prov) max_min(UPCI_prov)];
        Hovver_prov(k,:)=[i hovver(GDPPC_prov) hovver(TPCI_prov) …
                          hovver(RPCI_prov) hovver(UPCI_prov)];
        k=k+1;
    end
end

%＊＊＊计算地区间不均衡,即6大地区水平下的各不均衡指数＊＊＊
data_reg_pre=[data1(:,1) data1(:,3:10)];
%data_reg_pre的第1列为年号,第2列为各个市对应的人口,第3列为各个市
%对应的农村人口,第4列为各个市对应的城镇人口,第5列为GDP,第6列
%为农村总收入,第7列为城镇总收入,第8列为总收入,第9列为地区号。
reg_quan=6;  %地区数。
data_reg=zeros(n＊reg_quan,9);
%data_reg用于存储各年各地区人口、农村人口、城镇人口、GDP、城镇总
%收入、农村总收入、总收入。
k=1;
for i=N0:M:N1
  C=data_reg_pre(find(data_reg_pre(:,1)==i),:);
  %把矩阵中各年的数据赋给矩阵C。
  if isempty(C)
    continue;
  else
    for r=11:1:11+reg_quan-1
      D=C(find(C(:,9)==r),:);  %把矩阵中各区域的数据赋给D。
      [m,n]=size(D);  %矩阵D的行数和列数。
      ss=zeros(1,7);
      for u=1:m
        ss=ss+D(u,2:8);  %将地区所包含的市的数据相加。
      end
      DD=[i r ss];  %DD为年号、六大区域号、对应的人口、农村人
```

```
                    %口、城镇人口、GDP、UCI、RCI、TCI。
      data_reg(k,:)=DD;
      %把各宏观区域各省的DD数据赋值给data_reg。
      k=k+1;
    end
  end
end
%最后得到的data_reg为各个地区的数据:1年号、2区域号、3总人口、4农
%村人口、5城镇人口、6GDP、7城市总收入、8农村总收入、9总收入的矩阵。
gdppc_reg=data_reg(:,6)./data_reg(:,3);   %计算各地区人均GDP。
tpci_reg=data_reg(:,9)./data_reg(:,3);   %计算各地区人均收入。
rpci_reg=data_reg(:,8)./data_reg(:,4);   %计算各地区农村居民人均纯收入。
upci_reg=data_reg(:,7)./data_reg(:,5);   %计算各省城镇居民人均可支配收入。
data_reg(:,6:9)=[];
data_reg_mean=[data_reg gdppc_reg tpci_reg rpci_reg upci_reg];
%data_reg_mean为三大地区的:1年份、2区域号、3总人口、4农村人口、
%5城镇人口、6GDPPC、7 TPCI、8 RPCI、9UPCI。
%把矩阵data_reg_mean中各年的数据赋给矩阵data_reg_A,并计算各指标。
Gini_reg=zeros(n,5);   %用于存储地区水平长三角的Gini系数。
CV_reg=zeros(n,5);   %用于存储地区水平长三角的CV系数。
GEM_reg=zeros(n,5);   %用于存储地区水平长三角的GEM系数。
Max_min_reg=zeros(n,5);   %用于存储地区水平长三角的Max/min系数。
Hovver_reg=zeros(n,5);   %用于存储地区水平长三角的Hoover系数。
k=1;
for i=N0:M:N1
  data_reg_A=data_reg_mean(find(data_reg_mean(:,1)==i),:);
  %把矩阵中各年的数据赋给矩阵data_reg_A。
  if isempty(data_reg_A)
    continue;
  else
    Gdppc_reg=[data_reg_A(:,3) data_reg_A(:,6)];
    %i年份各个地区对应的人口和GDPCC。
    Tpci_reg=[data_reg_A(:,3) data_reg_A(:,7)];
    %i年份各个地区对应的人口和TPCI。
    Rpci_reg=[data_reg_A(:,4) data_reg_A(:,8)];
    %i年份各个地区对应的农村人口和RPCI。
    Upci_reg=[data_reg_A(:,5) data_reg_A(:,9)];
    %i年份各个地区对应的城镇人口和UPCI。
```

```
    Gini_reg(k,:)=[i gini_deco(GDPPC_reg) gini_deco(TPCI_reg) …
                  gini_deco(RPCI_reg) gini_deco(UPCI_reg)];
    CV_reg(k,:)=[i cvv(Gdppc_reg) cvv(Tpci_reg) …
                 cvv(Rpci_reg) cvv(Upci_reg)];
    GEM_reg(k,:)=[i gem(Gdppc_reg) gem(Tpci_reg) …
                  gem(Rpci_reg) gem(Upci_reg)];
    Max_min_reg(k,:)=[i max_min(Gdppc_reg) max_min(Tpci_reg) …
                      max_min(Rpci_reg) max_min(Upci_reg)];
    Hovver_reg(k,:)=[i hovver(Gdppc_reg) hovver(Tpci_reg) …
                     hovver(Rpci_reg) hovver(Upci_reg)];
    k=k+1;
  end
end

%****以下程序为生成各区域内的不均衡即***
induce_within_prov=GEM_pref(:,2:5)-GEM_prov(:,2:5);
%计算各个指标反映的省内不均衡。
induce_within_reg=GEM_pref(:,2:5)-GEM_reg(:,2:5);
%计算各个指标反映的地区内不均衡。
GEM_within_prov=[GEM_pref(:,1) induce_within_prov];  %加入年份。
GEM_within_ reg=[GEM_pref(:,1) induce_within_six_reg];  %加入年份。
```

附录C Yangtze_River_pro_reg_decom_gini. m

```
%计算不同积聚层次 GDPPC、TPCI、RPCI、UPCI 反映的组分内部 Gini;
%把 Gini 反映的长三角总的不均衡分解为省之间和总的省内不均衡;
%把 Gini 反映的长三角总的不均衡分解为地区之间和总的地区内不均衡。
%本程序的输出结果如下:
% Gini_pref 每行依次为年份、GDPPC 反映的长三角总的 Gini、TPCI 反映的长
%三角总的 Gini、RPCI 反映的长三角总的 Gini、UPCI 反映的长三角总的 Gini;
% Gini_prov_B 每行依次为年份、各指标反映省间 Gini 不均衡;
% Gini_reg_B 每行依次为年份、各指标反映地区间 Gini 不均衡;
% induce_prov_M_G 每行依次为年份、省号、各指标反映的均值和 Gini;
% pop_prov_mean 每行依次为年份、省号、各指标对应的人口数据;
% G_within_prov 每行依次为年份、各指标对应的总的省内不均衡;
% induce_pro_W 每行依次为年份、省号、各指标对应的 Gini 不均衡所占份额;
% induce_reg_M_G 每行依次为年份、地区号、各指标反映的均值和 Gini;
```

```
% pop_reg_mean 每行依次为年份、地区号、各指标对应的人口数据；
%G_within_reg 每行依次为年份、各指标对应的总的地区内不均衡；
% induce_reg_W 每行依次为年份、地区号、各指标对应的 Gini 不均衡所占份额；
%Gini_B_PR_deco 每行依次为年份、省号、各省各地区间各指标反映的 Gini；
%Gini_A_PR_deco 每行依次为年份、省号、各省各指标反映的总的地区内 Gini。

%please input excel database：data_Yantze_Region_gini_decom
%data_Yantze_Region_gini_decom 的第 1 列为年号，第 2 列为省的代码，第 3
%列为各个地级市或直辖市对应的总人口，第 4 列为人均 GDP，第 5 列为对应
%的农村人口，第 6 列为人均农业收入，第 7 列为对应的城镇人口，第 8 列为人均
%城镇收入，第 9 列为人均总收入，第 10 列为六大地区号。
B=data_Yantze_Region_gini_decom；
RI=B(:,5).*B(:,6)； %农村总收入。
UI=B(:,7).*B(:,8)； %城镇总收入。
TI=UI+RI； %各个市总收入。
GDP=B(:,3).*B(:,4)； %各个市对应的 GDP。
data1=[B(:,1:9) GDP UI RI TI]；
%Data1 为原有的 B 加了四列各市 GDP、城镇总收入、农村总收入、总收入。
data1(:,4)=[]； %去掉 data1 的第 4 列，即人均 GDP。
data1(:,5)=[]； %再去掉 data1 的第 5 列，即人均农村收入。
data1(:,6:7)=[]； %再去掉的第 6、7 列，即人均城镇收入和人均总收入。
data1=[data1 B(:,10)]； %增加六大区域号。
%data1 的第 1 列为年号，第 2 列为省的代码，第 3 列为各个省市对应的人口，
%第 4 列为各个省市对应的农村人口，第 5 列为各个省市对应的城镇人口，第
%6 列为 GDP，第 7 列为农业收入，第 8 列为城镇收入，第 9 列为总收入，第 10
%列为地区号。
N1=2007； %N1 为终止年份。
N0=1993； %N0 为终止年份。
M=1； %M 为年的跨度。
index_quan=4； %要计算的指标数。
n=(N1-N0)/M-(1997-N0)+2； %需计算指数的年份。

%***下面对市水平的 Gini 进行计算，即长三角总的 Gini 系数****
data_pref=[B(:,1) B(:,3) B(:,5) B(:,7) B(:,4) B(:,9) B(:,6) B(:,8)]；
%data_pref 第 1 列为年号、第 2 列为各个市对应的人口、第 3 列为各个市对应
%的农村人口 、第 4 列为各个省市对应的城镇人口、第 5 列为人均 GDP、第 6
%列为人均总收入、第 7 列为人均农业收入、第 8 列为人均城镇收入。
Gini_pref=zeros(n, index_quan+1)； %用于存储市水平长三角的总的 Gini 系数。
```

```
k=1;
for i=N0:M:N1
  data_pref_B=data_pref(find(data_pref(:,1)==i),:);
  %把矩阵中各年的数据赋给矩阵 data_pref_B。
  if isempty(data_pref_B)
    continue;
  else
    GDPPC_pref=[data_pref_B(:,2) data_pref_B(:,5)];
    %i 年份各个市对应的人口和 GDPCC。
    TPCI_pref=[data_pref_B(:,2) data_pref_B(:,6)];
    %i 年份各个市对应的人口和 TPCI。
    RPCI_pref=[data_pref_B(:,3) data_pref_B(:,7)];
    %i 年份各个市对应的农村人口和 RPCI。
    UPCI_pref=[data_pref_B(:,4) data_pref_B(:,8)];
    %i 年份各个市对应的城镇人口和 UPCI。
    Gini_pref(k,:)=[i gini_deco(GDPPC_pref) gini_deco(TPCI_pref) …
                  gini_deco(RPCI_pref) gini_deco(UPCI_pref)];
    k=k+1;
  end
end

%***下面计算省间 Gini 不均衡,即省水平下的 Gini 系数***
k=1;
pro_quan=3;  %pro_quan 为省的数量。
data_prov=zeros(n* pro_quan,9);
%data_prov 用于存储各年各省的人口、农村人口、城镇人口、GDP、城镇总
%收入、农村总收入、总收入。
for i=N0:M:N1
  C=data1(find(data1(:,1)==i),:);  %把矩阵中各年的数据赋给矩阵 C。
  %data1 的第 1 列为年号,第 2 列为省的代码,第 3 列为各个省市对应的人
  %口,第 4 列为各个省市对应的农村人口,第 5 列为各个省市对应的城镇
  %人口,第 6 列为%GDP,第 7 列为农业总收入,第 8 列为城镇总收入,第 9
  %列为总收入,第 10 列为区域号。
  if isempty(C)
    continue;
  else
    for j=1:3
      D=C(find(C(:,2)==j),:);  %把矩阵中各省的数据赋给 D。
```

```
            [m,n]=size(D);  %矩阵 D 的行数和列数。
            ss=zeros(1,7);
            for u=1:m
              ss=ss+D(u,3:9);
            end  %将省所包含的市的数据相加。
            DD=[i j ss];  %DD 为年号、省的代码、省对应的人
                          %口、GDP、UCI、RCI、TCI。
            data_prov(k,:)=DD;  %把各地区的 DD 数据赋值给 data_prov。
            k=k+1;
          end
        end
      end
      %最后得到的 data_prov 为各个省的:1 年份、2 省号、3 总人口、4 农村人口、
      %5 城镇人口、6GDP、7UCI 、8 RCI、9TCI。
      gdppc_D=data_prov(:,6)./data_prov(:,3);  %计算各省人均 GDP。
      tpci_D=data_prov(:,9)./data_prov(:,3);  %计算各省人均收入。
      rpci_D=data_prov(:,8)./data_prov(:,4);  %计算各省农村居民人均纯收入。
      upci_D=data_prov(:,7)./data_prov(:,5);  %计算各省城镇居民人均可支配收入。
      data_prov(:,6:9)=[];
      data_prov_mean=[data_prov gdppc_D tpci_D rpci_D upci_D];%
      data_prov_mean 为三省的地区的:1 年份、2 省的号、3 总人口、4 农村人口、5 城镇人口、
    6GDPPC、7 TPCI、8 RPCI、9UPCI。
      %把矩阵 data_prov_mean 中各年的数据赋给矩阵 ginidata,并计算各指标。
      k=1;
      Gini_prov_B=zeros(n, index_quan+1);  %用于存储长三角省间的 Gini 不均衡。
      for i= N0:M:N1
        data_prov_A=data_prov_mean(find(data_prov_mean(:,1)==i),:);
        %把矩阵中各年的数据赋给矩阵 C。
        if isempty(data_prov_A)
          continue;
        else
          GDPPC_prov=[data_prov_A(:,3)data_prov_A(:,6)];
          %i 年份各个省对应的人口和 GDPCC。
          TPCI_prov=[data_prov_A(:,3) data_prov_A(:,7)];
          %i 年份各个省对应的人口和 TPCI。
          RPCI_prov=[data_prov_A(:,4) data_prov_A(:,8)];
          %i 年份各个省对应的农村人口和 RPCI。
          UPCI_prov=[data_prov_A(:,5) data_prov_A(:,9)];
```

```
    %i 年份各个省对应的城镇人口和 UPCI。
    Gini_prov_B(k,:)=[i gini_deco(GDPPC_prov) gini_deco(TPCI_prov) …
                      gini_deco(RPCI_prov) gini_deco(UPCI_prov)];
    k=k+1;
  end
end

%***下面计算地区间 Gini 不均衡,即地区水平下的 Gini 系数***
data_reg_pre=[data1(:,1) data1(:,3:10)];
%data_reg_pre 的第 1 列为年号,第 2 列为各个市对应的人口,第 3 列为各个市
%对应的农村人口,第 4 列为各个市对应的城镇人口,第 5 列为 GDP,第 6 列
%为农业收入,第 7 列为城镇收入,第 8 列为总收入,第 9 列为地区号。
reg_quan=6;  %地区数。
data_reg=zeros(n*reg_quan,9);
k=1;
for i=N0:M:N1
  C=data_reg_pre(find(data_reg_pre(:,1)==i),:);
  %把矩阵中各年的数据赋给矩阵 C。
  if isempty(C)
    continue;
  else
    for r=11:1:11+reg_quan-1
      D=C(find(C(:,9)==r),:);  %把矩阵中各区域的数据赋给 D。
      [m,n]=size(D);  %矩阵 D 的行数和列数。
      ss=zeros(1,7);
      for u=1:m
        ss=ss+D(u,2:8);  %将地区所包含的市的数据相加。
      end
      DD=[i r ss];  %DD 为年号、六大区域号、对应的人口、农村人
                    %口、城镇人口、GDP、UCI、RCI、TCI。
      data_reg(k,:)=DD;
      %把各宏观区域各省的 DD 数据赋值给 data_reg。
      k=k+1;
    end
  end
end
%最后得到的 data_reg 为各个地区的数据:1 年号、2 区域号、3 总人口、4 农
%村人口、5 城镇人口、6GDP、7 城市总收入、8 农村总收入、9 总收入的矩阵。
```

```
gdppc_reg=data_reg(:,6)./data_reg(:,3);  %计算各地区人均 GDP。
tpci_reg=data_reg(:,9)./data_reg(:,3);  %计算各地区人均收入。
rpci_reg=data_reg(:,8)./data_reg(:,4);  %计算各地区农村居民人均纯收入。
upci_reg=data_reg(:,7)./data_reg(:,5);  %计算各省城镇居民人均可支配收入。
data_reg(:,6:9)=[];
data_reg_mean=[data_reg gdppc_reg tpci_reg rpci_reg upci_reg];
%data_reg_mean 为三大地区的:1 年份、2 区域号、3 总人口、4 农村人口、
%5 城镇人口、6GDPPC、7 TPCI、8 RPCI、9UPCI。
%把矩阵 data_reg_mean 中各年的数据赋给矩阵 data_reg_B,并计算各指标。
Gini_reg_B =zeros(n, index_quan+1);  %用于存储长三角地区间的 Gini 不均衡。
k=1;
for i=N0:M:N1
  data_reg_B=data_reg_mean(find(data_reg_mean(:,1)==i),:);
  %把矩阵中各年的数据赋给矩阵 data_reg_B。
  if isempty(data_reg_B)
    continue;
  else
    Gdppc_reg=[data_reg_B(:,3) data_reg_B(:,6)];
    %i 年份各个地区对应的人口和 GDPCC。
    Tpci_reg=[data_reg_B(:,3) data_reg_B(:,7)];
    %i 年份各个地区对应的人口和 TPCI。
    Rpci_reg=[data_reg_B(:,4) data_reg_B(:,8)];
    %i 年份各个地区对应的农村人口和 RPCI。
    Upci_reg=[data_reg_B(:,5) data_reg_B(:,9)];
    %i 年份各个地区对应的城镇人口和 UPCI。
    Gini_reg_B(k,:)=[i gini_deco(Gdppc_reg) gini_deco(Tpci_reg) …
                    gini_deco(Rpci_reg) gini_deco(Upci_reg)];
    k=k+1;
  end
end

%******以下程序为生成省内的不均衡******
%***首先计算各省的 Means 和总的 Gini 不均衡***
N1=2007;  %N1 为终止年份。
N0=1993;  %N0 为终止年份。
M=1;  %***M 为年的跨度。
pro_quan=3;  %pro_quan 为省数。
reg_quan=6;  %6 大区域数。
```

```
A= data_Yantze_Region_gini_decom;
%A 的第 1 列为年号,第 2 列为省的代码,第 3 列为各个市对应的总人口,第
%4 列为人均 GDP,第 5 列为对应的农村人口,%第 6 列为人均农业收入,第 7
%列为对应的城镇人口,第 8 列为人均城镇收入,第 9 列为人均总收入,第 10 列
%为地区号。
data_gini_W=[A(:,1:3) A(:,5) A(:,7) A(:,4) A(:,9) A(:,6) A(:,8) A(:,10)];
%data_gini_W 的第 1 列为年号,第 2 列为省的代码,第 3 列为各个省市对应的
%人口,4 农村人口、5 城镇人口、6GDPPC、7TPCI、8RPCI、9UPCI, 第 10
%列为六大区域号。
B=Data_gini_W;
%把矩阵 B 中各年的数据赋给矩阵 data_prov_W,并计算各指标。
n=(N1-N0)/M-(1997-N0)+2;
induce_prov_M_G=zeros(n * pro_quan, index_quan * 2+2);
%用于存储各年各个省的均值和 Gini 指数。
pop_prov_mean=zeros(n * pro_quan, index_quan+2);
%用于存储各年各个省的总人口、农村总人口、城镇总人口。
k=1;
for i=N0:M:N1
  for j=1:pro_quan
    data_prov_W=B(find((B(:,1)==i)&(B(:,2)==j)),:);
    %把矩阵中各年各省的数据赋给矩阵 data_prov_W。
    if isempty(data_prov_W)
      continue;
    else
      GDPPC_pro=[data_prov_W(:,3) data_prov_W(:,6)];
      %i 年份 j 省各个市对应的人口和 GDPCC。
      TPCI_prov=[data_prov_W(:,3) data_prov_W(:,7)];
      %i 年份 j 个省各个市对应的人口和 TPCI。
      RPCI_pro=[data_prov_W(:,4) data_prov_W(:,8)];
      %i 年份 j 省各个市对应的农村人口和 RPCI。
      UPCI_pro=[data_prov_W(:,5) data_prov_W(:,9)];
      %i 年份 j 省各个市对应的城镇人口和 UPCI。
      pop_prov_mean(k,:)=[i j sum(GDPPC_pro(:,1)) …
      sum(TPCI_prov(:,1)) sum(RPCI_pro(:,1)) sum(UPCI_pro(:,1))];
      %用于计算年份各个省的总人口、农村总人口、非农业总人口。
      prov_M_Gini=[i j Mean_M(GDPPC_pro) …
                    gini_deco(GDPPC_pro) Mean_M(TPCI_prov) …
                    gini_deco(TPCI_prov) Mean_M(RPCI_pro) …
```

```
                    gini_deco(RPCI_pro) Mean_M(UPCI_pro) …
                    gini_deco(UPCI_pro)];
        %用于计算 i 年份 j 省的均值和 Gini。
        induce_prov_M_G(k,:)= prov_M_Gini;
        %所有年份各个指标反映的各个省的均值和 Gini。
        k=k+1;
      end
  end
end

%＊＊＊然后计算总的省内不均衡各个省内的不均衡所占份额＊＊＊
%思路:把各年的数据 pop、Means 和 Gini 取出＊
k=1;
p=1;
n=(N1-N0)/M-(1997-N0)+2;
induce_pro_W=zeros(n＊pro_quan,index_quan+2);
%用于存储各年各省的 Gini 不均衡占总的省内 Gini 不均衡的份额。
prov_within_G=zeros(1,index_quan);
G_within_prov=zeros(n,index_quan+1);
%用于存储各年各个指标反映的省内总的 Gini 不均衡。
for i=N0:M:N1
  data_prov_pop=pop_prov_mean(find(pop_prov_mean(:,1)==i),:);
  %把每一年各省的人口数据取出。
  data_prov_M_G=induce_prov_M_G(find(induce_prov_M_G(:,1)==i),:);
  %把每一年各省的 Mean 和 Gini 数据取出。
  if isempty(data_prov_pop)|isempty(data_prov_M_G)
    continue;
  else
    data_prov_pop(:,1:2)=[];   %去掉年份和省号。
    GDPPC_prov_G=[data_prov_pop(:,1) data_prov_M_G(:,3:4)];
    %把 i 年各省的总人口、GDPPC 和对应的 Gini 取出。
    TPCI_prov_G=[data_prov_pop(:,2) data_prov_M_G(:,5:6)];
    %把 i 年各省的总人口、TPCI 和对应的 Gini 取出。
    RPCI_prov_G=[data_prov_pop(:,3) data_prov_M_G(:,7:8)];
    %把 i 年各省的总人口、RPCI 和对应的 Gini 取出。
    UPCI_prov_G=[data_prov_pop(:,4) data_prov_M_G(:,9:10)];
    %把 i 年各省的总人口、UPCI 和对应的 Gini 取出。
    prov_within_G=[piwi_gini(GDPPC_prov_G) piwi_gini(TPCI_prov_G) …
```

```
                    piwi_gini(RPCI_prov_G) piwi_gini(UPCI_prov_G)];
    %计算各指标对应的总的省内 Gini 系数的一般项。
    G_within_prov(k,:)=[i sum(prov_within_G)];
    %每年各个指标反映的总的省内 Gini 不均衡。
    k=k+1;
    for j=1:1:pro_quan
      prov_gini_w=prov_within_G(j,:)./sum(prov_within_G);
      %计算 i 年各个省内 Gini 不均衡占总的省内不均衡的份额。
      induce_pro_W(p,:)=[i j prov_gini_w];
      %计算各年各个省内 Gini 不均衡占总的省内不均衡的份额。
      p=p+1;
    end
  end
end

%******以下程序为生成地区内的不均衡******
%***首先计算六大地区的均值和 Gini***
%把矩阵 B 中各年的数据赋给矩阵 data_reg_W,并计算各指标。
%B 的第 1 列为年号,第 2 列为省的代码,第 3 列为各个省市对应的人口,4 农
%村人口、5 城镇人口、6GDPPC、7TPCI、8RPCI、9UPCI, 第 10 列为六大
%区域号。
n=(N1-N0)/M-(1997-N0)+2;
induce_reg_M_G=zeros(n*pro_quan, index_quan*2+2);
%用于存储各年各个指标反映的各地区的均值和 Gini 不均衡。
pop_reg_mean=zeros(n*pro_quan, index_quan+2);
%用于存储各年各个地区的总人口、农村总人口、城镇总人口。
k=1;
for i=N0:M:N1
  for r=11:1:11+reg_quan-1
    data_reg_W=B(find((B(:,1)==i)&(B(:,10)==r)),:);
    %把矩阵中各年各地区的数据赋给矩阵 data_reg_W。
    if isempty(data_reg_W)
      continue;
    else
      GDPPC_reg=[data_reg_W(:,3) data_reg_W(:,6)];
      %i 年份 r 地区各个市对应的人口和 GDPCC。
      TPCI_reg=[data_reg_W(:,3) data_reg_W(:,7)];
      %i 年份 r 地区各个市对应的人口和 TPCI。
```

```
      RPCI_reg=[data_reg_W(:,4) data_reg_W(:,8)];
      %i年份r地区各个市对应的农村人口和RPCI。
      UPCI_reg=[data_reg_W(:,5) data_reg_W(:,9)];
      %i年份r地区各个市对应的城镇人口和UPCI。
      pop_reg_mean(k,:)=[i r sum(GDPPC_reg(:,1)) …
        sum(TPCI_reg(:,1)) sum(RPCI_reg(:,1)) sum(UPCI_reg(:,1))];
      %计算年份各个区域的总人口、农村总人口、非农业总人口。
      reg_M_gini=[i r Mean_M(GDPPC_reg) …
                  gini_deco(GDPPC_reg) Mean_M(TPCI_reg) …
                  gini_deco(TPCI_reg) Mean_M(RPCI_reg) …
                  gini_deco(RPCI_reg) Mean_M(UPCI_reg) …
                  gini_deco(UPCI_reg)];
      %用于计算i年份r地区的均值和Gini。
      induce_reg_M_G(k,:)=reg_M_gini;
      %所有年份各个区域各个指标反映的均值和Gini。
      k=k+1;
    end
  end
end

%***然后计算总的地区内不均衡各个地区内的不均衡所占份额***
%思路:把各年的数据pop、Mean和Gini取出*
k=1;
r=1;
n=(N1-N0)/M-(1997-N0)+2;
induce_reg_W=zeros(n*reg_quan,index_quan+2);
%用于存储各年各地区的Gini不均衡占总的地区内Gini不均衡的份额。
reg_within_G=zeros(1,index_quan);
G_within_reg=zeros(n,index_quan+1);
%用于存储各年各个指标反映的地区内总的Gini不均衡。
for i=N0:M:N1
  data_reg_pop=pop_reg_mean(find(pop_reg_mean(:,1)==i),:);
  %把每一年各地区的人口数据取出。
  data_reg_M_G=induce_reg_M_G(find(induce_reg_M_G(:,1)==i),:);
  %把每一年各地区的Mean和Gini数据取出。
  if isempty(data_reg_pop)|isempty(data_reg_M_G)
    continue;
  else
```

```
        data_reg_pop(:,1:2)=[];  %去掉年份和地区号。
        GDPPC_reg_G=[data_reg_pop(:,1) data_reg_M_G(:,3:4)];
        %把i年各地区的总人口、GDPPC和对应的Gini取出。
        TPCI_reg_G=[data_reg_pop(:,2) data_reg_M_G(:,5:6)];
        %把i年各地区的总人口、TPCI和对应的Gini取出。
        RPCI_reg_G=[data_reg_pop(:,3) data_reg_M_G(:,7:8)];
        %把i年各地区的总人口、RPCI和对应的Gini取出。
        UPCI_reg_G=[data_reg_pop(:,4) data_reg_M_G(:,9:10)];
        %把i年各地区的总人口、UPCI和对应的Gini取出。
        reg_within_G=[piwi_gini(GDPPC_reg_G) piwi_gini(TPCI_reg_G) …
                      piwi_gini(RPCI_reg_G) piwi_gini(UPCI_reg_G)];
        %计算各指标对应的总的地区内Gini系数的一般项。
        G_within_reg(k,:)=[i sum(reg_within_G)];
        %每年各个指标反映的地区内总的不均衡。
        k=k+1;
        for j=11:1:11+reg_quan-1
          reg_gini_w=reg_within_G(j,:)./sum(reg_within_G);
          induce_reg_W(r,:)=[i j reg_gini_w];
          %计算各年各个地区内Gini不均衡占总的地区内不均衡的份额。
          r=r+1;
        end
    end
end

%***下列程序对各个省内Gini按区域进一步分解***
%把各年各个省内的各区域的人口、人均指标、Gini系数取出,以便计算区域%间和区域内Gini。
%induce_reg_M_G的第1列为年号,第2列为各个区域的代号,第3列为区域
%的平均GDPPC,第4列为GDPPC下的Gini系数,第5列为区域的平均TPCI,
%第6列为TPCI下的Gini系数,第7列为区域的平均RPCI,第8列为RPCI
%下的Gini系数,第9列为区域的平均UPCI,第10列为UTPCI下的Gini系数。
%pop_reg_mean的第1列为年号,第2列为各个区域的代号,第3列为GDPPC
%对应的区域人口,第4列为TPCI对应的区域人口,第5列为RPCI对应的区
%域人口,第6列为UPCI对应的区域人口。
k=1;
N1=2007;
N0=1993;
M=1;
n=(N1-N0)/M-(1997-N0)+2;
```

```
Gini_B_PR_deco=zeros(n*pro_quan,index_quan+2);
%用于存储各年各省内部地区之间的各指标反映的Gini不均衡。
Gini_A_PR_deco=zeros(n*pro_quan,index_quan+2);
%用于存储各年各省总的地区内各指标反映的Gini不均衡。
for i=N0:M:N1
  C_reg_pop=pop_reg_mean(find(pop_reg_mean(:,1)==i),:);
  %把每年各地区的人口数据取出。
  C_reg_M_G=induce_reg_M_G(find(induce_reg_M_G(:,1)==i),:);
  %把每年各地区的Mean和Gini数据取出。
  if isempty(C_reg_pop)|isempty(C_reg_M_G)
    continue;
  else
    C_reg_pop(:,1:2)=[];  %去掉年份和region号。
    C_reg_M_G(:,1:2)=[];  %去掉年份和region号。
    GDPPC_region=[C_reg_pop(:,1) C_reg_M_G(:,1:2)];
    %取出各地区的总人口、GDPPC及其对应的Gini系数。
    TPCI_region=[C_reg_pop(:,2) C_reg_M_G(:,3:4)];
    %取出各地区的总人口、TPCI及其对应的Gini系数。
    RPCI_region=[C_reg_pop(:,3) C_reg_M_G(:,5:6)];
    %取出各地区的总人口、RPCI及其对应的Gini系数。
    UPCI_region=[C_reg_pop(:,4) C_reg_M_G(:,7:8)];
    %取出各地区的总人口、UPCI及其对应的Gini系数。
    GDPPC_SH_reg=GDPPC_region(1,:);
    %构建上海的人口、GDPPC、对应的Gini系数。
    GDPPC_JS_reg=GDPPC_region(2:4,:);
    %构建江苏各地区的人口、GDPPC、对应的Gini系数。
    GDPPC_ZJ_reg=GDPPC_region(5:6,:);
    %构建浙江各区域的人口、GDPPC、对应的Gini系数。
    TPCI_SH_reg=TPCI_region(1,:);
    %构建上海的人口、TPCI、对应的Gini系数。
    TPCI_JS_reg=TPCI_region(2:4,:);
    %构建江苏各地区的人口、TPCI、对应的Gini系数。
    TPCI_ZJ_reg=TPCI_region(5:6,:);
    %构建浙江各区域的人口、TPCI、对应的Gini系数。
    RPCI_SH_reg=RPCI_region(1,:);
    %构建上海的人口、RPCI、对应的Gini系数。
    RPCI_JS_reg=RPCI_region(2:4,:);
    %构建江苏各地区的人口、RPCI、对应的Gini系数。
```

```
    RPCI_ZJ_reg=RPCI_region(5:6,:);
    %构建浙江各区域的人口、RPCI、对应的 Gini 系数。
    UPCI_SH_reg=UPCI_region(1,:);
    %构建上海的人口、UPCI、对应的 Gini 系数。
    UPCI_JS_reg=UPCI_region(2:4,:);
    %构建江苏各地区的人口、UPCI、对应的 Gini 系数。
    UPCI_ZJ_reg=UPCI_region(5:6,:);
    %构建浙江各区域的人口、UPCI、对应的 Gini 系数。
    Gini_B_PR_deco(3*k-2:3*k,:)=[i 1 gini_deco(GDPPC_SH_reg(:,1:2)) …
      gini_deco(TPCI_SH_reg(:,1:2)) gini_deco(RPCI_SH_reg(:,1:2)) …
      gini_deco(UPCI_SH_reg(:,1:2)); i 2 …
      gini_deco(GDPPC_JS_reg(:,1:2)) gini_deco(TPCI_JS_reg(:,1:2)) …
      gini_deco(RPCI_JS_reg(:,1:2)) gini_deco(UPCI_JS_reg(:,1:2));…
      i 3 gini_deco(GDPPC_ZJ_reg(:,1:2)) …
      gini_deco(TPCI_ZJ_reg(:,1:2)) gini_deco(RPCI_ZJ_reg(:,1:2)) …
      gini_deco(UPCI_ZJ_reg(:,1:2))];
    Gini_A_PR_deco(3*k-2:3*k,:)=[i 1 within_gini(GDPPC_SH_reg) …
        within_gini(TPCI_SH_reg) within_gini(RPCI_SH_reg) …
      within_gini(UPCI_SH_reg); i 2 within_gini(GDPPC_JS_reg) …
      within_gini(TPCI_JS_reg) within_gini(RPCI_Jiangsu_region) …
      within_gini(UPCI_JS_reg); i 3 …
      within_gini(GDPPC_ZJ_reg) within_gini(TPCI_ZJ_reg) …
      within_gini(RPCI_ZJ_reg) within_gini(UPCI_ZJ_reg)];
    k=k+1;
  end
end
```

附录 D　Yangtze_River _pro_reg_GEM.m

```
%计算不同积聚层次 GDPPC、TPCI、RPCI、UPCI 反映的组分内部 GEM 及所
%占份额。
%本程序的输出结果如下:
% induce_mean_prov_GEM 每行依次为年份、省号、GDPPC 反映的各省的均值
%和 GEM、TPCI 反映的各省的均值和 GEM、RPCI 反映的各省的均值和 GEM、
% UPCI 反映的各省的均值和 GEM;
% pop_province_mean 每行依次为年份、省号、总人口、总人口、农村总人口和
%城镇总人口;
```

```
% induce_mean_reg_GEM 依次为各年各指标反映的各地区的均值和 GEM；
% pop_reg_mean 依次为各年各地区的人口数据；
% induce_pro_W 依次为各年份各省的不均衡占总的省内不均衡的份额；
% prov_within_GEM 依次为各年份各个指标反映的省内总的不均衡；
% induce_reg_W 依次为各年份各地区的不均衡占总的地区内不均衡的份额；
% reg_within_GEM 依次为各年份各个指标反映的地区内总的不均衡。

%please input excel database：data_province_region_gem_Yangtze_River。
%data_province_region_gem_Yangtze_River 第 1 列为年号，第 2 列为省的代码，
%第 3 列为各个省市对应的人口，第 4 列农村人口，第 5 列城镇人口，第 6 列
%GDPPC，第 7 列 TPCI，第 8 列 RPCI，第 9 列 UPCI，第 10 列为六大区域号，
%即 11－上海、12－苏南、13－苏中、14－苏北、15－浙东北、16－浙西南号。
N1=2007；  %N1 为终止年份。
N0=1993；  %N0 为终止年份。
M=1；  %M 为年的跨度。
index_quan=4；  %要计算的指标数。
n=(N1-N0)/M-(1997-N0)+2；  %需计算指数的年份。

%＊＊＊以下计算省积聚水平下的 Mean 和 GEM＊＊＊
pro_quan=3；  %pro_quan 为省的数量。
induce_mean_prov_GEM=zeros(n*pro_quan,10)；
%用于存储各年各个指标反映的各省的均值和 GEM 不均衡。
pop_province_mean=zeros(n*pro_quan,6)；
%用于存储各年各个省的总人口、农村总人口、城镇总人口。
A= data_province_region_gem_Yangtze_River；
k=1；
for i=N0：M：N1
  for j=1：pro_quan
    data_prov_pre_gem=A(find((A(:,1)==i)&(A(:,2)==j)),:)；
    %把矩阵中各年各省的数据赋给矩阵 data_prov_pre_gem。
    if isempty(data_prov_pre_gem)
      continue；
    else
      GDPPC_pro=[data_prov_pre_gem(:,3) data_prov_pre_gem(:,6)]；
      %i 年份 j 省各个市对应的人口和 GDPCC。
      TPCI_prov=[data_prov_pre_gem(:,3) data_prov_pre_gem(:,7)]；
      %i 年份 j 个省各个市对应的人口和 TPCI。
      RPCI_pro=[data_prov_pre_gem(:,4) data_prov_pre_gem(:,8)]；
```

```
        %i 年份 j 省各个市对应的农村人口和 RPCI。
        UPCI_pro=[data_prov_pre_gem(:,5) data_prov_pre_gem(:,9)];
        %i 年份 j 省各个市对应的城镇人口和 UPCI。
        pop_province_mean(k,:)=[i j sum(GDPPC_pro(:,1)) …
          sum(TPCI_prov(:,1)) sum(RPCI_pro(:,1)) sum(UPCI_pro(:,1))];
        %用于计算 i 年份 j 省的总人口、农村总人口、非农业总人口。
        prov_Mean_GEM=[i j Mean_M(GDPPC_pro) gem(GDPPC_pro) …
                        Mean_M(TPCI_prov) gem(TPCI_prov)…
                        Mean_M(RPCI_pro) gem(RPCI_pro) …
                        Mean_M(UPCI_pro) gem(UPCI_pro)];
        %用于计算 i 年份 j 省的均值和 GEM。
        induce_mean_prov_GEM(k,:)=prov_Mean_GEM;
        %所有年份各省各个指标反映的均值和 GEM。
        k=k+1;
      end
    end
end

%**以下计算六大区域积聚水平下的 Mean 和 GEM****
%A 的第 1 列为年号,第 2 列为省的代码,第 3 列为各个省市对应的人口,
%4 农村人口、5 城镇人口、6GDPPC、7TPCI、8RPCI、9UPCI,第 10 列为六大区
%域号。
reg_quan=6;  %6 大地区数:上海、苏南、苏北、苏中、浙东北、浙西南。
induce_mean_reg_GEM=zeros(n*reg_quan,10);  %n 为需计算的年份。
%用于存储各年各个指标反映的各地区的均值和 GEM 不均衡。
pop_region_mean=zeros(n*reg_quan,6);
%用于存储各年各个地区的总人口、农村总人口、城镇总人口。
k=1;
for i=N0:M:N1
  for r=11:1:16
    data_reg_pre_GEM=A(find((A(:,1)==i)&(A(:,10)==r)),:);
    %把矩阵中各年各地区的数据赋给矩阵 data_reg_pre_GEM。
    if isempty(data_reg_pre_GEM)
      continue;
    else
      GDPPC_reg=[data_reg_pre_GEM(:,3) data_reg_pre_GEM(:,6)];
      %i 年份 r 地区各个市对应的人口和 GDPCC。
      TPCI_reg=[data_reg_pre_GEM(:,3) data_reg_pre_GEM(:,7)];
```

```
      %i 年份 r 地区各个市对应的人口和 TPCI。
      RPCI_reg=[data_reg_pre_GEM(:,4) data_reg_pre_GEM(:,8)];
      %i 年份 r 地区各个市对应的农村人口和 RPCI。
      UPCI_reg=[data_reg_pre_GEM(:,5) data_reg_pre_GEM(:,9)];
      %i 年份 r 地区各个市对应的城镇人口和 UPCI。
      pop_region_mean(k,:)=[i r sum(GDPPC_reg(:,1)) …
        sum(TPCI_reg(:,1)) sum(RPCI_reg(:,1)) sum(UPCI_reg(:,1))];
      %计算年份各个区域的总人口、农村总人口、非农业总人口。
      reg_Mean_GEM=[i r Mean_M(GDPPC_reg) gem(GDPPC_reg) …
                    Mean_M(TPCI_reg) gem(TPCI_reg)…
                    Mean_M(RPCI_reg) gem(RPCI_reg) )…
                    Mean_M(UPCI_reg) gem(UPCI_reg)];
      %用于计算 i 年份 r 地区的均值和 GEM。
      induce_mean_reg_GEM(k,:)=reg_Mean_GEM
      %所有年份各个区域各个指标反映的均值和 GEM。
      k=k+1;
    end
  end
end


%***以下计算各个省内的不均衡占所有省内不均衡的份额***
%把各年各个省的数据 pop 和 GEM 分别取出。
k=1;
l=1;
n=(N1-N0)/M-(1997-N0)+2;
induce_pro_W=zeros(n*pro_quan,index_quan+2);
%用于存储各年份各省的不均衡占总的省内不均衡的份额。
prov_within_ineq=zeros(1,index_quan);
prov_within_GEM=zeros(n,index_quan+1);
%用于存储各年份各个指标反映的省内总的不均衡。
for i=N0:M:N1
  data_prov_pop=pop_province_mean(find(pop_province_mean(:,1)==i),:);
  %把 i 年各省的人口数据取出。
  data_prov_M_G=induce_mean_prov_GEM(find(induce_mean_prov_…
  GEM(:,1)==i),:);  %把 i 年各省的均值和 GEM 数据取出。
  if isempty(data_prov_pop)|isempty(data_prov_M_G)
    continue;
  else
```

```
        data_prov_pop(:,1:2)= [];  %去掉年份和省号。
        data_prov_gem=[data_prov_M_G(:,4) data_prov_M_G(:,6)…
                        data_prov_M_G(:,8) data_prov_M_G(:,10)];
        %把 i 年各省的 GEM 数据取出。
        prov_within_ineq=within_inequalities(data_prov_pop,data_prov_gem);
        %当年各个指标反映的省内总的不均衡。
        prov_within_GEM(k,:)=[i, prov_within_ineq];
        %把 i 年各个指标反映的省内总的不均衡存入矩阵。
        k=k+1;
        for s=1:1:index_quan
          data_prov_pop(:,s)=data_prov_pop(:,s)/sum(data_prov_pop(:,s));
          %把各种人口数据转换为权重。
        end
        for j=1:1:pro_quan
          w=data_prov_pop(j,:).*data_prov_gem(j,:)./prov_within_ineq;
          %计算 i 年 j 省的不均衡所占份额。
          induce_pro_W(l,:)=[i j w];
          %把 i 年 j 省的不均衡所占份额存入矩阵。
          l=l+1;
        end
    end
end

%***以下计算各个地区内的不均衡占所有地区内不均衡的份额***
%***把各年各个地区的数据 pop 和 GEM 分别取出***
k=1;
l=1;
n=(N1-N0)/M-(1997-N0)+2;
induce_reg_W=zeros(n*reg_quan,index_quan+2);
%用于存储各年份各地区的不均衡占总的地区内不均衡的份额。
reg_within_ineq=zeros(1,index_quan);
reg_within_GEM=zeros(n,index_quan+1);
%用于存储各年份各个指标反映的地区内总的不均衡。
for i=N0:M:N1
  data_reg_pop=pop_region_mean(find(pop_region_mean(:,1)==i),:);
  %把 i 年各地区的人口数据取出。
  data_reg_G_M =induce_mean_reg_GEM(find(induce_mean_reg_GEM(:,1)…
             ==i),:);   %把 i 年各地区的均值和 GEM 数据取出。
```

```
if isempty(data_reg_pop)|isempty(data_reg_G_M)
  continue;
else
  data_reg_pop(:,1:2)=[];  %去掉年份和地区号。
  data_reg_gem=[data_reg_G_M(:,4) data_reg_G_M(:,6)…
               data_reg_G_M(:,8) data_reg_G_M(:,10)];
  %把i年各地区的GEM数据取出。
  reg_within_ineq=within_inequalities(data_reg_pop,data_reg_gem);
  %当年各个指标反映的地区内总的不均衡。
  reg_within_GEM(k,:)=[i, reg_within_ineq];
  %把i年各个指标反映的地区内总的不均衡存入矩阵。
  k=k+1;
  for s=1:1:index_quan
    data_reg_pop(:,s)=data_reg_pop(:,s)/sum(data_reg_pop(:,s));
    %把地区各种人口数据转换为权重。
  end
  for j=11:1:11+reg_quan-1
    w=data_reg_pop(j,:).*data_reg_gem(j,:)./reg_within_ineq;
    %计算i年j地区的不均衡所占份额。
    induce_reg_W(l,:)=[i j w];
    %把i年j地区的不均衡所占份额存入矩阵。
    l=l+1;
  end
 end
end
```

附录E　TW和ER极化计算:TW_ER.m

```
%计算不同积聚层次GDPPC、TPCI、RPCI、UPCI反映的TW、ER指数。
%***计算结果如下:
%ind_TW_ER_Yantze每行依次为年份、GDPPC反映的长三角TW、GDPPC反
%映的长三角ER、TPCI反映的长三角TW、TPCI反映的长三角ER、RPCI反
%映的长三角TW、RPCI反映的长三角ER、UPCI反映的长三角TW、UPCI
%反映的长三角ER;
%ind_TW_ER_prov每行依次为年份、各指标反映的各个省的TW和ER;
%ind_TW_ER_reg每行依次为年份、各指标反映的各个地区的TW和ER。
```

```
%please input excel database: data_Yangtze_River_province_region_TW。
%data_Yangtze_River_province_region_TW 的第 1 列为年号,第 2 列为省的代码,
%第 3 列为各个省市对应的人口,4 农村人口、5 城镇人口、6GDPPC、7TPCI、
%8RPCI、9UPCI, 第 10 列为区域号。

N1=2007;  %N1 为终止年份。
N0=1993;  %N0 为终止年份。
M=1;  %M 为年的跨度。
pro_quan=3;  %pro_quan 为省数。
reg_quan=6;  %6 大区域数。
index_quan=4;  %用于计算的指标数。
alpha=1.5;  %极化 ER 计算公式中的常数。
seta=1;  %极化 TW 计算公式中的常数。
r=0.5;  %极化 TW 计算公式中的常数。
%把 data_Yangtze_River_province_region_TW 数据赋给 data1。
data1=data_Yangtze_River_province_region_TW。

%***以下以市指标数据计算长三角的 TW 和 ER***
%把矩阵 data1 中各年的数据赋给矩阵 data_Yangtze_R,并计算各指标。
n=(N1-N0)/M-(1997-N0)+2;
ind_TW_ER_Yantze=zeros(n*1, index_quan*2+1);
%用于存储各年各指标反映的长三角的 TW 和 ER。
k=1;
for i=N0:M:N1
  data_Yangtze_R=data1(find((data1(:,1)==i)),:);
  %把矩阵中各年各省的数据赋给矩阵 data_Yangtze_R。
  if isempty(data_Yangtze_R)
    continue;
  else
    GDPPC_pref=[data_Yangtze_R(:,3) data_Yangtze_R(:,6)];
    %i 年各个市对应的人口和 GDPCC。
    TPCI_pref=[data_Yangtze_R(:,3) data_Yangtze_R(:,7)];
    %i 年各个市对应的人口和 TPCI。
    RPCI_pref=[data_Yangtze_R(:,4) data_Yangtze_R(:,8)];
    %i 年各个市对应的农村人口和 RPCI。
    UPCI_pref=[data_Yangtze_R(:,5) data_Yangtze_R(:,9)];
    %i 年各个市对应的城镇人口和 UPCI。
    TW_ER_Yz=[i TW(GDPPC_pref,seta,r) ER(GDPPC_pref,alpha) …
```

```
                TW(TPCI_pref,seta,r) ER(TPCI_pref,alpha) …
                TW(RPCI_pref,seta,r) ER(RPCI_pref,alpha) …
                TW(UPCI_pref,seta,r) ER(UPCI_pref,alpha)];
      %用于计算i年各个指标反映的长三角的极化TW和ER。
      ind_TW_ER_Yantze(k,:)=TW_ER_Yz;
      %所有年份各个指标反映的长三角的极化TW和ER。
      k=k+1;
   end
end

%***以下计算省层次的TW和ER***
%把矩阵data1中各年的数据赋给矩阵data_prov_pref,并计算各指标。
%把矩阵data1中各年的数据赋给矩阵data_reg_pref,并计算各指标。
%data1的第1列为年号,第2列为省的代码,第3列为各个省市对应的人口,
%4农村人口、5城镇人口、6GDPPC、7TPCI、8RPCI、9UPCI,第10列为
%六大区域号。
n=(N1-N0)/M-(1997-N0)+2;
ind_TW_ER_prov=zeros(n*pro_quan,index_quan*2+2);
k=1;
for i=N0:M:N1
   for j=1:pro_quan
      data_prov_pref=data1(find((data1(:,1)==i)&(data1(:,2)==j)),:);
      %把矩阵中各年各省的数据赋给矩阵data_prov_pref。
      if isempty(data_prov_pref)
         continue;
      else
         GDPPC_prov=[data_prov_pref(:,3) data_prov_pref(:,6)];
         %i年份j省各个市对应的人口和GDPCC。
         TPCI_prov=[data_prov_pref(:,3) data_prov_pref(:,7)];
         %i年份j个省各个市对应的人口和TPCI。
         RPCI_prov=[data_prov_pref(:,4) data_prov_pref(:,8)];
         %i年份j省各个市对应的农村人口和RPCI。
         UPCI_prov=[data_prov_pref(:,5) data_prov_pref(:,9)];
         %i年份j省各个市对应的城镇人口和UPCI。
         TW_ER_prov=[i j TW(GDPPC_prov,seta,r) …
                     ER(GDPPC_prov,alpha) TW(TPCI_prov,seta,r) …
                     ER(TPCI_prov,alpha) TW(RPCI_prov,seta,r)…
                     ER(RPCI_prov,alpha) TW(UPCI_prov,seta,r) …
```

```
                ER(UPCI_prov,alpha)];
        %用于计算i年各个指标反映的各个省的极化TW和ER。
        ind_TW_ER_prov(k,:)=TW_ER_prov;
        %所有年份各个指标反映的各个省的极化TW和ER。
        k=k+1;
      end
    end
end

%***以下计算地区层次的TW和ER***
%把矩阵data1中各年的数据赋给矩阵data_reg_pref,并计算各指标。
%data1的第1列为年号,第2列为省的代码,第3列为各个省市对应的人口,
%4农村人口、5城镇人口、6GDPPC、7TPCI、8RPCI、9UPCI,第10列为六大区域号。
n=(N1-N0)/M-(1997-N0)+2;
ind_TW_ER_reg=zeros(n*index_quan, index_quan*2+2);
k=1;
for i=N0:M:N1
  for r=11:1:16+reg_quan-1
    data_reg_pref=data1( find((data1(:,1)==i)&(data1(:,10)==r)),:);
    %把矩阵中各年各省的数据赋给矩阵data_reg_pref。
    if isempty(data_reg_pref)
      continue;
    else
      GDPPC_reg=[data_reg_pref(:,3) data_reg_pref(:,6)];
      %i年份r地区各个市对应的人口和GDPCC。
      TPCI_reg=[data_reg_pref(:,3) data_reg_pref(:,7)];
      %i年份r地区各个市对应的人口和TPCI。
      RPCI_reg=[data_reg_pref(:,4) data_reg_pref(:,8)];
      %i年份r地区各个市对应的农村人口和RPCI。
      UPCI_reg=[data_reg_pref(:,5) data_reg_pref(:,9)];
      %i年份r地区各个市对应的城镇人口和UPCI。
      TW_ER_region=[i r TW(GDPPC_reg,seta,r) …
                    ER(GDPPC_reg,alpha) TW(TPCI_reg,seta,r) …
                    ER(TPCI_reg,alpha) TW(RPCI_reg,seta,r) …
                    ER(RPCI_reg,alpha) TW(UPCI_reg,seta,r) …
                    ER(UPCI_reg,alpha)];
      %计算i年各个指标反映的各个地区的极化TW和ER。
      ind_TW_ER_reg(k,:)=TW_ER_region;
```

```
      %所有年份各个指标反映的各个地区的极化TW和ER。
      k=k+1;
    end
  end
end
```

附录F GEM的城乡分解程序：Rural_Urban_GEM_Deco

```
%***计算GEM分解下的城乡不均衡***
%***计算结果如下：
% gem_ru_rr_uu每行依序年份、对应收入总的GEM不均衡、城乡GEM不均衡、
%农村与农村之间的GEM不均衡、城镇与城镇之间的GEM不均衡、总的收入
%均值、总的农村人均纯收入均值、城镇居民可支配收入均值、农业人口份额、
%非农业人口份额；
% GEM_r_urban_between依次为年份、总的区域内城乡的不均衡、区域之间的
%不均衡。

%please input excel database：pt_pr_pu_t_r_u
%pt_pr_pu_t_r_u的第1列为年号，第2列为各个省市对应的人口，第3列为各
%个省市对应的农村人口，第4列为各个省市对应的城镇人口，第5列为人均
%总收入，第6列为人均农业收入，第7列为人均城镇收入。

N1=2007;  %***N1为终止年份。
N0=1993;  %N0为终止年份。
M=1;  %M为年的跨度。
n=(N1-N0)/M-2;
GEM_r_urban_between=zeros(n,3);
gem_ru_rr_uu=zeros(n,10);
k=1;
for i=1993:1:2007
  gemdata_r_urban_between=pt_pr_pu_t_r_u(find(pt_pr_pu_t_r_u(:,1)==i),:);
  %把矩阵中各年的数据赋给矩阵gemdata_r_urban_between，并计算各指标。
  if isempty(gemdata_r_urban_between)
    continue;
  else
    pop_TRUPCI_rural_urban=[gemdata_r_urban_between(:,2:4) …
```

```
                    gemdata_r_urban_between(:,5:7)];
    GEM_r_urban_between(k,:)=[i gem_r_u_w_b(pop_TRUPCI_rural_urban)];
    %返回年份、区域内城乡的不均衡 I_RU2、区域之间的不均衡 I_B。
    gem_ru_rr_uu(k,:)=[i gem_rr_uu_ru(pop_TRUPCI_rural_urban)];
    %返回年份、对应的总的收入不均衡、城乡不均衡、农村与农村之间的
    %不均衡、城镇与城镇之间的不均衡、总的收入均值、总的农村人均纯收入
    %均值、城镇居民可支配收入均值、农业人口份额、非农业人口份额;
      k=k+1
  end
end
```

附录 G　Gini 的城乡分解程序：Rural_Urban_Gini_Deco

```
***计算 Gini 分解下的城乡不均衡***
%***计算结果如下：
% gini_ru_rr_uu 每行依序年份、对应收入总的 Gini 不均衡、城乡 Gini 不均衡、
%农村与农村之间的 Gini 不均衡、城镇与城镇之间的 Gini 不均衡、重叠项、伪
%Gini 系数、伪 Gini 系数计算的重叠项。

%please input excel database: pt_pr_pu_t_r_u
%pt_pr_pu_t_r_u 的第 1 列为年号，第 2 列为各个省市对应的人口，第 3 列为各
%个省市对应的农村人口，第 4 列为各个省市对应的城镇人口，第 5 列为人均
%总收入，第 6 列为人均农业收入，第 7 列为人均城镇收入。

N1—2007;   %***N1 为终止年份。
N0=1993;   %N0 为终止年份。
M—1;   %M 为年的跨度。
n=(N1—N0)/M—2;
gini_ru_rr_uu=zeros(n,8);
k=1;
for i=1993:1:2007
  gini_data_ru_rr_uu=pt_pr_pu_t_r_u(find(pt_pr_pu_t_r_u(:,1)==i),:);
  %把矩阵中各年的数据赋给矩阵 gini_data_ru_rr_uu,并计算各指标。
  if isempty(gini_data_ru_rr_uu)
    continue;
  else
```

```
        pop_TRUPCI_rural_urban=[gini_data_ru_rr_uu (:,2:4) …
                                gini_data_ru_rr_uu (:,5:7)];
        gini_ru_rr_uu(k,:)=[i gini_rr_uu_ru(pop_TRUPCI_rural_urban)];
        %依序返回年份、对应 Gini 总的收入不均衡、Gini 城乡不均衡、Gini 农
        %村与农村之间的不均衡、Gini 城镇与城镇之间的不均衡、重叠项、伪
        %Gini 系数、伪 Gini 系数计算的重叠项。
         k=k+1
     end
end
```

参考文献

[1] Anselin L., Varga, A., Acs, Z. J. Geographic Spillovers and University Research: A Spatial Econometric Perspective [J]. Growth and Change, 2000, 31: 501-516.

[2] Anselin L., Varga, A., Acs, Z. J. Local Geographic Spillovers Between University Research and High Technology Innovations [J]. Journal of Urban Economics, 1997, 42: 422-448.

[3] Antonella Nocco. The Rise and Fall of Regional Inequalities with Technological Differences and Knowledge Spillovers [J]. Regional Science and Urban Economics, 2005, 35 (5): 542-569.

[4] Aoki M. Towards a Comparative Institutional Analysis [M]. MIT Press, Cambridge, 2001.

[5] Arrow, K., The Economic Implications of Learning by Doing [J]. Review of Economic Studies, 1962, 29: 155-173.

[6] Arthur, B. Increasing Returns and Path Dependence in the Economy [M]. Ann Arbor: University of Michigan Press, 1994.

[7] Atkinson, A. The Economics of Inequality [M]. Oxford: Clarendon Press, 1983.

[8] Atkinson, R. An Evolutionary Economic Perspective on Technical Change and Adjustment in Cane Harvesting Systems in the Australian Sugar Industry [J]. Economic Development Journal, 2005, 4 (3): 33-37.

[9] Audretsch, D. B., Fledman, M. P. Knowledge Spillovers and the Geography of Innovation, Handbook of Regional and Urban Economics, 2004, 4: 2063-3073.

[10] Bao, S. M., CHANG, G. H., Sachs, J. D., Woo, W. T. Geographic Factors and China' s Regional Development Under Market Reforms, 1978-1998 [J]. China Economic Review, 2002, 13: 89-111.

[11] Baptista, R. Do innovations Diffuse Within Geographical Clusers [J]. International Journal of Industrial Organization, 2000, 18: 516.

[12] Barro, R. J. Determinants of Economic Growth: A Cross-country Empirical Study [M]. Cambridge, Mass: MIT Press, 1997.

[13] Barro, R. J., Sala-I-Martin X. Technological Diffusion, Convergence, and Growth [J]. Journal of Economic Growth, 1995, 2 (1): 1-26.

[14] Barro, R. J. Inequality and Growth in a Panel of Countries [J]. Journal of Economic Growth, 2000, 5: 5-32.

[15] Barro, R. J., Sala-i M. X. Economic Growth [M]. New York: McGraw-Hill, 1995.

[16] Barro, R. J., Sala-i-Martin. X. Convergence [J]. Journal of Political Economy, 1992, 100: 223-254.

[17] Barro, R. J., Sala-i-Martin. X. Convergence Across States and Regions [J]. Brooking Papers Economic Activity, 1991, 1: 107-182.

[18] Basu K. Civil Institutions and Evolution: Conceptions, Critique and Models [J]. Journal of Development Economics 1995, 46: 19-33.

[19] Bell, D. The Coming of Post-industrial Society: A Venture in Social Forecasting [M]. Basic Books, Inc., Publishers, 1973.

[20] Bernstein, J. I., Nadiri, I. Inter-industry R&D Spillovers, Rates of Return, and Production in High-tech Industries [J]. AEA Papers and Proceedings, 1988, 78: 429-434.

[21] Black, D. & Henderson, V. A Theory of Urban Growth [J]. Journal of Political Economy, 1999, 107 (2): 252-284.

[22] Borts, G. The Equalization of Returns and Regional Economic Growth [J]. The American Economic Review, 1960, 50: 319-347.

[23] Boschma, R. A., Weterings, A. B. R. The Effect of Regional Differences on the Performance of Software Firms in the Netherlands [J]. Journal of Economic Geography, 2005, 5 (5): 567-588.

[24] Boschma, R., van der Knaap, B. New Technology and Windows of Locational Opportunity: Indeterminacy, Creativity and Chance [C]. In Reijnders (Ed.), Economics and Evolution. Edward Elgar, Eldershot, 1997.

[25] Boschma, R. A., Lambooy, J. G. Evolutionary Economics and Economic Geography [J]. Journal of Evolutionary Economics, 1999, 9 (4): 411-429.

[26] Bottazzi, L., Peri, G. Innovation and Spillovers in Regions: Evidence From European Patent Data [J]. European Economic Review, 2003, 47: 687-710.

[27] Bowles S. Microeconomics: Behavior, Institutions and Evolution [M]. Princeton University Press, Princeton and Oxford, 2004.

[28] Branstetter, L. G. Looking for International Knowledge Spillovers—A Review of the Literature with Suggestions for New Approaches [J]. Annales D' Economie et de Statistique, 1998, 49: 517-540.

[29] Brennan, L., Wegener, M. Prospering in an Era of Economic Transformation [J]. Australian Journal of Agricultural & Resource Economics, 2003, 47 (3): 367-389.

[30] Brett, A. G., Patricia P. M., Audretsch, D. B. Clusters, Knowledge Spillovers and New Venture Performance: An Empirical Examination [J]. Journal of Business Venturing, 2008, 23: 405-422.

[31] Brun, J. F., Combes, J. L., Renard, M. F. Are There Spillover Effects Between Coastal and Noncoastal Regions in China [J]. China Economic Review, 2002 (13): 161-169.

[32] Cainelli, G., Zoboli, R. The Evolution of Lndustrial Districts: Changing Governance,

Innovation, and Internalisation of Local Capitalism in Italy [M]. Physica-Verlag, Heidelberg, 2004.

[33] Caniels, M. C. J. Knowledge Spillovers and Economic Growth: Regional Growth Differentials Across Europe [D]. 2000: 42-44.

[34] Caniels, M. C. J.. Knowledge Growth Differentials Across Spillovers and Economic Growth: Regional Europe [M]. Edward Elgar, Cheltenham, 2000.

[35] Cantwell, J A. Santangelo G D. The New Geography of Corporate Research in Information and Communications Technology (ICT). Journal of Evolutionary Economics, 2002, 12: 163-197.

[36] Christaller, W. Central Places in Southern Germany [M]. Fischer, Jena, 1933.

[37] Clemens C, Riechmann T. Evolutionary Dynamics in Public Good Games [J]. Computational Economics, 2006, 28: 399-420.

[38] Coe, D. T., Helpman, E. International R&D Spillovers [J]. European Economics Review, 1995, 39: 859-887.

[39] Cohen, W. M. Levinthal, D. A. Innovation and Learning: The Two Faces of R&D [J]. The Economic Journal, 1989, 99: 569-596.

[40] Cooke P. Regional Innovation Systems, Clusters and the Knowledge Economy [J]. Industrial & Corporate Research., 2001, 10: 45-74.

[41] Currie D, Levine P, Pearlman J et a1. Phase of Imitation and Innovation in a North-south Endogenous Growth Model [J]. Oxford Economic Papers, 1999 (51): 60-88.

[42] Dixit, A. K., Stiglitz, J. E. Monopolistic Competition and Optimum Product Diversity [J]. American Economic Review, 1977, 67 (3): 297-308.

[43] Donnithorne, A. China's Cellular Economy: Some Economic Trends Since the Cultural Revolution [J]. China Quarterly, 1972: 605-619.

[44] Du, J. G. Cheng, F. X. A Study on Evolution of Rural-urban Income Inequality in China: 1993～2005 [C]. In: Zhang, H., Zhu, K. L., Han, C. L. Recent Advance in Statistics Application and Related Areas, Part 1 and Part 2, Aussino Academic Publishing House, Sydney Australia, 2008: 1649-1654.

[45] Du, J. G. Sheng, Z. H., Zhang, H. B. Comparative Analysis of Evolution between Economic Development and Rural-urban Income Inequality in the Yangtze River Delta: 1993-2005 [C]. Conference of the International-Institute-of-Applied-Statistics-Studies, 2009 Qingdao.

[46] Eaton, J., Kortum, S. International Patenting and Technology Diffusion: Theory and Measurement [J]. International Economic Review, 1999, 40: 537-570.

[47] Eaton, J., Kortum, S. J. Trade in Ideas: Patenting and Productivity in the OECD [J]. Journal of International Economics, 1996, 40: 251-278.

[48] Essletzbichler, J. R., David, L. M. Exploring Evolutionary Economic Geographies [J]. Journal of Economic Geography, 2007, 7 (5): 549-571.

[49] Esteran, J., Ray, D. On the Rleasurertlent of Polarizafion [J]. Econometrics, 1994,

62: 819-851.

[50] Fagerberg, J. Technology and International Differences in Growth Rates [J]. Journal of Economic Literature, 1994, 32: 1147-1175.

[51] Fagerberg, J. Why Growth Rates Differ [C]. In G. Dosi (Ed.), Technical Change and Economic Theory. London: Edward Elgar, 1988.

[52] Fagerberg, J., Verspagen, B. Technology-gaps, Innovation-diffusion and Transformation: an Evolutionary Interpretation [J]. Research Policy, 2002 (31): 1291-1304.

[53] Fagerberg, J., Verspagen, B., Von Tunzelmann, N. The Dynamics of Technology, Trade and Growth [M]. Aldershot: Edward Elgar, 1994.

[54] Falvey, R., Foster, N., Greenaway, D. Relative Backwardness, Absorptive Capacity and Knowledge Spillovers [J]. Economics Letters, 2007, 97 (3): 230-234.

[55] Feldman, A., L. R&D Spillovers and the Geography of Innovation and Production [J]. American Economic Review, 1996, 86: 253-273.

[56] Feldman, M. P. The Internet Revolution and the Geography of Innovation [J]. International Social Science Journal, 2002, 54: 47-56.

[57] Feldman, M. P. The Entrepreneurial Event Revisited: An Examination of New Firm Formation in a Regional Context [J]. Industrial and Corporate Change, 2001, 10: 861-891.

[58] Feldman, M. P., Audretsch, D. B. Innovation in Cities: Science-based Diversity, Specialization and Localized Competition [J]. European Economic Review, 1999, 43: 409-429.

[59] Feldman, M. P. The Geography of Innovation [M]. Dordrecht: Kluwer Academic Pub., 1994.

[60] Findlay. Relative Backwardness, Direct Foreign Investment and the Transfer of Technology: a Simple Dynamic Model [J]. Quarterly Journal of Economics, 1978 (2): 2-16.

[61] Fischer, M., Varga, M. Spatial Knowledge Spillovers and University Research: Evidence from Austria [J]. Ann Reg Sci, 2003, 37: 303-322.

[62] Frans, A J., Raymond, V. W., Henk, W. Absorptive Capacity: Antecedents, Models and Outcomes [J]. Erim Report Series Research in Management, 2003 (4): 785-796.

[63] Freeman, C., Louca, F. As Time Goes by: From the Industrial Revolutions to the Information Revolution [M]. Oxford: Oxford University Press, 2001.

[64] Friedman, M. P. Regional Development Policy [M]. Massachusetts Institute of Technology Press, 1966.

[65] Fujita, M., P. Krugman, Venables, A. The Spatial Economy-Cities, Regions and International Trade [M]. Cambridge Mass: MIT Press, 1999.

[66] Greunz, L. Geographically and Technologically Mediated Knowledge Spillovers Between European Regions [J]. Ann Reg Sci, 2003, 37: 657-680.

[67] Griliches Z. Patent Statistics as Economic Indicators: a Survey [J]. Journal of Economic, 1979, 28: 1661-1707.

[68] Griliches, Z. Lssues in Assessing the Contribution of R&D to Productivity Growth

[J]. Bell Journal of Economics, 1979, 10: 92-116.

[69] Griliches, Z. Productivity, R&D, and Basic Research at the Firm Level in the 1970s [J]. American Economics Review. 1986, 76: 141-154.

[70] Griliches, Z.. The Search for RD Spillovers [J]. Scandinavian Journal of Economics, 1992, 94: 29-47.

[71] Grossman, Helpman, E. Innovation and Growth in the Economy [M]. Cambridge MA. MIT Press, 1991.

[72] Haddad M., Harrison A. Are there Positive Spillovers from Foreign Direct Investment? Evidence from Panel Data for Morocco [J]. Journal of Development Economics, 1993, 42: 51-74.

[73] Haynes et al.. Sustainable Transportation Institutions and Regional Evolution: Global and Local Perspectives [J]. Journal of Transport Geography, 2005, 13: 207-221.

[74] Henness, D. A. External Entry and the Evolution of Clusters in the Biotechnology Industry in Canada [J]. Academy of Management Proceedings, 2005 (s): 1-6.

[75] Herrmann-Pillath, C., Kirchert, D., Pan, J. C. Disparities in Chinese Economic Development: Approaches on Different levels of Aggregation [J]. Economic Systems, 2002, 26: 31-54.

[76] Hirschman, A. The Strategy of Economic Development [M]. New Havena: Yale University Press, 1958.

[77] Hudson, R. Institutional Change, Cultural Transformation, and Economic Regeneration: Myths and Realities from Europe's old Industrial Areas [C]. In: Amin, A., Thrift, N. (eds.) Globalization, Institutions, and Regional Development in Europe. Oxford: Oxford UniversityPress, 1995.

[78] Isard, W. Location and Space Economy [M]. New York: John Wiley and Sons Inc., 1956.

[79] Jaffe, A. B. Evidence from Patents and Patent Citations on the Impact of NASA and Other Federal Labs on Commercial Innovation [J]. Journal of Industrial Economics, 1998, 46 (2): 183-205.

[80] Jaffe, A. B. Real Effects of Acadamic Research [J]. American Economic Review, 1989, 79: 984-1001.

[81] Jaffe, A. B., Henderson, T. M. Geographic Localization of Knowledge Spillovers as Evidenced by Patent Citations [J]. The Quarterly Journal of Economics, 1993, 108: 577-598.

[82] Jaffe, A. B. Real Affects of Academic Research [J]. American Economics Review, 1986, 79: 957-970.

[83] Jian, T., Sachs, J., Warner, A. Trends in Regional Inequality in China [J]. China Economic Review, 1996, 7: 1-21.

[84] Kaldor, N. The Case for Regional Policies [J]. Scottish Journal of Political Economy, 1970, 17: 337-347.

[85] Kaldor, N. What is Wrong with Economic Theory [J]. Quarterly Journal of Economics, 1975, 89: 347-357.

[86] Kanbur, R., Zhang, X. B. Which Regional Inequality? The Evolution of Rural-urban and Inland-coastal Linequality in China from 1983 to 1995 [J]. Journal of Comparative Economics, 1999, 27: 686-701.

[87] Keller, M. International Technology Diffusion [R]. NBER Working Paper , 2001, No. 8573.

[88] Kesidou, E., Romijn, H. Do Local Knowledge Spillovers Matter for Ddevelopment? An Empirical Study of Uruguay' s Software Cluster [J]. World Development, 2008, 36 (10): 2004-2028.

[89] Kessler T, Cohrs J C. The Evolution of Authoritarian Processes: Fostering Cooperation in Large-Scale Groups [J]. Group Dynamics, 2008, 12 (1): 73-84.

[90] Kim Y., Whitesides X. G. Microscopic Patterning of Oriented Mesoscopic Silica Through Guided Growth [J]. Nature, 1997, 39: 674-676.

[91] Kirchert, D. Spatial Economic Disparities in China-Empirical and Evolutionary Perspectives [D]. Dissertation for Doctor Degree, University at Witten/Herdecke, 2002.

[92] Kokko A. Foreign Direct Investment, Host Country Characteristics and Spillovers [R]. The Economic Research Institute, Stockholm, 1992.

[93] Kokko, A. Technology, Market Characteristics, and Spillovers [J]. Journal of Development Economics, 1994, 43: 279-293.

[94] Kolstad I. The Evolution of Social Norms: With Managerial Implications [J]. Journal of Socio-Economics, 2007, 36 (1): 58-72.

[95] Koo, J. Technology Spillovers, Agglomeration, and Regional Economic Development [J]. Journal of Planning and Literature, 2005, 20 (2): 99-115.

[96] Krugman, P. Development, Geography, and Economic Theory [M]. Cambridge Mass: MIT Press, 1995.

[97] Krugman, P. The Self-organising Economy [M]. Oxford: Blackwell, 1996.

[98] Krugman, P. Increasing Returns and Economic Geography [J]. Journal of Political Economy, 1991, 99: 483-499.

[99] Kuznets, S. Economic Growth and Income Inequality [J]. American Economic Review, 1955, 45: 1-28.

[100] Kuznets, S. How to Judge Quality [J]. New Republic, 1962, 147: 29-32.

[101] Lambooy, J. Innovation and Knowledge: Theory and Regional Policy [J]. European Planning Studies, 2005, 13 (8): 1137-1152.

[102] Lambooy, J. G., Boschma, R. A. Evolutionary Economics and Regional Policy [J]. The Annals of Regional Science, 2001, 35 (1): 113-131.

[103] Leamer, E. E. Sensitivity Analyses Would Help [J]. America Economic Review, 1985, 75 (7): 308-313.

[104] Lee, G. The Effectiveness of International Knowledge Spillover Channels [J]. European Economic Review, 2006, 93 (1): 52-57.

[105] Lee, H. The Effect of Product Radicality and Scope on the Extent and Speed of Innovation Diffusion [J]. Journal of Management, 2003, 5: 29.

[106] Levine, R., Renelt, D. A sensitivity Analysis of Cross-country Growth Regressions [J]. Ameriea Economic Review. 1992, 82: 942-963.

[107] Levy N. Evolutionary Psychology, Human Universals, and the Standard social Science Model [J]. Biology and Philosophy, 2004, 19: 459-472.

[108] Lichtenberg, F., Pottelsberghe, B. V. International R&D spillover: A re-examination [J]. NBER Working Paper, 1996, 5688.

[109] Liu, Z. Q. Foreign Direct Investment and Technology Spillover: Evidence from China [J]. Journal of Comparative Economics, 2002, 30 (3): 579-602.

[110] Long, H. L., Tang, G. P., Li, X. B., Heilig, G. K. Socio-economic Driving Forces of Land-use Change in Kunshan, the Yangtze River Delta economic area of China [J]. Journal of Environmental Management, 2007, 83 (3): 351-364.

[111] Losch, A. Die räumliche Ordnung der Wirtschaft. Stuttgart, 1940.

[112] Lucas R E. On the Mechanics of Economic Development [J]. Journal of Monetary Economics, 1988, 26: 3-42.

[113] Lucas Robert. Making a Miracle [J]. Econometrica, 1993, 61: 251-272.

[114] Lucas, R. On the Mechanics of Economic Development. Journal of Monetary Economics, 1988, 22: 3-42.

[115] Lucas, R. Making a Miracle [J]. Econometrica, 1993, 61: 251-272.

[116] MacDougall, D. A. The Benefits and Costs of Private Investment from Abroad: a Theoretical Approach [J]. The Economic Record, 1960, 36: 13-35.

[117] Malecki, E. J., Varaiya, P. Innovation and Changes in Regional Structure [J]. Regional and Urban Economics, 1986 (1): 629-645.

[118] Mancusi, M. H. International Spillovers and Absorptive Capacity: A Cross-country Cross-sector Analysis Based on Patents and Citations [J]. Journal of International Economics, 2008, 76 (2): 155-165.

[119] Mansfield E. Estimating Social and Private Returns from Innovations Based on the Advanced Technology Program: Problems and Opportunities [M]. Gaithersburg, MD: National Institute of Standards and Technology, 1996.

[120] Mansfield E., Schwartz, M. and Wagner S. Imitation Costs and Patents: An Empirical Study [J]. The Economic Journal, 1981, 91: 907-918.

[121] Marshall, A. Principles of Economics [M]. London MacMillan, 1890.

[122] Maskell P. Towards a Knowledge-based Theory of the Geographical Cluster [J]. Industrial and Corporation Change, 2001, 10 (4): 21-44.

[123] Maskell, P., Malmberg, A. Myopia, Knowledge Development and Cluster Evolu-

tion [J]. Journal of Economic Geography, 2007, 7 (5): 603-618.

[124] Metcalfe, S. The Economic Foundations of Technology Policy: Equilibrium and Evolutionary Perspectives [C]. In: Dodgson, M., Rothwell, R. (eds.), The Handbook of Industrial Innovation. Cheltenham: Edward Elgar, 1994.

[125] Michael, F., Grit F. Innovation, Regional Knowledge Spillovers and R&D Cooperation [J]. Research Policy, 2004, 33 (2): 145-255.

[126] Michele, C., Stefano, L. Technology Spillover and Regional Convergence Process: A Statistical Analysis of the Italian Case [J]. Statistical Methods and Application, 2004, 13: 375-398.

[127] Mukoyama T., Innovation, Imitation, and Growth with Cumulative Technology [J]. Journal of Monetary Economics, 2003, 50: 361-380.

[128] Myrdal, G. Economic Theory and Under-developed Regions [M]. London: Gerald Duckworth, 1957.

[129] Nelson, A. J. Measuring Knowledge Spillovers: What patents, Licenses and Publications Reveal About Innovation Diffusion [J]. Research Policy, 2009, 38 (6): 994-1005.

[130] Nonaka L., Takeuchi H. The Knowledge Creating Company: How Japanese Companies Create the Dynamics of Innovation [M]. New York: Oxford University Press, 1995.

[131] Nooteboom, B. Learning and Innovation in Organizations and Economics [M]. Oxford: Oxford University Press, 2000.

[132] Peri G. Knowledge Flows, R&D Spillovers and Innovation [Z]. ZEW Discussion Papers, 2003, No. 03-40.

[133] Poldahl, A. Domestic vs. International Spillovers: Evidence from Swedish Firm Level Data . FIEF Working Paper Series , 2004, No. 200.

[134] Porter, M. Competitive Advantage, Agglomeration Economics and Regional Policy [J]. International Regional Science Review, 1996, 19 (1): 85-90.

[135] Porter, M. Location, Competition, and Economic Development: Local Clusters in the Global Economy [J]. Economic Development Quarterly, 2000, 14 (1): 15-34.

[136] Porter, M. The Competitive Advantage of Nations [M]. MacMillan, London, 1990.

[137] Posner, M. International Trade and Technical Change [J]. Oxford Economic Papers, 1961, 13: 323-341.

[138] Powell, W. B. A stochastic Formulation of the Dynamic Assignment Problem, with an Application to Truckload Motor Carriers [J]. Transportation Science, 1996, 30: 195-219.

[139] Pyatt, G. On the Interpretation and Disaggregation of Gini Coefficients [J]. Economic Journal, 1976, 86: 243-255.

[140] Reinstaller A. Policy Entrepreneurship in the Co-evolution of Institutions, Preferences, and Technology: Comparing the Diffusion of Totally Chlorine Free Pulp Bleaching Technologies in the US and Sweden [J]. Research Policy, 2005, 34: 1366-1384.

[141] Ren, Y. Migration, Changes of City-region Structure and Implications for Planning

Practices and Regional Development Policies in the Yangtze River Delta Area in China [J]. International Planning Studies, 2009, 13 (4): 415-429.

[142] Richardson, H. Regional Growth Theory. London: MacMillan Press, 1973.

[143] Riskin, C. China's Political Economy: The Quest for Development Since 1949 [M]. Oxford University Press, 1987.

[144] Romer, P. Endogenous Technological Change. Journal of Political Economy, 1990, 98: 71-102.

[145] Romer, P. Increasing Returns and Long-run Growth. Journal of Political Economy, 1986, 94: 1002-1037.

[146] Rosiello, A., Orsenigo, L. A Critical Assessment of Regional Innovation Policy in Pharmaceutical Biotechnology [J]. European Planning Studies 2008, 16 (3): 337-357.

[147] Ross, A. Critical eye on Jiaxing and Zhenjiang [J]. China Business Review, 2004, 31 (6): 44-46.

[148] Rozelle, S. Rural Industrialization and Increasing Inequality: Emerging Patterns in China's Reforming Economy [J]. J. Comparative Econ, 1994, 193: 362-391.

[149] Sala-I-Martin X. I Just Run Four Million Regressions. Working Paper, No. 6252, 1997b.

[150] Sala-I-Martin X. I Just Run Two Million Regressions. America Economic Review. 1997a, 87: 178-261.

[151] Saviotti, P. P. Technological Evolution, Variety and the Economy [M]. London: Edward Elgar, 1996.

[152] Scherer, F. M. Inter-industry Technology Flows in the United States [J]. Research Policy, 1982, 11 (4): 227-245.

[153] Schmidt, T. Absorptive Capacity—One Size Fits All? A firm—Level Analysis of Absorptive Capacity for Different Kinds of Knowledge [J]. ZEW Discussion Paper, No. 05-72, 2005.

[154] Sen, A. On Economic Inequality [M]. Harvard University Press, 1972.

[155] Shorrocks, A. Inequality Decomposition by Factor Components [J]. Econometrica, 1982, 50: 193-211.

[156] Shorrocks, A. Inequality Decomposition by Population Subgroup [J]. Econometrica, 1984, 52: 1369-1385.

[157] Shorrocks, A. The Class of Additively Decomposable Inequality Measures [J]. Econometrica, 1980, 48: 613-625.

[158] Silverberg, G., Verspagen, B. Collective Learning, Innovation and Growth in a Boundedly Rational, Evolutionary World [J]. Journal of Evolutionary Economics, 1994, 4 (3): 207-226.

[159] Simunic D. A. Auditing, Consulting, and Auditor Independence [J]. Journal of Accounting Research, 1984, 22: 679-702.

[160] Sjoholm F. Productivity Growth in Indonesia: The Role of Regional Characteristics and Foreign Investment [J]. Economic Development and Cultural Change, 1999, 49 (3): 559-584.

[161] Solow, R. MA Contribution to the Theory of Economic Growth [J]. Quarterly Journal of Economics, 1956, 70: 65-94.

[162] Steiner, M., Belschan, A. Technology Life Cycle and Regional Types: An Evolutionary Interpretation and Some Stylized Facts [J]. Technovation, 1991, 11 (8): 483-498.

[163] Stiglitz J E. A New View of Technological Change [J]. Economic Journal, 1969, 79: 116-131.

[164] Stoneman, P. Handbook of the Economics of Innovation and Technological Change [M]. Oxford: Blackwell Publishers, 1995.

[165] Storper, M. The Regional World: Territorial Development in a Global Economy [M]. New York: Guilford Press, 1997.

[166] Sugden R. Spontaneous Order [J]. Journal of Economic Perspectives, 1989, 3: 85-97.

[167] Templin, T. Personelle Einkommensverteilung, Wirtschaftlicher Dualismus und Systemwandel in der VR China [J]. Duisburg Working Papers on East Asian Economic Studies, 1996 (32).

[168] Terleckyj, N. E. Effects of R&D on the Productivity Growth of Industries: An Exploratory Study [M]. Washington, D. C.: National Planning Association, 1974.

[169] Terry, S. X., Yue, M., Björn, G. et al. The Urban-rural Income Gap and Inequality in China [J]. Review of Income and Wealth, 2007, 53: 93-126.

[170] Todo, Y. Knowledge Spillovers from Foreign Direct Investment in R&D: Evidence from Japanese firm-level Data [J]. Journal of Asian Economics, 2006, 17 (6): 996-1013.

[171] Tsui, K. Y. Factor Decomposition of Chinese Rural Income Inequality: New Methodology, Empirical Findings, and Policy Implications [J]. Journal of Comparative Economics, 1998a, 26: 502-528.

[172] Tsui, K. Y. Local Tax System, Intergovernmental Transfers and China's Local Fiscal Disparities [J]. Journal of Comparative Economics 2005, 33: 173-196.

[173] Tsui, K. Y. Decomposition of China's Regional Inequalities [J]. Journal of Comparative Economics, 1993, 17 (3): 600-5627.

[174] Tsui, K. Y. Trends and Inequalities of Rural Welfare in China: Evidence from Rural Households in Guangdong and Sichuan [J]. J. Comparative Econ. 1998b, 26: 502-528.

[175] Tuan, C., Ng, L. F. Y. The place of FDI in China's Regional Economic Development: Emergence of the Globalized Delta Economies [J]. Journal of Asian Economics, 2007, 18 (2): 348-364.

[176] Tyran, J. R., Sausgruber, R. The Diffusion of Policy Innovations: An Experimental Investigation [J]. Journal of Evolutionary Economics, 2005, 15: 423-442.

[177] Ulrich, W. Economic Policy Making in Evolutionary Perspective [J]. Journal of Evolutionary Economics, 2003, 15: 77-94.

[178] Van Elkan R. Catching Up and Slowing Down: Learning and Growth Patterns in an Open Economy [J]. Journal of International Economics, 1996, 41 (2): 95-111.

[179] Van Stel, A. J., Nieuwenhuijsen, H. R. Knowledge Spillovers and Economic Growth: an Analysis Using Data of Dutch Regions in the Period 1987-1995 [J]. EIM Business and Policy Research, 2002, 38 (4): 1-25.

[180] Verspagen B. A New Empirical Approach to Catching Up or Falling Behind [J]. Structural Change and Economic Dynamics, 1991 (2): 359-380.

[181] Vietor, R. H. K. Contrived Competition: Regulation and Deregulation in America [M]. Cambridge: The Belknap Press, 1994.

[182] Von Thünen, J. Der Isolierte Staat in Beziehung Auf Landwirtschaft Und Nationalökonomie. Hamburg, 1826.

[183] Wallsten, S. J. An Empirical Test of Geographic Knowledge Spillovers Using Geographic Information Systems and Firm-level Data [J]. Regional Science and Urban Economics, 2001, 31: 571-599.

[184] Wan, G. H. Zhang, Y. Explaining the Poverty Difference Between Inland and Coastal China: A Regression-based Decomposition. Approach [J]. Review of Development Economics, 2008, 12: 455-467.

[185] Williamson, J. Regional Inequality and the Process of National Development: A Description of the Patterns [J]. Economic Development and Cultural Change, 1965, 13: 3-45.

[186] Wolfson, M. C. When Inequalities Diverge [J]. American Economic Review, 1994, 84: 353-358.

[187] WorldBank (Ed.) . Sharing Rising Incomes, Disparities in China. China 2020. World Bank, Washington, 1997.

[188] Xue, J. J. Urban-rural Income Disparity and Its Significance in China [J]. Hitotsubashi Journal of Economics, 1997, 38: 45-59.

[189] Yang, D. Urban-biased Policies and Rising Income Inequality in China [J]. Amer. Econ. Rev., 1999, 89: 306-310.

[190] Yao, S. J., Zhang, Z. Y., Feng, G. L. Rural urban and Regional Inequality in Output, Income and Consumption in China Under Economic Reforms [J]. Journal of Economic Studies, 2005, 32: 4-24.

[191] Yao, S. J., Zhu, L. W. Understanding Income Inequality in China: A multi-angle Perspective [J] . Economics of Planning, 1998, 31: 133-150.

[192] Yao, S. J. On the Decomposition of Gini Coefficients by Population Class and Income Source: A Spreadsheet Approach and Application [J]. Applied Economics, 1999, 31: 1249-1264.

[193] Ye, F. J. Since the Government is the Referee, Why Does It Get into the Game? [J].

Chinese Econ. Stud., 1996, 29: 41-45.

[194] Young H P. The Economics of Convention [J]. Journal of Economic Perspectives, 1996, 10 (2): 105-122.

[195] Zhang, L., Zhao, S. X. Re-examining China's "Urban" Concept and the Level of Urbanization [J]. The China Quarterly, 1998, 154: 330-381.

[196] Zhang, Y., Wan, G. H. The Impact of Growth and Inequality on Rural Povery in China [J]. Journal of Comparative Economics, 2006, 34: 694-712.

[197] Zhao, S. X. B.; Zhang, L. Foreign Direct Investment and the Formation of Global City-Regions in China [J]. Regional Studies, 2007, 41 (7): 979-994.

[198] 柏拉图．泰阿泰德篇 [M]. 北京：商务印书馆，1963.

[199] 包健．长江三角洲发展模式需转变 [J]. 前沿，2008 (4)：72～76.

[200] 包群，赖明勇．FDI技术外溢的动态测算及原因解释 [J]. 统计研究，2003 (6)：33～38.

[201] 鲍晓．德国的区域经济政策及其对我国振兴东北的启示 [J]. 德国研究，2004，19 (4)：10～14，61.

[202] 蔡 昉．城乡收入差距与制度变革的临界点 [J]. 中国社会科学，2003 (5)：16～25.

[203] 蔡秋生等译．1998/1999年世界发展报告：知识与发展（世界银行著）[M]. 北京：中国财政经济出版社，1999.

[204] 曹光杰．长江三角洲区域经济一体化探讨 [J]. 商业研究，2006，337 (5)：24～27.

[205] 陈伯庚．加速推进长三角经济一体化进程 [J]. 上海市经济管理干部学院学报，2004，2 (6)：53～57.

[206] 陈丹宇．基于效率的长三角区域创新网络形成机理 [J]．经济地理，2007，27 (3)：370～374.

[207] 陈栋生．论区域协调发展 [J]. 工业技术经济，2005，24 (2)：2～6.

[208] 陈剑峰．回眸上海开埠与江南市镇发展 [J]. 上海城市管理职业技术学院学报，2004 (5)：42～43.

[209] 陈剑峰．长江三角洲区域经济发展史研究 [M]. 北京：中国社会科学出版社，2008.

[210] 陈涛涛．影响中国外商直接投资溢出效应的行业特征 [J]. 中国社会科学，2003 (4)：33～44.

[211] 陈秀山，徐瑛．中国区域差距影响因素的实证研究 [J]. 中国社会科学，2004 (5)：117～129，207.

[212] 陈则孚．知识资本：理论、运行与知识产业化 [M]. 北京：经济管理出版社，2003.

[213] 程春满，王如松，翟宝辉．区域发展生态转型的理论与实践 [J]. 城市发展研究，2006，13 (4)：83～86，92.

[214] 丁宪浩．长三角地区两种人口流动模式比较分析——对江苏省第五次人口普查人口流动状况的解读 [J]. 上海综合经济，2003 (11)：47～51.

[215] 董芹芹，邹宇．企业技术学习中创新与模仿行为研究［J］．科技进步与对策，2009，26（7）：80～82.

[216] 董志强．制度及其演化的一般理论［J］．管理世界，2008（5）：151～154，165.

[217] 杜建国，李迁．我国地区经济增长差异的演化分析：1993～2003［J］．生产力研究，2007（19）：60～62.

[218] 杜静，陆小成，罗新星．区域创新系统的生态化问题研究［J］．财经理论与实践，2007，147（28）：88～91.

[219] 范剑勇．长三角一体化、地区专业化与制造业空间转移［J］．管理世界，2004（11）：77～84.

[220] 冯之浚等．区域经济发展战略研究［M］．北京：经济科学出版社，2002.

[221] 傅强，靳娜．基于随机前沿生产函数的我国主要省市人力资本与R&D投资效率实证检验［J］．技术经济，2009，28（6）：5～10.

[222] 郭腾云．近50年来我国区域经济空间极化的变化趋势研究［J］．经济地理，2004（11）：743～747.

[223] 郭瑜桥，和金生，王咏源．隐性知识与显性知识的界定研究［J］．西南交通大学学报（社会科学版），2007，8（3）：118～121.

[224] 韩剑．知识溢出的空间有限性与企业R&D集聚——中国企业R&D数据的空间计量研究［J］．研究与发展管理，2009，21（3）：22～27.

[225] 韩鹏，陈德棉，张黎．跨国公司对中国本地企业知识溢出模型分析［J］．科学管理研究，2004（4）：78～81.

[226] 韩留富．长三角地区城乡居民收入差距扩大的现状、原因与政策建议［J］．经济纵横，2007（创新版）：29～36.

[227] 何洁．外国直接投资对中国工业部门外溢效应的进一步精确量化［J］．世界经济，2000（12）：29～36.

[228] 何晓群．多元统计分析［M］．北京：中国人民大学出版社，2004.

[229] 洪银兴．工业和城市反哺农业、农村的路径研究——长三角地区实践的理论思考［J］．经济研究，2007（8）：13～20.

[230] 侯汉平，王洗尘．R&D知识溢出效应模型分析［J］．系统工程理论与实践，2001（9）：29～32.

[231] 侯风云，徐慧．城乡发展差距的人力资本解释［J］．理论学刊，2004，120（2）：42～46.

[232] 侯杰泰，温忠麟，成子娟．结构方程模型及应用［M］．北京：教育科学出版社，2004.

[233] 侯岩．国外区域发展援助的成功经验与实施西部大开发战略的宏观财税政策建议［J］．经济研究参考，2000（117）：26～33.

[234] 胡乃武，张可云．统筹中国区域发展问题研究［J］．经济理论与经济管理，2004（1）：5～14.

[235] 黄华．长三角地区FDI经济效应及其制约因素分析［J］．市场论坛，2006，24（3）：

178～179.

[236] 黄景贵．西方发展经济学演进述评 [J]．海南大学学报（人文社会科学版），2006，18（2）：10～14.

[237] 黄宗智．长江三角洲小农家庭与乡村发展 [M]．北京：中华书局，1992.

[238] 惠宁．知识溢出的经济效应研究 [J]．西北大学学报（哲学社会科学版），2007，37（7）：25～29.

[239] 惠静薇，汪应洛．基于知识共享和知识溢出的企业 R&D 合作策略分析 [J]．科技进步与对策，2007，24（9）：29～31.

[240] 金麟洙．从模仿到创新——韩国技术学习的动力 [M]．北京：新华出版社，1998.

[241] 金相郁．中国区域不均衡与协调发展 [M]．上海：人民出版社，2007.

[242] 靳春平．财政政策效应的空间差异性与地区经济增长 [J]．管理世界，2007（7）：47～56.

[243] 孔有利，王荣．劳动力流动与江苏无锡市的经济增长 [J]．南京农业大学学报，2004，27（4）：118～122.

[244] 李长玲．知识存量及其测度 [J]．情报杂志，2004（7）：65～66.

[245] 李迁，潘建成，杜建国．我国区域经济发展不均衡和极化的演化分析 [J]．统计研究，2006（12）：36～41.

[246] 李强，韩伯堂，李晓轩．知识生产函数研究与实践述评 [J]．经济问题探索，2006（1）：24～27.

[247] 李青．知识溢出：对研究脉络的基本回顾 [J]．数量经济技术经济研究，2007（6）：1～8.

[248] 李燕，韩伯棠．基于 BP 神经网络的中国省域知识溢出实证研究 [J]．科学学研究，2006，26（A01）：54～60.

[249] 李勇，孙福金．社会和谐程度综合评价方法研究 [J]．重庆工商大学学报（西部论坛），2008，18（4）：93～97.

[250] 李国鑫．外商直接投资的产业带动效应动态特征分析 [J]．商业研究，2000（7）：53～54.

[251] 李剑林．基于发展观演变的中国区域经济发展战略及空间格局调整 [J]．经济地理，2007，27（6）：896～899.

[252] 李顺才，邹珊刚，常荔．知识存量与流量：内涵、特征及其相关性分析 [J]．自然辩证法研究，2001，17（4）：42～45.

[253] 李小平，朱钟棣．国际贸易的技术溢出门槛效应——基于中国各地区面板数据的分析 [J]．统计研究，2004（10）：27～32.

[254] 李小平，朱钟棣．国际贸易、R&D 溢出和生产率增长 [J]．经济研究，2006（2）：31～43.

[255] 李亚雄．发展社会学 [M]．武汉：华中师范大学出版社，2008.

[256] 李正华，徐小平，杜建国．长三角区域经济发展不均衡和极化的演化分析 [J]．经济问题探索，2008（6）：23～29.

[257] 李佐军．人本发展理论：解释经济社会发展的新思路［M］．北京：中国发展出版社，2008.

[258] 梁琦．知识经济发展的动力：R&D存储与溢出．南方经济，1999（7）：32～24.

[259] 林毅夫，刘培林．中国的经济发展战略与地区收入差距［J］．经济研究，2003（3）：19～25.

[260] 刘安国，杨开忠，谢燮．新经济地理学与传统经济地理学之比较研究［J］．地球科学进展，2005，20（10）：1060～1066.

[261] 刘柯杰．知识外溢、产业聚集与地区高科技产业政策选择［J］．生产力研究，2002（2）：97～99.

[262] 刘尚希，邢丽．中国财政改革30年——历史与逻辑的勾画［J］．中央财经大学学报，2008（3）：1～9.

[263] 刘诗白．论现代知识生产［J］．福建论坛（人文社会科学版），2005（4）：4～10.

[264] 刘树成．中国区域经济发展研究［M］．北京：中国统计出版社，1995.

[265] 刘文婕．长三角一体化新蓝图［J］．理论参考，2008（9）：46～49.

[266] 刘志彪，吴福象．贸易一体化与生产非一体化——基于经济全球化两个重要假说的实证研究［J］．中国社会科学，2006（2）：80～92.

[267] 刘志彪．协调竞争规则：长三角地区经济一体化的重要基石［J］．南京政治学院学报，2002，18（4）：44～48.

[268] 龙志和，蔡杰．中国工业产业发展中知识溢出效应的实证研究［J］．经济评论，2008（2）：45～52.

[269] 陆大道．关于“点—轴”空间结构系统的形成机理分析［J］．地理科学，2002，22（1）：1～6.

[270] 陆大道．中国区域发展的理论与实践［M］．北京：科学出版社，2005.

[271] 吕建锁．论长三角一体化与财政制度创新［J］．财贸经济，2006（3）：28～30.

[272] 栾贵勤，杨凤华，张镛．长江三角洲区域经济发展策略初探［J］．工业技术经济，2004，23（5）：13～15.

[273] 马颖．发展经济学60年的演进［J］．国外社会科学，2001（4）：21～28.

[274] 缪小明，李刚．基于不同介质的产业集群知识溢出途径分析［J］．科研管理，2006，27（4）：44～47.

[275] 宁军明．知识溢出的机理分析［J］．科技与经济，2008，123（21）：22～24.

[276] 潘士远，林毅夫．发展战略、知识吸收能力与经济收敛［J］．数量经济技术经济研究，2006（2）：3～13.

[277] 潘文卿．外商投资对中国工业部门的外溢效应：基于面板数据的分析［J］．世界经济，2003（6）：3～7.

[278] 彭飞．新经济地理学论纲——原理、方法及应用［M］．北京：中国言实出版社，2007.

[279] 彭连清．西北地区经济增长溢出效应的实证分析［J］．兰州学刊，2008，178（7）：69～72.

[280] 彭荣胜．区域经济协调发展内涵的新见解［J］．学术交流，2009，108（3）：101～105.

[281] 钱惠峰．新型工业化进程中的长三角产业结构分析［J］．消费导刊，2007（2）：20～21.

[282] 秦晓钟，胡志宝．外商对华直接投资技术外溢效应的实证分析［J］．现代经济探讨，1998（4）：47～49.

[283] 邱风，张国平，郑恒．对长三角地区产业结构问题的再认识［J］．中国工业经济，2005，205（4）：77～85.

[284] 全海娟．区域经济协调发展评价指标体系及评价模型研究——以长江三角洲为实证研究［J］．河海大学硕士论文，2007.

[285] 任治安，王立平．知识生产函数研究的演进与发展［J］．经济理论与经济管理，2006（6）：23～27.

[286] 沈坤荣，耿强．外国直接投资、技术外溢与内生经济增长——中国数据的计量检验与实证分析［J］．中国社会科学，2001（5）：82～93.

[287] 盛昭瀚，蒋德鹏．演化经济学［M］．上海：上海三联书店，2002.

[288] 师求恩．美国协调区域发展的经济政策分析及对我国的启示［J］．集团经济研究，2006（11）：226～228.

[289] 舒元．中国经济增长分析［M］．上海：复旦大学出版社，1993.

[290] 司春林．技术创新的溢出效应［J］．研究与发展管理，1995（3）：1～5.

[291] 苏雪莲．党的三代领导核心——区域经济发展理论及实践［J］．湖北社会科学，2002（12）：10～12.

[292] 孙兆刚，王鹏，陈傲．技术差距对知识溢出的影响分析［J］．知识科学与知识工程，2006（7）：165～167.

[293] 孙兆刚，徐雨森，刘则渊．知识溢出效应及其经济学解释［J］．科学学与科学技术管理，2005（1）：87～89.

[294] 孙兆刚．知识溢出的发生机制与路经分析［D］．大连理工大学博士论文，2005.

[295] 万星火，檀亦丽．主成分分析原始数据的预处理问题［J］．中国卫生统计，2005，22（5）：327～329.

[296] 汪丁丁．知识沿时间和空间的互补性以及相关的经济学［J］．经济研究，1999（6）：70～78.

[297] 汪建新，黄鹏．结构调整、劳动力流动与地区工资差异［J］．国际商务研究，2009（3）：30～38.

[298] 汪同三．产业政策与经济增长［M］．北京：社会科学文献出版社，1996.

[299] 汪伟全．长三角“两省一市”发展模式的比较研究［J］．华东经济管理，2009，23（3）：5～8.

[300] 王军，朱倩．城市的重要功能：知识溢出［J］．生产力研究，2006（4）：115～117.

[301] 王勇，李广斌，杨新海．长三角区域协调探讨［J］．战略研究，2007，242（9）：82～83.

[302] 王铮，马翠芳，王莹，翁桂兰．区域间知识溢出的空间认识［J］．地理学报，2003，58（5）：773～780.

[303] 王长峰，杨蕙馨．企业集群中知识溢出的途径分析［J］．商业研究，2009（1）：21～24.

[304] 王诚．向公共型政府转型与后进区域发展［J］．国家行政学院学报，2006（3）：31～34.

[305] 王国平，姜新．略论近代江苏区域工业结构差异［J］．江南大学学报（人文社会科学版），2004，3（3）：37～41.

[306] 王洪庆，朱荣林．长三角经济一体化的关键：产业结构的调整与互动［J］．长江流域资源与环境，2005，14（1）：1～5.

[307] 王娟，陶忠元，孙蕾．“长三角”区域协调发展的实证分析［J］．科技进步与对策，2005（10）：45～47.

[308] 王可俐．财政制度变迁对区域经济差异的影响分析［J］．求索，2007（8）：24～25.

[309] 王立平，龙志和．中国市场化与经济增长关系的实证分析［J］．经济科学，2004（2）：12～18.

[310] 王立平．知识溢出及其对我国区域经济增长作用的实证研究［M］．合肥工业大学出版社，2008.

[311] 王洛林，魏后凯．我国西部大开发的进展及效果评价［J］．财贸经济，2003（10）：5～12.

[312] 王梦奎．实现科学发展与社会和谐——谈中国社会经济政策的调整［J］．中国金融，2006（12）：9～10.

[313] 王文利．不均衡发展与我国东西部地区居民收入差距的实证分析［J］．经济问题探索，2004（2）：90～92.

[314] 王小鲁，樊纲．中国地区差距的变动趋势和影响因素［J］．经济研究，2004（1）：33～44.

[315] 王玉灵，张世英．技术创新成果溢出的分解研究［J］．中国软科学，2001（8）：53～56.

[316] 温思美，沈厚林．珠江三角洲和长江三角洲经济发展比较分析［J］．学术研究，1996（12）：19～22.

[317] 吴国新，李竹宁．FDI与长三角地区经济发展及其经济效应分析［J］．生产力研究，2007（22）：78～79.

[318] 吴景平，马长林．上海金融的现代化与国际化［M］．上海：上海古籍出版社，2003.

[319] 吴寿仁，李湛．科技孵化企业聚集知识溢出效应的理论分析［J］．上海交通大学学报，2004（3）：478～483.

[320] 吴志强，王伟，李红卫，于涛，方王雷．长三角整合及其未来发展趋势——20年长三角地区边界、重心与结构的变化［J］．城市规划学刊，2008（2）：1～10.

[321] 吴忠民．发展社会学——社会现代化教程［M］．北京：高等教育出版社，2002.

[322] 向希尧，蔡宏．试论地理距离与社会距离对知识溢出的影响——基于专利引用研究视角 [J]. 外国经济与管理，2008，30 (11)：18～26.

[323] 谢洁．关于跨国公司在中国技术扩散的研究 [J]. 投资研究，1998 (12)：102～106.

[324] 谢富纪，徐恒敏．知识、知识流与知识溢出的经济学分析 [J]. 同济大学学报（社会科学版)，2001，12 (2)：54～57.

[325] 徐现祥，李郇．市场一体化与区域协调发展 [J]. 经济研究，2005 (12)：57～67.

[326] 杨红英．中国共产党对区域经济发展理论的探索 [J]. 科技情报开发与经济，2007，17 (4)：146～147.

[327] 杨兴宪，刘毅，牛树海，刘燕鹏．我国区域发展中的生态环境特征分析 [J]. 长江流域资源与环境，2006b，15 (2)：264～268.

[328] 杨玉秀，杨安宁．合作创新中知识溢出的双向效应 [J]. 工业技术经济，2008，27 (8)：107～110.

[329] 姚洋，章奇．中国工业企业技术效率分析 [J]. 经济研究，2001 (10)：42～47.

[330] 易胤，杜建国．不同集聚层次上的长三角区域居民收入差异演化分析 [J]. 江苏商论，2008 (4)：141～143.

[331] 易丹辉．结构方程模型：方法与应用 [M]. 北京：中国人民大学出版社，2008：10～20.

[332] 易先忠，张亚斌．技术差距与人力资本约束下的技术进步模式 [J]. 管理科学学报，2008，11 (6)：51～60.

[333] 袁静，孔杰．知识分类与组织知识研究 [J]. 企业经济，2007 (4)：48～50.

[334] 曾光，周伟林．长三角城市经济增长差异的实证分析 [J]. 浙江社会科学，2006，6：31～39.

[335] 翟立新，韩伯堂，李晓轩．基于知识生产函数的公共科研机构绩效评价模型研究 [J]. 中国软科学，2005 (8)：76～80.

[336] 张敦富，覃成林．中国区域经济差异与协调发展 [M]. 北京：中国轻工业出版社，2001.

[337] 张海英．海外贸易与近代苏州地区的丝织业 [J]. 江汉论坛，1999 (3)：45～46.

[338] 张金锁，康凯．区域经济学 [M]. 天津：天津大学出版社，2003 (5)：101～103.

[339] 张敬川．新经济增长理论与演化经济增长理论区别 [J]. 南方经济，2005 (10)：31～33.

[340] 张永林，蔡虹．长江三角洲区域间技术外溢的经济效果研究 [J]. 科学学研究，2006，24 (3)：387～391.

[341] 张玉明，聂艳华，李凯．知识溢出对区域创新产出影响的实证分析——以高技术产业为例 [J]. 软科学，2009，23 (7)：99～102.

[342] 赵丽红．对发展经济学发展历程的反思 [J]. 世界经济与政治，2002 (12)：49～54.

[343] 赵增耀．市场换技术下内资企业技术能力的提升路径——基于溢出效应和吸收能

力的分析［J］. 当代经济科学，2009，31（2）：78～84.

［344］郑展，韩伯棠. 知识溢出下高新技术虚拟 R&D 团队运作模式研究［J］. 科技进步与对策，2008，25（2）：151～153.

［345］钟超. 对发展经济学经济发展思想演变三个阶段的比较分析［J］. 前沿，2005（1）：61～65.

［346］周朝. 长三角产业结构趋同化问题的探讨［J］. 江南论坛，2005（7）：21～22.

［347］周密. 技术差距理论综述［J］. 经济社会体制比较，2009，143（3）：186～191.

［348］周燕，齐中英. 基于不同特征 FDI 的溢出效应比较研究［J］. 中国软科学，2005（2）：138～143.

［349］周其厚. 近代民营企业家与利用外资［J］. 石家庄经济学院学报，2003，26（5）：671～675.

［350］朱宝树. 长三角城市圈的就业迁移和人力资本差别效应［J］. 华东师范大学学报（哲学社会科学版），2005，37（7）：75～82.

［351］朱美光. 空间知识溢出与我国区域经济发展政策研究［J］. 科技进步与对策，2007，24（6）：17～19.

［352］踪家峰，刘珊珊. 基于协整与 Granger 因果分析的地区一体化进程研究——以京津冀和长三角为例［J］. 地域研究与开发，2008，27（2）：30～33.